UTB 4737

Eine Arbeitsgemeinschaft der Verlage

W. Bertelsmann Verlag · Bielefeld
Böhlau Verlag · Wien · Köln · Weimar
Verlag Barbara Budrich · Opladen · Toronto
facultas · Wien
Wilhelm Fink · Paderborn
A. Francke Verlag · Tübingen
Haupt Verlag · Bern
Verlag Julius Klinkhardt · Bad Heilbrunn
Mohr Siebeck · Tübingen
Ernst Reinhardt Verlag · München
Ferdinand Schöningh · Paderborn
Eugen Ulmer Verlag · Stuttgart
UVK Verlagsgesellschaft · Konstanz, mit UVK / Lucius · München
Vandenhoeck & Ruprecht · Göttingen
Waxmann · Münster · New York

Basiswissen Theologie und Religionswissenschaft

Herausgegeben von Lukas Bormann

Der Autor
Dr. theol. Markus Öhler ist Professor für Neutestamentliche Wissenschaft an der Evangelisch-Theologischen Fakultät der Universität Wien.

Markus Öhler

Geschichte des frühen Christentums

Mit 9 Karten

Vandenhoeck & Ruprecht

Online-Angebote oder elektronische Ausgaben sind erhältlich unter www.utb-shop.de

Bibliografische Information der Deutschen Nationalbibliothek:
Die Deutsche Nationalbibliothek verzeichnet diese Publikation in der
Deutschen Nationalbibliografie; detaillierte bibliografische Daten sind
im Internet über http://dnb.de abrufbar.

© 2018, Vandenhoeck & Ruprecht GmbH & Co. KG, Theaterstraße 13, D-37073 Göttingen

Alle Rechte vorbehalten. Das Werk und seine Teile sind urheberrechtlich geschützt.
Jede Verwertung in anderen als den gesetzlich zugelassenen Fällen bedarf der
vorherigen schriftlichen Einwilligung des Verlages.

Umschlagabbildung: Pfingsten, © akg-images.de
Umschlaggestaltung: Atelier Reichert, Stuttgart
Satz: SchwabScantechnik, Göttingen
Druck und Bindung: Friedrich Pustet, Regensburg
Printed in the EU

Vandenhoeck & Ruprecht Verlage | www.vandenhoeck-ruprecht-verlage.com

UTB-Band-Nr. 4737
ISBN 978-3-8252-4737-9

Inhalt

Vorwort 9
Literatur 11

1 Grundfragen einer Geschichte des frühen Christentums 13
1.1 Worum es geht 13
1.2 Quellen 17
1.3 Historische Re-Konstruktion 19
Literatur 20

2 Die griechisch-römische Welt: Herrschaft, Gesellschaft, Religion 23
2.1 Strukturen von Herrschaft 23
2.2 Gesellschaft und Kultur 28
2.3 Griechisch-römische Philosophie 41
2.4 Griechische und römische Religion 45
Literatur 52

3 Religion und Kultur der Judäer – Das Judentum in der frühen Kaiserzeit 55
3.1 Elemente judäischer Identität 55
3.2 Gruppen innerhalb des Judentums in Judäa und Galiläa ... 62
3.3 Samaritaner 67
3.4 Propheten und Aufstandsbewegungen vor 66 n. Chr. ... 68
3.5 Die beiden Aufstände in Palästina 69
3.6 Das frühe rabbinische Judentum 73
3.7 Das Diasporajudentum 74
3.8 Proselyten und Gottesfürchtige 78
Literatur 80

4 Chronologie des frühen Christentums 83
4.1 Die absolute Chronologie 83
4.2 Die relative Chronologie 89
4.3 Die Chronologie des frühen Christentums 94
Literatur 95

5 Jesus von Nazareth 97
5.1 Die Vorgeschichte – von der Geburt bis zur Taufe 97
5.2 Jesu Wirksamkeit 104
5.3 Die letzten Tage Jesu 114
Literatur 126

6 Der Neuanfang: Ostern und Pfingsten 129
6.1 Die Ostererfahrung 129
6.2 Die Geisterfahrung 133
Literatur 134

7 Die ersten Gemeinschaften in
  Judäa, Galiläa und Samaria 137
7.1 Christusgläubige in Jerusalem und Judäa 137
7.2 Christusgläubige in Galiläa 155
7.3 Christusgläubige in Samarien 159
7.4 Rückblick 161
Literatur 162

8 Die Ausbreitung des Christusglaubens nach Syrien ... 165
8.1 Die Verkündigung des Evangeliums an Nicht-Juden 167
8.2 Damaskus 170
8.3 Antiochien 171
Literatur 179

9 Die Frühzeit des Paulus 181
9.1 Paulus, ein Diasporajudäer 181
9.2 Paulus, ein Pharisäer in Jerusalem 185
9.3 Paulus, ein Verfolger der Christusgläubigen 187
9.4 Die Wende des Paulus zum Christusglauben 188
9.5 Das Wirken des Paulus bis zum Apostelkonvent 191
9.6 Die zeitliche Einordnung der Verkündigung auf Zypern
    und in Südkleinasien 192
Literatur 193

10 Die fortwährende Auseinandersetzung um Gesetz
   und judäische Identität 195
10.1 Der Apostelkonvent in Jerusalem 195
10.2 Der Antiochenische Zwischenfall 203
10.3 Das Aposteldekret 208

10.4 Erneute Forderungen nach Einhaltung der Tora –
die galatische Krise 210
Literatur 212

11 Die Ausbreitung des Evangeliums in Kleinasien und
Griechenland durch Paulus 215
11.1 Reisen in der griechisch-römischen Antike 215
11.2 Die Verkündiger als Reisende 217
11.3 Die Methoden der Verkündigung 219
11.4 Die Reise nach Zypern und in den Süden Kleinasiens
(47–48 n. Chr.; Apg 13f.) 220
11.5 Die Reise nach Makedonien und Griechenland
(48–52 n. Chr.; Apg 15,41–18,22) 225
11.6 Die Verkündigung in Ephesus
(52–55 n. Chr.; Apg 18,23–20,1) 233
11.7 Die Kollektenreise (55–56 n. Chr.; Apg 20,1–21,17) 237
Literatur 242

12 Die paulinischen Gemeinden 243
12.1 Das soziale Profil paulinischer Gemeinden 243
12.2 Die Organisationsform paulinischer Gemeinden 251
12.3 Innere Entwicklungen 259
12.4 Herausforderungen durch äußere Einflüsse 260
Literatur 262

13 Die Weiterführung und Aufnahme judäischer
Identität im frühen Christentum vom Apostelkonvent
(47 n. Chr.) bis zum Bar-Kochba-Aufstand (135 n. Chr.) 265
13.1 Das Christentum in Palästina bis 135 n. Chr. 266
13.2 Zwischen Ausgrenzung und Integration:
Matthäusevangelium und Didache 273
13.3 Die Orientierung an Jakobus als Element
christlicher Identität 276
13.4 Die Johannesapokalypse 278
13.5 Orientierung an der Tora und
judäischer Identität im 2. Jh. n. Chr. 278
13.6 Polemik gegen eine Orientierung an
judäischer Identität nach 70 n. Chr. 280
Literatur 281

14. Das frühe Christentum in der griechisch-römischen
Gesellschaft zwischen 60 und 130 n. Chr. 283
14.1 Bedrängnisse und der Tod der Apostel 283
14.2 Die Neronische Verfolgung (64 n. Chr.) –
eine antike Geschichtskonstruktion 286
14.3 Keine Verfolgung unter Domitian (81–96 n. Chr.) 290
14.4 Die ersten Christenprozesse unter Trajan
(98–117 n. Chr.) 291
14.5 Christenprozesse unter Hadrian (117–138 n. Chr.) 296
14.6 Das frühe Christentum in der griechisch-römischen
Gesellschaft 296
Literatur 298

15 Innere Krisen im frühen Christentum
zwischen 60 und 135 n. Chr. 299
15.1 Die Kontinuitätskrise 299
15.2 Die Kohärenzkrise 305
Literatur 313

16 Innere Wandlungen im frühen Christentum
zwischen 60 und 135 n. Chr. 315
16.1 Von der Bekehrungsreligion zur Traditionsreligion 315
16.2 Die religiösen Vollzüge 317
16.3 Die Etablierung von Ämtern 319
16.4 Die johanneische Bewegung 324
16.5 Askese 325
16.6 Die soziale Gestalt 327
16.7 Das Ethos 329
Literatur 331

Abkürzungen 333
Personenregister 338
Ortsregister 341
Sachregister 344
Stellenregister 349
Verzeichnis der Abbildungen 366

Vorwort

„Die verschiedenen Momente der Menschheit aneinander zu knüpfen, und aus ihrer Folge den Geist in dem das Ganze geleitet wird errathen, das ist ihr höchstes Geschäft. Geschichte im eigentlichsten Sinn ist der höchste Gegenstand der Religion, mit ihr hebt sie an und endigt mit ihr – denn Weißagung ist in ihren Augen auch Geschichte und beides gar nicht voneinander zu unterscheiden – und alle wahre Geschichte hat überall zuerst einen religiösen Zwek gehabt und ist von religiösen Ideen ausgegangen. In ihrem Gebiet liegen dann auch die höchsten und erhabensten Anschauungen der Religion." (Friedrich Daniel Ernst Schleiermacher, Über die Religion. Reden an die Gebildeten unter ihren Verächtern [1799], ed. G. Meckenstock, Berlin 2001, 100f.)

"History is merely gossip." (Oscar Wilde, Lady Windermere's Fan, 1892)

Die vorliegende Rekonstruktion der Geschichte des frühen Christentums ist als einführendes Lehrbuch konzipiert. Es setzt eine lange Forschungsgeschichte voraus und profitiert von unzähligen Vorarbeiten, kann diese aber in dem begrenzten Rahmen weder ausreichend würdigen noch die entsprechenden Einzeldiskussionen führen. Sie verzichtet daher nicht nur auf Fußnoten, sondern auch weitgehend auf die üblichen Formulierungen historischer Forschung wie „wahrscheinlich" oder „möglicherweise" usw., die den unvermeidlich hypothetischen Charakter von historischer Rekonstruktion anzeigen. Um die zahlreichen Einzelfragen vertieft studieren zu können, sei der Leser/die Leserin auf die Lektürehinweise am Ende jedes Kapitels verwiesen. Über diese hinaus können ausführlichere Gesamtstudien zur Geschichte des frühen Christentums herangezogen werden.

Das Buch ist folgendermaßen aufgebaut: Nach einer Einführung zum Thema „Geschichte des frühen Christentums" wird zunächst ein Überblick über den antiken Kontext gegeben, der für das Verständnis der Entwicklung des frühen Christentums unerlässlich ist. Daran anschließend widmet sich ein relativ breiter Abschnitt der Chronologie, wobei dieser Teil auch als Vorausblick auf die folgenden Kapitel dient. Diese orientieren sich grob an einem chronologischen Ablauf, berücksichtigen aber auch geographische Aspekte: die Wirksamkeit Jesu von Nazareth, die ersten Christusgläubigen in Palästina, Syrien,

Kleinasien und Griechenland bis hin zu den weiteren Entwicklungen im beginnenden 2. Jh. n. Chr. Dabei stehen die Positionierung zu judäischen Identitätsmerkmalen, die innergemeindlichen Entwicklungen sowie das Verhältnis zur nicht-christlichen Gesellschaft im Fokus. Einige Exkurse widmen sich bedeutenden Personen des frühen Christentums.

Zwei sachliche Anliegen durchziehen diese Rekonstruktion: Zum einen soll gezeigt werden, dass die Entstehung des frühen Christentums mit den historischen und kulturellen Entwicklungen des 1. Jhd. n. Chr. verbunden ist. Geschichte ist nicht anders zu denken als unter Berücksichtigung der zahlreichen Kontexte, in die sie eingebettet ist.

Zum anderen soll die von Anfang an bestehende Diversität des frühen Christentums erkenntlich werden, um zu ermöglichen, die frühchristlichen Texte im Rahmen ihrer Entstehungssituation deuten zu können. Die Rekonstruktion der Geschichte des frühen Christentums hat ihre Bedeutung eben auch darin, zu einem besseren Verständnis der Glaubenszeugnisse des Anfangs zu verhelfen und so zum Gesamten der Theologie beizutragen.

Die Basis einer Rekonstruktion der Geschichte des frühen Christentums sind die Quellen der Antike, nicht nur des Neuen Testaments, sondern auch weit darüber hinaus. Viele der in diesem Buch erwähnten Texte außerhalb des Neuen Testaments sind in einschlägigen Quellensammlungen abgedruckt, unter denen jene, die von Jens Schröter und Jürgen Zangenberg herausgegeben wurde, hier empfohlen sei. Für das Studium des kultur- und religionsgeschichtlichen Kontextes finden sich in den Bänden aus der Reihe „Neues Testament und Antike Kultur" gute Einführungen zu einzelnen Themenbereichen. Lexika wie „Der Neue Pauly" bieten Einzelinformationen zu Personen, Orten und Sachen.

Ich danke herzlich all jenen, die an der Gestaltung des Buches sowohl in inhaltlicher wie formaler Hinsicht mitgewirkt haben: Lukas Bormann für die kritische Lektüre, Clarissa Breu und Kerstin Böhm für zahlreiche inhaltliche Vorschläge und Korrekturen, Milena Heussler und Sarah Herzog für die Überprüfung von Belegen und die Erstellung von Registern, sowie meiner Tochter Corinna Öhler für die Bearbeitung der Karten, für deren Bereitstellung ich den Kollegen D.-A. Koch und U. Schnelle danke.

Literatur

Der Neue Pauly. Enzyklopädie der Antike, 18 Bände, Stuttgart/Weimar 1996–2003.
James D. G. Dunn, Beginning from Jerusalem, Christianity in the Making 2, Grand Rapids/Cambridge 2009.
ders., Neither Jew nor Greek. A Contested Identity, Christianity in the Making 3, Grands Rapids/Cambridge 2015.
Kurt Erlemann/Karl-Leo Noethlichs/Klaus Scherberich/Jürgen Zangenberg, Neues Testament und Antike Kultur, 5 Bände, Neukirchen-Vluyn 2004–2008.
Dietrich-Alex Koch, Geschichte des Urchristentums. Ein Lehrbuch, Göttingen ²2014.
Eckhard J. Schnabel, Urchristliche Mission, Wuppertal 2002.
Udo Schnelle, Die ersten 100 Jahre des Christentums 30–130 n. Chr. Die Entstehungsgeschichte einer Weltreligion, Göttingen ²2016.
Jens Schröter/Jürgen Zangenberg, Texte zur Umwelt des Neuen Testaments, UTB 3663, Tübingen 2013.
Alexander J. M. Wedderburn, A History of the First Christians, London 2004.

1 Grundfragen einer Geschichte des frühen Christentums

1.1 Worum es geht ...

1.1.1 Der Gegenstand „Christentum"

Eine Geschichte des „Christentums" setzt einen Begriff voraus, der im Neuen Testament nicht vorkommt. Χριστιανισμός/*Christianismos* begegnet erstmals im 2. Jh. n. Chr. bei Ignatius von Antiochien in seinen Briefen an die Gemeinden von Magnesia, Philadelphia und Rom (IMagn 10,1.3; IPhilad 6,1; IRöm 3,3), wobei dies dort u. a. als Gegensatz zum Judentum (griech. Ἰουδαϊσμός/*Judaismos*) erscheint. Mit der heutigen Verwendung des Begriffs „Christentum" wird allerdings eine soziologische und theologische Einheit als Religion postuliert, die, so wird im Folgenden immer wieder deutlich werden, in der Frühzeit nicht bestand. Zudem wird damit häufig die Vorstellung von der Trennung von einem als Einheit verstandenen „Judentum" verbunden. Auch diese geschah erst in einem lange dauernden und unterschiedlich ablaufenden Prozess. Und schließlich dient der Begriff „Christentum" bis heute als Abgrenzung zu einem antiken „Heidentum", das aus zahlreichen Kulten unterschiedlicher Form und Geschichte bestand und keine Ganzheit darstellte.

Begriffsklärung

Die Bezeichnung *Christianismos* selbst geht auf die Benennung von Christusgläubigen als *Christianoi* (griech. Χριστιανοί) durch Außenstehende zurück (Apg 11,26; 26,28). Sie wurde erst gegen Ende des 1. Jh. n. Chr. auch als Wort für die eigene religiöse Identität übernommen (1Petr 4,16). Im Neuen Testament begegnen viele andere Bezeichnungen (s. u. S. 175, 251), sie lassen sich allerdings nicht auf einen Nenner bringen.

Christianoi

In jüngerer Zeit haben Autorinnen und Autoren daher auf soziologische Begriffe zurückgegriffen: So wurden „Bewegung der Gottesherrschaft", „Jesusbewegung", „Jesusnachfolger" oder „Anhänger und Anhängerinnen Jesu" mit guten Gründen als Bezeichnungen verwendet, weil sie auf die Zeit vor Ostern verweisen. Sie sind allerdings darin defizitär, dass sie die besondere Bedeutung des Glaubens an Christus nicht abbilden können. Andere versuchen es mit „Glaubende an Christus", „Jesus- bzw. Christusverehrer" oder „Christusgemein-

Alternative Begriffe

schaft" und ähnlichen Konstruktionen. Insbesondere „Glaubende" bzw. „Gläubige" hat den Vorteil, dass damit eine Selbstbezeichnung aufgenommen wird, die in den Paulusbriefen begegnet (u. a. 1Thess 1,7; 1Kor 1,21; 14,22; Gal 3,22), aber auch darüber hinaus (1Petr 2,7; 1Joh 5,1.5.10). Allerdings ist auch dies nur *ein* Begriff aus der Vielzahl übergreifender Ausdrücke, die zeitlich und lokal offenbar ganz unterschiedlich ausgebildet wurden. Es bleibt so kaum eine andere Wahl, als *einen* Begriff zu verwenden, allerdings stets im Bewusstsein, dass er den bezeichneten Sachverhalt nur ungenau abbildet. Im Folgenden sprechen wir daher einerseits von „Christusgläubigen", greifen aber andererseits für das zu besprechende Phänomen auf den klassischen Begriff „Christentum" zurück, für den sich keine sprachlich sinnvolle Alternative ergibt. Es wird aber stets zu beachten sein, dass damit

Juden oder Judäer?
Anfang des 21. Jh. setzte in der Judaistik wie in der Erforschung des frühen Christentums eine Debatte ein, die gegenwärtig noch anhält und deren Ausgang noch nicht entschieden scheint. Dabei geht es um die Frage, ob die griechische Bezeichnung Ἰουδαῖοι/Judaioi mit „Juden" oder mit „Judäer" zu übersetzen ist.

Judaioi

Für die Wiedergabe mit „Judäer" ist Folgendes vorgebracht worden: Es handelt sich aus antiker Perspektive eindeutig um ein Volk, nicht um eine Religion. Auch alle anderen griech. Volksbezeichnungen verweisen auf den Herkunftsort des entsprechenden Volkes. Ob Judaioi tatsächlich in Judäa selbst wohnen oder in der Diaspora, ist dabei irrelevant. Auch der griechische Begriff Ἰουδαϊσμός/Judaismos ist dementsprechend nicht mit „Judentum" wiederzugeben, also im Sinne einer Religion, sondern meint die Orientierung an der Lebenskultur des Volkes der Judäer.
Die klassische Wiedergabe von Judaioi mit „Juden" wird allerdings vehement verteidigt. Zum einen verstünden sich bereits seit der Makkabäerzeit die Judaioi selbst als Volk und Religion zugleich. Das zeige sich daran, dass man zum Judaismos übertreten kann (vgl. 2Makk 6,1–11 und 9,13–17). Zum anderen werde mit der Bezeichnung „Judäer" die antike Geschichte des Judentums vom gegenwärtigen Judentum getrennt. „Judäer" sollte daher ausschließlich für Bewohner des Gebietes Judäa in Palästina verwendet werden.
Im vorliegenden Buch werden beide Begriffe verwendet, wobei durch den Gebrauch jeweils angezeigt werden soll, ob eine vor allem ethnische oder eine kulturell-religiöse Perspektive vorliegt, auch wenn beides miteinander eng verbunden bleibt.

1. keine schon abgeschlossene Trennung vom Judentum impliziert ist;
2. keine soziologische oder theologische Einheit vorausgesetzt wird;
3. der Zusammenhang zwischen der Zeit des historischen Jesus und der Zeit der Gemeinschaften von Christusgläubigen nicht übergangen wird.

1.1.2 „Urchristentum" oder „Frühes Christentum"?

Der Begriff „Urchristentum" stammt von Johann Bernhard Basedow (1723–1790) und ist eine abgekürzte Form von „ursprüngliches Christentum". Er bezeichnet hier noch keine Zeitepoche, sondern das nach seiner Meinung unverfälschte, reine und originale Christentum, das in Verfall geraten sei. Diese Verfallstheorie beherrschte im 19. Jh. auch in anderen Bereichen der Wissenschaft den Blick auf die Anfänge kultureller und naturwissenschaftlicher Phänomene (u. a. Sprachwissenschaft, Anthropologie, Geologie). In der modernen Forschung wird der Begriff „Urchristentum" allerdings nicht mehr ausdrücklich wertend, sondern im Blick auf einen Zeitabschnitt oder eine Epoche verwendet, wie z. B. zuletzt in dem Werk von Dietrich-Alex Koch. Der Ausdruck hat zwei Vorteile: 1) Es handelt sich um eine eingebürgerte Begrifflichkeit. 2) Eine Verwechslung mit dem Wissenschaftsbereich der frühchristlichen Archäologie bzw. Kunstgeschichte, die die Zeitspanne bis zum 6. Jh. n. Chr. untersucht, wird damit vermieden.

Die Fiktion der idealen Anfänge

Gegen die Verwendung von „Urchristentum" spricht allerdings, dass damit vielfach immer noch eine Idealisierung der fernen Vergangenheit und eine Kritik an der Gegenwart verbunden werden. Das betrifft auch Ausdrücke wie „Urperiode", „Urgemeinde" oder „Urkirche". Zudem finden sich in der Erforschung der griechisch-römischen Antike keinerlei Analogiebildungen, etwa im Sinne eines „Ur-Mithraismus" oder eines „Ur-Judentums". Auch die angloamerikanische Forschung hat diese Terminologie nicht aufgenommen. Alternativen haben sich zu Recht nicht durchgesetzt: Die Rede vom apostolischen bzw. nachapostolischen Zeitalter hat den Nachteil, ideale Anfänge, noch dazu verknüpft mit der schon im 1. Jh. n. Chr. umstrittenen Bezeichnung „Apostel", zu konstruieren.

Begriffsbildung

Man sollte daher einen neutralen Begriff verwenden: „Frühchristentum", „Frühes Christentum" oder „Anfänge des Christentums" beschreiben dementsprechend das Phänomen, um das es im Folgenden gehen wird.

1.1.3 Die zeitliche Abgrenzung

Die Frage, *wann das Christentum beginnt,* was also zu einer Geschichte des frühen Christentums gehört, wurde und wird unterschiedlich

Beginn

beantwortet. Zahlreiche Rekonstruktionen beginnen mit Jesus von Nazareth. Der Grundgedanke ist dabei, dass zwischen dem Wirken Jesu und der Entwicklung des Christentums eine Kontinuität besteht, die auch konzeptionell abgebildet werden soll.

Der Gegenentwurf sieht den Beginn des Christentums beim Tod Jesu bzw. bei der Ostererfahrung. Die theologische Begründung dafür geschieht häufig im Anschluss an Rudolf Bultmann, der die Bedeutung des Osterereignisses in den Vordergrund rückte. Erst ab der Zeit, als es einen wie auch immer gearteten „Glauben an Christus" gegeben habe, könne man von Christentum und daher auch von seiner Geschichte sprechen. Jesus habe keine Bewegung oder gar „Religion" gründen wollen, diese sei erst nach Ostern entstanden.

Jesus als Teil des frühen Christentums?

Beide Optionen haben ihre Nachteile: Ein Ansatz bei Jesus oder sogar bei Johannes dem Täufer steht in der Gefahr, die durch die Ostererfahrung bewirkten Unterschiede im Verständnis der Geschichte Jesu und der Entwicklung des frühen Christentums zu verwischen. Nach Ostern, das zeigen die Darstellungen der Evangelien, war Jesus von Nazareth für die ersten Christusgläubigen der geglaubte Christus, der als gegenwärtiger Herr seine Gemeinde leitet und über die Geschichte herrscht.

Ein Ansatz einer Geschichte des frühen Christentums erst nach Ostern ist in der Gefahr, die vor- und nachösterlichen Entwicklungen auseinanderzureißen und damit ein wesentliches Moment der Geschichte des frühen Christentums, die Kontinuität, zu vernachlässigen. Die Prägung des Christentums durch das Wirken des historischen Jesus tritt dabei stark in den Hintergrund.

Das vorliegende Lehrbuch setzt bei Jesus, genauerhin bei seiner Geburt, ein, schlicht aus dem pragmatischen Grund, dass eine Geschichte des frühen Christentums auch auf die Fragen nach den „vor-christlichen" Anfängen Antworten geben muss. Dabei wird im Folgenden darauf geachtet werden, dass jene einschneidenden Veränderungen, die die Kreuzigung Jesu und die Auferstehungserfahrungen für die Anfänge des christlichen Glaubens und daher auch für dessen historische Re-Konstruktion bedeuten, nicht zugunsten der Betonung von Kontinuität verloren gehen.

Ende

Wann von dem *Ende des frühen Christentums* gesprochen werden kann, ist ebenfalls umstritten. Wann waren die Anfänge abgeschlossen und wann begann die Zeit der Alten Kirche?

Es finden sich sehr frühe Abgrenzungen: der Tod des Paulus bzw. der Apostel in den späten 60er-Jahren des 1. Jh. n. Chr. oder das etwa zeitgleiche Ende des 1. Judäischen Aufstands mit der Zerstörung Jerusalems 70 n. Chr. Allerdings stammen die meisten Texte des Neuen Testaments aus den letzten Jahrzehnten des 1. und ersten Jahrzehnten des 2. Jh. n. Chr. Hinzu kommt, dass theologische und institutionelle Ansätze aus der Frühzeit in der ersten Hälfte des 2. Jh. n. Chr. zwar nicht zu einem Abschluss kamen, aber Entwicklungen erreichten, hinter die man später nur noch selten zurückging. Das gilt etwa für die Ausformung von Gemeindestrukturen oder die Bedeutung autoritativer Schriften, die dann später Teil des neutestamentlichen Kanons wurden. Diese Konsolidierungsphase setzt mit den Schriften der sogenannten „Apostolischen Väter" ein, u. a. der Didache, den Ignatiusbriefen und dem 1. Clemensbrief, und reicht bis zu den ersten apologetischen Texten wie dem Quadratus-Fragment, der Apologie des Aristides, dem Kerygma Petri und dem Diognetbrief. Letztere markieren durch die literarische Hinwendung an eine intellektuelle Elite eine Neuorientierung. Sie fällt zeitlich zusammen mit verschiedenen Entwicklungen, die ab etwa 140 n. Chr. erkennbar werden: dem Aufblühen der Gnosis und der Bildung autoritativer Sammlungen frühchristlicher Texte. Hinzu treten zwei historische Entwicklungen, die eine Abgrenzung um etwa 135 n. Chr. sinnvoll machen: In diesem Jahr endete der zweite Aufstand der Judäer (132–135 n. Chr.), und 138 n. Chr. starb Kaiser Hadrian. Die vorliegende Rekonstruktion einer Geschichte des frühen Christentums reicht daher von der Geburt Jesu im Jahr 4 v. Chr. bis 135 n. Chr.

Konsolidierung

4 v. Chr. bis 135 n. Chr.

1.2 Quellen

Den Grundstock für die Rekonstruktion der Geschichte des frühen Christentums stellen selbstverständlich die neutestamentlichen Texte dar, wobei die echten Paulusbriefe (Röm, 1/2Kor, Gal, Phil, 1Thess, Phlm) hier besonders wichtig sind. Sie sind Zeugnisse eines Beteiligten an dieser Geschichte. Allerdings ist stets zu beachten, dass Paulus in seinen Briefen nicht daran interessiert ist, objektive Berichte zu geben. Zudem handelt es sich um Gelegenheitsschreiben, die in der Regel nur partielle Rückschlüsse zulassen.

Mit der Apostelgeschichte ist uns ein mehr oder weniger zusammenhängender Bericht über Ereignisse etwa bis zum Anfang der 60er Jahre überliefert, der aus einem historischen Abstand verfasst wurde. Obwohl der Verfasser Quellen verwendete, die sich z. T. rekonstruieren lassen, hat er doch seine eigene Sicht in die Darstellung eingetragen. Dies ist besonders dort auffällig, wo uns Zeugnisse des Paulus zum selben Ereignis vorliegen, wie das etwa beim Apostelkonvent der Fall ist. Hier ist Paulus – unter Berücksichtigung der oben genannten Einschränkungen – jeweils vorzuziehen. In weiten Bereichen sind wir freilich allein auf die Apostelgeschichte angewiesen.

Paulusbriefe

Apostelgeschichte

Weitere Texte des frühen Christentums — Die anderen Schriften des Neuen Testaments, wie die deuteropaulinischen Schreiben, die Evangelien, die sogenannten katholischen Briefe und die Johannesapokalypse, bieten zumeist nur indirekte Informationen für die Geschichte des frühen Christentums. Gerade für die Zeit nach dem Tod der ersten Generation sind sie aber unverzichtbar und über weite Strecken die einzigen Quellen, die wir haben. Dies gilt auch für die sogenannten „Apostolischen Väter", von denen einzelne Texte zeitlich in die Spätphase des Neuen Testaments gehören.

Für andere außerkanonische bzw. apokryphe Schriften gilt zumeist, dass ihre Entstehungszeit jenseits unseres Zeitrahmens liegt. Ihre Berichte sind gegenüber älteren Quellen in der Regel sekundär, können im Einzelfall aber auch aufschlussreich sein. Die Nachrichten der Kirchenväter, wie z. B. von Irenäus oder Euseb, sind ähnlich zu beurteilen: Sie bieten direkte Nachrichten über bestimmte Ereignisse, freilich oft in Abhängigkeit von der Apostelgeschichte. Häufig sind sie legendarisch überformt, manchmal sogar frei erfunden, im Einzelfall aber u. U. glaubwürdig.

Antike Historiker — Abgesehen von christlichen Quellen sind Zeugnisse antiker Historiker heranzuziehen, wobei auch hier deren jeweiliges Darstellungsinteresse zu beachten ist. Diese bieten zwar so gut wie keine Informationen über das Christentum, helfen uns aber, die Ereignisse in einen größeren historischen Rahmen zu stellen. Zur Geschichte des frühen Judentums ist der jüdische Historiker Flavius Josephus (gest. um 100 n. Chr.) von größter Bedeutung, vor allem seine Bücher über den 1. Judäischen Aufstand *Bellum Iudaicum* (bell.) und die Geschichte des judäischen Volkes *Antiquitates Iudaicae* (ant.). Auch der hellenistisch-jüdische Philosoph Philo von Alexandrien (gest. nach 40 n. Chr.) ist eine Informationsquelle ersten Ranges. Fallweise sind auch rabbinische Quellen durchaus weiterführend. Aus der griechisch-römischen Literatur sind Plinius der Jüngere, Tacitus, Sueton, Cassius Dio u.v.m. unentbehrlich, vor allem um die Welt der frühen Christusgläubigen besser zu verstehen.

Inschriften und Papyri — Die Rekonstruktion historischer Ereignisse der Antike kann allerdings nicht allein auf Grundlage literarischer Quellen erfolgen, sondern muss auch andere Zeugnisse zu integrieren versuchen. Hier sind zunächst Inschriften zu nennen, die uns über historische Umstände und soziale Verhältnisse informieren und manchmal für Datierungen von besonderer Bedeutung sind. Ähnlich ist dies bei papyrologischen Zeugnissen, wobei vor allem bei den zahlreichen nicht-literarischen Papyri der oftmals lokale und private Charakter mit zu bedenken ist. Hinzu treten archäologische Überreste der Antike, die nicht nur die Lebenswelt der ersten Christusgläubigen illustrieren, sondern u. U. Rekonstruktionen historischer Umstände bzw. Abläufe ermöglichen. Auch Münzen spielen schließlich eine wichtige Rolle.

1.3 Historische Re-Konstruktion

Zunächst und vor allem wird Geschichte historisch-kritisch erarbeitet, genauerhin durch die Sichtung der Quellen, die Qualifizierung ihrer historischen Zuverlässigkeit und die Einordnung der einzelnen Ereignisse in einen chronologischen Rahmen. Dabei wird jeweils das Interesse der antiken Autoren zu berücksichtigen sein, deren narrative Strategie und soziale wie religiöse Verankerung.

Methodik

Wie jede Geschichtsforschung basiert auch die Rekonstruktion der Geschichte des frühen Christentums also auf der Interpretation von Quellen. Sie re-konstruiert eine Ereignisfolge, die sich nicht von selbst aus den Quellen erschließt, sondern erschlossen werden muss. Geschichtsschreibung erzählt so aus einer bestimmten Perspektive, die sich aus den Fragestellungen ergibt, aus der Position des Beobachters/der Beobachterin und dem Ziel seiner oder ihrer Erzählung. Wir interpretieren also die oben genannten Quellen und ordnen die Ergebnisse in einen Zusammenhang ein, den wir dann „Geschichte" nennen. Diese Interpretationen und Zusammenhänge sollen nicht nur plausibel, also möglich sein, sondern im Rahmen der Methoden der Geschichtsforschung auch wahrscheinlich. Es muss nur stets bewusst bleiben, dass es sich um Konstruktionen handelt, nicht um Abbildung historischer Wirklichkeit oder die Wiedergabe von Fakten. Im Diskurs jener, die sich mit der Geschichte befassen, muss sich eine historische Rekonstruktion dann bewähren.

Re-Konstruktion

Aufgabe des Historikers/der Historikerin ist in diesem Prozess u. a. auch ein möglichst wertfreier Blick auf die Quellen, die herangezogen werden. Dazu gehört für unsere Fragestellung, dass nicht nur die Geschichte jener erzählt wird, die sich in der Gestaltwerdung des frühen Christentums durchsetzten, wie etwa Paulus oder Petrus. Auch die marginalisierten und in der Ausbildung der Mehrheitskirche des 2./3. Jh. n. Chr. untergegangenen Formen des Christusglaubens und deren Trägergruppen sind bedeutend. Sie sind gerade als Kontrapunkte zu den sich letztlich durchsetzenden Ansichten und deren Vertretern von großem Gewicht. Analog dazu werden auch nicht nur jene Personen in den Blick genommen, die an der Spitze einzelner Bewegungen standen, wie etwa die Apostel oder die Autoren neutestamentlicher Texte. Denn die Geschichte des frühen Christentums wurde nicht nur durch herausragende Figuren gestaltet, sondern vor allem auch durch jene, die nicht selbst zur Sprache kamen, deren Glaubensvollzug aber in sehr unterschiedlicher Weise die Ausformungen des frühen Christentums kennzeichnete.

Neutralität

Ihre theologische Bedeutung hat die Teildisziplin „Geschichte des frühen Christentums" innerhalb der neutestamentlichen Exegese vor

Theologische Bedeutung

allem darin, dass sie hilft, die Schriften des Neuen Testaments sowie weitere frühchristliche Texte im historischen Kontext zu lesen. Nur in diesem Kontext sind sie als geschichtlich gewordene Texte verstehbar und ist ihr Sinngehalt auch von der historischen Situation abstrahierbar und für die Gegenwart fruchtbar zu machen.

„Wie alle anderen historischen Texte auch, sind die Quellen des Urchristentums nicht einfach mit der Wirklichkeit, auf die sie verweisen, identisch, sondern beziehen sich auf diese in selektierender und interpretierender Weise. Sie tun dies, wie andere Texte auch, im Medium der Sprache, die den Zugang zur Wirklichkeit strukturiert und zwischen Gegenwart und Vergangenheit vermittelt. Geschichte liegt nicht einfach in den Zeugnissen der Vergangenheit verborgen, sondern muss durch einen kreativen, sinnbildenden Akt aus ihnen erhoben werden." (Schröter, Neutestamentliche Wissenschaft 855).

„Die Ordnung von Geschehensabläufen oder die orientierende Deutung gibt es nicht erst durch narrative Vermittlung im Text, sie existiert bereits auf der Handlungs- und Wahrnehmungsebene selbst. Ereignisse oder auch Erlebnisse und Erfahrungen haben bereits im Moment des Geschehens narrative Strukturen. Sie sind nicht unsprachlich zu haben." (Zimmermann, Geschichtstheorien 433).

Literatur

Stefan Alkier, Urchristentum. Zur Geschichte und Theologie einer exegetischen Disziplin, BHTh 83, Tübingen 1993.

James D. G. Dunn, Beginning from Jerusalem, Christianity in the Making 2, Grand Rapids/Cambridge 2009, 3–130.

Karen L. King, Which Early Christianity?, in: The Oxford Handbook of Early Christian Studies, edd. S. Ashbrook Harvey/D. G. Hunter, Oxford 2008, 66–84.

Dietrich-Alex Koch, Geschichte des Urchristentums. Ein Lehrbuch, Göttingen ²2014, 21–39.

Markus Öhler, Ethnos und Identität. Landsmannschaftliche Vereinigungen, Synagogen und christliche Gemeinden, in: Anne Lykke/Friedrich T. Schipper (Hg.), Kult und Macht. Religion und Herrschaft im syro-palästinischen Raum – Studien zu ihrer Wechselbeziehung in hellenistisch-jüdischer Zeit (WUNT II/319), Tübingen 2011, 221–248.

Dieter Sänger, Ἰουδαϊσμός – ἰουδαΐζειν – ἰουδαϊκῶς. Sprachliche und semantische Überlegungen im Blick auf Gal 1,13f. und 2,14, ZNW 108, 2017, 150–185.

Jens Schröter, Neutestamentliche Wissenschaft jenseits des Historismus, ThLZ 128, 2003, 855–866.

Ruben Zimmermann, Geschichtstheorien und Neues Testament. Gedächtnis, Diskurs, Kultur und Narration in der historiographischen Diskussion, EC 2, 2011, 417–444.

http://marginalia.lareviewofbooks.org/jew-judean-forum/ [7.2.2018]

2 Die griechisch-römische Welt: Herrschaft, Gesellschaft, Religion

Für das Verständnis des frühen Christentums sind die historischen und kulturellen Kontexte der griechisch-römischen Welt von unerlässlicher Bedeutung. Dazu gehören ganz unterschiedliche Bereiche, die hier nur knapp angesprochen werden können: die Strukturen von Herrschaft, die kulturellen und sozialen Ausprägungen des Lebens sowie die religiösen Deutungen und Vollzüge.

2.1 Strukturen von Herrschaft

Im Blick auf die Herrschaftsstrukturen sind zwei Dimensionen zu unterscheiden: Der umfassendere Bereich ist jener des römischen Imperiums, zumal dessen geographischer Raum auch jener der Ausbreitung des frühen Christentums war. Unter lokalen Gesichtspunkten sind die Machthaber im Großraum Palästina von Bedeutung, sowohl jene aus dem Herodianischen Geschlecht als auch die römischen Präfekten bzw. Prokuratoren.

2.1.1 Herrschaft über das Imperium Romanum – Die Kaiser

Die Geschichte der römischen Kaiser ist durch ihren steten Bezug auf Augustus (31/27 v. Chr.–14 n. Chr.) geprägt. Die nach dem Bürgerkrieg (44–31 v. Chr.) erreichte Stabilität, zusammengefasst im Schlagwort der *Pax Romana* („Römischer Friede"), ermöglichte auch die Verbreitung des Christentums im Imperium Romanum. In der Zeit Jesu war mit Tiberius (14–37 n. Chr.) ein verlässlicher und um Stabilität bemühter Politiker Kaiser, der auch in Lk 3,1 erwähnt wird. Ihm folgte mit Gaius Caligula (37–41 n. Chr.) eine schwierige Persönlichkeit. Er verlangte als erster Kaiser göttliche Verehrung, wie der Historiker Sueton berichtet (Cal. 22,3). Auch im Jerusalemer Tempel sollte sein Standbild errichtet werden (Philo, leg. ad Gaium 200–207; Josephus, bell. 2,184–203; ant. 18,261–288). Lediglich sein vorzeitiger Tod verhinderte dies. Caligulas Onkel Claudius (41–54 n. Chr.), unter dem sich ein Großteil des Wirkens des Paulus vollzog, war ein gewiefter Politiker. Die östlichen Provinzen blühten unter seiner Regentschaft auf. Auf die Maßnahmen des Claudius gegen jüdische Christusgläubige in der Stadt Rom wird in Apg 18,2 angespielt (vgl. Sueton, Claud. 25,4; s. u. S. 86). Mit Nero (54–

Augustus

Tiberius

Caligula

Claudius

Nero

68 n. Chr.) setzten nach der stabilen Phase unsichere Zeiten ein. Nach einem zweifelhaften Bericht des Tacitus mussten Christusgläubige auf Veranlassung Neros als Sündenböcke für den Brand Roms im Jahr 64 n. Chr. herhalten (ann. 15,44,2–5; s. u. 14.2). Unter Neros Regierung begann im Jahr 66 n. Chr. auch der 1. Jüdäische Aufstand. Nach dem Selbstmord Neros konnte sich zunächst niemand entscheidend etablieren, sodass im Jahr 69 n. Chr. vier Kaiser den Regierungsanspruch erhoben: Galba, Otho, Vitellius und schließlich Vespasian, der sich durchsetzte. Er regierte bis 79 n. Chr. und begründete die Flavische Dynastie. Vespasian war zum Zeitpunkt seiner Machtergreifung gerade mit der Niederschlagung des Aufstandes in Judäa beschäftigt, die sein Sohn und Nachfolger Titus (79–81 n. Chr.) abschloss (s. u. 3.5.1). Beide standen für die Wiederherstellung der inneren und finanziellen Ordnung des Imperiums. Domitian (81–96 n. Chr.), Titus' Bruder und Nachfolger, setzte einerseits das auf ökonomische und gesellschaftliche Stabilität ausgerichtete Programm fort, galt aber andererseits aufgrund der Spannungen mit dem Senat als grausamer Herrscher (s. u. 14.3). Nach dem besonnen regierenden Nerva (96–98 n. Chr.) kam mit dessen Adoptivsohn Trajan (98–117 n. Chr.) ein Mann an die Macht, der später als der ideale Kaiser galt. In seiner Zeit hatte das römische Reich die größte Ausdehnung, unter ihm kam es u. a. aber auch zum Jüdäischen Aufstand in der Diaspora (115–117 n. Chr.; s. u. 3.7.3). Darüber hinaus wurden unter Trajan zum ersten Mal Christusgläubige wegen des Vorwurfs des Aberglaubens *(superstitio)* hingerichtet (s. u. 14.4). Sein Adoptivsohn Hadrian (117–138 n. Chr.), ein großer Freund griechischer Kultur, setzte die Stabilisierung fort und rückte den Kaiserkult noch stärker in den Vordergrund. 132–135 n. Chr. kam es zum

Kaiserdaten von Augustus bis Hadrian
Imperator Caesar Divi Filius **Augustus** 27 v. Chr.–14 n. Chr.
Tiberius Caesar Augustus 14–37 n. Chr.
Gaius Caesar Augustus Germanicus **Caligula** 37–41 n. Chr.
Tiberius **Claudius** Caesar Augustus Nero Germanicus 41–54 n. Chr.
Nero Claudius Caesar Augustus Germanicus 54–68 n. Chr.
Servius **Galba** Imperator Caesar Augustus 68–69 n. Chr.
Imperator Marcus **Otho** Caesar Augustus 69 n. Chr.
Aulus **Vitellius** Germanicus Imperator Augustus 69 n. Chr.
Imperator Titus Flavius **Vespasianus** Caesar 69–79 n. Chr.
Imperator **Titus** Caesar Vespasianus Augustus 79–81 n. Chr.
Imperator Caesar **Domitianus** Augustus 81–96 n. Chr.
Imperator **Nerva** Caesar Augustus 96–98 n. Chr.
Imperator Caesar Nerva **Traianus** Augustus 98–117 n. Chr.
Imperator Caesar Traianus **Hadrianus** Augustus 117–138 n. Chr.

zweiten Aufstand in Judäa (Bar-Kochba-Aufstand). Hadrian ließ ihn niederschlagen und an der Stelle des zerstörten Jerusalem die Stadt Aelia Capitolina errichten (s. u. S. 73).

2.1.2 Die römische Verwaltung

Die römische Verwaltung der frühen Kaiserzeit setzte auf ein System von Ausbildung und Beamtenlaufbahn, klaren Kompetenzen und gesetzlichen Richtlinien. Sie schloss die Ausübung und Repräsentation der römischen Machtstellung ein, wobei hinter dieser Praxis autorisierend und in vielen Bereichen auch entscheidend der römische Kaiser als oberstes Organ stand.

Das Imperium Romanum bestand aus Provinzen und Klientelfürstentümern. Provinzverwaltungen wurden seit 27 v. Chr. zum Teil vom Kaiser, zum Teil vom Senat besetzt. Kaiserliche Provinzen waren etwa Ägypten oder Syrien, die durch Präfekten bzw. Legaten für 2–3 Jahre verwaltet wurden. Zu diesen Legaten für die Provinz Syrien gehörte u. a. P. Sulpicius Quirinius, der im Jahr 6 n. Chr. in dem Verwaltungsgebiet von Judäa eine Volkszählung durchführen ließ (vgl. Lk 2,1 f.). Unter anderem unter Tiberius gab es durchaus auch längere Amtszeiten von römischen Funktionsträgern, wie z. B. die zehn Jahre des Pontius Pilatus (Josephus, ant. 18,89). Die zehn senatorischen Provinzen, wie z. B. Asia oder Zypern, wurden vom römischen Senat mit ehemaligen Konsuln bzw. Praetoren für ein Jahr besetzt. Neben den Provinzen gab es Verwaltungsgebiete wie Judäa, deren Leiter Statthaltern untergeordnet waren, die aber keine eigenständigen Provinzen waren (s. u. 2.1.3).

Provinzverwaltung

Die Statthalter waren vor allem für die Gerichtsbarkeit und die Eintreibung von Steuern und Abgaben verantwortlich. Auch die Durchführung kultischer Verrichtungen für das Heil Roms und des Kaisers sowie für lokale Gottheiten lagen in ihrem Aufgabenbereich. In seiner Amtsführung war ein Statthalter mehr oder weniger frei, sodass Grausamkeit und Ausbeutung ebenso möglich waren wie verständnisvolles Eingehen auf die jeweiligen lokalen Gegebenheiten.

Statthalter

Erste Verwaltungsinstanz war in der Regel aber keine römische Institution, sondern die lokale Administration. Obwohl die Oberhoheit bei römischen Statthaltern lag, überließen diese viele Bereiche einheimischen Einrichtungen. Vor allem die Ebene der Stadt (πόλις/*polis,* lat. *municipium, civitas*) war dabei zentral. Ihre Leitung rekrutierte sich durch Wahl aus den führenden Geschlechtern der Stadt, die in der Lage waren, die finanziellen Belastungen eines Amtes, das unentgeltlich war, zu tragen. Die konkrete Ausgestaltung von Ämtern war aber je nach Stadt und deren Status unterschiedlich. Das entscheidende

Lokale Verwaltung

Gremium war der Rat (βουλή/*boulē*; lat. *curia*), dem gegenüber das Volk (δῆμος/*dēmos*; lat. *populus*) in römischer Zeit nur noch geringe Bedeutung hatte. Den beiden Gremien zugeordnet war Hilfspersonal wie Schreiber oder Aufsichtsorgane. Auch private Unternehmer erledigten Verwaltungsaufgaben, wie z. B. die Zöllner (τελῶναι/*telōnai*; lat. *publicani*), die Steuern und Abgaben erhoben.

2.1.3 Herrschaft in Palästina

Der Großraum Palästina umfasste in der Antike die Gebiete Paneas, Gaulanitis, Trachonitis, Batanäa, Auranitis, Galiläa, Dekapolis, Peräa, Samaria, Judäa, Idumäa sowie einige Küstenstädte wie Askalon/Gaza, Jamneia, Caesarea Maritima, Joppe, Apollonia und Ptolemais. Die Bezeichnung dieses geographischen Bereichs als *Palaestina* geht auf die Zeit Hadrians nach der Niederschlagung des Bar-Kochba-Aufstands zurück (135 n. Chr.; s. u. 3.5.3). Da er sich in der modernen Altertumswissenschaft als Oberbegriff durchgesetzt hat, wird „Palästina" hier zur Beschreibung des Großraumes, den in unterschiedlichen Konstellationen Mitglieder der herodianischen Dynastie als Klientelfürsten sowie römische Verwaltungsbeauftragte beherrschten, verwendet.

Herodes der Große   An erster Stelle unter den Herrschern Palästinas ist Herodes zu nennen (37–4 v. Chr.), Begründer seiner Dynastie und König von Judäa, Samaria, Galiläa und Batanäa, der daher auch als Herodes der Große bezeichnet wird. Als Idumäer war er eigentlich kein Judäer, achtete aber die Bestimmungen der Tora. Er war als Klientelkönig ein enger Verbündeter des Augustus bzw. Tiberius und trieb die Hellenisierung Palästinas voran. Herodes baute Samaria wieder auf und gründete Caesarea Maritima als Hafenstadt. Er ließ die Paläste von Massada und Herodeion errichten und den Jerusalemer Tempel zu einer großartigen Anlage nach hellenistischem Vorbild umbauen. Hohepriester und Synhedrion, die innerjüdische Leitung, verloren unter ihm ihre traditionelle Macht. Widerstand, auch aus der eigenen Familie, wurde brutal gebrochen, was sich auch in der Erzählung vom Knabenmord in Bethlehem niederschlug (Mt 2,1–19). Herodes teilte sein Reich testamentarisch unter seine Söhne Archelaos, Herodes Antipas und Philippus auf.

Archelaos   Archelaos (4 v. Chr.–6 n. Chr.; vgl. Mt 2,22) wurde wegen Unfähigkeit, über die sich die Elite Judäas beschwerte, durch römische Beamte
Präfekten   ersetzt. Diese trugen den Titel *praefectus*/Präfekt, waren ritterlicher Herkunft und untergeordnete Beamte des Legaten von Syrien für das Gebiet von Judäa, Samaria und Idumäa. Sie waren daher auch nicht im eigentlichen Sinn Statthalter. Zu dieser Riege gehörte u. a. Pontius Pilatus (26–36 n. Chr.), unter dem Jesus hingerichtet wurde.

Das Gebiet von Galiläa und Peräa regierte von 4 v. Chr.–39 n. Chr. Herodes Antipas als Tetrarch. Er war der Landesherr von Johannes dem Täufer und Jesus (Mk 6,14–29; Lk 3,1; 13,31f.; 23,7–12). Philippus erhielt Gebiete im Nordosten Palästinas und regierte von 4 v. Chr.– 33 n. Chr. Von 37–44 n. Chr. gelang es Herodes Agrippa I., einem Freund des Kaisers Claudius, noch einmal, das Großreich seines Großvaters, Herodes dem Großen, wiederherzustellen, allerdings kam er erst im Jahr 41 n. Chr. tatsächlich nach Jerusalem. Unter seiner Regentschaft wurde der Jünger Jakobus, Sohn des Zebedäus, hingerichtet (Apg 12,1f.).

Herodes Antipas

Philippus

Herodes Agrippa I.

Herrscher aus dem Haus des Herodes

37–4 v. Chr.	Herodes der Große
4 v. Chr.–6 n. Chr.	Archelaos
4 v. Chr.–39 n. Chr.	Herodes Antipas
4 v. Chr.–33 n. Chr.	Philippus
37/41–44 n. Chr.	Herodes Agrippa I.
48/49–92/93 n. Chr.	Herodes Agrippa II.

Nach dem Tod Agrippas I. übernahmen ab 44 n. Chr. die Römer wieder direkt die Leitung. Die vom Kaiser mit der Verwaltung Beauftragten hatten nun den Rang von Prokuratoren, was ihnen mehr eigenen Handlungsspielraum gab als den früheren Präfekten. Zu nennen sind hier u. a. Cuspius Fadus (44–46 n. Chr.), unter dem es zum Aufstand des Theudas kam (vgl. Apg 5,36), und der romanisierte Judäer Tiberius Iulius Alexander (46–48 n. Chr.). Antonius Felix (52–59 n. Chr.) und Porcius Festus (59–62 n. Chr.) hielten Paulus in Gefangenschaft. Herodes Agrippa II., Sohn von Agrippa I., erhielt ab 48/49 n. Chr. Gebiete im Norden Palästinas, u. a. Galiläa, und herrschte bis 92/93 n. Chr. Nach Apg 25,13–26,32 begegnete Agrippa II. in Caesarea Maritima gemeinsam mit seiner Schwester Berenike dem gefangenen Paulus. Die Rolle der Hohepriester und des Synhedrions war unter diesen Bedingungen die des Vermittlers zwischen römischer Herrschaft und dem Volk vor Ort. Sie bemühten sich um Frieden und die Weiterführung des Kultes, verloren aber zunehmend die Anerkennung ihrer religiösen Legitimation.

Prokuratoren

Nach dem Ende des ersten Aufstandes der Judäer im Jahr 70 n. Chr. übernahm zunächst der Kommandant der in Jerusalem stationierten *Legio X Fretensis* auch das Amt des Prokurators. Die nun von Syrien unabhängige senatorische Provinz Judäa, in der um 110 n. Chr. eine zweite römische Legion stationiert wurde, bestand bis zum Ende des

Nach 70 n. Chr.

zweiten Aufstandes (132–135 n. Chr.). Nach dessen Niederschlagung wurde Judäa in Syria-Palästina umbenannt.

Römische Beauftragte in Palästina 6–66 n. Chr.

Präfekten
6–9   Coponius
9–12   Marcus Ambibulus
12–15 Annius Rufus
15–26 Valerius Gratus
26–36 Pontius Pilatus
36–37 Marcellus
37–41 Marullus
(37/41–44 Agrippa I.)

Prokuratoren
44–46 Cuspius Fadus
46–48 Tiberius Iulius Alexander
48–52 Ventidius Cumanus
52–59 Antonius Felix
59–62 Porcius Festus
62–64 Albinus
64–66 Gessius Florus

2.2 Gesellschaft und Kultur

2.2.1 Der mediterrane Raum

Verbreitungsgebiete des Christentums

Vom Großraum Palästina mit seinen zahlreichen Landschaften ausgehend kam der Christusglaube bis 135 n. Chr. in weite Bereiche des römischen Imperiums. Belegt ist dies vor allem für Syrien, Kleinasien, Griechenland und das südliche Italien, doch ist auch eine frühe Verbreitung nach Ägypten und Nordafrika, nach Norditalien, auf den Balkan und vielleicht auch nach Spanien sehr wahrscheinlich. In dieser Welt entstand das frühe Christentum. Es ist daher von größter Bedeutung, die verschiedenen Kontexte, aus denen die ersten Christusgläubigen stammten und in denen sie selbstverständlich lebten, genauer zu betrachten.

2.2.1.1 Der einheitliche Kulturraum

Hellenisierung

Von größter Bedeutung für die Entstehung und Ausbreitung der Christusbotschaft war der durch die Hellenisierung seit Alexander dem Großen (356–323 v. Chr.) entstandene einheitliche Kulturraum. Griechische Kultur war vor allem in der östlichen Hälfte des Imperiums das bestimmende Moment, das sich in allen Lebensbereichen durchsetzte. Städte wurden nach griechischem Vorbild gebaut und gesellschaftlich strukturiert. Gymnasien, Bäder, Theater und Tempel wurden an allen Orten zu Kennzeichen griechischer Lebenskultur. Die Verehrung der olympischen Götter war überall verbreitet, und die jeweiligen autochthonen Kulte wurden mithilfe einer *interpretatio Graeca* integriert. Auch griechische Philosophie verbreitete sich weit über Griechenland hinaus, sodass sie in der Kaiserzeit ihre Zentren in Alexandria oder Rom hatte. Da sich auch die römische Welt in weiten Bereichen der Hellenisierung anschloss, kann man für den Mittelmeerraum von einer beinahe vollständigen Akkulturation ausgehen, die zu einem einheitlichen Kulturraum führte.

Für die Übernahme der griechischen Kultur spielte auch die griechische Sprache eine eminent wichtige Rolle Sie wurde zur Lingua franca im gesamten östlichen Mittelmeerraum bis weit in die Bevölkerungen Roms und Süditaliens hinein. Nicht nur in den Städten, sondern auch in den ländlichen Bereichen etwa Kleinasiens wurde Koine-Griechisch, das „allgemeine" Griechisch, gesprochen. Damit verstärkte sich die Möglichkeit, Ideen und Kulte zu verbreiten, noch weiter. So ist es nicht verwunderlich, dass ab dem 3. Jh. v. Chr. Judäer in Alexandria ihre heiligen Schriften ins Griechische übersetzten und damit die Septuaginta (LXX) schufen. Später wurden auch das Neue Testament sowie die gesamte frühchristliche Literatur in Koine-Griechisch verfasst.

Koine-Griechisch

Selbstverständlich gab es von dieser umfassenden Akkulturation partielle Ausnahmen, die in einzelnen Bereichen eine gewisse Eigenständigkeit bewahrten. Das konnte etwa die Sprache betreffen: So blieb in Syrien und Palästina Aramäisch die erste Sprache, auch wenn in den Städten Griechisch vorherrschte. Auch lokale Sprachen wie das Hebräische, Koptische, Lykaonische oder Phrygische wurden weiterhin gesprochen. Die Hellenisierung der Kulte wurde in manchen Gebieten nur teilweise betrieben, wie sich am Judentum oder an ägyptischen religiösen Traditionen zeigt. Auch die Wirtschaftsstrukturen wurden nicht überall gleichermaßen dem griechischen Modell angepasst.

Lokale Besonderheiten

2.2.1.2 Stabilität und Pax Romana

Das Imperium Romanum befand sich in der Zeit des frühen Christentums trotz mancher Konflikte an den Außengrenzen und seltener politischer Unsicherheit in einer Phase der Stabilität und Ausdeh-

Pax Romana nung, der sogenannten Pax Romana. Das ermöglichte Investitionen in eine prosperierende Wirtschaft, die umfassende Neugestaltung der Städte und den Aufbau einer für antike Verhältnisse hervorragenden Infrastruktur. Zahlreiche römische Straßen, die sowohl dem imperiumsweiten Handel wie auch dem Militär dienten, verbanden alle Teile des Reiches. So konnte etwa Paulus auf seinen Reisen zwei bekannte Straßen nutzen: die *Via Sebaste* im Inneren Kleinasiens, die durch das pisidische Antiochien, Ikonion und Lystra führte, und die *Via Egnatia*, die vom Bosporus durch Makedonien und Illyrien bis an die Adriaküste verlief. Die erfolgreichen Kämpfe gegen das Piratenunwesen erlaubten zudem Schiffsreisen, mit denen weite Entfernungen relativ sicher bewältigt werden konnten.

2.2.2 Die Stadt als Zentrum des antiken Lebens

Stadt Das soziale Leben war im Osten des Imperiums durch die Stadt geprägt. Diese bestand aus der eigentlichen Polis und ihrem landwirtschaftlich bedeutenden Umfeld. Die Stadt war der Kulturraum, in dem sich das frühe Christentum hauptsächlich verbreitete. Während die Leute auf dem Land als ungebildet galten, hatte die Stadt ein geordnetes Bildungs- und Kulturangebot und war durch Ämter und Verwaltungseinheiten strukturiert. Sie bot durch Märkte und Handwerksstätten zahlreiche ökonomische Möglichkeiten und stellte gesellschaftliche Angebote zur Verfügung. Gymnasien und Bäder sowie Vereinigungen erfüllten das Bedürfnis nach Geselligkeit, Theater und Stadien das nach Unterhaltung. In Tempeln unterschiedlicher Gottheiten vollzog sich darüber hinaus das religiöse Leben einer Stadt.

Provinz Mit dem Vordringen und der Machtübernahme der Römer trat ein weiteres Element hinzu. Zum einen wurden die Städte, die zuvor Teile von lokalen Königreichen gewesen waren, in Provinzen eingegliedert. Der Statthalter und sein Apparat legten nun die Regeln fest, die Steuern flossen nach Rom. Manche Städte erhielten zwar Privilegien, die ihnen ein höheres Maß an Selbstverwaltung zubilligten, doch auch sie standen selbstverständlich unter der Herrschaft Roms. Die Gründung zahlreicher römischer Kolonien, wie z. B. von Korinth oder Philippi, und die Zuwanderung in die großen Städte führten zu einer wachsenden Präsenz römischer Bürger im Osten, die dort auch kulturell ihren Stempelabdruck hinterließen. Die lokalen Eliten der Städte waren daher stets um gute Beziehungen zu den römischen Institutionen und vor allem zum Kaiser bemüht. Zugleich war die frühe Kaiserzeit eine Phase des wirtschaftlichen Aufschwungs gerade der Provinzen im Osten, was sich an den zahlreichen öffentlichen Bauwerken bis heute erkennen lässt.

Gesellschaft und Kultur

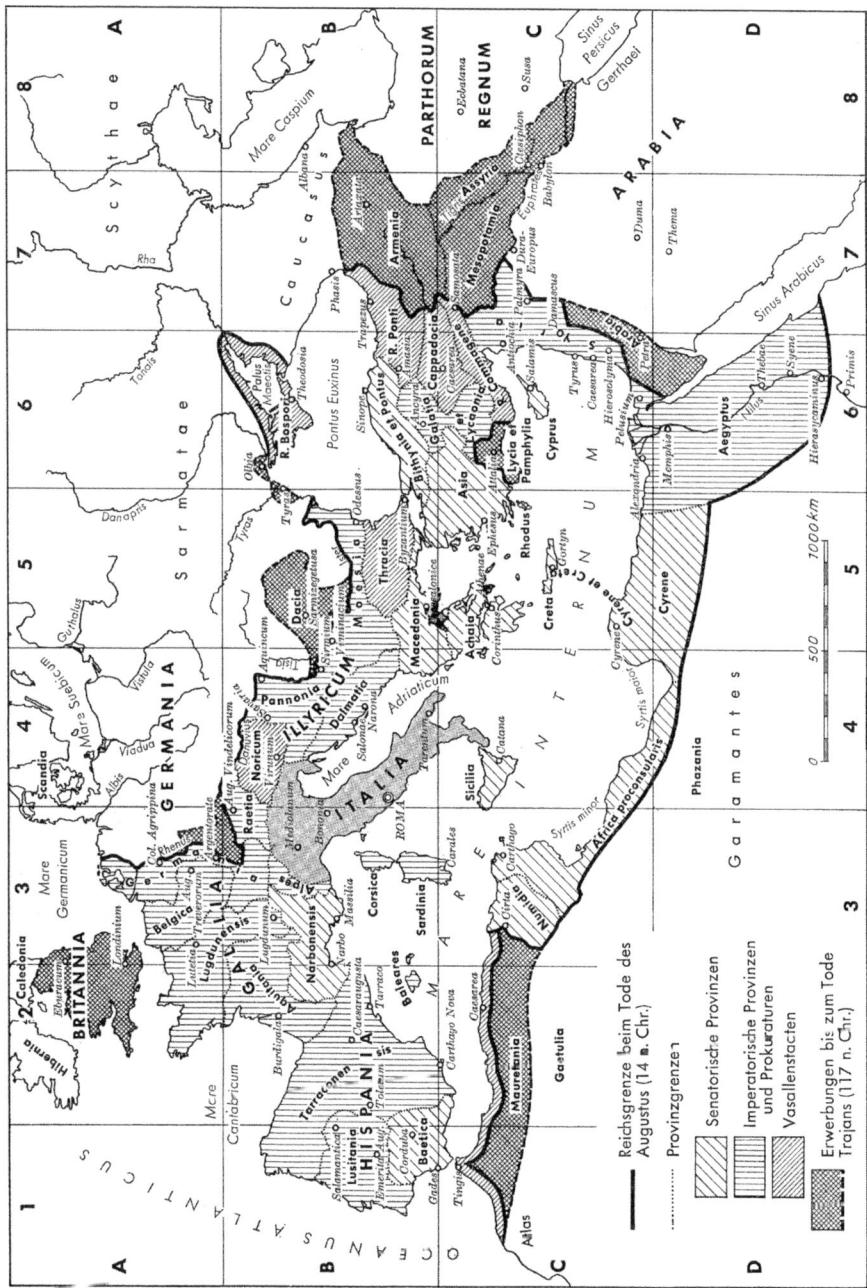

Karte 1: Das römische Reich in neutestamentlicher Zeit

2.2.3 Soziale Gruppen

Unterhalb der Polis-Ebene bestanden verschiedene Gruppen mit einer hohen Bedeutung für das gesellschaftliche Zusammenleben.

2.2.3.1 Familie und Haus

Haus — Basis der Gesellschaft war die Familie. Ihre Bezeichnung als „Haus" (οἶκος/*oikos* bzw. οἰκία/*oikia*; lat. *domus*) lässt erkennen, dass die Familie – Eltern mit 2–3 Kindern – mit dem Haushalt identifiziert wurde und über die verwandtschaftlichen Grenzen hinaus auch Sklaven und Sklavinnen bzw. Freigelassene umfassen konnte. Das gilt auch für das semitische Äquivalent *bayit*. Je nach wirtschaftlicher Potenz konnte ein „Haus" größer oder kleiner sein. Oft wohnten auch noch die Großeltern oder andere Verwandte unter demselben Dach. Die Orientierung am Haus zeigt an, dass die Familie auch als ökonomische Einheit verstanden wurde. Antike Werke aus der Feder etwa des Xenophon oder (angeblich) des Aristoteles widmeten sich unter dem Titel „Ökonomie" ausführlicher der ordentlichen Führung eines Haushalts.

Rollen im Haus — Das Rollenverständnis innerhalb der Familien war klar festgelegt: Der Hausherr (griech. οἰκοδεσπότης/*oikodespotēs*; lat. *paterfamilias*) war der Herr über alle Mitglieder des Hauses, oberster Priester der Hauskulte und Repräsentant nach außen. Die Aufgaben der Frau wurden zumeist auf den internen Bereich festgelegt, also Hauswirtschaft und Erziehung. Kinder und Sklaven/Sklavinnen standen am unteren Ende der Hierarchie. Die Erfüllung der jeweiligen Rollen war Grundvoraussetzung für das Funktionieren des Haushalts. Das gilt grundsätzlich in allen Gegenden des Mittelmeerraums, wenngleich es zwischen griechischer und römischer Tradition durchaus Unterschiede gab, die u. a. rechtliche Regelungen betrafen. Der jeweilige gesellschaftliche Stand konnte überdies Frauen mehr oder weniger Freiraum ermöglichen.

2.2.3.2 Freie und Sklaven

Als frei galten in der griechisch-römischen Gesellschaft all jene, die entweder frei geboren oder aus der Sklaverei freigelassen worden waren. Frei Geborene bildeten jenen Teil der Polis-Gesellschaft, der an den politischen Prozessen beteiligt war, wobei auch ökonomische und andere Faktoren selbstverständlich eine Rolle spielten. Freigelassene hingegen unterlagen verschiedenen Einschränkungen, die erst bei ihren Nachkommen, die als frei geboren galten, wegfielen.

Hinsichtlich der Stellung von Sklaven und Sklavinnen die Angehörigen von Haushalten mit entsprechenden finanziellen Mitteln waren, ist eine differenzierte Wahrnehmung wichtig. Grundsätzlich galt ein Sklave (griech. δοῦλος/*doulos;* lat. *servus*) als Eigentum seines Herrn, über das dieser vollständige Verfügungsmacht hatte. Es handelte sich also um ein strukturelles Gewaltverhältnis, das allerdings in der Praxis und zumal in der Kaiserzeit gegenüber den historischen Anfängen bereits abgemildert war. Die Situation der Sklaven und Sklavinnen, die 15–30 Prozent der Bevölkerung einer Stadt ausmachten, hing von ihrem Einsatzort und ihrer Ausbildung ab: Am schlechtesten stand es wegen der Arbeitsbedingungen um jene, die in Bergwerken arbeiten mussten. Die Landgüter (Latifundien) der Oberschicht waren nur durch die Arbeitskraft von Sklaven wirtschaftlich zu führen, wobei die Aufsicht zumeist ebenfalls einem Sklaven überlassen wurde (vgl. Lk 12,42–48). Eine gute Behandlung der Sklaven als wichtige Arbeitskräfte war durchaus bedeutend, um die wirtschaftliche Investition zu schützen. Viele Sklaven und Sklavinnen in den Städten gehörten zu einzelnen Haushalten (Hausklaven, griech. οἰκέται/ *oiketai*) und erfüllten neben Haushaltstätigkeiten auch Funktionen als Erzieher, Lehrer oder Schreiber. Andere arbeiteten in Werkstätten, in der städtischen oder imperialen Verwaltung bzw. in der Prostitution. Ihre Lebensverhältnisse richteten sich nach ihrer Qualifikation und Bindung an den Hausherrn oder andere Mitglieder der Familie. Einige wenige Sklaven, u. a. jene, die zum Kaiserhaus gehörten, hatten durchaus machtvolle Positionen inne. Ein Sklave zu sein, musste also nicht automatisch Armut oder Misshandlungen mit einschließen. Die Lebensumstände eines Sklaven hingen vielmehr von den sozialen und ökonomischen Verhältnissen des Besitzers sowie von dessen Umgang mit seinen Sklaven ab.

Eine Quelle von Sklaven und Sklavinnen waren Kriege, in deren Folge die Unterlegenen in großer Zahl und in alle Bereiche des Mittelmeerraums verkauft wurden. Solche Auseinandersetzungen konnten den hohen Bedarf allerdings nur kurzfristig ausgleichen. In der Kaiserzeit waren die meisten Sklaven und Sklavinnen selbst Nachkommen von Sklaven (οἰκογενεῖς/*oikogeneis*, lat. *vernae*). Junge oder neue Sklaven wurden im Haus ausgebildet, um dann auch gewinnbringend verkauft werden zu können. Der Hausherr konnte Ehen zwischen Sklaven erlauben, zugleich waren sexuelle Beziehungen zwischen ihm und Sklavinnen bzw. Sklaven ebenfalls möglich. Kinder von Sklaven waren Eigentum des Besitzers.

Ein wichtiges Lebensziel vieler Sklaven und Sklavinnen war die Freilassung durch ihren Herrn (ἀπ-ἐλευθερία/*ap-eleutheria*, lat. *manumissio*). Während der Sklave ein Freigelassener wurde, ein ἀπ-ἐλεύθερος/

Stellung von Sklaven

Neue Sklaven

Freilassung

ap-eleutheros (lat. *libertus*), wurde sein Herr zu seinem Patron. Er besaß dadurch noch ein gewisses Verfügungsrecht über seinen ehemaligen Sklaven, der nun zu seinem Klienten geworden war. Die Freilassung von Sklaven und Sklavinnen konnte auch testamentarisch festgesetzt oder durch die Zahlung einer Geldsumme an den Besitzer erreicht werden. Vielen Sklaven und Sklavinnen wurde von ihren Besitzern die Möglichkeit eingeräumt, Geld anzusparen, um sich schließlich selbst freikaufen zu können. Die Aussicht auf Freilassung führte dazu, dass Flucht, die strengstens bestraft wurde, und Aufstände wie jene, die zwischen 140 und 70 v. Chr. blutig niedergeschlagen wurden, eher selten waren.

Trotz mancher Überlegungen zur prinzipiellen Gleichheit aller Menschen und einer dementsprechenden Problematisierung der Sklaverei in der kynisch-stoischen Philosophie wurde dieses System in der gesamten Antike nicht in Frage gestellt, auch nicht durch das entstehende Christentum.

2.2.3.3 Vereinigungen

Eine wichtige Stellung zwischen den gesellschaftlichen Ebenen von Familie und Polis nahmen Vereinigungen ein. In der frühen Kaiserzeit erlebte der Mittelmeerraum ein Aufblühen des Vereinswesens, sodass ein gewichtiger Teil der Bevölkerung in den Städten – bis zu einem Drittel aller freien Männer – Mitglied in einer oder mehreren Vereinigungen war.

Netzwerke — Vereinigungen fungierten als soziale Netzwerke, in denen sich Menschen aufgrund ähnlicher Interessen trafen. Sie hatten einen beruflichen, ethnischen oder religiösen Schwerpunkt, wobei die Verehrung von Göttern in allen Vereinigungen eine Rolle spielte. Weit verbreitet waren z. B. Vereinigungen, die den Dionysos- bzw. Bacchuskult pflegten, in vielen wurde auch zusätzlich zur eigentlichen Vereinsgottheit der Kaiser verehrt.

Kultische Dimension — Viele der Namen, die sich Vereinigungen gaben, verweisen auf Gottheiten: Dionysiasten (=Iobakchen), Isiakoi (Verehrer der Isis), Demetriasten (Verehrer der Demeter), Poseidoniasten (Verehrer des Poseidon) usw. Andere rückten den Beruf im Namen in den Vordergrund, wieder andere ihre Herkunft. Zu Letzteren gehörten auch die „Synagogen der Judäer", also die Versammlungen jener, die selbst oder deren Vorfahren aus Judäa stammten. Darüber hinaus gab es die unterschiedlichsten griechischen und lateinischen Bezeichnungen, zu denen u. a. θίασος/*thiasos*, ἔρανος/*eranos*, σύνοδος/*synodos* und ἑταιρία/*hetairia* gehören bzw. die lateinischen Begriffe *collegium*, *societas* und *sodalitas*. Im Bereich des aramäischsprachigen Judentums begegnet der Begriff *chavurah*, der in der Mischna dementsprechend verwendet wird (vgl. mErub 6,6).

Feste für die Götter mit einem anschließenden Gemeinschaftsmahl stellten das Zentrum des Vereinslebens dar, wie überhaupt der Freundschaftsaspekt von großer Bedeutung war. Die Treffen fanden je nach finanziellen Möglichkeiten in privaten Unterkünften oder angemieteten Räumen statt, in einem an einen Tempel angeschlossenen Speiseraum oder in einem eigenen Vereinshaus. Mähler wurden aus der gemeinsamen Kasse (griech. κοινόν/*koinon*) finanziert, in die festgesetzte Beträge regelmäßig eingezahlt wurden. Dazu kamen Gelder aus Beitrittsgebühren sowie von Sponsoren und Patronen, die manchmal sehr großzügig ausfielen. In Vereinsordnungen, die uns in Inschriften oder auf Papyrus überliefert sind, spielen diese Mahlzeiten, ihre Häufigkeit, Regelung und Finanzierung, eine große Rolle, woraus deutlich wird, dass sie der wichtigste Teil des Vereinslebens waren. Vereinsleben

Über das gemeinsame Essen und Trinken hinaus machten es sich Vereinigungen auch öfters zur Aufgabe, für standesgemäße Begräbnisse ihrer Mitglieder und eine fortdauernde Erinnerung an sie zu sorgen. Dies war vor allem für die Ärmeren wichtig, die sonst nach ihrem Tod in einem Massengrab verscharrt worden wären. Vermögendere Vereinigungen hatten sogar eigene Begräbnisstätten, in Rom etwa sogenannte Columbarien. Möglich waren zudem Kreditvergaben aus der Vereinskasse, die manchmal auch Hauptzweck der Vereinigung waren. Begräbnisse

Für viele Bewohner einer Polis stellte die Mitgliedschaft in einer Vereinigung die einzige Möglichkeit dar, ein gewisses Maß an Ansehen zu gewinnen. Denn die innere Struktur dieser Gemeinschaften war jener der Polis nachgebildet, sodass es neben der Vereinsversammlung auch zahlreiche Ämter gab, die grundsätzlich allen Mitgliedern offenstanden. Unter den sehr unterschiedlichen Funktionsbezeichnungen sind auch solche, die sich in frühchristlichen bzw. jüdischen Gruppen finden: Presbyteros („Ältester"; z. B. CIRB 1283; IGUR I 77), Episkopos („Aufseher"; IDelos 1522), Diakonos („Diener"; ICariaR 162), Archisynagogos („Synagogenvorsteher"; GRA I 66), Grammateus („Schreiber"; GRA II 111). Ämter

Eine große Zahl an Ehreninschriften für verdiente Funktionäre von Vereinigungen, die die unterschiedlichsten Titel tragen konnten, bezeugen überdeutlich, wie wichtig Ämter waren. In der Praxis bedeutete die Übernahme eines Amtes wie in der Polis oft auch eine finanzielle Belastung.

Die Zusammensetzung der Vereinigungen war sehr unterschiedlich. Zwar waren in den meisten ausschließlich Männer zugelassen, es gab aber auch gemischte Vereinigungen (GRA I 40.61; II 105.117; Zusammensetzung

IGUR III 160), seltener reine Frauenvereinigungen (GRA I 143; IGBulg IV 1925,b). Hinsichtlich der sozialen Herkunft lässt sich Ähnliches beobachten: Etliche Vereinigungen bestanden ausschließlich aus Mitgliedern der lokalen Elite (GRA I 51), andere nur aus Sklaven und Freigelassenen (GRA I 68), wieder andere waren Mischformen (GRA II 117). Die Zahl der Mitglieder war in der Regel nicht groß (15–30 Personen), sehr selten waren Vereinigungen mit mehreren hundert Personen (IGUR III 160).

Rechtliche Situation   Die rechtliche Situation war charakterisiert durch die grundsätzliche Freiheit, Vereinigungen gründen zu dürfen, solange sich diese als loyal gegenüber den Interessen von Polis und Imperium und harmlos erwiesen. Erst wenn Probleme auftraten, wurden die römischen Behörden aktiv. Der sogenannte Bacchanalienskandal, über den uns ein erhaltener Senatsbeschluss aus dem Jahr 186 v. Chr. (CIL I^3 581) sowie der römische Geschichtsschreiber Livius informieren (*ab urbe condita* 39,8–19), war der erste Fall, in dem eine Vereinigung verboten wurde. Später wurden bei politischen Unruhen in Rom ebenfalls Vereinigungen untersagt, während andere – wie etwa jene der Judäer – ausdrücklich erlaubt wurden (Sueton, Caes. 42,3; Aug. 32,1; Josephus, ant. 14,213–216). In Briefen an den Statthalter Plinius in der kleinasiatischen Provinz Bithynien-Pontus untersagte Trajan die Zulassung von Vereinigungen (Plinius d. J., epist. 10,33f.; 92f.), sodass sich auch Christusgläubige nicht mehr trafen, weil sie dies auch auf ihre Versammlungen bezogen (epist. 10,96). Für einige wenige Vereinigungen im Bereich der Stadt Rom, die Mitglieder der Eliten als Patrone hatten, ist demgegenüber eine formelle Bewilligung durch den römischen Senat belegt (CIL VI 2193; XIV 2112). Die allermeisten Vereinigungen hatten aber keinerlei Zulassung und benötigten diese auch nicht. Sie waren vielmehr wichtige Bestandteile in der Sozialstruktur der antiken Welt.

2.2.3.4 Bürger und Fremdlinge

Städtisches Bürgerrecht   Jeder freie männliche Bewohner einer Stadt war auch ihr Bürger und hatte damit bestimmte politische Rechte, die Frauen, Sklaven und Sklavinnen sowie Fremden nicht gewährt wurden. Dies betraf u. a. die grundsätzliche Möglichkeit, öffentliche Funktionen auszuüben oder in der Bürgerversammlung (ἐκκλησία/*ekklēsia*) an Abstimmungen teilzunehmen. Aber auch hier bestanden Einschränkungen aufgrund des Alters, des Vermögens, durch Beruf oder Herkunft.

Römisches Bürgerrecht   Vom städtischen Bürgerrecht zu unterscheiden ist das römische Bürgerrecht (πολιτεία/*politeia*, lat. *civitas*), das das römische Stadtbürgerrecht zu einem Reichsbürgerrecht umwandelte. In der Kaiserzeit war es miteinander vereinbar, sowohl Bürger einer Polis als auch römischer Bürger zu sein. Auch Judäer konnten römische Bürger werden, da keine kultischen Verpflichtungen damit verbunden waren. Das Bürgerrecht konnte auf verschiedenen Wegen erworben werden: durch Geburt von freien Eltern bzw. Adoption, durch Freilassung durch einen römischen Bürger oder durch Verleihung (individuell oder als Gemeinschaft), gegebenenfalls auch durch Kauf (vgl. Apg 22,28). Soldaten erhielten das Bürgerrecht nach Ablauf ihrer Verpflichtung (d. h. nach 16–28 Jahren, je nach Truppenteil). Das Bürgerrecht umfasste Rechte wie etwa die Möglichkeit zu politischer Mitbestimmung, die Anrufung des Kaisers in Gerichtsverfahren oder die Freiheit von bestimmten Steuern und Verpflichtungen. Nach 212 n. Chr. besaßen alle Bewohner des Römischen Reiches das römische Bürgerrecht.

Die großen Städte des Mittelmeerraums bestanden aber nicht nur aus Einwohnern, die vor Ort geboren waren, vielmehr spielte Migration eine wichtige Rolle für die Zusammensetzung der Bevölkerung. *Migration* Die weite Verbreitung von Fremden (Metöken bzw. Peregrinen) resultierte aus verschiedenen Phänomenen: So führten etwa Städtegründungen dazu, dass Menschen ihre Heimat verließen und sich in neuen Siedlungen niederließen. Beispielsweise bestand die Metropole Ale- *Neuansiedlung* xandria in Ägypten aus angesiedelten Griechen, die das städtische Bürgerrecht hatten, sowie Judäern, die mit wechselndem Erfolg dieses Bürgerrecht beanspruchten, und Ägyptern, denen das Bürgerrecht in der hellenistischen Stadt verwehrt wurde. In römischen Kolonien wie Philippi oder Korinth waren es zunächst die römischen Siedler – Veteranen und Bauern –, die das städtische Bürgerrecht hatten, doch wurde die ursprüngliche Bevölkerung mehr oder weniger integriert.

Ein anderer Grund für Migration waren wirtschaftliche Anlässe: *Wirtschaftsmigration* Handelstreibende, aber auch Handwerker und Arbeiter folgten den ökonomischen Möglichkeiten. Hafenstädte wie Korinth, Alexandria oder Ostia bestanden daher aus Angehörigen verschiedenster Völker. Gleiches galt für die Verwaltungsorgane oder das Militär.

Als dritter Faktor für Migrationsbewegungen ist schließlich die Sklaverei zu nennen. Sklaven und Sklavinnen wurden durch das *Sklavenmigration* gesamte Imperium transferiert, sodass sie sich – oftmals getrennt von Familienangehörigen – an weit entfernten Orten wiederfanden, in sehr vielen Fällen in der Stadt Rom selbst.

Diese verschiedenen Formen der Migration führten nicht nur zur Ausbildung von Gruppen innerhalb der Städte, sondern auch zum Kulturaustausch sowohl hinsichtlich der Sprache als auch im Hinblick *Kulturaustausch* auf Religiosität und Kulte. Durch die jüdische Diaspora, die zahlenmäßig größer war als die jüdische Bevölkerung in Palästina, wurde z. B. der bildlose Monotheismus der Judäer bekannt samt ihrer besonderen

Bräuche. Über das Militär verbreitete sich u. a. die Mithrasverehrung, und für die Isis- und Serapiskulte spielten Ägypter eine wichtige Rolle. Migration ist daher auch als ein wichtiger Faktor für die Verbreitung des frühen Christentums zu berücksichtigen.

2.2.4 Soziale Differenzierung

Innerhalb der griechisch-römischen Gesellschaft gab es deutliche soziale Unterschiede, die sich sowohl in den politischen Beteiligungsmöglichkeiten als auch in den ökonomischen Verhältnissen zeigten. Im Einzelnen stellt sich dies wie folgt dar:

2.2.4.1 Soziale Stratifikation

Oberschicht

Die *imperiale Führungsschicht* bestand aus dem Kaiser und seiner Familie sowie den einflussreichen Senatoren, war also zahlenmäßig sehr klein. Ihre Mitglieder hatten aufgrund ihrer Herkunft und der damit verbundenen Einflussmöglichkeiten teilweise enormen Landbesitz bzw. riesige Vermögen zur Verfügung. Auch die Angehörigen der *imperialen Oberschicht*, zu der die übrigen Senatoren, die Angehörigen des Ritterstandes *(eques)*, Klientelfürsten, Priesterfamilien und die engsten Gefolgsleute der elitären Haushalte gehörten, zeichneten sich ebenfalls durch Herkunft und Besitz aus. Zur Elite zählen schließlich auch die Mitglieder der *lokalen Oberschicht* und Dekurionen in den Städten des Imperiums sowie deren engste Gefolgsleute.

Die zahlenmäßig kleine Minderheit aus Führungs- und Oberschicht – 1–5 % der Bevölkerung – bestimmte nicht nur das politische Geschick der großen Mehrheit, sie war auch für die Errichtung und Erhaltung von Bauwerken, die Abhaltung von Spielen und vieles mehr verantwortlich. Ihren Mitgliedern wurde in Ehrungen, von denen sehr viele Inschriften bis heute Zeugnis ablegen, diese hohe soziale Stellung umgekehrt auch immer wieder bestätigt.

Mittelschicht

Umstritten war in der Forschung lange Zeit, ob es unterhalb dieser schmalen Oberschicht eine Mittelschicht gab. Aus der Perspektive der Eliten war das nicht der Fall, da alles außerhalb ihrer Gruppe als *plebs* („Volk") galt. Aus ökonomischer Perspektive, aber auch unter dem Gesichtspunkt gewisser politischer Einflussmöglichkeiten wird jedoch deutlich, dass man eine große Anzahl von Personen – zwischen 25 und 40 Prozent der Bevölkerung – im *Imperium Romanum* als Mittelschicht bezeichnen kann. Auch hier zeigen sich reichsweite, provinziale und lokale Gruppierungen. Zu ihnen gehörten ein großer Teil des Militärs, freie Bürger der Städte und Freigelassene aus der *familia Caesaris*. Sie waren Grundeigentümer, Händler und Handwerker oder Gebildete wie Lehrer oder Ärzte. Viele von ihnen waren Klienten von Patronen aus der Oberschicht.

In der zahlenmäßig weit größeren Unterschicht lässt sich zwischen einer städtischen *(plebs urbana)* und einer ländlichen *(plebs rustica)* unterscheiden. Sie sind beide weiter nach Einkommen, Bildung und rechtlicher Stellung differenziert. Die Chancen zum Aufstieg in die Mittelschicht waren zwar begrenzt, doch bestand für die Angehörigen der Unterschicht die Möglichkeit, durch Beziehungen zu einflussreichen Personen ihren eigenen Sozialstatus zu erhöhen. Diese Patron-Klienten-Verhältnisse spielten in der römischen Gesellschaft als Institution eine wichtige Rolle und waren auch auf informeller Ebene von hohem Wert.

<small>Unterschicht</small>

Diese die Verhältnisse im Imperium Romanum abbildenden Modelle sind indes nicht generell und überall anzuwenden. Obwohl gerade hinsichtlich des Zugangs zu Macht und der Zugehörigkeit zu gesellschaftlichen Gruppen die Romanisierung in weiten Teilen des Imperium Romanum sehr weit fortgeschritten war, war dies etwa bei Judäern oder auch Ägyptern noch nicht so. Angehörige dieser Völker hatten aufgrund ihrer kulturellen Differenz noch viel geringere Möglichkeiten, Teil der führenden Schichten des römischen Reiches zu werden.

<small>Lokale Unterschiede</small>

2.2.4.2 Die ökonomischen Verhältnisse im Imperium Romanum

Berechnungen über die Vermögensverteilung im Imperium Romanum zeigen, dass die Hauptmenge des Vermögens in der Hand eines kleinen Teils der Bevölkerung lag, dass es aber unterhalb dieses Levels durchaus unterschiedliche Einkommenssituationen gab. So ist für eine differenzierte Wahrnehmung das Erreichen, Unter- oder Überschreiten des Existenzminimums ein wichtiges Kriterium. Hinzu kommt, dass bei der Verteilung des Vermögens sowohl zwischen den verschiedenen Teilen des Imperium Romanum Unterschiede bestanden als auch zwischen Stadt und Land. Ebenfalls zu beachten ist, dass der Status von Personen, ob sie z. B. Sklaven oder Freie, Zuwanderer oder Einheimische waren, nicht mit deren ökonomischer Situation gleichgesetzt werden darf. Sklaven waren nicht selbstverständlich arm, Arme waren in der Regel frei. Eine Übersicht über die verschiedenen Einkommensstufen einer durchschnittlichen Stadt im griechischen Osten ergibt Folgendes:

<small>Einkommensstufen</small>

Stufe	Beschreibung	Personengruppen	Anteil in %
1	Imperiale Elite	Kaiserdynastie, senatorische Familien, wenige Gefolgsleute, lokale Königshäuser, wenige Freigelassene	3
2	Regionale und provinziale Eliten	Ritter *(eques)*, Provinzbeamte, einige Gefolgsleute, einige Dekurionenfamilien, einige Freigelassene, einige Militärführer im Ruhestand	
3	Städtische Eliten	Die meisten Dekurionenfamilien, vermögende Männer und Frauen ohne offizielle Funktionen, einige Freigelassene, einige Gefolgsleute, einige Veteranen, einige Kaufleute	
4	Moderater Überschuss	Einige Händler, einige Kaufleute, einige Freigelassene, einige Handwerker (v. a. jene, die Beschäftigte haben), Veteranen	15
5	Stabil an der Grenze zum Existenzminimum	Viele Kaufleute und Händler, Menschen mit regelmäßigem Lohn, Handwerker, Besitzer größerer Geschäfte, einige Bauernfamilien	27
6	Am Existenzminimum	Kleine Bauernfamilien, Arbeiter, Handwerker (v. a. Beschäftigte), Lohnbezieher, die meisten Kaufleute und Händler, Eigentümer von kleinen Geschäften und Tavernen	30
7	Unter dem Existenzminimum	Einige Bauernfamilien, unversorgte Witwen und Waisen, Bettler, Behinderte, ungelernte Tagelöhner, Gefangene	25

Deutlich wird aus dieser Übersicht, dass etwa drei Prozent der Bevölkerung die ökonomische Elite darstellten, die über den weitaus größten Anteil an Vermögen verfügte. Zugleich lebten ca. fünfundfünfzig Prozent (Stufen 6 und 7) knapp am oder unter dem Existenzminimum; sie waren die tatsächlich Armen, deren materielle Sicherheit nicht dauerhaft gewährleistet war. Angehörige aus der ökonomischen Stufe 5 konnten mit einiger Zuversicht auf eine sichere Zukunft hoffen, während jene aus Stufe 4 erwarten konnten, über die Generationen hinweg weiter aufzusteigen. Zusammen beläuft sich der Anteil der mittleren ökonomischen Schicht in den Städten auf etwa zweiundvierzig Prozent.

Wohnsituation Die soziale Differenzierung spiegelte sich auch in der Wohnsituation der Menschen in den Städten wider. In den prächtigen Villen mit großzügiger Ausstattung und Raumverhältnissen, deren Reste heute noch in Pompeji zu sehen sind, wohnten die Reichen und Mächtigen, sie waren aber zugleich Arbeits- und Schlafplatz von Sklaven und Sklavinnen. Handwerkern und Händlern boten ihre Werkstätten, Lagerräume bzw. Hinterzimmer Wohnmöglichkeiten. In Ein-Raum-Wohnungen in den obersten Stockwerken der Wohneinheiten *(insulae)* kamen jene unter, die sich dies gerade noch leisten konnten, während die wirklich Armen auf der Straße schliefen.

2.3 Griechisch-römische Philosophie

Die antike Philosophie war auf ein vollständiges Verstehen der Welt ausgerichtet und beinhaltete die Naturwissenschaften, Theologie und Metaphysik, Logik, Ethik und vieles mehr. Ihr Ziel war nicht allein die denkerische Durchdringung aller dieser Themenfelder, sondern darüber hinaus die umfassende Gestaltung des Lebens entsprechend ihren Erkenntnissen.

Die philosophische Praxis fand vor allem in Philosophenschulen statt, die nach dem Vorbild ihres jeweiligen Gründervaters geordnet waren. In diesen privaten Institutionen versammelte ein Lehrer, der einer bestimmten philosophischen Richtung angehörte, Schüler um sich, die er gegen Bezahlung unterrichtete. Dazu gehörte vor allem die Kommentierung der Schriften der Begründer der jeweiligen Philosophie, aber auch die diskursive Erörterung von Physik, Ethik und Dialektik. Die Schüler, seltener auch Schülerinnen, sollten darüber hinaus auch die den Lehren entsprechende moralische Haltung einüben. *Philosophische Schulen*

Unter den zahlreichen philosophischen Richtungen waren in der frühen Kaiserzeit folgende verbreitet:

2.3.1 Stoizismus

Diese von Zenon von Kition im 4. Jh. v. Chr. gegründete Philosophenschule, benannt nach dem Unterrichtsort in Athen, der bemalten Säulenhalle *(Stoa Poikilē)*, erlebte in der frühen Kaiserzeit eine neue Blüte. Ihre bedeutendsten Vertreter dieser Zeit waren Musonius Rufus (ca. 30–100 n. Chr.), Seneca (ca. 4 v. Chr.–65 n. Chr.), Epiktet (ca. 50–125/138 n. Chr.) sowie der Kaiser Marcus Aurelius (121–180 n. Chr.).

Neben Logik waren im Stoizismus vor allem Naturphilosophie (Physik) und Ethik von besonderer Bedeutung. Der Kosmos wurde als ein Wesen angesehen, den das materiell verstandene Pneuma („Geist") bzw. der Logos („Sinn") als seine Seele lenkt. Von den vier *Stoische Kosmologie*

Welteelementen Wasser, Erde, Luft und Feuer wurde das Feuer als das grundlegende bestimmt. Nach der zyklischen Kosmologie des Stoizismus kam der Kosmos aus dem Feuer und würde wieder im Feuer enden, um von Neuem zu entstehen.

Stoische Ethik Die ethischen Lehren der Stoiker verwiesen darauf, dass es einer Unterscheidung zwischen den wichtigen und unwichtigen Dingen im Leben bedarf. Während Gesundheit, Wohlstand oder sozialer Status als unbedeutend eingeschätzt wurden, galt die Tugend als das einzig Wesentliche. Als tugendhaft galt ein Leben, das in Einklang mit dem Kosmos steht, die Leidenschaften beherrscht, die Affekte beseitigt und dem Handelnden damit absolute Autonomie und Freiheit eröffnet.

2.3.2 Epikuräer

Die Epikuräer schlossen sich an den Athener Philosophen Epikur an (342–271 v. Chr.) und bildeten organisierte Gruppen im ganzen *Das Streben* Römischen Reich. Epikurs Philosophie orientierte sich daran, dass *nach Glück* der Mensch nach Glück strebt: Unbekanntes sollte verständlich (Physiologie), Unerreichbares als irrelevant angesehen, Unvermeidliches akzeptiert werden. Der therapeutische Charakter dieser Philosophie war besonders wichtig. Die Schriften Epikurs fungierten quasi als heiliger Text, der Philosoph wurde als Retter verehrt. Zu den Epikuräern gehörten auch Frauen und ausgewählte Sklaven. Die kleinen Gemeinschaften betrieben einen Rückzug ins Private.

2.3.3 Kynismus

Im 4. Jh. v. Chr. entwickelte vor allem Diogenes von Sinope eine Form der Philosophie, die in der Kaiserzeit ausgesprochen populär war. Der Kynismus leitet sich von dem Spottnamen κύνες (*kynes*/Hunde) ab, da die Vertreter dieser Philosophie aufgrund ihres schamlosen Verhaltens mit Hunden verglichen wurden. Die Kyniker waren Wanderphiloso-
Wanderphilosophen phen, die zumeist in Gruppen auftraten. Sie verkündeten ihre Lehren auf öffentlichen Plätzen, wobei sie durch Anstoß erregende Äußerungen, Tabubrüche und humorvolle bis derbe Reden ihr Publikum gezielt provozierten. Dass dabei vor allem Werte und Anschauungen der Eliten, u. a. zu Religion und Gesellschaft, ins Visier genommen wurden, sicherte ihnen großen Zuspruch bei Unterschichten und Sklaven. Ihre Philosophie war vor allem gelebte Existenz. Dabei stand die Askese („Übung") im Zentrum, mit der der Wille des Einzelnen darauf trainiert werden sollte, die Leidenschaften abzulegen. Dies wurde als „der kurze Weg zur Tugend" bezeichnet. Die Ausrüstung der wandernden Kyniker – Sack, Mantel und Stab – sowie ihre auch durch Gesten und Körperein-

satz unterstützten Reden waren weithin bekannt. Viele ihrer Vertreter hatten keine Bildung, da sie ihnen als unnötig galt. Ihre Lebensphilosophie drängte zum Rückzug aus der Gesellschaft, ihr Ziel war die αὐτάρκεια (*autarkeia*/Unabhängigkeit). Der Stil ihrer Reden wird als Diatribe bezeichnet, eine Form, die auch von Stoikern gepflegt wurde. Die Diatribe, die im 1.–3. Jh. n. Chr. ihre Blüte hatte, zeichnete sich u. a. dadurch aus, dass Einsprüche fiktiver Gegner eingebaut wurden, griff aber darüber hinaus auf eine Reihe weiterer rhetorischer Kniffe zurück.

Diatribe

Mit den Kynikern teilten christliche Wanderlehrer wie Paulus die Existenzform (vgl. auch Mk 6,8f.; Mt 10,9f.; Lk 10,4), aber auch die Art der Rede (vgl. Röm 1–4). Der Kyniker Peregrinus Proteus (ca. 100–165 n. Chr.) hatte zunächst auch Beziehungen zum frühen Christentum und wurde im gleichnamigen Porträt des Lukian karikiert.

2.3.4 Mittlerer Platonismus

Platons Philosophie, die ihren Anfang im Athen des 4. Jh. v. Chr. nahm, wurde durch die sog. Akademie weitergeführt und erreichte ab dem 1. Jh. v. Chr. eine neue Blüte, die als Mittlerer Platonismus bezeichnet wird und bis zur Mitte des 3. Jh. n. Chr. reichte. Von den zahlreichen Ansichten seien wenigstens folgende genannt: Die Wirklichkeit ist in zwei Bereiche geteilt, jenen des reinen Seins und jenen des bloßen Werdens. Im Bereich des Seins ist der Schöpfergott, seine Gedanken sind die Ideen. Diese sind die vollkommenen und ewigen Vorbilder all dessen, was mit den Sinnen wahrnehmbar ist. Sie sind nur denkerisch zugänglich. Der wahrnehmbare Kosmos hingegen ist ihr Abbild. Er wird als Weltkörper gedacht, der auch eine Weltseele hat. An dieser Weltseele hat jede Menschenseele Anteil. Sie hat, da sie präexistent ist, die Welt der Ideen gesehen und kann sich daran erinnern. Erst diese Erkenntnis ermöglicht ein tugendhaftes Leben nach der gottgewollten Ordnung. Stirbt der Mensch, wird die Seele frei, gerichtet und wieder in einem Menschen oder einem Tier verkörpert.

Platonische Ideenlehre

Der Einfluss des Mittleren Platonismus auf die Gesellschaft war groß, da er vielfältig rezipiert wurde. So nahm etwa der jüdische Philosoph Philo von Alexandrien starke Anleihen bei dieser Lehrtradition. Sie hatte auch deutlichen Einfluss auf die Theologie des Hebräerbriefs, auf die sich im 2. Jh. n. Chr. entwickelnde Gnosis sowie auf die alexandrinische Theologie des Clemens und Origenes.

Philo von Alexandrien

2.3.5 Aristotelismus

Die Schule des Aristoteles, der Peripatos, wirkte nach dem Tod des Lehrers im Jahr 322 v. Chr. in mehreren Epochen weiter. Um 60 v. Chr.

setzte die Phase einer erneuten Rezeption seiner Werke ein, die ediert und vor allem kommentiert wurden. Unter anderem die Ausführungen des Aristoteles zu Logik, empirischer Prüfung, Ethik und Staatstheorie wurden von Aristotelikern durch den Schulunterricht und eigene Werke sowie pseudepigraphische Schriften verbreitet. Sie gingen damit in den Bildungskanon der Kaiserzeit ein. Einiges wurde gegen Ansichten des Mittleren Platonismus in Stellung gebracht bzw. mit diesem vermittelt. Unter anderen nahmen Philo von Alexandrien, Sextus Empiricus, Diogenes Laertios oder Clemens von Alexandrien zahlreiche Gedanken des Aristoteles auf. Anfang des 3. Jh. n. Chr. wurde der Aristotelismus in den entstehenden Neuplatonismus integriert und verlor seine Eigenständigkeit.

Aristoteliker

2.3.6 Neopythagoreismus

Die Gemeinschaften von Pythagoreern bildeten exklusive Zirkel, in denen der Naturphilosoph Pythagoras (Ende 6./Anf. 5. Jh. v. Chr.) als göttliche Gestalt verehrt wurde. Im eigentlichen Pythagoreismus waren Zahlenspekulationen, bestimmte Nahrungs- und Verhaltenstabus sowie ein hohes Gemeinschaftsideal, das auch Frauen Zugang gewährte, von großer Bedeutung. In der frühen Kaiserzeit nahmen einige andere philosophische Schulen wie der Stoizismus oder der Mittlere Platonismus Elemente der Pythagoreer auf, sodass deren Gedanken, u. a. die Reinkarnationsvorstellung, weiterwirkten. Populär waren die um 200 n. Chr. entstandenen Sentenzen des Sextos, die auch von Christusgläubigen gerne gelesen wurden (vgl. Origenes, c. Celsum 8,30).

Pythagoreer

2.3.7 Skeptizismus

Wie die modernen Skeptiker, so betonten auch jene der Antike, deren Philosophie auf das 4. Jh. v. Chr. zurückgeht, dass man nichts wissen könne. Jede Ansicht, nicht zuletzt die jedes anderen Philosophen, sei zu „prüfen" (σκέπτεσθαι/*skeptesthai*), vorgefertigte Dogmen dürften nicht anerkannt werden. Es gab zwei skeptische Schulen, die Akademiker und die Pyrrhoniker. Während Letztere besonders streng jede gefestigte Meinung ablehnte, versuchten Erstere, in engem Anschluss an die Stoa, durchaus Philosophie im herkömmlichen Sinn zu betreiben (Philon von Larisa; 2./1. Jh. v. Chr.). Sie erhob nicht den Anspruch, Wissen zu beschreiben, war aber aufgrund ihres alles hinterfragenden Charakters populär, vor allem im Westen des Reiches, u. a. bei Cicero.

Akademiker und Pyrrhoniker

2.4 Griechische und römische Religion

Im Folgenden wird eine Differenzierung von zwei Bereichen vorgenommen, die allerdings nicht streng geschieden betrachtet werden sollten, da sie in der griechisch-römischen Antike mehr oder weniger eng miteinander verknüpft waren: 1) Öffentliche Religion als jene Form von Religion, die an Tempeln und von bestallten Funktionsträgern durchgeführt wurde. 2) Nicht-öffentliche Religion als jene Phänomene, in denen sich alltägliche religiöse Vollzüge ebenso zeigten wie außeralltägliche Formen außerhalb staatlicher Autorisierung.

<small>Öffentlich und nicht-öffentlich</small>

Grundsätzlich gilt dabei erstens, dass in der griechisch-römischen Antike eine Trennung in einen religiösen und einen säkularen Bereich, wie sie uns heute selbstverständlich ist, nicht existierte. Die Welt war durchdrungen von religiösen Symbolen. Große und kleine Tempel, Schreine an Kreuzungen, Nischen und Bilder an Hauswänden und in Wohnräumen sowie Amulette, Accessoires und Münzen waren Träger religiöser Zeichen und Abbildungen, die allgegenwärtig waren. Bei politischen Anlässen ebenso wie bei Banketten im kleinen Kreis waren religiöse Handlungen konstitutiv. Religion war ein omnipräsentes Phänomen, das in einer großen Vielfalt religiöser und kultischer Vollzüge erlebt wurde.

<small>Omnipräsenz von Religion</small>

Zweitens ist zu beachten, dass Religion im Mittelmeerraum ein lokales bzw. regionales Phänomen war. So lassen sich zwar bestimmte gemeinsame Überzeugungen und kultische Vollzüge herausarbeiten, in ihren jeweiligen regionalen Ausprägungen unterschieden sich diese aber deutlich. Das zeigt sich u. a. in den verschiedenen Beinamen (Epitheta), die den Gottheiten gegeben wurden, in der unterschiedlichen Ikonographie sowie in Einzelkulten, die durch die Geschichte eines Ortes bedingt waren. Die Ausbildung eines einheitlichen Kultes mit zentraler Steuerung – wie etwa des Kaiserkults – war demgegenüber eine Neuerung (s. u. S. 47).

<small>Regionale Ausprägungen</small>

Und drittens zeigt sich, dass trotz aller Traditionsgebundenheit, die für die antike Wahrnehmung von Religion ein wichtiges Element war, religiöse Vollzüge an neue Bedürfnisse und Moden adaptiert und weiterentwickelt wurden.

<small>Tradition und Transformation</small>

2.4.1 Öffentliche Religion

Der öffentliche Vollzug von Religion war in der griechisch-römischen Antike eine Angelegenheit der Stadt und ihrer Funktionsträger, die an den lokalen Tempeln auch als Priester fungierten. Dies gilt sowohl für den östlichen als auch für den westlichen Raum des Imperium Romanum, wobei in der frühen Kaiserzeit sich diese beiden Bereiche mit ihren je unterschiedlichen religiösen Traditionen zu einem gewissen Teil ähnlicher wurden.

Tempel — Tempel waren sowohl in baulicher als auch in kultischer Hinsicht die Zentren der öffentlichen Religion. Auf den vorgelagerten Altären wurden Opferrituale vollzogen, in Prozessionen die Statuen der Götter und Göttinnen durch die Stadt getragen. Die Gottheiten des griechischen wie des römischen Pantheons wurden dabei – in ihren jeweiligen lokalen Ausprägungen – in ähnlicher Weise verehrt. Dazu kam noch eine große Zahl weiterer Gottheiten, Halbgötter und Heroen, die für einzelne Gruppen oder Städte von hoher Bedeutung waren. Zudem trugen die Migrationsbewegungen innerhalb des Imperium Romanum zu Ritual- und Kulttransfers bei.

Der griechische (römische) Pantheon

Zeus (Jupiter)	Herrscher über das All, Göttervater und oberste Schutzgottheit
Hera (Juno)	mütterliche Gottheit
Poseidon (Neptun)	Beherrscher des Meeres
Athena (Minerva)	kriegerische Beschützerin Athens und junger Frauen
Apollon (Apollo)	jugendlicher Gott, u. a. für Unterhaltung und Orakelkunst
Artemis (Diana)	Jagdgöttin und Göttin der Übergänge im Leben
Aphrodite (Venus)	Göttin der Liebe
Hermes (Merkur)	Götterbote und Kulturbringer
Hephaistos (Vulcan)	Gott des Feuers, der Schmiede und der Handwerker
Ares (Mars)	Gott des Krieges
Demeter (Ceres)	Bringerin von Fruchtbarkeit und Beschützerin der Frauen
Dionysos (Bacchus)	Gott des Weines und des Spiels

Priestertum — Für den korrekten Vollzug der Rituale, mit denen traditionelle kultische Elemente abgewickelt wurden, die aber durchaus entwicklungsfähig waren, waren die dafür eingesetzten Priester und Priesterinnen verantwortlich. Sie rekrutierten sich vor allem aus den lokalen Eliten, die die politische Macht innehatten sowie ausreichende ökonomische Möglichkeiten besaßen. Diese finanzierten zusätzlich zu den öffentlichen Kassen nicht nur die eigentlichen religiösen Akte, sondern ebenso den Bau der Heiligtümer und die Spiele, die zu religiösen Festtagen abgehalten wurden. Die Priester waren aber keine religiösen oder gar theologischen Experten, die dafür spezifisch ausgebildet wurden, sondern eingebettet in Kollegien oder Familien, in denen das religiöse Wissen tradiert und praktiziert wurde. Theologie war weithin Sache der Philosophen.

Öffentliche Religion war vor allem darauf ausgerichtet, die Gottheiten dazu zu bewegen, die Geschicke der Polis, des Imperium Romanum bzw. des Kaisers und seiner Familie positiv zu gestalten. Bewirken sollten dies Opfer, die teilweise sehr aufwendig waren, Weihungen, Eide und Gebete an die Gottheiten. Dahinter stand die Überzeugung, dass die Götter erstens existierten, zweitens den Menschen Gehör schenkten, drittens die Macht hatten, die Geschicke zu lenken, und viertens auch gerecht handelten. *Öffentliches Interesse*

Zu den Bereichen öffentlicher Religion gehörten auch Wege, die Zukunft zu erkennen: Im griechischen Raum geschah dies vor allem durch Orakel wie jene in Delphi oder Didyma. Die römische Tradition vertraute auf Auguren, die aus den Zeichen des Himmels, der Vögel oder anderer Tiere die Zukunft lasen, sowie auf Haruspices, die aus den Eingeweiden der Opfertiere auf das bevorstehende Schicksal schlossen. Auch die Interpretation heiliger Schriften wie der Sibyllinischen Bücher gehörte dazu. Ihr Bestand und ihre Auslegung wurden allerdings staatlich kontrolliert. *Orakel*

Die Bedeutung öffentlicher Religion für die Identität einer Stadt bzw. auch des Imperium Romanum war sehr hoch. Einzelne Gottheiten waren in besonderer Weise an Städte gebunden, sodass ihre Verehrung auch eine politische Dimension hatte. Die Teilnahme an Prozessionen und anderen Kultfeiern wurde zwar nicht erzwungen, sie gehörte aber zum mehr oder weniger selbstverständlichen Verhalten eines Bürgers einer Stadt. Aufgrund des polytheistischen Weltbilds bestand in der Regel auch kein Anlass, die Verehrung bestimmter Götter zu verweigern. *Kult und Identität*

Auch das römische Imperium wurde zu einem wichtigen Faktor für das religiöse Leben. Der Kaiserkult wurde zu einer zentral organisierten Form von Religion. Die Verehrung der nach ihrem Tod vergöttlichten Kaiser und ihrer Angehörigen sowie auch des jeweils lebenden Kaisers bzw. seines Genius war aufgrund des Geflechts von Propaganda, politischer Abhängigkeit und Gewährung von Privilegien ein wesentlicher Faktor im gesellschaftlichen Leben. Mit der Vergöttlichung (Divinisierung) von Julius Caesar nach seiner Ermordung 44 v. Chr. wurde dieser als *divus Iulius* unter die Staatsgötter aufgenommen. Sein Nachfolger und Adoptivsohn Augustus konnte sich daher zu Recht als „Sohn des Göttlichen" *(divi filius)* bezeichnen, im Griechischen Raum als „Gottes Sohn" (θεου υἱός/*theou huios*). Diesem Schema von postmortaler Apotheose (lat. *consecratio*), also der Aufnahme unter die Götter, folgten die anschließenden Kaiser in der Regel, manchen, wie Nero oder Domitian, wurde sie aber von den *Kaiserkult* *Vergöttlichung*

Nachfolgern verweigert. Einige, wie Gaius Caligula, ließen sich schon zeitlebens als Gott verehren (Sueton, Cal. 22,2f.), andere, wie Tiberius, waren deutlich zurückhaltender (Sueton, Tib. 26).

Im Osten des Imperium Romanum wurde die Kaiserverehrung problemlos aufgenommen, da dort schon seit Ende des 5. Jh. v. Chr. einzelne Personen, die sich durch militärische oder politische Erfolge hervorgetan hatten, noch zu Lebzeiten als göttlich verehrt wurden. Als die Römer den östlichen Mittelmeerraum nach und nach unterwarfen, rückten zunächst einzelne Vertreter Roms und schließlich die Kaiser in diese Rolle. Vor allem die Städte Kleinasiens bemühten sich verstärkt darum, zu provinzialen Zentren des Kaiserkults zu werden. Dazu war allerdings die Erlaubnis durch den Kaiser selbst notwendig, und so kam es zu einem Konkurrenzkampf zwischen den Städten bzw. deren führenden Eliten um dieses Privileg. Die Errichtung eines Kaiserheiligtums gehörte zu den wichtigsten städtebaulichen Maßnahmen, in Ephesus etwa entstand eines für Domitian bzw. die Flavischen Kaiser (82 n. Chr.) und in Pergamon eines für Trajan (nach 106 n. Chr.). Die öffentlichen Feiern zu Ehren des Kaisers in Prozessionen und Spielen waren Demonstrationen politischer Loyalität durch die lokalen Eliten, die für die aufstrebenden Städte Kleinasiens und in anderen Gegenden ungemein wichtig waren. Das Amt des Priesters bzw. der Priesterin für den Kaiserkult war eine besonders prestigeträchtige Funktion.

Kaiserkult in Kleinasien

Trotz der eminent politischen Bedeutung war die religiöse Orientierung des Kaiserkults nicht nebensächlich: Die öffentlichen Opfer und Gebete richteten sich an den Kaiser, wenngleich auch die Anrufung anderer Götter für den Kaiser möglich war. Darüber hinaus war die Verehrung des verstorbenen oder später auch des lebenden Kaisers als Göttlichem auch auf lokaler und individueller Ebene bis in die Wohnhäuser hinein verbreitet.

Judäa nahm hier insofern eine Sonderstellung ein, als die römischen Autoritäten dort auf lokale Gebräuche grundsätzlich Rücksicht nahmen. Da die Verehrung des Kaisers bzw. seiner Vorfahren und Familie gegen die Alleinverehrung von JHWH verstoßen hätte, trat an die Stelle des Kaiserkults das tägliche Opfer für das Wohl des Kaisers im Jerusalemer Tempel. Es wurde u. a. durch die Tempelsteuer finanziert, zu der alle Judäer – auch jene aus der Diaspora – nach Vorgaben der Tempelaristokratie verpflichtet waren (s. u. S. 76). Als 39/40 n. Chr. Caligula die Kaiserverehrung durch Errichtung einer Statue von sich selbst auch im Jerusalemer Tempel etablieren wollte (Philo, leg. ad Gaium 200–207; Josephus, bell. 2,184–203; ant. 18,261–288), führte dies zu heftigen Protesten. Sowohl Agrippa I. als auch der syrische Statthalter Publius Petronius verzögerten aber die Einführung des Kaiserkults in Jerusalem, da sie um die politische Sprengkraft einer solchen

Judentum und Kaiserkult

Aktion wussten. Nach Caligulas Tod, durch den die Aufstellung der Statue schließlich verhindert wurde, unternahmen seine Nachfolger bis 70 n. Chr. keine entsprechenden Versuche mehr.

2.4.2 Nicht-öffentliche Religion

Als nicht-öffentliche Religion gelten im Folgenden alle Formen von Religiosität, die nicht durch öffentliche Funktionsträger als Beauftragte der Gesellschaft durchgeführt werden, sondern durch Menschen unabhängig von ihrem Status. An ihr wird auch deutlich, dass in der frühen Kaiserzeit trotz der vielfältigen Kulte eine Tendenz hin zu einer Singularisierung von Gottesvorstellung und Gottesverehrung bestand. Kulte und Akklamationen, in denen der „eine Gott" (εἷς θεός/*heis theos*) bzw. der „höchste Gott" (θεὸς ὕψιστος/*theos hypsistos*) angerufen wurde, lassen diesen Zug zur Monolatrie (Alleinverehrung) erkennen.

Ein Gott

2.4.2.1 Religion im Haus

In der griechisch-römischen Antike war der alltägliche Ort für Religion das Haus, die religiöse Gruppe die Hausgemeinschaft (s. o. 2.2.3.1). Die im Westen durch die Ausgrabungen in Pompeji und Herculaneum hervorragend dokumentierten Formen häuslicher Religiosität fanden sich im hellenistisch geprägten Raum in ähnlicher, wenn auch charakteristisch veränderter Weise. Beiden gemeinsam war die Zentralität des Herdfeuers, an dem Hestia bzw. Vesta, die Hüterin von Heim und Herd, verehrt wurden. Einzelne Gottheiten wie Zeus oder Herakles waren im griechischen Raum dem Schutz des Hauses zugeordnet. Auch der Agathos Daimon („der gute Geist") gehörte dazu, der in Form von Schlangen verehrt wurde. In römischen Hauskulten spielte die Verehrung der Laren, der Familiengötter, des Genius des Paterfamilias bzw. der Juno der Materfamilias und der Ahnen eine wichtige Rolle.

Hauskulte

Dazu traten zahlreiche Gottheiten aus dem griechischen oder römischen Pantheon und weit darüber hinaus, die je nach den individuellen Bedürfnissen und Traditionen der Familie bzw. Einzelner in Schreinen, als Statuetten oder Bilder verehrt wurden. Kleine, zumeist unblutige Opferhandlungen und andere Rituale wurden täglich oder zu bestimmten Gelegenheiten durchgeführt. Auch Sklaven und Sklavinnen konnten hier eigenen religiösen Interessen, die oft ihrer lokalen Herkunft entsprachen, nachkommen, waren aber zugleich an den gemeinsamen Kulten des Hauses beteiligt. Neben den religiösen Ritualen im häuslichen Bereich gehörten auch jene an Hausecken oder in kleinen Nach-

Die Hausgemeinschaft als Kultgemeinschaft

barschaftsheiligtümern zu den Möglichkeiten, alltägliche Religiosität zu pflegen. Diese Handlungen gelebter Religiosität standen nicht im Gegensatz zu den im Vergleich seltenen und von den Eliten vollzogenen öffentlichen religiösen Kultfeiern, sondern nahmen diese teilweise auf, ergänzten sie aber noch um individuell ausgewählte Gottheiten.

2.4.2.2 Religion als Mysterium

Individuelle Auswahl religiöser Bezüge lag auch dort vor, wo sich Einzelne an Gemeinschaften anschlossen, die sich kultischer Praxis widmeten. Dies geschah in religiös orientierten Vereinigungen (s. o. 2.2.3.3), vor allem in Mysterienvereinen. Deren Kulte spielten eine wichtige Rolle für das religiöse Erleben in der griechisch-römischen Antike. Sie waren allerdings nicht offen für jedermann, sondern regulierten die Mitgliedschaft anhand von Statusgrenzen.

Mysterienkulte

Ihrem Charakter als „geheim" entsprechend sind unsere Informationen zu Praktiken und religiösen Vorstellungen von Mysterienkulten eingeschränkt. Manches lässt sich aber u. a. aus dem Roman „Metamorphosen" des Apuleius aus der Mitte des 2. Jh. n. Chr. entnehmen, anderes aus polemisch gefärbten Nachrichten der Kirchenväter.

Mysterienrituale

Wesentliche Elemente antiker Mysterien waren folgende:
- die Initiation als Einführungsritual, bei dem Riten, bauliche Arrangements und Artefakte zusammenspielten, um das mystische Erlebnis zu erzeugen;
- die Vorbereitung auf dieses Erlebnis durch Askese und Unterweisung, in der man sich den Mythos derjenigen Gottheit aneignen konnte, mit der man nun besonders eng verbunden wurde;
- Feste und tägliche Rituale, die gemeinsam oder individuell begangen wurden.

Die Mysterienkulte waren aufgrund der in ihnen verehrten Gottheiten durchaus unterschiedlich orientiert. Sie teilten inhaltlich aber die Suche nach einer Überwindung des Todes, der in den Mythen jeweils in verschiedener Weise verarbeitet wurde.

Die klassischen Mysterien im griechischen Eleusis bei Athen, die mit dem Demeterkult verbunden waren, waren formbestimmend. Besonders verbreitet waren die Mysterien des Dionysos, oft auch in Verbindung mit dem Orpheuskult. Sehr beliebt war der Mysterienkult der ägyptischen Gottheiten Isis, Serapis und Osiris, den Apuleius beschreibt. Die phrygischen Kulte für Attis und Kybele zeichneten sich durch besonders ekstatische Rituale bis zur Selbstkastration aus. Der Mithraskult war bei Soldaten und Händlern im Westen besonders beliebt.

2.4.2.3 Magie

Mit dem Phänomen der Magie zeigt sich ein bereits in der Antike höchst ambivalent beurteilter Bereich nicht-öffentlicher Religiosität, dessen Bezug zu Religion allerdings nicht immer klar ist. Zahlreiche Zeugnisse legen offen, wie verbreitet dieses Phänomen auch in der frühen Kaiserzeit war. Dazu gehörten u. a. sogenannte *defixiones* („Bindungen"): Mithilfe von auf dünne Bleitäfelchen geschriebenen Fluchtexten sollten zukünftige Handlungen oder das Wohlergehen bestimmter Menschen negativ beeinflusst werden. Zu den Anwendungsgebieten zählten Liebesangelegenheiten, der Sport, das Geschäftsleben und Prozesse, Anlässe waren etwa Diebstähle oder Verleumdungen. Ähnliches sollte mit Zaubersprüchen und -ritualen erreicht werden, die in den sogenannten Zauberpapyri festgehalten sind (2.–6. Jh. n. Chr.). Sie boten Anleitungen für magische Praktiken (vgl. Apg 19,17–20). Sowohl professionelle Magier (vgl. Apg 13,8; 19,13–16) als auch Laien vollführten diese Rituale für Menschen aller Gesellschaftsschichten. Auch im Judentum war Magie trotz alttestamentlicher Verurteilung verbreitet (vgl. Ex 22,17 mit Josephus, ant. 8,45).

Flüche

Magische Praktiken

Die Beeinflussung des Verhaltens anderer sollte auf zwei verschiedene Weisen erreicht werden: Der häufigere Weg war, Gottheiten oder Dämonen durch Rituale und Zaubersprüche dazu zu bringen, ihre Macht den Wünschen des Magiers entsprechend einzusetzen. Unter der Voraussetzung, dass der Kosmos selbst durch Magie beeinflusst werden konnte, wurde dasselbe aber auch ohne Einbindung göttlicher Mächte versucht. Gemeinsam hatten alle magischen Praktiken, dass sie geheim geschehen mussten.

Mythologie der Magie

Die Kritik an der Magie war vielfältig: Zum einen wurde sie gefürchtet, was zu gesetzlichen Verboten führte (vgl. das Zwölftafelgesetz Roms VIII). Bereits Platon polemisierte gegen die Geldgier dieser „Betrüger" (Leges 10,909a.b). Auch die Anklage, ein Magier zu sein, ist mehrfach belegt (vgl. Apuleius, Apol. 25). Im frühen Christentum wurde Magie ebenfalls in der Regel verurteilt (Gal 5,20; Apk 9,21; 21,8; Did 2,2; Barn 20,1) und von der Wundertätigkeit Jesu und der Apostel abgegrenzt. Dennoch spielte Magie selbstverständlich auch innerhalb der christlichen Alltagsreligiosität eine wichtige Rolle, wie zahlreiche Zeugnisse aus der Zeit der Alten Kirche zeigen.

Kritik an Magie

2.4.2.4 Eingriffe durch staatliche Macht

Von Zeit zu Zeit kam es zu staatlichen Eingriffen in den Bereich nicht-öffentlicher Religion. Diese waren motiviert durch Praktiken,

Reglementierungen

die den Argwohn oder den Abscheu der Eliten hervorriefen. So warnte bereits Platon vor der Entwicklung von Kulten, die sich abseits von Tempeln etablierten (Leges 10,909d–910e). Aus römischer Perspektive wurde dies erstmals beim sogenannten Bacchanalienskandal relevant, der 186 v. Chr. zu einer staatlichen Reglementierung des Dionysoskults führte (s. o. S. 36). Auch Vertreibungen von Chaldäern (139 v. Chr.; Livius, epit. 54 in P.Oxy. 668) oder die Zerstörung von Isisheiligtümern und Ausweisung ihrer Anhänger aus Rom (28 v. Chr. laut Cassius Dio, hist. 53,2,4; 19 n. Chr. laut Sueton, Tib. 36) gehörten dazu. Aber diese Reaktionen der Elite auf durch Migration eingedrungene Kulte, die als „Aberglaube" *(superstitio)* eingeschätzt wurden, waren nur punktuell. Im Gegenteil: In Rom wie in den anderen großen Städten des Imperium Romanum bestand in der Kaiserzeit eine breite Vielfalt von Kulten, die nebeneinander existieren konnten, solange sie nicht durch politische Aktivität oder ungesetzliche Praktiken negativ auffielen.

Literatur

Geza Alföldy, Römische Sozialgeschichte, Stuttgart ⁴2011.
Richard S. Ascough/Philip A. Harland/John S. Kloppenborg, Associations in the Greco-Roman World. A Sourcebook, Waco 2012.
Christoph Auffarth, Art. Mysterien, RAC 25 (2013), 422–471.
Jan N. Bremmer, Initiation into the Mysteries of the Ancient World, Münchner Vorlesungen zu Antiken Welten 1, Berlin/Boston 2014.
Karl Christ, Geschichte der römischen Kaiserzeit von Augustus bis Konstantin, München ³1995, 350–433.
Werner Dahlheim, Die Welt zur Zeit Jesu, München ⁴2015.
Martin Ebner, Die Stadt als Lebensraum der ersten Christen, Das Urchristentum in seiner Umwelt I, GNT 1,1, Göttingen 2012.
Philip F. Esler, The Early Christian World, 2 vols., London/New York 2000.
Marco Frenschkowski, Magie im antiken Christentum. Eine Studie zur Alten Kirche und ihrem Umfeld, Standorte in Antike und Christentum 7, Stuttgart 2016.
Anton Fürst, Christentum im Trend. Monotheistische Tendenzen in der späten Antike, ZAC 9, 2007, 496–523.
Philip A. Harland, Associations, Synagogues, and Congregations. Claiming a Place in Ancient Mediterranean Society, Minneapolis 2003 (online: http://philipharland.com/associations/).
Hans-Josef Klauck, Die religiöse Umwelt des Urchristentums, 2 Bde., Kohlhammer Studienbücher Theologie 9,1+2, Stuttgart 1995.
Bernd Kollmann, Einführung in die Neutestamentliche Zeitgeschichte, Darmstadt 2006.

Bruce W. Longenecker, Remember the Poor. Paul, Poverty, and the Greco-Roman World, Michigan/Cambridge 2010.
Jörg Rüpke, Pantheon. Geschichte der antiken Religionen, München 2016.
Kai Ruffing, Von der primitivistischen Orthodoxie zum römischen Basar, in: Antike Lebenswelten, edd. Renate Lafer/Karl Strobel, ASK 4, Berlin/Boston 2015, 3–27.
Walter Scheidel/Steven J. Friesen, The Size of the Economy and the Distribution of Income in the Roman Empire, JRS 99, 2009, 61–91.
Ekkehard W. Stegemann/Wolfgang Stegemann, Urchristliche Sozialgeschichte. Die Anfänge im Judentum und die Christusgemeinden in der mediterranen Welt, Stuttgart/Berlin/Köln ²1997.

3 Religion und Kultur der Judäer – Das Judentum in der frühen Kaiserzeit

Das antike Judentum stellte keine Einheit dar, sondern war ausgesprochen vielfältig. Die verschieden ausgerichteten Bezüge auf die Traditionen Israels, die politischen und kulturellen Veränderungen der Zeit sowie die unterschiedlichen Kontexte, in denen sich jüdisches Leben entfaltete, trugen dazu bei, dass differierende Formen von Judentum entstanden. Die folgende Übersicht kann dieser Diversität nur zum Teil gerecht werden, zumal sie auf die ersten beiden Jahrhunderte n. Chr. konzentriert ist.

Differierende Formen

Die Quellen für die Formen des Judentums sind vielfältig: Auf Josephus geht die berühmte Darstellung der jüdischen „Parteien" zurück (ant. 13,171–173; 18,11–25; bell. 2,118–166). Philo von Alexandrien gewährt Einblicke u. a. in das jüdische Leben der hellenistischen Diaspora in Ägypten. Dazu treten zahlreiche Texte aus hellenistisch-römischer Zeit, die auf unterschiedliche Gruppierungen des Judentums zurückgeführt werden. Ebenso sind aber auch Papyri und Inschriften von hohem Stellenwert, da sie oft jenseits der literarischen Zeugnisse Einblicke in die konkreten Zustände gewähren. Dabei sollte unbedingt beachtet werden, dass sich die überwiegende Mehrzahl der Judäer und Judäerinnen selbst keiner konkreten Partei bzw. Schule zuordnete, sondern eine Orientierung an zentralen Grundgedanken und Praktiken als bestimmendes Merkmal der ethnischen und religiösen Identität ansah.

Quellen

3.1 Elemente judäischer Identität

Trotz der verschiedenen Ausprägungen des Judentums im 1. und 2. Jh. n. Chr. lassen sich einzelne Grundelemente beschreiben, die in unterschiedlicher Gewichtung in allen Bereichen des Judentums – sowohl in Palästina als auch in der Diaspora – zu erkennen sind. Sie spielten auch im entstehenden Christentum eine maßgebliche Rolle.

3.1.1 Monotheismus

Die Entwicklung des Glaubens an JHWH, den Gott Israels, führte nach der Zerstörung des 1. Jerusalemer Tempels (597 v. Chr.) in Teilen der israelitischen Prophetie zu einer Veränderung des Gottesbildes. Während man in früheren Phasen der israelitischen religiösen Entwicklung erkennen kann, dass die Verehrung nur des einen Gottes JHWH (Monolatrie) bzw. JHWHs als höchstem Gott (Henotheismus) als Proprium Israels galt, entwickelte sich in der Exilszeit die Ansicht, dass es überhaupt nur einen Gott, nämlich JHWH, gebe (exklusiver Monotheismus). Dieser sei also nicht nur der Gott Israels, sondern der einzige Gott für alle Menschen (vgl. z. B. Jes 43,10f.; 45,14). Im 1. und 2. Jh. n. Chr. gehört diese Überzeugung zum festen Bestand judäischer Identität und wurde auch von Außenstehenden als Charakteristikum des Judentums wahrgenommenen (z. B. Arist. 132; Tacitus, hist. 5,5,4). Die Bedeutung des Monotheismus für das antike Judentum zeigt sich u. a. in der Bedeutung des Sch'ma Israel (Dtn 6,4) für die alltägliche Religiosität. Der ursprünglich als Ermahnung zur Monolatrie intendierte Ruf wurde als Formel zur Beschreibung des Monotheismus verstanden, als Gebet rezitiert und in Form von Amuletten getragen:

Ein Gott: JHWH

„Höre, Israel: JHWH ist unser Gott, JHWH allein!"

Auch in der Jesustradition (Mk 12,28f. par), bei Paulus (1Kor 8,6) und in späteren Traditionen (Eph 4,6; 1Tim 2,5; Jak 2,19) spielt diese Formel konstant eine Rolle. Der Monotheismus des antiken Judentums implizierte die Ablehnung aller anderen Götter und entsprechender kultischer Handlungen. Er führte daher an sich schon zu einer mehr oder weniger deutlichen Abgrenzung gegenüber Angehörigen anderer Völker, auch wenn es unter philosophischer Perspektive auch bei Griechen und Römern eine Tendenz zum Monotheismus gab (s. o. S. 49).

Monotheismus im frühen Christentum

3.1.2 Erwählung, Bund und Tora

Der einzige Gott, JHWH, hatte sich Israel – so die heilsgeschichtliche Bezeichnung für das judäische Volk – unter allen Völkern erwählt, mit ihm einen Bund geschlossen und ihm das Gesetz als Bundesordnung gegeben.

Erwählung

Die Erwählung Israels durch Gott wird im Alten Testament und in Texten des frühen Judentums immer wieder in den Vordergrund gestellt, steht aber oft auch unausgesprochen im Hintergrund. Laut Dtn 7,6–8 ist Israel ein Gott geheiligtes Volk, ausgewählt aus den Völkern aufgrund der Liebe JHWHs (vgl. auch Jes 43,20f.). So sehr diese Überzeugung immer wieder durch Geschichtsereignisse ins Wanken geriet, blieb der Gedanke der Erwählung doch ein bestimmendes Moment des antiken Judentums. Er wird u. a. in der Apokalyptik deutlich (z. B. 4Esr 5,27), in den Qumrantexten (z. B. 1QS 4,22) oder bei Philo von Alexandrien (z. B. post. 89). Dabei ist allerdings zu beachten, dass der Erwählungsgedanke mehr und mehr auf eine bestimmte Gruppe innerhalb Israels – „die Gerechten" oder „die Söhne des Lichts" – eingeschränkt oder, wie bei Philo, zu einer Individualerwählung umgedeutet wurde. Denn die Erwählung des Volkes bedeutet zugleich die Verpflichtung zum Bundesgehorsam, dessen Einhaltung zur Bedingung des Verbleibs im Bund wird. Damit wird aber auch Israel beauftragt, seiner Erwählung im Glauben und Handeln zu entsprechen.

Die Vorstellung eines Bundes Gottes mit Israel, sei es unter Verweis auf den Bundesschluss mit Abraham (Gen 15,18; 17,1–21) oder mit Mose (Ex 19; 24; 34), stellt ebenfalls ein Kontinuum des antiken Judentums dar. Sie kommt u. a. im Sirachbuch (44f.), im Buch der Jubiläen (15,26–29) und in der rabbinischen Literatur (z. B. MekhJ Shirata 10) immer wieder zum Ausdruck. Allerdings zeigt sich in den Qumrantexten, dass es auch möglich war, den Bund – wie die Erwählung – nur einer kleinen Gruppe aus Israel zuzusprechen, dem sogenannten „neuen Bund" (z. B. CD 6,19; vgl. Jer 31,31). Bei Philo von Alexandrien tritt der Bundesgedanke hingegen zurück: Judäer seien vielmehr Mitglieder der „Bürgerschaft des wahren Lebens" (virt. 219).

Bund

Die Tora (hebr. *tôrāh* „Weisung"), die im Griechischen als „das Gesetz" bezeichnet wird (ὁ νόμος/*ho nomos*) und die fünf Bücher Mose umfasst, war für das antike Judentum dasjenige Textkorpus, in dem die bindenden Traditionen der Vorväter sowie jene Merkmale festgehalten wurden, die die ethnische Identität des Judentums bestimmen sollten. Sie wurde als jene Ordnung verstanden und interpretiert, die Gott durch Mose seinem erwählten Volk gegeben hatte, damit dieses den mit Gott geschlossenen Bund einhalten konnte. Die Tora sollte also nicht primär zu guten Werken anleiten, die vor Gott beim Gericht vorgebracht werden konnten, sondern als Weisung zum Verbleib im Bundesverhältnis. Diese Grundausrichtung kann als „Bundesnomismus" bezeichnet werden, wenngleich dieser in sehr unterschiedlichen Spielarten gedacht wurde.

Tora

Mose galt sowohl als Verfasser der Tora (vgl. Dtn 1,1) als auch als Gesetzgeber (z. B. Josephus, c. Ap. 2,153f.). Ebenso wird immer wieder festgehalten, dass die Tora Gottes Gabe an Israel darstellt (z. B. Ex 24,3). Sie regelt umfassend alle Bereiche der Gesellschaft: Sie ist kultisches Gesetz, wenn sie u. a. die Einzigkeit des Jerusalemer Heiligtums, die Opferhandlungen und die priesterlichen Familien festlegt. Sie ist politische Ordnung, indem sie den Priestern die beherrschende Stellung im Staat zuspricht. Ihre Bestimmungen zu Ehe und Familie, zu Sexualität, zu reinen und unreinen Speisen, zu Wirtschafts- und Fremdenrecht u.v.m. umgreifen alle Lebenskontexte. Josephus gewährt einen Einblick in die Wahrnehmung der Tora durch einen gebilde-

Die Bedeutung des Gesetzes

ten Judäer, der griechisch-römischen Lesern plausibel machen will, wodurch sich die Tora im Kontext antiker Gesetzestraditionen unterscheidet (c. Ap. 2,146):

> „Unsere Gesetze geben die beste Anleitung zur Gottesfurcht, zur Gemeinschaft miteinander und zur umfassenden Menschenfreundlichkeit, sowie zur Gerechtigkeit, zur Ausdauer in Beschwerden und zur Todesverachtung."

Die Tora im frühen Christentum

Die Bindung an die Tora stellte eine der größten Herausforderungen für die Identitätskonstruktionen des frühen Christentums dar, wie im Laufe der folgenden Darstellung wiederholt deutlich werden wird (s. u. 10 u. 13). Auch die Frage, welche Bedeutung die Erwählung Israels und der Bund Gottes mit seinem Volk angesichts der endzeitlichen Zuwendung Gottes in Jesus Christus haben könnte, wurde gerade angesichts der nur geringen Akzeptanz des Evangeliums unter Judäern virulent (vgl. Röm 9–11). Die heiligen Schriften Israels, in ihrer hebräischen Form oder in der griechischen Übersetzung, waren selbstverständlicher Ausgangspunkt und Maßstab für das Verständnis des Christusereignisses, wenngleich unter einem neuen, veränderten Blickwinkel.

3.1.3 Jerusalem und der Tempel

Die religiöse Bedeutung des Tempels

Die Bedeutung des Jerusalemer Heiligtums wird in den heiligen Schriften Israels sowohl in der Tora (v. a. Dtn 12,13–28) als auch in der sog. Zionstheologie (z. B. Ps 9,12; Am 1,2; Jes 14,32), die den Tempelberg als Gottes Wohnstätte versteht, zum Ausdruck gebracht. Der Tempel wurde als der zentrale Ort angesehen, an dem Gott – bilderlos – verehrt wird. Die Vorstellungen von Gottes Anwesenheit im Tempel und der Heiligkeit seiner Stadt Jerusalem wurden weithin geteilt (vgl. z. B. Mt 23,21; Josephus, bell. 6,300), auch wenn es Gegenstimmen gab (z. B. Jes 66,1f.; Apg 7,48). Der Alexandriner Philo betrachtete Jerusalem als seine Mutterstadt (Flacc. 46), obwohl er sie nur einmal in seinem Leben besucht hatte. Judäer aus Palästina und der Diaspora finanzierten durch die Tempelabgabe den Kult (s. u. S. 76) und pilgerten zu den Festzeiten nach Jerusalem, denn der Tempel war der einzige Ort, an dem die durch die Tora vorgeschriebenen Opfer dargebracht werden konnten. Das Verhältnis Gottes zu Israel, das in Tora, Bund und Erwählung sprachlich zum Ausdruck kam, wurde im Tempel mit seinem Kult konkret erfahrbar.

Das Heiligtum selbst wie auch die gesamte Anlage wurden von Herodes dem Großen seit 20/19 v. Chr. zu einer der prächtigsten Kultstätten des Mittelmeerraums ausgebaut. So nennt etwa Plinius der Ältere Jerusalem „die berühmteste Stadt des Ostens" (vgl. nat. hist. 5,70). Angeführt vom amtierenden Hohepriester vollzogen Priester und Leviten aus 24 Klassen im Turnus den Kult. Dessen korrekte Durchführung war von so hoher Bedeutung, dass sich wegen Streitigkeiten über den richtigen Ablauf u. a. die Gemeinschaft, auf die die Qumranschriften zurückgehen, vom Jerusalemer Tempel trennte (s. u. 3.2.3). Schon deutlich früher hatten sich die Samaritaner u. a. wegen des Anspruchs Jerusalems, allein die Wohnstätte Gottes zu beherbergen, von Israel getrennt (s. u. 3.3).

Der Tempel war aber nicht nur religiöses Zentrum, sondern auch in wirtschaftlicher Hinsicht ein wichtiger Faktor für die Jerusalemer Bevölkerung. Nicht nur die Pilger sind hier zu nennen, sondern auch die Jahrzehnte dauernden Bauarbeiten, die Funktion des Tempelgeländes als Marktplatz und als durch heiliges Recht geschützte Bank. Die Zerstörung dieses zentralen Elements judäischer Identität im Jahr 70 n. Chr. bedeutete daher einen Einschnitt in der Geschichte des antiken Judentums (s. u. 3.5.1).

<small>Die wirtschaftliche Bedeutung des Tempels</small>

Die Ereignisse um Jesu Tod und Auferstehung sowie das Entstehen der ersten Gemeinschaften von Christusgläubigen banden die Geschichte des frühen Christentums von Beginn an an die Stadt Jerusalem und den Tempel als ihr religiöses Zentrum. So unterschiedliche Texte wie die Paulusbriefe, die Apostelgeschichte, der Hebräerbrief und die Johannesapokalypse zeigen, dass die Stadt und ihr Heiligtum, wenngleich in einer von der realen Situation losgelösten Weise, weiterhin wichtige Punkte waren, an denen sich frühchristliche Identitätsbildungen orientierten (Gal 4,25f.; Röm 15,19; Apg 1,8; Hebr 12,22; Apk 21,10).

<small>Der Tempel im frühen Christentum</small>

3.1.4 Jüdische Identitäten im Diskurs

Für das antike Judentum war die Zugehörigkeit zum erwählten Volk durch mehrere Faktoren bestimmt, die in der Tora festgelegt waren: die Abstammung von Abraham bzw. Jakob/Israel, die Beschneidung der männlichen Mitglieder des Volkes, die Einhaltung von Bestimmungen zu Reinheit, Speisen, Sabbat und weiteren Festen sowie die Verheiratung innerhalb des Volkes (Endogamie). In der Diaspora war auch die Zugehörigkeit zu einer Synagoge ein wichtiges Element judäischer Identität.

<small>Zugehörigkeit zum judäischen Volk</small>

Allerdings ist gegen jede Generalisierung dieser verschiedenen Identitätsmerkmale einzuwenden, dass ihre Gewichtung unterschiedlich ausgeprägt war bzw. nicht alle Faktoren von jedem Judäer und jeder Judäerin für gleich wichtig gehalten wurden. So zeigt der Streit

60 Religion und Kultur der Judäer – Das Judentum in der frühen Kaiserzeit

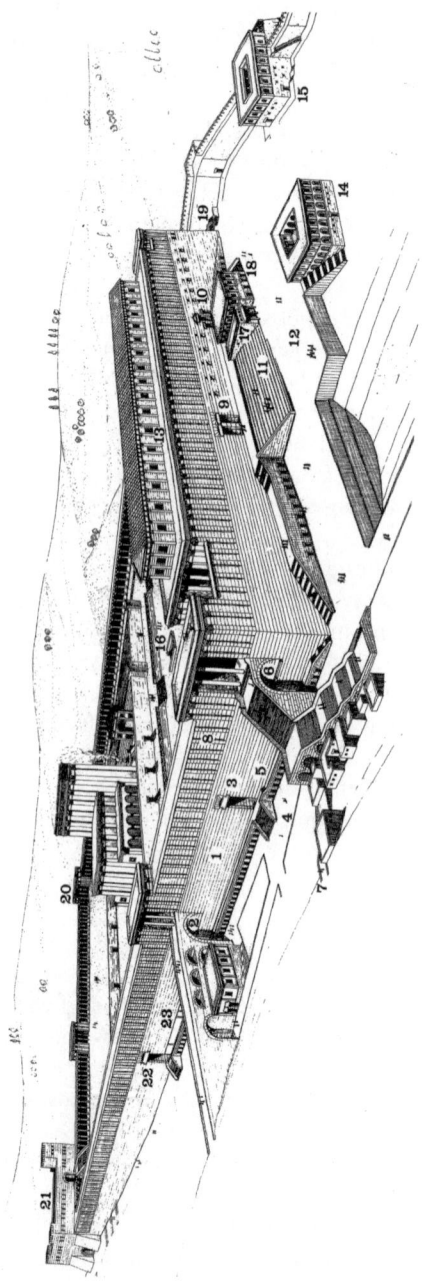

Karte 2: Der Jerusalemer Tempel

über eine Annäherung an Gesetze und Kultur anderer Völker, wie er in 1Makk 1,11–15 dargestellt wird, dass über die Bedeutung einzelner Identitätsfaktoren heftig gestritten wurde. Das schließt auch ein, dass die Festlegung judäischer Identität jeweils unterschiedlich vorgenommen wurde. Manche Elemente waren zudem aus der Außenperspektive besonders auffällig, während andere lediglich für einzelne Gruppen innerhalb des Judentums von großer Wichtigkeit waren.

Ein paar Beispiele zeigen eindrücklich die unterschiedliche Gewichtung von Identitätsmerkmalen in verschiedenen Kontexten durch die jeweiligen Handlungsträger: Im Zuge der Hellenisierung im 3. Jh. v. Chr. stand etwa die Beschneidung zur Disposition, die aus griechisch-römischer Perspektive als barbarisch eingeschätzt wurde (vgl. 1Makk 1,48.60; 2,45–48; Philo, migr. 89–94). Ähnliche Diskussionen wurden auch über die Beachtung von Speiseregeln geführt, die in der Praxis am schwierigsten einzuhalten waren (2Makk 6,18; 7,1; Arist. 184; Josephus, c. Ap. 2,173f.; vgl. Tacitus, hist. 5,5,1f.). Die in der Jesustradition überlieferten Streitigkeiten über die Umsetzung des Sabbatgebots spiegeln die unterschiedlichen Perspektiven darauf wider (Mk 2,23–3,6; vgl. Sueton, Aug. 76,2). Die Bedingung, nur Angehörige des eigenen Volkes zu heiraten (Num 25,6–8; vgl. Tacitus, hist. 5,5,5), wurde in persischer Zeit nachdrücklich eingeschärft (vgl. Esr 9f.). Immer wieder wurden solche Verbindungen zwischen Juden und Nicht-Juden scharf verurteilt, sodass wahrscheinlich ist, dass sie – in welcher Häufigkeit, lässt sich nicht sagen – durchaus vorkamen. Das zeigt sich in unterschiedlichen Schriften des frühen Judentums, sowohl bei solchen aus einem griechisch geprägten Kontext (Arist. 139; Philo, spec. leg. 3,29; Josephus, ant. 8,192) als auch bei Schriften radikaler Randgruppen (vgl. Jub 30; 4QMMT [396] Frg. 2 col.ii 4–11). Das bekannteste Paar waren in dieser Hinsicht Drusilla, die Schwester Agrippas II., und der römische Prokurator Felix (Apg 24,24; Josephus, ant. 20,142f.; vgl. Apg 16,1).

Beschneidung

Speiseregeln

Sabbat

Endogamie

Die Ansicht, dass ethnische Identität durch Abstammung festgelegt wird, war in der Antike nicht allein maßgeblich. Das wird z. B. daran erkennbar, dass im 1. Makkabäerbuch die griechischen Spartaner aus politischen Gründen zu Verwandten der Judäer gemacht werden (1Makk 12,20–23). Auch die heute im Judentum gültige Ableitung jüdischer Herkunft von der Mutter galt nicht immer, wie die zahlreichen genealogischen Angaben des Alten Testaments (z. B. 1Chron 1–9) oder auch zu Jesus (Mt 1; Lk 3) erkennen lassen, in denen die Väter die Zugehörigkeit zum Volk Israel bestimmen. Erst ab dem 2. Jh. n. Chr. wurde dies, offenbar als Verarbeitung der Versklavungen und Vergewaltigungen im Zusammenhang der judäischen Aufstände, auf die mütterliche Linie geändert (mQid 3,12). Dass die genealogische Her-

Abstammung

kunft aber nicht als allein entscheidendes Kriterium galt, zeigen auch jene Fälle, in denen entweder Judäer ihre judäische Identität aufgaben – wie z. B. Tiberius Alexander (s. u. S. 74) – oder Nicht-Judäer als Proselyten Teil des Volkes wurden (s. u. 3.8).

Streit um judäische Identität

Die gesellschaftliche Abgrenzung zu Nicht-Juden bei Mählern, öffentlichen Spielen oder in Vereinigungen war ein andauernder Diskussionspunkt innerhalb des antiken Judentums. Überliefert sind dazu etwa unterschiedliche Ansichten des Josephus (ant. 15,267–276) und des Philo (ebr. 20–26.177; prob. 26.141; prov. 58). In rabbinischen Texten wurden aktive und passive Teilnahme an Theateraufführungen und Wettkämpfen kritisch gesehen (tAZ 2,5–7; bAZ 18b). Die Bedeutung des Tempels stand bereits bei den Propheten zur Debatte (Am 5,21–23; Jes 1,10–17), die Qumranschriften dokumentieren eine deutliche Distanz zum vorfindlichen Kult (CD 5,6–13; 6,11–19; 1QpHab 12,8f.). Im ägyptischen Leontopolis stand sogar ein eigener JHWH-Tempel, der erst 71 n. Chr. von den Römern geschlossen wurde. Auch die Vorstellung der Vereinbarkeit von judäischer Identität mit anderen Kulten lässt sich an einigen wenigen Zeugnissen erkennen (IJO I Ach45; IJO II 21).

Die ethnische Identität der Judäer war also nicht fixiert durch ein unumstößliches Set von Identitätsmerkmalen, sondern umstritten und veränderbar. Es ist daher auch nicht verwunderlich, dass es nicht nur unterschiedliche Formen von Judentum in der Antike gab, sondern dass sich diese auch gegenseitig die judäische Identität absprachen. Dies geschah nicht nur im Hinblick auf christliche Gemeinden, sondern ebenso gegenüber anderen Gruppen. Vor allem in frührabbinischer Zeit wurde dies verstärkt betrieben, wie der Fluch gegen die Minim („Ketzer") im 18-Bitten-Gebet, dem Schemone Esre, zeigt (s. u. S. 271).

3.2 Gruppen innerhalb des Judentums in Judäa und Galiläa

Vor allem aus den Schriften des Josephus, aber auch aus den Evangelien, von Philo von Alexandrien sowie aus den Texten, die in Qumran gefunden wurden, lassen sich verschiedene Gruppierungen innerhalb des Judentums in Judäa und Galiläa rekonstruieren. Josephus selbst beschreibt sie mehrfach, u. a. in ant. 13,171–173:

> „Um diese Zeit gab es bei den Judäern drei Schulen, welche über die menschlichen Verhältnisse verschiedene Lehren aufstellten, und von denen eine die der Pharisäer, die zweite die der Sadduzäer und die dritte die der Essener hieß. Die Pharisäer behaupten, dass manches,

aber nicht alles das Werk des Schicksals sei, manches dagegen auch freiwillig geschehe oder unterbleibe. Die Essener hingegen lehren, alles stehe unter der Macht des Schicksals, und es komme bei den Menschen nichts vor, das nicht vom Geschick bestimmt sei. Die Sadduzäer endlich wollen überhaupt nichts vom Schicksal wissen und glauben, es gibt weder ein Schicksal, noch richte sich des Menschen Geschick danach, sondern alles geschehe nur nach unserem Willen, sodass wir ebenso die Urheber unseres Glückes seien, als wir auch unser Unglück uns durch unseren eigenen Unverstand zuzögen." (Übersetzung nach H. Clementz, Jüdische Altertümer, Wiesbaden 2004 [1899], 610.)

Zum richtigen Verständnis dieser Gruppierungen ist allerdings zu beachten, dass die meisten Judäer und Judäerinnen nicht zu ihnen gehörten, sondern zu jenem breiten Strom des antiken Judentums, der sich an den zentralen Elementen judäischer Identität (s. o. 3.1) orientierte und versuchte, sein Leben nach diesen auszurichten.

3.2.1 Sadduzäer

Die Sadduzäer, die sich auf den Priester Zadoq als ihren Ahnherrn (2Sam 8,17; 15,24–29) beriefen, stellten den Großteil der Jerusalemer Eliten (Josephus, bell. 2,166; ant. 13,297). Sie waren konservativ orientiert und hielten den in der Tora festgelegten Willen Gottes für die einzige bindende Vorgabe zu einem Leben im Bund. Die mündliche Überlieferung zur Toraauslegung war für sie daher unbedeutend (ant. 18,16). Die Sadduzäer betonten die Eigenverantwortlichkeit des Menschen (ant. 13,173; bell. 2,164) und den Tun-Ergehen-Zusammenhang der altisraelitischen Weisheitsliteratur: Gott werde dafür sorgen, dass es jenen, die seinen Willen tun, gut gehe, während jene, die diesen nicht tun, sich letztlich selbst schadeten. Die Vorstellung eines Lebens nach dem Tod und die Auferstehungshoffnung lehnten sie daher auch ab (Mk 12,18; Apg 23,8; Josephus, bell. 2,165). Im Neuen Testament begegnen sie in der synoptischen Tradition als Gegner Jesu (Mk 12,18–27 par; Mt 16,1–12; vgl. Mt 3,7) sowie in der Apostelgeschichte als Feinde der Christusgläubigen (Apg 4,1–3; 5,17; 23,6–8).

Sadduzäer

3.2.2 Pharisäer

Die Pharisäer waren die religiösen und politischen Gegenspieler der Sadduzäer, was vor allem damit zusammenhing, dass sie den engen Konnex von Herrschaft und Kult ablehnten, der sich seit der Herrschaft des Hasmonäer vor allem unter Johannes Hyrkan I. (135–104 v. Chr.) etabliert hatte. Wichtig war ihnen neben der Tora auch

Pharisäer

die mündliche Auslegung, „die väterlichen Überlieferungen" (Gal 1,14; Mk 7,3–5; Josephus, ant. 13,297f.), die die Lebbarkeit der Gebote Gottes im Alltag sichern sollte. Die Heiligung Israels durch ursprünglich nur für Priester vorgesehene Reinheits- und Speiseregeln (vgl. Mk 7,3–5) sollte dazu führen, dass das gesamte Land zum Heiligtum Gottes wird (vgl. Ex 19,6). Zudem wird den Pharisäern eine besonders genaue Kenntnis der Tora zugeschrieben (bell. 1,110; ant. 17,41; vita 191). Der Glaube an eine postmortale Existenz (bell. 2,163; Apg 23,8) zeichnete sie ebenso aus wie die Überzeugung, dass das menschliche Geschick zum Teil vorherbestimmt, zum Teil selbst gewählt sei (bell. 2,163; ant. 13,172).

Es handelte sich bei den Pharisäern um eine reformerische Laienbewegung, die in Judäa und Galiläa relativ weit verbreitet war und vor allem in städtischen Schichten jenseits der herrschenden Eliten ihre Anhänger hatte. Die Pharisäer hatten allerdings durchaus auch politischen Einfluss. Inwieweit in der Phase der Neuorientierung des Judentums nach der Zerstörung des Tempels (70 n. Chr.) die pharisäische Richtung zur entscheidend prägenden Kraft wurde, ist nicht eindeutig zu bestimmen. Sie spielen in der rabbinischen Literatur eine überraschend geringe Rolle, doch sollte der Einfluss pharisäisch geprägter Traditionen auf die rabbinische Bewegung auch nicht unterschätzt werden. Sowohl mit der Jesusbewegung als auch mit dem frühen Christentum standen Pharisäer in wechselseitigen und polemisch geführten Auseinandersetzungen (vgl. z. B. Mt 23,1–36), die vor allem durch die ideologische Nähe bedingt waren. Aber auch von christusgläubigen Pharisäern ist die Rede (Apg 15,5), und Paulus beschreibt sich selbst als Pharisäer (Phil 3,5).

Pharisäer nach 70 n. Chr.

3.2.3 Essener und die Qumrangemeinschaft

Essener Die Essener werden von Josephus (bell. 2,119–161; ant. 13,171–173; 15,371–379; 18,18–22) und Philo von Alexandrien (prob. 72–87; apol. bei Euseb, praep. ev. 8,11,1–18) als jüdische Gemeinschaft beschrieben, in der hellenistische Ideale vorbildlich umgesetzt waren und jüdisch-hellenistische Philosophie gepflegt wurde (vgl. auch Plinius d. Ä., nat. hist. 5,73). Die strikte Einhaltung der Vorschriften der Tora, Enthaltsamkeit, gemeinschaftliches Leben, Gemeinschaftsbesitz und Distanz zum Tempelkult waren nach diesen Darstellungen u. a. Kennzeichen der Essener. Ihre etwa 4000 Mitglieder sollen in kleinen Vereinigungen über ganz Judäa verteilt gelebt haben. Josephus erwähnt zudem ein Essener-Tor in Jerusalem (bell. 5,145).

Die Mehrheit der Forschung setzt die Essener mit jener Bewegung gleich, die sich aus Texten rekonstruieren lässt, die in elf bzw. zwölf

Höhlen in Qumran unweit von Jericho gefunden wurden. Die bauliche Anlage von Qumran, bestehend aus einer Siedlung mit Reinigungsbädern, Versammlungs- und Wirtschaftsräumen sowie Friedhöfen mit über 1100 Gräbern, wurde im Jahr 68 n. Chr. zerstört. Die Interpretation des Ortes als Zentrum einer religiösen Gemeinschaft hängt eng mit den entdeckten Schriften zusammen. *Der Ort Qumran*

Die ca. tausend zumeist fragmentarischen Texte aus den Höhlen von Qumran stammen zum weitaus größeren Teil nicht aus der „essenischen" Gemeinschaft. Die meisten sind Abschriften von Bibeltexten oder frühjüdischen Büchern. Allerdings lässt sich aus einigen Schriften eine religiöse Gruppe mit einem spezifischen Profil erkennen. Unter den gefundenen Manuskripten finden sich Gemeinderegeln (1QS, 1QSa, 1QSb; vgl. auch CD), exegetische Schriften, die als *Pesharim* bezeichnet werden, weisheitliche und poetisch-liturgische Texte. Die Gemeinschaft bezeichnete sich selbst als *jahad* („Vereinigung") oder „Neuer Bund". *Texte von Qumran*

Die Ansichten des *jahad* von Qumran orientierten sich an einem dualistischen und deterministischen Weltbild. Die Auferstehungsvorstellung ist hier ebenso zu finden wie die Forderung radikaler Einhaltung der Toravorschriften. Die Gemeinschaft stand mit der zeitgenössischen Tempelführung ebenso in scharfem Konflikt wie mit den Pharisäern. Reinheitsfragen und die Einhaltung des solaren Kalenders waren ihr besonders wichtig. Als der letzte treue Rest Israels erwartete sie für die nächste Zukunft eine entscheidende kriegerische Auseinandersetzung, die Israel zu neuer Größe führen würde, sowie zwei Messiasse, einen priesterlichen und einen königlichen. *Qumran-Judentum*

Im Neuen Testament werden die Essener bzw. Qumran nicht erwähnt. Versuche, einzelne Figuren der frühchristlichen Tradition wie Johannes den Täufer, Jesus, Paulus oder Jakobus mit dieser Gruppe zu verbinden, haben sich nicht bewährt. Das Schweigen frühchristlicher Texte bedeutet allerdings nicht, dass nicht in einzelnen theologischen Perspektiven sowie religiösen Praktiken eine Nähe zu dieser besonderen Form des Judentums bestand. Erwogen wird dies u. a. für das Johannesevangelium, einzelne Paulustraditionen oder auch für Teile der synoptischen Überlieferung. *Qumran und frühes Christentum*

3.2.4 Apokalyptische Bewegungen

Im Judentum entwickelten sich ab dem 3. Jh. v. Chr. eine Reihe von unterschiedlichen apokalyptischen Erwartungen, die in einer großen Zahl von Schriften festgehalten wurden, deren Verfasser sowie Trägergruppen sich allerdings nicht genau bestimmen lassen. Die moderne Bezeichnung „Apokalyptik" geht auf Apk 1,1 zurück, wo die Enthül- *Apokalyptik* lung der Endzeit als ἀποκάλυψις/*apokalypsis* bezeichnet wird. Zumeist wollen apokalyptische Schriften allerdings Einblicke vermitteln, die sich nicht nur auf die Zukunft, sondern auch auf Vergangenheit und Gegenwart beziehen.

Apokalyptische Ansichten

Es handelt sich grundsätzlich um Literatur, die der Lebensbewältigung dienen will: Da die bedrängenden Umstände – soziale Probleme, die Bedrückung durch fremde Mächte oder auch Naturkatastrophen – nicht selbst umgestaltet oder verhindert werden können, wird auf das nahe Eingreifen Gottes verwiesen, mit dem die Verhältnisse endgültig zum Positiven geändert werden. Das Ziel der apokalyptischen Botschaft ist die Bewältigung dieser unheilvollen Gegenwart bei Beibehaltung des Glaubens an einen gerechten und geschichtsmächtigen Gott. Dessen früheres und gegenwärtiges Handeln in der Welt zu enthüllen, vor allem aber Gottes Pläne zu offenbaren, ist Anliegen des Apokalyptikers. Ein konstantes Element ist darin das universale Strafgericht durch Gott oder einen Bevollmächtigten, das sowohl die Völker als auch die Untreuen aus dem Volk Israel erfasst, Lebende wie Verstorbene. Den Glaubenden wird ewiges Leben in Aussicht gestellt, wenn sie trotz der gegenwärtigen Schwierigkeiten am Bekenntnis zu JHWH und der Tora festhalten. Oftmals ist dies auch verbunden mit der Hoffnung auf eine Wiedererrichtung Israels zu umfassender Größe. Einige apokalyptische Texte enthalten auch Darstellungen einer bereits gegenwärtig in der himmlischen Transzendenz bestehenden Heilswelt.

Apokalyptik und frühes Christentum

Wichtige apokalyptische Schriften des antiken Judentums, deren Inhalte u. a. auch für Johannes den Täufer, Jesus von Nazareth bzw. das entstehende Christentum von hoher Bedeutung waren, sind das Danielbuch, das äthiopische Henochbuch, die jüdischen Sibyllinen, das Jubiläenbuch, das syrische Baruchbuch und das 4. Buch Esra.

3.2.5 Schriftgelehrte

Schriftgelehrte

Vor allem in der Jesusüberlieferung treten die Schriftgelehrten deutlich als religiöse Gruppe hervor. Grundsätzlich handelte es sich bei ihnen um Schreiber, die in Dörfern und Städten Verwaltungsaufgaben erledigten und die Korrespondenz der Einwohner übernahmen. Offenbar waren sie aber auch für die Interpretation der Tora als verbindlichem Rechtstext verantwortlich. Dies ging bereits auf hellenistische Zeit zurück (vgl. Sir 38,24–39,11; 1Makk 7,12; 2Makk 6,18), vielleicht sogar schon auf die Zeit Esras. Schriftgelehrte hatten keine eigene religiöse Ausrichtung, was sich u. a. daran zeigt, dass es auch unter den Pharisäern Schriftgelehrte gab (Mk 2,16; Apg 23,9). Sie begegnen in den Evangelien als Gegner Jesu (Mk 2,6 u. ö.), aber auch als Christusgläubige (Mt 8,19; 13,52).

Als Schriftgelehrte im Sinne von Lehrern der Schrift werden vor allem in rabbinischen Texten einige legendäre Gestalten genannt, wobei die Überlieferungslage sehr schwierig ist. Zu nennen sind hier Hillel, dem eine milde Auslegung von Torabestimmungen zugeschrieben wird, dessen Gegner Schammai, der eine strenge Richtung vertrat, sowie Gamaliel I., von dem auch Paulus unterrichtet worden sein soll (Apg 22,3).

3.2.6 Herodianer

Ausschließlich im Neuen Testament wird mit den Herodianern (griech. Ἡρῳδιανοί/*Herodianoi*) eine politische Gruppierung, die keine eigenen religiösen Interessen hatte, bei zwei Gelegenheiten erwähnt: beim Beschluss, gegen Jesus gewaltsam vorzugehen (Mk 3,6), sowie bei der Frage, ob man dem Kaiser Steuer zahlen sollte (Mk 12,13). Es handelte sich bei den Herodianern um Unterstützer und Klienten des herodianischen Königshauses, zu denen mit Manaën später auch ein Christusgläubiger gehörte (Apg 13,1).

Herodianer

3.3 Samaritaner

Die Anfänge der samaritanischen Form des Judentums liegen im Dunkeln, lassen sich aber in das 3. Jh. v. Chr. zurückverfolgen. In dieser Zeit etablierte sich in Sichem und auf dem nahe gelegenen Berg Garizim ein JHWH-Heiligtum, dem sich die autochthone Bevölkerung weitgehend anschloss. Ende des 2. Jh. v. Chr. wurde das Heiligtum durch Hyrkan I. zerstört, ohne allerdings die samaritanische Form der JHWH-Verehrung damit beenden zu können. Bereits seit dem 2. Jh. v. Chr. gab es Samaritaner auch in der Diaspora, u. a. in Ägypten (Josephus, ant. 13,74–79) und auf der Ägäisinsel Delos (SEG 32,809). Die Samaritaner beteiligten sich auch am ersten Aufstand gegen die Römer (bell. 3,307–315; s. u. 3.5).

Geschichte der Samaritaner

In religiöser Hinsicht stand bei den Samaritanern der Pentateuch, der in einer spezifischen samaritanischen Form tradiert wurde, als alleinige normative Schrift in besonders hohem Ansehen. Religiöses Zentrum war der Berg Garizim, analog zum Zion in Jerusalem. Allerdings bestritten die Samaritaner die heilsgeschichtliche Bedeutung Jerusalems, da die Stadt im Pentateuch nicht erwähnt wird. Von besonders hoher Bedeutung war Mose, dessen Figur auch für die eschatologische Erwartung eines „Propheten wie Mose" (vgl. Dtn 18,15.18) prägend war. Das Verhältnis zwischen Judäern und Samaritanern war von Polemik gekennzeichnet (vgl. 2Kön 17,24–41), obwohl sie sich in

Samaritanische Theologie

weiten Bereichen von Theologie und gelebter Religion kaum unterschieden. Diese Feindschaft kommt auch im Neuen Testament zum Ausdruck (Mt 10,5f.; Joh 8,48), zugleich zeigen sich aber auch Annäherungen (Joh 4; Lk 10,25–37; 17,11–19).

Nicht-Juden in Samaria Im Gebiet Samarias wohnten auch zahlreiche Nicht-Juden, vor allem in der größten Stadt Samaria/Sebaste, die 27 v. Chr. von Herodes dem Großen neu gegründet wurde und vollständig hellenisiert war. Die Bewohner dieser Stadt standen im 1. Judäischen Aufstand aufseiten der Römer (vgl. Josephus, bell. 2,460).

3.4 Propheten und Aufstandsbewegungen vor 66 n. Chr.

Nach der Übernahme der Verwaltung durch die Römer in Judäa und Samaria im Jahr 6 n. Chr. bzw. nach dem Tod Agrippas I. (44 n. Chr.) kam es in ganz Palästina wiederholt zu Versuchen, die römische Herrschaft abzuschütteln, sowie zum Auftreten einzelner prophetisch inspirierter Personen. Josephus berichtet über eine Reihe von entsprechenden Ereignissen, doch sind seine Darstellungen aufgrund seiner Verbindung zu den Römern zumeist deutlich negativ gefärbt.

Judas der Galiläer Im Jahr 6/7 n. Chr. trat Judas der Galiläer auf (Josephus, bell. 2,118; ant. 18,1.4.9.23; vgl. Apg 5,37). Sein Widerstand begann, als der Statthalter von Syrien, Quirinius, anlässlich des Übergangs der Herrschaft von Herodes Archelaos auf den ersten römischen Präfekten eine Volkszählung ansetzte, die der Steuerberechnung diente. Hiergegen protestierte Judas der Galiläer öffentlich, doch schon 7 n. Chr. starb er eines gewaltsamen Todes. Seine Söhne, die den Kampf weiterführten, kamen zwischen 46 und 48 n. Chr. ebenfalls ums Leben (bell. 2,433; 7,253; ant. 20,1.102).

Die Zeloten Auf Judas bzw. einen ansonsten unbekannten Pharisäer namens Zadok ging auch die Gruppe der Zeloten zurück, die während des 1. Jh. n. Chr. einen wichtigen Teil der Aufstandsbewegung in Palästina bildete. Der Begriff „Zeloten" verweist auf das griech. Wort ζῆλος/*zēlos* („Eifer"). Die Zeloten verstanden sich als Eiferer für Gott und betrachteten die biblische Figur des Pinchas, der die ethnische und kultische Reinheit des Volkes Israel blutig eingefordert hatte (Num 25), als ihr Vorbild. Sie setzten sich für die Alleinherrschaft Gottes ein und hatten messianische Ambitionen. Auch unter den Jüngern Jesu war mit Judas ein ehemaliger Zelot (Lk 6,15; Apg 1,13).

Sikarier Von der Gruppe der Zeloten nicht immer ganz eindeutig zu unterscheiden ist jene der Sikarier. Auch sie gehen auf die Zeit von Judas Galilaios zurück. Ihre Bezeichnung leitet sich von dem lat. Terminus *sica* für „Dolch" ab, da sie im Schutze größerer Volksansammlungen ihnen missliebige Personen erstachen. Dieses Vorgehen richtete sich vor allem gegen Judäer, die mit den Römern sympathisierten.

Neben diesen länger bestehenden Gruppen von Aufständischen erfahren wir vor allem durch Josephus auch von Einzelfiguren, die größere oder kleinere Anhängerschaften versammelten. So trat während der Verwaltungszeit des Pontius Pilatus (26–36 n. Chr.) ein namentlich nicht bekannter Samaritaner auf, der ankündigte, er werde die von Mose auf dem Berg Garizim versteckten heiligen Gefäße wiederfinden. Möglicherweise stand hinter dieser Ankündigung die Erwartung einer Wiederkehr des Mose. Nach Josephus (ant. 18,85–87) griffen viele Samaritaner, die dies als Anbruch der Heilszeit verstanden, zu den Waffen, doch wurden sie vernichtend geschlagen. Infolge der Brutalität seines Vorgehens wurde Pilatus von seinem Posten in Judäa und Samaria abberufen.

Der Samaritaner

Während der Statthalterschaft des Cuspius Fadus (44–46 n. Chr.) versuchte ein gewisser Theudas die Rückeroberung Israels (Josephus, ant. 20,97–99; vgl. Apg 5,36). Mit einer großen Zahl von Menschen ging er an das jenseitige Jordanufer, um von dort aus wie Josua das Land neu einzunehmen. Die Bewegung wurde gewaltsam niedergeschlagen.

Theudas

Unter der Prokuratur des Antonius Felix (52–59 n. Chr.) mobilisierte ein nicht namentlich bekannter Diasporajude aus Ägypten eine Volksbewegung gegen die Römer. Josephus berichtet (ant. 20,169–172; bell. 2,261–263), dass unter seiner Führung 30.000 Menschen zunächst in die Wüste und anschließend auf den Ölberg gingen. Dort habe der Prophet angekündigt, dass auf sein Geheiß die Mauern einstürzen würden (ant. 20,170). Seine bewaffneten Anhänger könnten so die Stadt erobern und er selbst zum Herrscher werden. Tatsächlich töteten die Römer unter Mithilfe der Jerusalemer viele der Aufständischen, der Ägypter entkam aber. In Apg 21,38 wird Paulus daher von einem römischen Tribun gefragt, ob er jener Ägypter sei.

Der Ägypter

3.5 Die beiden Aufstände in Palästina

Die Aufstände der Judäer in Palästina (66–70 bzw. 132–135 n. Chr.) und in der Diaspora (115–117 n. Chr.; s. u. 3.7.3) waren nicht die einzigen Revolten von Völkern bzw. Stämmen gegen die römische Herrschaft. So hatte Tiberius in den Jahren 6–9 n. Chr. eine Erhebung in Pannonien und Dalmatien niedergeschlagen. Während seiner Regierungszeit als Kaiser wurde auch ein Aufstand gallischer Stämme beendet (21 n. Chr.). In der Zeit Neros erhoben sich die Britannier unter der Führung ihrer Königin Boudicca (60/61 n. Chr.) und im Vier-

Aufstände im Römischen Reich

Kaiser-Jahr 69 n. Chr. die Bataver in Niedergermanien. Es ist allerdings bemerkenswert, dass kein anderes Volk die Herrschaft der Römer so nachdrücklich ablehnte wie die Judäer.

3.5.1 Der erste Aufstand (66–70 n. Chr.)

Die verschiedenen früheren Versuche, die Herrschaft der Römer abzuschütteln, die sich verschärfende soziale Situation sowie die gesteigerte Aggressivität der römischen Beamten führten dazu, dass die Lage in Palästina Mitte der 60er Jahre des 1. Jh. n. Chr. hoch angespannt war. Dies zeigte sich außer in den Gewalttaten durch Zeloten und Sikarier und den Aufstandsversuchen auch an dem Propheten Jesus ben Ananias, der das Ende Jerusalems prophezeite (s. u. S. 120).

Auslöser des Aufstands

Zwei Ereignisse führten im Jahr 66 n. Chr. schließlich zum Aufstand: Erstens hatte der Prokurator Gessius Florus (64–66 n. Chr.) einen Teil des Tempelschatzes entnommen und damit sowohl die religiösen Gefühle der Judäer als auch die ökonomische Kraft des Tempels, der auch als Bank fungierte (Josephus, bell. 2,293), verletzt. Zweitens hatte Gessius Florus blutige Unruhen nicht unterbunden, die in Caesarea Maritima zwischen Juden und Nicht-Juden aus Streit über das Bürgerrecht ausgebrochen waren (bell. 2,284–292). Agrippa II. versuchte noch zu vermitteln (bell. 2,233–405), blieb aber erfolglos. Der eigentliche Aufstand begann im Frühjahr 66 n. Chr. (bell. 2,409f.), nachdem die Priester, angestachelt durch einen gewissen Eleazar, sich weigerten, weiterhin Opfer für das Wohlergehen des Kaisers im Jerusalemer Tempel darzubringen.

Erste Erfolge

Jerusalem wurde von den Aufständischen rasch erobert, die römischen Soldaten getötet und der amtierende Hohepriester Ananias, der eine friedliche Lösung wollte, ermordet. Das erste Eingreifen der Römer unter Cestius Gallus von Syrien aus wurde zum militärischen Desaster, sodass die Begeisterung unter den Judäern für den Aufstand stark zunahm. Es entzündete sich daraufhin überall der Zorn der Bevölkerung gegen die Besatzung, auch in Samaria. Dabei hatten vor allem die Zeloten eine Leitfunktion. Sehr früh kam es aber auch zu Auseinandersetzungen unter den Aufständischen. Dennoch gelang es zunächst, die römischen Truppen in die Defensive zu drängen.

Der Beginn der Niederschlagung

67 n. Chr. wurde Vespasian von Nero zum Befehlshaber bestellt. Die römische Streitmacht wurde auf ca. 60.000 Mann erhöht, sodass nun mit aller militärischen Macht gegen den Aufstand vorgegangen werden konnte. Die hellenistisch geprägte Stadt Sepphoris in Galiläa distanzierte sich daraufhin ganz von der Rebellion, und auch die lokalen Eliten anderer Städte Galiläas rieten zur Aufgabe. In den ländlich geprägten Regionen wurde allerdings – u. a. auch mit religiöser

Begründung – der Kampf geführt (vgl. Josephus, Vita 134f.). Die römischen Truppen eroberten bis Ende 67 n. Chr. alle Städte und Festungen Galiläas, zuletzt Gischala im Norden. Bereits zu Beginn war in Jotapata auch der lokale Kommandant Josephus gefangen genommen worden. Er wurde nach dem Krieg in den Haushalt des späteren Kaisers Vespasian aufgenommen – daher der Name Flavius Josephus – und verfasste ausführliche Berichte über den Verlauf des ersten Aufstands.

Josephus und Vespasian

In den Jahren 68/69 n. Chr. erfolgte von römischer Seite eine Kampfpause, da die Nachfolge auf dem Kaiserthron abgewartet wurde. In dieser Zeit brach aber unter den judäischen Gruppierungen ein Bürgerkrieg aus, in dem radikale Kräfte um Johannes von Gischala die Gemäßigten aus den Kreisen der Hohepriester und Pharisäer vernichteten. Später trat mit Simon bar Giora ein weiterer Zelotenführer in diese Auseinandersetzung ein. Messianische Ambitionen und soziale Umbrüche gingen damit jeweils einher.

Streit unter den Aufständischen

Vespasian zog im Jahr 69 n. Chr. erneut los und eroberte rasch den Rest Judäas mit Ausnahme Jerusalems und der herodianischen Festungen Herodeion, Masada und Machairus. Verzweifelte Appelle an die Vernunft der Aufständischen durch Agrippa II. oder auch Josephus, der zu den Römern übergelaufen war, wurden nicht beachtet. Als Vespasian Kaiser wurde, übernahm sein Sohn Titus das Kommando und konnte Jerusalem nach fünf Monaten Belagerung Ende August/Anfang September 70 n. Chr. einnehmen. Mit der Stadt Jerusalem wurde auch der Tempel, das religiöse Zentrum des Judentums, zerstört. Die Einwohner wurden zum Großteil getötet oder versklavt. Mit Masada fiel im Jahr 73/74 n. Chr. die letzte Festung der Zeloten.

Die Zerstörung Jerusalems und des Tempels

3.5.2 Die Zeit zwischen den Aufständen (70–132 n. Chr.)

Die Zerstörung Jerusalems und des Tempels, die Tötung bzw. Versklavung von bis zu einem Drittel der Bevölkerung sowie die Verwüstung weiter Landstriche Judäas, Samarias und Galiläas führten zu einer angespannten wirtschaftlichen und sozialen Lage unter den Verbliebenen. Teile des Grundbesitzes fielen an den römischen Kaiser, der diese weiterverpachtete, sodass die Landbevölkerung weitgehend unselbstständig wurde. Mit der Versklavung und durch die Fluchtbewegungen während des Aufstands wuchs auch die judäische Diaspora zahlenmäßig deutlich an. Die Eliten des Volkes hatten jede Macht verloren, was u. a. auch zum Verschwinden der sadduzäischen Partei führte.

Folgen des Aufstands

Der Verlust des Jerusalemer Tempels als Kultzentrum wurde vor allem von jenen Gruppierungen innerhalb des Judentums bewältigt, die schon zuvor die über den Tempelkult hinausgehende Orientierung

Neuorientierung an der Tora an der Tora in das Zentrum der jüdischen religiösen Existenz gestellt hatten. Dies begünstigte vor allem die Pharisäer, aus denen sich Teile der frührabbinischen Bewegung entwickelten (s. u. 3.6). Texte wie das 4. Makkabäerbuch versuchen hingegen, die Vereinbarkeit des Gesetzes, das als Grundlage der „Philosophie des Judentums" gedeutet wird, mit griechisch-römischen Tugendethik aufzuzeigen.

Neuorientierung in der Apokalyptik Auch die apokalyptischen Bewegungen des Judentums, für die die Zerstörung des Tempels einen herben Rückschlag ihrer Heilserwartungen bedeutete, mussten sich neu orientieren. So wurde im syrischen Baruchbuch am Ende des 1. Jh. n. Chr. der Versuch unternommen, die Tempelzerstörung als Teil von Gottes Heilsplan zu verstehen (6f.). Dieser werde mit dem Kommen des Messias, dem Gericht und der Wiederherstellung Israels vollendet (72–74). Die Bücher 4 und 5 der jüdischen Sibyllinen, die in Ägypten im 1. und 2. Jh. n. Chr. entstanden, sind ganz darauf ausgerichtet, das vernichtende Gericht über die Feinde, also das Imperium Romanum, zu erwarten, dessen Vorzeichen in Kriegen, Hungersnöten und Naturkatastrophen jetzt schon erlebt würden. Zugleich wurde aber auch das Ende blutiger Opfer begrüßt (4,24–30).

In Palästina entstand an der Wende vom 1. zum 2. Jh. n. Chr. das 4. Buch Esra, das einen anderen Weg zur Bewältigung der Katastrophe einschlug: Die Zerstörung des Tempels wird hier in die grundsätzliche Verstricktheit des Menschen in die Schuld eingeordnet, die ein Grundelement des gegenwärtigen Zeitalters (Äons) sei. Dagegen stehe die Forderung nach Einhaltung der Gebote Gottes, die dem Einzelnen die Möglichkeit eröffne, das zu erreichen, was Gott in seinem erwählenden Handeln versprochen habe, nämlich das endzeitliche Heil. Der Fokus auf die individuelle Erlösung sowohl durch Gottes Gnadenhandeln als auch durch Einhaltung der Tora wurde über diese Schrift hinaus zu einem wichtigen Element des jüdischen Glaubens nach der Tempelzerstörung.

Das Imperium und das judäische Volk In der Stadt Jerusalem wurde währenddessen die *Legio X Fretensis* stationiert und Judäa zu einer eigenständigen Provinz unter der Leitung des Legionskommandanten gemacht. Der römische Kaiser Vespasian sowie sein Sohn und Nachfolger Titus propagierten den Sieg über die Judäer durch eigene Münzprägungen, die u. a. dazu dienen sollten, andere Völker von Aufständen abzuschrecken. Auch der Triumphzug des Titus, der auf dem Titusbogen in Rom dargestellt ist, rückte die Unterwerfung der Judäer in die Mitte des öffentlichen Bewusstseins. Die Judäer wurden vonseiten des römischen Staates nun als Gesamtheit für den Aufstand verantwortlich gemacht, obwohl sich die Diaspora nicht daran beteiligt hatte. Es wurde eine Sonderabgabe, die ausschließlich Angehörige des judäischen Volkes zu zahlen hatten, der *fiscus Iudai-*

cus eingeführt (s. u. 3.7.2). Auch der JHWH-Tempel im ägyptischen Leontopolis wurde 71 n. Chr. geschlossen (Josephus, bell. 7,433–436). *Fiscus Iudaicus*

3.5.3 Der zweite Aufstand (132–135 n. Chr.)

Der nach dem Anführer der Judäer benannte Bar-Kochba-Aufstand setzte im Jahr 132 n. Chr. ein. Als Anlass ist die Neugründung Jerusalems durch Kaiser Hadrian als *Aelia Capitolina* anzusehen. Diese war außerdem mit dem Bau eines Jupitertempels verbunden (Cassius Dio, hist. 69,12). Simon bar Kochba wurde zum Anführer des Aufstandes. Er wurde als Messias angesehen (yTaan 4,8 fol. 68d) und bezeichnete sich selbst als Fürst Israels *(nasi)*. Über den Verlauf des Aufstands ist nicht viel bekannt. So ist unklar, ob die Aufständischen Jerusalem eroberten, den Tempelkult wieder begannen oder auch in Galiläa kämpften. Nach knapp vier Jahren wurde die Rebellion aber blutig niedergeschlagen. Die Bevölkerung wurde versklavt, die Städte der Region zerstört. Jerusalem wurde zur römischen *Colonia Aelia Capitolina*, Judäern das Betreten der Stadt verboten.   *Simon bar Kochba*   *Aelia Capitolina*

3.6 Das frühe rabbinische Judentum

Nach der Zerstörung Jerusalems und des Tempels im Jahr 70 n. Chr. sowie der Tötung bzw. Versklavung großer Teile der Bevölkerung musste sich das Judentum neu konstituieren. Nicht nur die letzten Reste politischer Selbstständigkeit, die bis zum ersten Aufstand durch das Synhedrion verwaltet worden waren, sondern vor allem die Orientierung am Jerusalemer Heiligtum mit seinem Kult war verloren gegangen. In den folgenden Jahrzehnten entwickelte sich daher u. a. aus der pharisäischen Gruppierung und den Schriftgelehrten eine neue Richtung innerhalb des Judentums, die nach den Titeln ihrer Lehrer („Rabbi") als rabbinische Bewegung bezeichnet wird. Sie rückte statt des verlorenen Tempelkults die Tora in das Zentrum der jüdischen religiösen Identität. Deren Auslegung und Anwendung, vor allem hinsichtlich der Reinheits- und Speisevorschriften, sollte Israel zum heiligen Volk werden lassen.   *Rabbi*

Obwohl die Überlieferungen in den rabbinischen Schriften (Mischna, Talmud, Tosefta, Midraschim) einen anderen Eindruck erwecken, war die rabbinische Bewegung nicht von Beginn an dominierend. Allerdings waren die Rabbinen dort, wo Fragen um judäische Identität und Grenzziehung zu anderen Formen des Judentums diskutiert wurden, offenbar von großem Einfluss. Hinter der polemischen Darstellung der Pharisäer und Schriftgelehrten in den Evangelien   *Die Rabbinerbewegung*

(v. a. Mt 23) lässt sich diese Konfrontation noch erahnen. Prägende Gestalten der frühen „formativen" Phase der rabbinischen Bewegung waren Jochanan ben Zakkai, Gamaliel II., Aqiva und Jischmael. Das erste Zentrum war in Javne/Iamnia an der Mittelmeerküste, nach 135 n. Chr. im galiläischen Usha.

3.7 Das Diasporajudentum

Der weitaus größere Teil des judäischen Volkes lebte nicht in Palästina, sondern in der Diaspora („Zerstreuung"). Seit dem babylonischen Exil waren Judäer und Judäerinnen im Zweistromland präsent, mit der Hellenisierung sowie nach der römischen Eroberung Judäas durch Pompeius (63 v. Chr.) verbreitete sich das judäische Volk in weiten Bereichen des Mittelmeerraums. Dies setzte sich nach den beiden Aufständen weiter fort.

Juden und Nicht-Juden
Die Verhältnisbestimmung zur nicht-jüdischen Umgebung reichte von strengster Abgrenzung (Antagonismus) über die verbindende Aufnahme hellenistisch-römischer Kultur (Akkulturation) bis zur vollständigen Aufgabe judäischer Identität (Assimilation). Die Orientierung an Identitätsmerkmalen des Judentums wurde anhand unterschiedlich gewichteter Kriterien gestaltet. Dazu gehörten die Einhaltung des Sabbats und der Speise- bzw. Reinheitsgebote, die Beschneidung, die Beschränkung von Heirat auf Judäer und Judäerinnen (Endogamie), die Mitgliedschaft in lokalen Synagogen und die bilderlose Verehrung des einen Gottes (s. o. 3.1.4).

Assimilation
Ein Beispiel für vollständige Assimilation ist Tiberius Julius Alexander, ein Neffe Philos von Alexandrien. Er machte innerhalb des römischen Heeres Karriere und war u. a. Prokurator von Judäa (46–48 n. Chr.), Statthalter von Ägypten (66–69 n. Chr.) und an der Belagerung Jerusalems (70 n. Chr.) beteiligt. Sein Onkel Philo hingegen repräsentiert mit seiner philosophischen Durchdringung jüdischer Kultur sowie seinem politischen Kampf um eine Integration des Judentums in das griechische Bürgertum Alexandriens den Versuch, bei entschiedener Bewahrung judäischer Identität diese mit hellenistischer Bildung und Kultur zu verbinden (vgl. auch 4Makk). Die strenge Abgrenzung zur nicht-jüdischen Umgebung schließlich zeigte sich u. a. in sozialen Bereichen, etwa durch die Trennung von Nicht-Juden bei Mählern oder durch Endogamie. In Texten aus der Diaspora wie der Weisheit Salomos (Sapientia Salomonis), dem 3. Makkabäerbuch, den jüdischen Bestandteilen der sibyllinischen Orakel oder dem Bekehrungsroman „Joseph und Aseneth" wurde dies literarisch ausgearbeitet, teils mit schärfster Polemik gegen andere Völker.

Akkulturation

Antagonismus

3.7.1 Lokale Entwicklungen in der Diaspora

Geographisch lassen sich einige Regionen hervorheben, in denen judäische Minderheiten besonders stark vertreten waren: In Ägypten stellte das judäische Ethnos schon seit dem 6./5. Jh. v. Chr. eine auch zahlenmäßig bedeutende Bevölkerungsgruppe dar, die in der frühen Kaiserzeit trotz ihrer Größe – Philo spricht von einer Million Judäern in Ägypten (Flacc. 43) – eine komplizierte gesellschaftliche Stellung innehatte. Seit den Ptolemäern waren die Judäer in sog. Politeuma organisiert, also in ethnisch strukturierten Einheiten mit begrenzter Selbstverwaltung, und galten als Bürger. In römischer Zeit verschlechterte sich diese soziale Stellung, da die Judäer zwischen der autochthonen Bevölkerung, den eigentlichen Ägyptern, und den Griechen und Römern standen. Die Spannungen führten zu Pogromen (38 n. Chr.) und zum Diasporaaufstand (115–117 n. Chr.; s. u. 3.7.3). In der Kyrenaika (Nordafrika) bestand ein weiteres Zentrum des Diasporajudentums mit ähnlichen Bedingungen wie in Ägypten.

Judentum in Ägypten

In Syrien mit seiner Hauptstadt Antiochien blieben Judäer seit frühhellenistischer Zeit weitgehend unbehelligt. Josephus berichtet sogar von einer besonderen Attraktivität des Judentums in dieser Region (bell. 7,45). Diese ruhige Lage wurde durch den ersten Aufstand in Judäa kurzzeitig unterbrochen (bell. 7,46–62), konnte aber anschließend wiederhergestellt werden.

Judentum in Syrien

In Kleinasien und Griechenland galt dies noch viel mehr: Das Verhältnis zwischen den judäischen Minderheiten und der nicht-jüdischen Mehrheitsbevölkerung war, abgesehen von kleineren Unstimmigkeiten über die Tempelabgaben, unproblematisch. Es wurde zusätzlich durch rechtliche Regelungen der Römer abgesichert (ant. 14,185–267; 16,160–178). Das ökonomische Aufblühen Kleinasiens durch die *Pax Romana* trug dazu bei, etwaige Spannungen abflauen zu lassen. Weder die beiden Aufstände in Judäa noch jener in Ägypten, der Kyrenaika und auf Zypern wurde von den judäischen Gemeinden Syriens, Kleinasiens oder Griechenlands unterstützt.

Judentum in Kleinasien und Griechenland

Wie alle anderen Völker des Mittelmeerraums stellten auch die Judäer eine Minderheit in der Bevölkerung der Stadt Rom. Spätestens im 1. Jh. v. Chr. konnten die Judäer politisch nicht mehr vernachlässigt werden (vgl. Cicero, Flacc. 66–69). Die Zahl der Judäer in Rom steigerte sich nach der Eroberung Judäas (69 v. Chr.) auf 20.000– 30.000 Personen. Ihre Vereinigungen *(collegia)* waren ausdrücklich erlaubt (Josephus, ant. 14,213–216). Aus Inschriften lassen sich wenigstens elf Synagogen belegen. Durch römische Schriftsteller wie Ovid, Horaz, Petronius, Juvenal oder Tacitus wird deutlich, dass die Besonderheit judäischer Identität in Rom auffiel. Die Arbeitsruhe am Sabbat,

Judentum in Rom

die Beschneidung und die Speisegesetze, vor allem die Vermeidung von Schweinefleisch, wurden verspottet. Zugleich wurde die Übernahme judäischer Kultur und Religion durch Nicht-Juden als Verrat am Vaterland gewertet (Tacitus, hist. 5,5; Juvenal, Satiren 14,96–104). In der Zeit nach Augustus, der aufgrund seiner Verbindung mit Herodes auch die Judäer in Rom geschützt hatte, kam es deshalb zu Vertreibungen von Judäern: 19 n. Chr. durch Tiberius (Josephus, ant. 18,65–84; Tacitus, ann. 2,85) und 49 n. Chr. durch Claudius (Apg 18,2; Sueton, Claud. 25,4; s. u. S. 86). Deren Wirkung dauerte allerdings nicht lange an. Der erste Aufstand hatte abgesehen von der Abgabenverpflichtung (*fiscus Iudaicus*; s. u. 3.7.2) keine besonderen Folgen für die Judäer in Rom, vielmehr blieben sie auch in den folgenden Jahrhunderten unbehelligt.

Keine erlaubte Religion

Eine reichsweite rechtliche Anerkennung des Judentums durch die Römer als *religio licita* („erlaubte Religion") ist allerdings eine wissenschaftliche Fiktion. Sie basiert auf einer Formulierung des Kirchenvaters Tertullian (apol. 21,1), hat aber keinerlei Basis im römischen Recht. Vielmehr zeigen Josephus und andere Autoren, dass lediglich aufgrund von einzelnen Vorkommnissen bzw. Beschwerden die Stellung von judäischen Minderheiten in bestimmten Gebieten zeitweise von den römischen Kaisern abgesichert wurde. Dies basierte allerdings auf der grundsätzlich permissiven römischen Einstellung gegenüber fremden Kulten: Solange diese die römischen Traditionen nicht in Frage stellten oder zu Unruhen führten, konnten die Völker des Imperium Romanum ihre althergebrachten religiösen Formen selbstverständlich beibehalten. Eine formale Anerkennung oder gar Erlaubnis des Judentums als Religion gab es hingegen nicht.

3.7.2 Tempelabgabe und *fiscus Iudaicus*

Tempelabgabe vor 70 n. Chr.

Jeder männliche Judäer zwischen 20 und 50 Jahren war seit späthellenistischer Zeit durch die Tora dazu verpflichtet, eine Abgabe von zwei Denaren pro Jahr an den Jerusalemer Tempel zu leisten (vgl. Ex 30,11–16; Philo, spec. leg. 1,76–78). Diese Abgabe wurde von den lokalen Synagogen eingesammelt und nach Jerusalem gebracht (vgl. Cicero, Flacc. 28,67–69; Josephus, ant. 16,28). Sie diente u. a. dazu, das tägliche Opfer zugunsten des Kaisers zu finanzieren, war also ein Akt der Loyalität gegenüber der römischen Herrschaft und Ersatz für den Kaiserkult. Auch darüber hinaus war die Tempelabgabe eine wesentliche Einkunftsquelle für den Tempel und Jerusalem.

Fiscus Iudaicus

Nach dem Ende des ersten Aufstandes in Judäa und der Zerstörung des Tempels (70 n. Chr.) verpflichtete Kaiser Vespasian alle Angehörigen des judäischen Volkes, auch Frauen und Kinder sowie Sklaven und Sklavinnen, zu einer Kopfsteuer (Josephus, bell. 7,218). Sie war dem Wiederaufbau des Jupitertempels am Kapitol in Rom gewidmet. Domitian verschärfte die Eintreibung der Steuer (Sueton, Dom. 12,2), während sein Nachfolger Nerva Missstände beendete (Cassius Dio, hist. 68,1,2). Die Abgabe wurde aber bis in das 3. Jh. n. Chr. weiter erhoben. Für die Identitätsbildung des antiken Judentums war der *fiscus Iudaicus* trotz der Belastung ein wichtiger Faktor. Die Zugehörigkeit zum Judentum war damit nämlich auch zu einer staatlichen Angelegenheit geworden, die in zweifelhaften Fällen eine Entscheidung verlangte. Dies betraf Proselyten, Gottesfürchtige und jüdische Christusgläubige gleichermaßen (s. u. S. 290).

3.7.3 Die Aufstände in der Diaspora (115–117 n. Chr.)

Trajans Vordringen nach Osten bis an den Persischen Golf, während dem die Parther 115/116 n. Chr. besiegt wurden, bot Diasporajudäern in Ägypten und der Kyrenaika und in der weiteren Folge auch auf Zypern und in Mesopotamien die Gelegenheit, Aufstände gegen die griechisch-römische Bevölkerung zu beginnen (vgl. Cassius Dio, hist. 68,32,1–3; Euseb, h. e. 4,2,1–5). Cassius berichtet von Massenmorden durch Judäer, die nach der Niederschlagung der Aufstände durch römische Truppen zu blutiger Rache führten. Das Diasporajudentum in Ägypten, der Kyrenaika und auf Zypern wurde 117 n. Chr. so gut wie ausgelöscht. Das hatte sicherlich auch Folgen für Christusgläubige, die entweder selbst judäischer Herkunft waren oder als Judäer betrachtet wurden. Unser mangelndes Wissen über die frühe Entstehung des Christentums in Nordafrika ist vor allem auf diesen radikalen Schnitt zurückzuführen.

Diasporaaufstände

3.7.4 Die Septuaginta

Zwischen 250 und 100 v. Chr. entstand vor allem in Ägypten die Septuaginta (LXX), die griechische Übersetzung des Alten Testaments. Der Aristeasbrief beschreibt dies als Unternehmen des Königs Ptolemaios II., was bezweifelt werden kann. An der LXX lässt sich exemplarisch erkennen, wie wichtig griechische Kultur und Bildung für die in Alexandria und anderen Städten des hellenistischen Kulturraums wohnhaften Judäer war. Die heiligen Schriften wurden in der Diaspora nur noch in dieser Form gelesen und ausgelegt. So sind von dem hellenistisch-jüdischen Philosophen Philo von Alexandrien (ca. 15 v. Chr.–50 n. Chr.) zahlreiche exegetische Werke erhalten, in denen er die LXX mit den Methoden der sog. alexandrinischen Schule auslegte. Aber auch Flavius Josephus und den neutestamentlichen Autoren galt die LXX als die Heilige Schrift.

Septuaginta

3.7.5 Synagogen

Die Bezeichnung Synagoge

Die Bezeichnung Proseuche

Die religiöse Funktion der Diasporasynagogen

Zu den wesentlichen Errungenschaften des Diasporajudentums gehörte die Entwicklung der Synagoge als landsmannschaftlicher Vereinigung ab dem 3. Jh. v. Chr. (s. o. 2.2.3.3). Die Bezeichnung συναγωγή/*synagōgē* („Zusammenkunft"), die auch von nicht-jüdischen Gruppierungen verwendet wurde, konnte sowohl für die Personengemeinschaft als auch für deren Versammlungsgebäude verwendet werden. Die Synagoge, die auch als προσευχή/*proseuchē* („Gebetsstätte"; vgl. Apg 16,13) bezeichnet wurde, versammelte Mitglieder der judäischen Diaspora einer Stadt, wobei bei einer größeren Zahl an Judäern auch mehrere Synagogen an einem Ort möglich waren, z. B. in Damaskus (Apg 9,2), Salamis (Apg 13,5) oder Rom (s. o. S. 75). Die Treffen am Sabbat oder zu Festzeiten, deren genaue Rekonstruktion für das 1. Jh. n. Chr. unsicher bleiben muss, waren neben den Feiern in den Haushalten wesentliche Elemente des religiösen Lebens in der Diaspora. Zu ihnen gehörten die Lesung und Auslegung der Schrift, Gebete und Psalmen, Räucheropfer sowie gemeinsame Mahlzeiten (vgl. nur Lk 4,16; Apg 13,15; 15,21). Frauen nahmen an diesen Feiern ebenfalls teil (Lk 13,10–17; Apg 16,13; Josephus, ant. 14,260). Je nach ihrem lokalen Status waren Synagogen bzw. Politeuma (s. o. S. 75) auch berechtigt, interne Rechtsfragen zu entscheiden und Strafen zu vollziehen (2Kor 11,24). Die Leitung der Synagogen durch Vorsteher (ἀρχισυνάγωγος/*archisynagōgos*) sowie die Mitwirkung von Ältesten (πρεσβύτερος/*presbyteros*) und anderen Funktionären geschah analog zu paganen Vereinigungen. Auch Frauen trugen diese Titel.

Synagogen in Palästina

Auch in Palästina entstanden ab dem 1. Jh. v. Chr. Synagogen, deren Funktion allerdings deutlich weiter zu denken ist. Sie waren nicht nur Orte religiöser Feiern, sondern darüber hinaus Versammlungsräume der Bevölkerung. In Jerusalem bestanden zur Zeit des Zweiten Tempels keine Synagogen, mit Ausnahme jener, die von Diasporajudäern betrieben wurden (Apg 6,9), wie die Synagoge des Theodotos (CIJ II 1404).

3.8 Proselyten und Gottesfürchtige

Das antike Judentum, zum Teil in Palästina, vor allem aber in der Diaspora, hatte für einzelne Nicht-Juden eine gewisse Attraktivität. Die teilweise oder vollständige Übernahme jüdischer Religion und Kultur, das wird aus literarischen und inschriftlichen Quellen deutlich, war offenbar vor allem für gebildete Mitglieder der Eliten interessant. Dabei ist zu unterscheiden zwischen dem seltenen Fall des vollen Übertritts und anderen Formen der Annäherung.

Als Proselyten werden in der LXX Fremde bezeichnet, die im Land Israel wohnen (hebr. *gēr;* z. B. Ex 20,10; Lev 17; Num 15,14–16; Dtn 31,12). Während im hebr. Sprachgebrauch keine religiöse Bedeutung im eigentlichen Sinn zu erkennen ist, ist das in der LXX bereits verändert, da sich in der Diaspora auch Nicht-Juden dem Volk Israel anschlossen. Zahlreiche Texte, wie der Roman „Joseph und Aseneth" oder Ausführungen bei Philo und Josephus, beschreiben solche Konversionen. Proselyten unterwarfen sich der Tora, verehrten ausschließlich den Gott Israels und wurden Mitglieder der Synagoge (vgl. Jdt 14,10; Tacitus, hist. 5,5,2). Für Männer schloss dies die Beschneidung ein. Obwohl Proselyten nach Rechten und Pflichten als Teil des judäischen Volkes galten, war ihr Status nicht dem geborener Judäer gleich. In Qumran galten sie als die geringste Gruppe der Israeliten (CD 14,3–6). Auch Philo konnte trotz allen Lobes für den Mut zur Konversion (virt. 216–219) auch distanzierende Töne anschlagen (vit. Mos. 1,147), und die rabbinischen Texte zeigen eine hochambivalente Haltung.

Von einem illustrativen Beispiel zwischen Sympathie und Konversion berichtet Josephus (ant. 20,17–53): Königin Helena von Adiabene am Tigris und ihr Sohn Izates waren so sehr dem Judentum zugeneigt, dass sich Izates eigentlich beschneiden lassen wollte. Das sei aber zunächst unterlassen worden, und sogar sein judäischer Lehrer Ananias habe dies befürwortet (20,38–42). Man könne Gott, so formuliert Josephus die Worte des Ananias, „auch ohne Beschneidung verehren" (20,42). Später habe sich Izates allerdings doch noch beschneiden lassen, nachdem ihn nämlich ein anderer Judäer darüber belehrt habe, dass nur derjenige Gott wirklich verehre, der das ganze Gesetz einhalte. Dazu gehöre eben auch das Gebot der Beschneidung (20,43–48). Diese Geschichte, auch wenn sie von Josephus stilisiert erzählt wird, zeigt recht deutlich, dass die Frage nach dem Heil für Nicht-Juden im Judentum unterschiedlich beantwortet wurde.

In der Apostelgeschichte verwendet Lukas für die Sympathisanten und Sympathisantinnen die Bezeichnungen „Gottesfürchtige" (φοβούμενοι τὸν θεόν/*phoboumenoi ton theon:* Apg 10,2.22; 13,16.26) bzw. „Gottesverehrer" (σεβόμενοι τὸν θεόν/*sebomenoi ton theon:* Apg 16,14; 18,7). Sie begegnen auch in späterer Zeit für Personen, die in einer mehr oder weniger ausgeprägten Art und Weise die Kultur der Judäer bzw. das Judentum schätzen (s. u.). Für sie war die intellektuelle und wortzentrierte Verehrung eines einzigen Gottes ein attraktives Gegenstück zu den paganen Kulten und dem damit verbundenen praktizierten Polytheismus. Hinzu kamen Lebensregeln wie die Zehn Gebote, die antiken Tugenden durchaus entsprachen. Und schließlich sind die – im Vergleich zu paganen Opferkulten – geradezu aszetischen Feste der jüdischen Synagogen zu nennen, die auf Nicht-Juden einen gesitteten Eindruck machten.

Formen der Sympathie für das Judentum

Eine geringere Nähe, aber doch Sympathie oder Unterstützung wird vor allem durch Inschriften deutlich, die zeigen, dass auch Nicht-Juden die Interessen einer lokalen Synagoge förderten. Wie sehr dahinter eine inhaltliche Begeisterung für judäische Religion und Kultur stand, lässt sich selten bestimmen. So ehrten ein judäisches Politeuma in der Kyrenaika in Nordafrika einen Förderer namens M. Tittius (ca. 24 n. Chr.; CJZC 71) und möglicherweise eine Synagoge in Phrygien die Priesterin des Kaiserkults Julia Severa für die Stiftung eines Gebäudes (um 100 n. Chr.; IJO II 168). Aus dem 4. Jh. n. Chr. stammt eine Inschrift, die 54 Gottesfürchtige nennt, zusammen mit 68 Judäern und 3 Proselyten (Aphrodisias, IJO II 14). Nach Lk 7,5 erbaute der Hauptmann von Kapernaum aus Liebe zum judäischen Volk die lokale Synagoge. Bei Josephus finden sich einige Belege für diese Faszination an judäischer Kultur und Religion im syrischen Raum: So hätten sich in Damaskus fast alle Frauen dem Judentum angeschlossen (bell. 2,560), und in Antiochien seien zahlreiche Griechen so etwas wie ein Teil der Synagoge geworden (bell. 7,45). Josephus bezeichnet auch Poppaea Sabina, die Ehefrau von Kaiser Nero, als eine Frau, die Gott verehrte (ant. 20,195; vgl. 20,252).

keine jüdische Mission

Im Hintergrund dieser verschiedenen Formen von Unterstützung, teilweiser Übernahme judäischer Kultur oder Konversion stand jedoch kein aktives Werben des Judentums um Konvertiten. Ein missionarisches Bemühen, das als Analogie zur frühchristlichen Verkündigung des Evangeliums verstanden werden könnte, gab es nicht. Allerdings war das Judentum auch keine Mysterienreligion. Judäer legten in unterschiedlichem Ausmaß ihre Traditionen offen, oft zur Abgrenzung, aber auch im Bemühen um Verständnis. Die Aussage in Mt 23,15, wonach Pharisäer und Schriftgelehrte über Land und Meer gingen, um einen Proselyten zu gewinnen, nimmt dies polemisch auf. Es handelte sich aber mehr um Werbung durch gelebten Glauben, der in der frühen Kaiserzeit durchaus anschlussfähig war.

Literatur

John Barclay, Die Diaspora in Antiochia, in: Neues Testament und antike Kultur. 1: Prolegomena – Quellen – Geschichte, hg. v. K. Erlemann u. a., Neukirchen-Vluyn 2004, 204–206.

John Barclay, Jews in the Mediterranean Diaspora. From Alexander to Trajan (323 BCE–117 CE), Edinburgh 1996.

Shaye J. D. Cohen, Crossing the Boundary and Becoming a Jew, HThR 82, 1989, 13–33.

Benedikt Eckhardt, Rom und die Juden – ein Kategorienfehler? Zur römischen Sicht auf die *Iudaei* in später Republik und frühem Prinzipat, in: Religio licita? Rom und die Juden, hg. v. G. Hasselhoff und M. Strothmann, StJ 84, Berlin/Boston 2017, 13–53.

Marius Heemstra, The Fiscus Judaicus and the Parting of the Ways, WUNT 2. Reihe 277, Tübingen 2010.

Martin Hengel/Anna Maria Schwemer, Jesus und das Judentum, Tübingen 2007.

William Horbury/W. D. Davies, Hgg., The Cambridge History of Judaism. 3: The Early Roman Period, Cambridge 1999.

Steve Mason, A History of the Jewish War A. D. 66–74, Cambridge 2016.

Peter Schäfer, Geschichte der Juden in der Antike, Tübingen ²2010.

Günter Stemberger, Pharisäer, Sadduzäer, Essener. Fragen, Fakten, Hintergründe, Stuttgart 2013.

Daniel Stökl Ben Ezra, Qumran. Die Texte vom Toten Meer und das antike Judentum, UTB Jüdische Studien 4681/3, Tübingen 2016.

Michael Tilly, Apokalyptik, Tübingen 2012.

Markus Tiwald, Das Frühjudentum und die Anfänge des Christentums. Ein Studienbuch, Stuttgart 2016.

Margaret H. Williams, Jews in a Graeco-Roman Environment, WUNT 312, Tübingen 2013.

4 Chronologie des frühen Christentums

Innerhalb des Zeitraums von der Geburt Jesu von Nazareth um 4 v. Chr. bis 135 n. Chr. sind einige wenige Daten der Geschichte des frühen Christentums genau zu bestimmen. Diese sind dann Bestandteile einer *absoluten Chronologie*. In diese erste Stufe einer Chronologie werden anschließend jene Ereignisse eingeordnet, die sich nicht eindeutig datieren lassen, deren Reihenfolge und Zusammenhänge aber rekonstruierbar sind. Sie ergeben eine *relative Chronologie*. Absolute und relative Chronologie lassen dann einen Überblick über die zeitlichen Abläufe der Ereignisse von 4 v. Chr. bis 135 n. Chr. zu.

4.1 Die absolute Chronologie

4.1.1. Die Lebensdaten Jesu von Nazareth

4.1.1.1 Die Geburt Jesu

Der Zeitrahmen der Geburt Jesu wird von Lukas in Lk 2,1f. genannt: Lk 2,1f

> „Es geschah aber in jenen Tagen, dass eine Verordnung vom Kaiser Augustus ausging, das ganze Imperium aufzuzeichnen. Diese erste Aufzeichnung geschah, als Quirinius Statthalter von Syrien war."

Ausgehend von der Nennung des Augustus (27 v. Chr.–14 n. Chr.) und des Quirinius (gest. 21 n. Chr.) ist auf Grundlage dieses Textes weiter nach konkreten Daten zu suchen. Die bei Lukas erwähnte Zählung des Volkes bezieht sich auf die nach der Absetzung des Archelaos, des Regenten von Judäa, vollzogene Eingliederung Judäas in die Provinz Syrien im Jahr 6 n. Chr. Im Widerspruch dazu stehen allerdings Angaben im Neuen Testament, Jesus wäre noch unter Herodes dem Großen geboren, der bereits 4 v. Chr. gestorben war. Auf diese frühe Datierung verweisen sowohl die Synchronisierung der Geburt Johannes des Täufers mit jener Jesu (Lk 1,5) als auch die gesamte Geburtsgeschichte im Matthäusevangelium (Mt 2,1–18). Jesus muss also entweder spätestens 4 v. Chr., zur Zeit Herodes des Großen, oder im Jahr 6 n. Chr., zur Zeit der Volkszählung, geboren worden sein. Öfters wird zur Datierung auch die im Matthäusevangelium erwähnte Erscheinung des Sterns herangezogen (Mt 2,2.7–10), die mit verschiedenen astronomischen

Konstellationen identifiziert wird (7, 5 oder 4 v. Chr.). Eine historische Auswertung ist aber aufgrund der literarischen Gestaltung der matthäischen Geburtsgeschichte, die den Stern als Königsmotiv aufnimmt, nicht weiterführend. Übrigens: Die Datierung der Geburt Jesu auf den Wechsel vom Jahr 1 v. Chr. zum Jahr 1 n. Chr. – die Null war im Frühmittelalter noch unbekannt –, auf der die moderne Zeitrechnung beruht, geht auf fehlerhafte Kalkulationen des Mönchs Dionysius Exiguus im Jahr 525 n. Chr. zurück.

Das Jahr null

Auf das Geburtsjahr Jesu könnte auch die Angabe in Lk 3,23 verweisen, wonach Jesus etwa dreißig Jahre alt war, als er zum ersten Mal öffentlich auftrat. Das passt auch zu Joh 8,57: Jesus war noch nicht einmal fünfzig, also kein alter Mann. Der Zeitpunkt des ersten Auftretens Jesu wird von Lukas mit dem Wirken Johannes des Täufers verbunden (Lk 3,1f.):

Lk 3,1f.

> „Im fünfzehnten Jahr der Herrschaft des Kaisers Tiberius, als Pontius Pilatus Statthalter von Judäa war und Herodes Tetrarch von Galiläa und sein Bruder Philippus Tetrarch von Ituräa und der Landschaft Trachonitis und Lysanias Tetrarch von Abilene, unter dem Hohepriester Hannas und Kaiphas."

Von diesen Angaben ist lediglich jene zum „fünfzehnten Jahr der Herrschaft des Kaisers Tiberius" spezifisch genug, um weitere Schlüsse ziehen zu können. Das fünfzehnte Jahr schließt entweder die anfängliche Zeit des Tiberius als Mitregent des Augustus mit ein – dann würde es das Jahr 26/27 n. Chr. bezeichnen. Oder es verweist auf das fünfzehnte Jahr seiner Alleinherrschaft – dann wäre das Jahr 28/29 n. Chr. gemeint. Zu 26/27 n. Chr. würde ein Hinweis im Johannesevangelium passen, wonach zur Zeit des Wirkens Jesu – nach Joh 2 zu dessen Beginn – bereits 46 Jahre am Jerusalemer Tempel gebaut worden war (Joh 2,20). Nach Josephus (ant. 15,380) fiel der Baubeginn durch Herodes in die Zeit 20/19 v. Chr., sodass Joh 2,20 auf das Jahr 26/27 n. Chr. verweisen würde. Auch der Tod Johannes des Täufers fiel in diesen Zeitraum (s. u. S. 104). Zieht man davon etwa dreißig Jahre ab (Lk 3,23), ist die Geburt Jesu am Ende der Zeit von Herodes dem Großen, also im Jahr 4 v. Chr., anzusetzen. Allerdings kann die (lukanische) Datierung auf die Volkszählung des Quirinius (6 n. Chr.) dann nicht als historisch eingeschätzt werden. Als Ergebnis ist daher festzuhalten: Die Angaben der Evangelien – mit Ausnahme von Lk 2,1 – verweisen alle auf die Zeit von Herodes dem Großen, sodass mit Jesu Geburt vor dem März des Jahres 4 v. Chr. zu rechnen ist.

4 v. Chr.

4.1.1.2 Der Tod Jesu

Vom Beginn des Auftretens Jesu im Jahr 26/27 n. Chr. her lässt sich als sein Todesjahr 29/30 n. Chr. vermuten. Dies setzt voraus, dass Jesus tatsächlich drei Jahre wirkte, wie es das Johannesevangelium überliefert, nicht nur, wie im Bericht der synoptischen Evangelien, maximal ein Jahr.
Die Datierung des Todes auf das Jahr 29/30 n. Chr. wird auch durch Überlegungen zum letzten Passahfest Jesu mit seinen Jüngern bestätigt. Nach dem jüdischen Festkalender findet das Passahmahl am 15. Nisan statt. Allerdings unterscheiden sich das Johannesevangelium und die Synoptiker in der Angabe, ob Jesus am Tag *vor* dem Passahfest starb, am sogenannten Rüsttag (Joh 18,28; 19,14), oder *am* Tag des Passah. Letzteres wird dadurch ausgedrückt, dass Jesus mit seinen Jüngern das Passahmahl am Abend der Verhaftung gefeiert haben soll (Mk 14,12–16 par). Die Datierung des letzten Mahles Jesu auf den Tag vor dem Passah – also den 14. Nisan – ist allerdings plausibler:

29/30 n. Chr.

Freitag, der 14. Nisan

– Laut Mk 14,2 nahmen sich die Gegner Jesu vor, diesen nicht am Fest zu ergreifen und töten zu lassen. Der folgende Passionsbericht im Markusevangelium widerspricht diesem Vorhaben ohne Grund, sodass Mk 14,2 wohl auf älterer Überlieferung beruht.
– Der sicherlich historische Prozess des Präfekten Pontius Pilatus gegen Jesus passt sehr viel besser in die Zeit vor dem Fest, da es in der römischen Verwaltung üblich war, lokale Festtage nicht durch Gerichtsverhandlungen zu stören.
– Auch die Passahamnestie für Barabbas (Mk 15,6 par), die in allen Passionsgeschichten eine Rolle spielt, würde vor dem Fest mehr Sinn ergeben. Zweck einer Amnestie ist ja, den Betroffenen das Fest mit seiner Familie feiern zu lassen.

Der 14. Nisan, an dem Jesus hingerichtet wurde, war nun aber nach den Berichten aller vier Evangelien ein Freitag (Mk 15,42 par). Kalenderberechnungen ergeben, dass diese Konstellation am 11.4.27, am 7.4.30 und am 3.4.33 eintrat. Wenn Jesus also drei Jahre in Galiläa und Judäa wirkte, ist der 7. April 30 n. Chr. als sein Todestag anzunehmen.

7. April 30 n. Chr.

4.1.2 Die Jahre 30 bis 70 n. Chr.

In die Zeit zwischen dem Tod Jesu (30 n. Chr.) und der Zerstörung des Tempels (70 n. Chr.) fällt u. a. die Wirkungszeit des Paulus. Zur Erstellung der absoluten Chronologie helfen hier einige Angaben aus seinen Briefen und der Apostelgeschichte weiter.
Der einzige Fixpunkt für die absolute Chronologie des Paulus ist sein erster Aufenthalt in Korinth (Apg 18,12–17). Die in Apg 18

Paulus in Korinth: 49/50–52 n. Chr.

berichtete Verhandlung fand nämlich vor dem Prokonsul Lucius Iunius Gallio Annaeanus statt, einem Bruder des Philosophen Seneca. Seine Amtszeit in der Provinz Achaia dauerte vom 1. Juli 51 bis zum 30. Juni 52 n. Chr. Dies wird durch die sog. Gallio-Inschrift aus Delphi wahrscheinlich (SIG III$^{3/4}$ 801D). Daraus ergibt sich, dass Paulus, der nach Apg 18,11 eineinhalb Jahre in Korinth weilte und wohl relativ bald nach dem Gerichtsprozess die Stadt verließ, irgendwann zwischen 49 und 52 n. Chr. dort war. Dies wird bestätigt durch die Angabe, dass Priska/Priscilla und Aquila, ein christusgläubiges Ehepaar judäischer Herkunft, das durch Claudius aus Rom vertrieben worden war, Paulus in Korinth in ihr Haus aufnahmen (Apg 18,2). Sie müssen also schon zuvor von Rom nach Korinth gekommen sein. Über die Vertreibung von Judäern aus Rom durch den Kaiser Claudius berichtet der Historiker Sueton (Claud. 25,4; vgl. Cassius Dio, hist. 60,6,6):

> „Die Judäer, die auf Anstiften des Chrestus andauernd Unruhen verursachten, warf er aus Rom hinaus."

Gemeint sind damit sehr wahrscheinlich Christusgläubige, die in Synagogen Roms über „Chrestus" erzählten, nicht „alle Judäer" (Apg 18,2). Weil Sueton mit der Bezeichnung „Christus" nichts anfangen kann, verwendet er den bekannten Sklavennamen „Chrestus" („der Nützliche"). Priska und Aquila gehörten offenbar zu diesen Unruhestiftern. Datieren lässt sich diese Aktion des Claudius mit einiger Sicherheit auf das Jahr 49 n. Chr., sodass damit auch der Aufenthalt von Priska und Aquila und daher auch der des Paulus in Korinth für die Zeit um 49/50 n. Chr. bestätigt wird.

Weitere Angaben, in denen lokale Machthaber in den Paulusbriefen oder der Apostelgeschichte vorkommen, führen nicht zur selben Eindeutigkeit. Paulus erwähnt eine Flucht aus Damaskus unter dem Nabatäerkönig Aretas IV. in 2Kor 11,32f. (vgl. Apg 9,23-25). Aretas IV. regierte von 9 v. Chr. bis 39/40 n. Chr., sodass der Vorfall in dieser Zeit geschehen sein muss. Mehr lässt sich dazu nicht erheben.

Das Zusammentreffen mit Sergius Paul(l)us, dem Statthalter auf Zypern, welches Apg 13,6-12 erwähnt, lässt sich ebenfalls nicht ausreichend konkretisieren. Weder sind uns die Regierungsdaten der Statthalter auf der Mittelmeerinsel detailliert überliefert (von 44-58 n. Chr. fehlt jede Information), noch lässt sich die Identität von Sergius Paullus, der zu einer angesehenen römischen Familie gehörte, genauer bestimmen. Ein inschriftlicher Beleg zu einem Quintus Sergius (SEG 20,302) ist leider zu fragmentarisch. Und ein Lucius Sergius Paullus ist nur für die Stadt Rom als Amtsträger belegt (CIL VI 31545).

Seine Laufbahn könnte ihn nach 47 n. Chr. aber sehr wohl als Statthalter nach Zypern geführt haben.

Besser bestimmen lässt sich die Zeit der Gefangenschaft des Paulus in Caesarea Maritima (Apg 23,23–26,32). Die beiden in der Apostelgeschichte erwähnten Prokuratoren waren Antonius Felix (52–59 n. Chr.) und Porcius Festus (59–62 n. Chr.). Während Paulus in den letzten beiden Jahren des Felix inhaftiert war (Apg 24,27), gab Festus seine Verantwortung in dieser Angelegenheit schon zu Beginn seiner Amtszeit ab und ließ den Gefangenen nach Rom zum Kaiser bringen. Paulus wäre dann von etwa 57–59 n. Chr. in Judäa gewesen.

<small>Paulus in Caesarea: 57–59 n. Chr.</small>

Nach Apg 12,1f. wurde der Jünger Jakobus, der Sohn des Zebedäus und Bruder des Johannes, unter Herodes Agrippa I. hingerichtet (37–44 n. Chr.). Dieser trat sein Königsamt in Jerusalem erst im Jahr 41 n. Chr. an und ließ wahrscheinlich bereits zu Beginn seines Wirkens den prominenten Jesusanhänger töten, spätestens aber 44 n. Chr. Ebenfalls von einer Hinrichtung erfahren wir für das Jahr 62 n. Chr., als der Hohepriester Ananos II. während der Abwesenheit des Prokurators ein Interregnum nutzte, um „den Bruder Jesu, der Christus genannt wird, mit Namen Jakobus" gemeinsam mit einigen anderen steinigen zu lassen (Josephus, ant. 20,200).

<small>Hinrichtung von Jakobus Zebedäus</small>

<small>Hinrichtung von Jakobus dem Herrenbruder</small>

Zweifel sind im Blick auf die Christenverfolgung nach dem Brand Roms durch Nero im Jahr 64 n. Chr. angebracht, die sich in den meisten modernen Chronologien des frühen Christentums findet. Ein entsprechender Bericht des römischen Historikers Tacitus (ann. 15,44,2–5) ist nämlich, wie noch zu zeigen sein wird, historisch wenig plausibel (s. u. 14.2).

4.1.3 Die Jahre 70–135 n. Chr.

Für die Zeit nach dem ersten Aufstand der Judäer (66–70 n. Chr.) bis zum Ende des zweiten Aufstandes (132–135 n. Chr.) finden sich weitere datierbare Ereignisse des frühen Christentums. Der Briefwechsel von Plinius dem Jüngeren, Statthalter der Doppelprovinz Bithynien und Pontus, gibt uns an einem Punkt einen Einblick, den wir auch datieren können. Im Jahr 111/112 n. Chr. berichtete Plinius Trajan über Prozesse gegen Christusgläubige und erhielt vom Kaiser eine entsprechende Antwort (Plinius d. J., epist. 10,96 s. u. 14.4). Stammen die Briefe des Ignatius tatsächlich von der Reise des zum Martyrium bestimmten Bischofs von Antiochien nach Rom, bieten sie je nach genauer Datierung einen Einblick in die Zeit zwischen 114 und 117 n. Chr. (vgl. Euseb, h. e. 3,36,1–3).

<small>Plinius d. Jüngere: 111/112 n. Chr.</small>

<small>Ignatius: 114–117 n. Chr.</small>

Im Überblick ergibt sich also für die absolute Chronologie:

Geschichte des frühen Christentums	Geschichte des judäischen Volkes	Imperium Romanum
Geburt Jesu 4 v. Chr.	Herodes d. Gr. 37–4 v. Chr.	Augustus 31 v. Chr.–14 n. Chr.
Wirken Jesu in Galiläa und Judäa 26/27–30		
Hinrichtung Johannes des Täufers 27		
Kreuzigung Jesu 30	Archelaos 4 v. Chr.–6 n. Chr. Herodes Antipas 4 v. Chr.–39 n. Chr. Pontius Pilatus 26–36	Tiberius 14–37 Gaius Caligula 37–41
Hinrichtung des Jakobus Zebedäus 41 Paulus in Korinth 49/50–52	Herodes Agrippa I. 37–44 Cuspius Fadus 44–46 Tiberius Alexander 46–48 Herodes Agrippa II. 48/49–92/93 Vertreibung von Judäern aus Rom 49	Claudius 41–54
Paulus in Caesarea 57–59 Hinrichtung des Herrenbruders Jakobus 62 Christenverfolgung in Rom (?) 64	Antonius Felix 52–59 Porcius Festus 59–62 1. Judäischer Aufstand 66–70	Nero 54–68 Galba, Otho, Vitellius 69
		Vespasian 69–79 Titus 79–81 Domitian 81–96 Nerva 96–98
Christenprozesse in Bithynien-Pontus 111/112 Hinrichtung des Ignatius 114/117	Aufstand in der Diaspora 115–117	Trajan 98–117
	2. Judäischer Aufstand 132–135	Hadrian 117–138

4.2 Die relative Chronologie

4.2.1 Die Zeit bis zum Apostelkonvent

Die wichtigste Quelle für die ersten beiden Jahrzehnte des frühen Christentums ist ein biographischer Rückblick des Paulus in Gal 1,15–2,14. Der Apostel gibt darin zunächst einen Überblick über die Zeit bis zum Apostelkonvent:

Gal 1,15–2,1

> 1,15 Als es aber dem, der mich von meiner Mutter Leibe an ausgewählt und durch seine Gnade berufen hat, gefiel, 16 seinen Sohn in mir zu offenbaren, damit ich ihn unter den Völkern verkündigte, beriet ich mich nicht sofort mit Fleisch und Blut; 17a ich ging auch nicht nach Jerusalem hinauf zu denen, die vor mir Apostel waren, 17b sondern ich ging sogleich fort in die Arabia und kehrte wieder nach Damaskus zurück.
> 18 Danach, nach drei Jahren, ging ich nach Jerusalem hinauf, um Kephas kennenzulernen, und blieb fünfzehn Tage bei ihm. 19 Keinen anderen der Apostel aber sah ich außer Jakobus, den Bruder des Herrn. 20 Was ich euch aber schreibe – siehe, vor Gott! –, ich lüge nicht.
> 21 Danach kam ich in die Gegenden von Syrien und Kilikien. 22 Ich war aber den Gemeinden in Judäa, die in Christus sind, von Angesicht unbekannt. 23 Sie hatten aber nur gehört: Der, der uns einst verfolgte, verkündigt jetzt den Glauben, den er einst zu vernichten suchte; 24 und sie verherrlichten Gott um meinetwillen.
> 2,1 Danach, nach vierzehn Jahren, zog ich wieder nach Jerusalem hinauf mit Barnabas und nahm auch Titus mit.

Paulus beginnt hier mit einer knappen Beschreibung seiner Hinwendung zum Evangelium (1,15f.), nach der er nicht sofort nach Jerusalem, sondern zunächst in die Arabia, das Gebiet der Nabatäer südöstlich von Syrien, gezogen ist (1,17a). Daran anschließend, so schreibt er, kehrte er nach Damaskus zurück (1,17b), was darauf hindeutet, dass er schon zuvor in Damaskus gewesen war (so auch Apg 9,19). Nach drei Jahren ging er schließlich doch nach Jerusalem. Umstritten ist, ob sich „danach" (ἔπειτα/epeita) auf den Anschluss des Paulus an den Christusglauben bezieht oder auf seine Rückkehr nach Damaskus, doch ist Ersteres viel wahrscheinlicher. Eine weitere gewisse Unsicherheit besteht darin, dass die Angabe „drei Jahre" nicht drei volle Jahre meinen muss, da in der Antike begonnene Jahre als volle Jahre gezählt wurden. Wir nehmen daher als Kompromiss einen zweijährigen Aufenthalt des Paulus im Gebiet der Nabatäer an. Dass Paulus dort war, wird auch aus dem Zwischenfall unter Aretas IV. deutlich (2Kor 11,32f.), der sich vor 39/40 n. Chr. zugetragen haben muss (s. o. S. 86).

Arabia

Damaskus

Unmittelbar „nach" (ἔπειτα/*epeita*) seinem ersten Jerusalemaufenthalt, bei dem Paulus Petrus und den Herrenbruder Jakobus kennenlernte (1,18f.), ging er nach Syrien und in das nordwestlich davon gelegene Kilikien.

1. Aufenthalt in Jerusalem

In Gal 2,1 berichtet Paulus, dass er nach 14 Jahren (ἔπειτα/*epeita*) zum zweiten Mal nach Jerusalem gekommen sei, um über seine Verkündigungstätigkeit unter den Völkern und die Freiheit von der Unterwerfung unter die Tora zu sprechen. Paulus meint damit seinen Besuch anlässlich des Apostelkonvents, von dem auch in Apg 15 erzählt wird (s. u. 10.1). Die in Gal 2,1 genannten 14 Jahre kürzen wir analog zum Vorherigen auf 13 Jahre.

2. Aufenthalt in Jerusalem

Wir kommen also aufgrund von Gal 1,15–2,1 zu folgendem Ablauf mit Zeitabständen:
Berufung des Paulus in Damaskus
Verkündigung in der Arabia
Rückkehr nach Damaskus
ca. 2 Jahre nach der Berufung 1. Aufenthalt in Jerusalem
ca. 13 Jahre Verkündigung in Kilikien und Syrien
anschließend Apostelkonvent (2. Aufenthalt in Jerusalem)

Doch nicht nur Paulus erzählt von den ersten Jahrzehnten, sondern auch die lukanische Apostelgeschichte. Über den in Gal 1,15–2,10 beschriebenen Zeitraum findet sich im Hinblick auf Paulus Folgendes, wobei Angaben über die jeweilige Dauer der Ereignisse nur sehr allgemein ausfallen:

Die Angaben der Apostelgeschichte

Lukas berichtet ebenfalls von der Hinwendung des Paulus zum Christusglauben und seinem Aufenthalt in Damaskus (Apg 9,1–21). Um einem Mordanschlag durch Judäer in Damaskus zu entgehen (9,22–25), sei er nach Jerusalem gereist, habe sich der Gemeinde angeschlossen und das Evangelium verkündigt (9,26–29). Aufgrund des Widerstandes der Jerusalemer Judäer gegen ihn sei Paulus dann in die kilikische Hauptstadt Tarsus geflohen (9,30). Von Tarsus aus habe ihn Barnabas später – eine Zeitspanne wird nicht genannt – in das syrische Antiochien geholt (11,25–26a), wo sie beide lange Zeit gewirkt hätten (11,26b). Die nächste Reise habe wiederum nach Jerusalem geführt, und zwar zur Überbringung einer Geldsammlung der antiochenischen Gemeinde an die Jerusalemer (11,27–30; 12,25). Nach der Rückkehr seien Paulus und Barnabas von der antiochenischen Gemeinde ausgesandt worden, um die Verkündigung auf Zypern und im südlichen Kleinasien zu betreiben (Apg 13–14; s. u. 11.4). Sie wären anschließend nach Antiochien zurückgekommen, wo sie eine gewisse Zeit geblieben seien (14,26–28). Erst danach seien Barnabas und Paulus wegen der Verkündigung unter den Völkern und der Freiheit von

der Unterwerfung unter die Tora nach Jerusalem gereist, also zum Apostelkonvent (Apg 15).
Die Reihenfolge der Ereignisse in der Apostelgeschichte sieht also wie folgt aus:
Berufung des Paulus vor Damaskus
Aufenthalt in Damaskus
1. Aufenthalt in Jerusalem
Aufenthalt in Tarsus/Kilikien
Aufenthalt in Antiochien/Syrien
2. Aufenthalt in Jerusalem
Reise mit Barnabas nach Zypern und Kleinasien
3. Aufenthalt in Jerusalem zum Apostelkonvent

Die wesentlichen Differenzen zwischen dem Bericht des Paulus und jenem der Apostelgeschichte sind die Zahl der Aufenthalte in Jerusalem (zwei oder drei) und die Reise mit Barnabas vor dem Apostelkonvent, die bei Paulus nicht vorkommt.

Die Differenz der Zahl der Besuche in Jerusalem wird manchmal so erklärt, dass der Bericht in Apg 15 nicht den Apostelkonvent in Gal 2,1–10 beschreibe, sondern ein späteres Treffen, das Paulus gar nicht erwähne. Der Apostelkonvent aus Gal 2,1–10 sei hingegen mit dem zweiten Besuch laut Apg 11,27–30 und 12,25 identisch. Das ist allerdings angesichts der zahlreichen Parallelen zwischen den beiden Berichten in Gal 2,1–10 und Apg 15 sehr unwahrscheinlich (s. u. 10.1). Viel eher ist anzunehmen, dass beim Besuch anlässlich der Geldspende, dem zweiten nach der Zählung der Apostelgeschichte (11,27–30; 12,25), Paulus nicht mit dabei war, sondern Lukas das lediglich so rekonstruierte. Das gilt selbstverständlich nur, wenn wir Paulus in dieser Sache vertrauen können, der in Gal 1,20 immerhin beteuert, in dieser Angelegenheit nicht zu lügen.

2 oder 3 Aufenthalte in Jerusalem?

Aber es fehlt im Galaterbrief auch die Reise mit Barnabas nach Zypern und Kleinasien, wie sie in Apg 13f. erzählt wird. Als Erklärung wird hier u. a. angeführt, dass Paulus mit seiner Tätigkeit in Syrien und Kilikien (Gal 1,21) auch Zypern und die in Kleinasien besuchten Gebiete Pamphylien, Pisidien und Lykaonien gemeint habe. Oder Paulus habe die Reise vielleicht deshalb nicht erwähnt, weil die Leserinnen und Leser des Galaterbriefes dies ja gewusst hätten, weil sie selbst bei dieser Reise das Evangelium gehört hätten. Das setzt voraus, dass der Galaterbrief an Gemeinden im Süden der Provinz Galatien gerichtet war, nicht an Bewohner der Landschaft Galatien im Norden (s. u. S. 226f.). Es wurde auch vorgebracht, dass die Reise in diese Gebiete gänzlich eine Erfindung des Lukas gewesen sei. Gegen alle drei Erklärungen lässt sich, wenn wir uneingeschränkt den paulinischen Angaben folgen, vorbringen:

Die Reise nach Zypern und Kleinasien

- Zypern und der Süden Kleinasiens sind definitiv nicht in dem Ausdruck „Syrien und Kilikien" eingeschlossen. Es handelt sich bei Zypern um eine Insel, die eine eigene römische Provinz war, und beim Süden Kleinasiens um Teile der kleinasiatischen Provinz Galatien. Zwischen Kilikien und diesen Gegenden liegt das 1500 Kilometer lange und bis über 4000 Meter hohe Taurusgebirge.
- Dass die Adressaten und Adressatinnen des Galaterbriefes in dem Rückblick Gal 1,21–24 schon selbst ergänzt hätten, was Paulus hier ausgelassen habe, ist angesichts des Anliegens des Galaterbriefes und gerade dieses biographischen Abschnittes sehr unwahrscheinlich: Paulus will ja die Rechtmäßigkeit seiner Verkündigung aufweisen, und es hätte nur allzu gut gepasst, diese Verkündigung in den Galaterbrief einzubauen. Im Gegenteil: Seine Tätigkeit bei den Leserinnen und Lesern des Briefes nicht zu erwähnen, wäre ein Akt der Unhöflichkeit gewesen. Denn später im Brief geht Paulus sehr wohl auf seinen Aufenthalt bei den Galatern ein (v. a. 4,12–15). Es ist daher unwahrscheinlich, dass er das im biographischen Rückblick Gal 1,15–2,10 übergangen hätte.
- Allerdings gibt es auch keinen Anlass, zu glauben, Lukas habe die sog. erste Missionsreise nach Zypern und Kleinasien frei erfunden. Sie lässt sich auch, wie wir noch sehen werden, historisch recht glaubhaft machen (s. u. 11.4).

Am einfachsten ist die Lösung für den Widerspruch zwischen Galaterbrief und Apostelgeschichte darin zu finden, dass die Reise nach Zypern und Kleinasien nicht in den Zeitraum fällt, über den Paulus in Gal 1,15–2,10 berichten wollte. Sie muss also danach stattgefunden haben.

Andere Ansetzungen von Apostelkonvent und Reise
Die lukanische Ansetzung der Reise nach Zypern und in den Süden Kleinasiens (Apg 13f.) in die Phase vor dem Apostelkonvent (Apg 15) wird in anderen Rekonstruktionen beibehalten, die dann zu abweichenden Datierungen kommen. U. Schnelle (100 Jahre 212, Anm. 221) lässt einen relativ breiten Raum, wenn er die Reise in die Jahre zwischen dem Tod von Agrippa I. (44 n. Chr.) und dem Apostelkonvent (48 n. Chr.) einordnet. Hingegen setzt D.-A. Koch (Geschichte 217f.) die Reise auf das Jahr 48 n. Chr. an und datiert den Apostelkonvent auf das Jahr 49 n. Chr.

Lukas hat nach meiner Meinung in der Apostelgeschichte lediglich die Reihenfolge Reise – Konvent vertauscht, ob absichtlich oder aus Unwissenheit, kann hier offenbleiben. Für die relative Chronologie sollten wir aber bei der paulinischen Reihenfolge bleiben und die sog. erste Missionsreise (Apg 13f.) nach dem Apostelkonvent ansetzen.

4.2.2 Die Zeit nach dem Apostelkonvent

Für die zeitliche Einordnung der folgenden Ereignisse bleiben wir auf die Apostelgeschichte angewiesen, da die Paulusbriefe uns nur ab und zu einen kleinen Blick auf die Geschehnisse gewähren. Vom syrischen Antiochien aus brach Paulus demnach wiederum nach Kleinasien auf und kam über Makedonien (Philippi, Thessalonich) bis nach Korinth in der Provinz Achaia (Apg 16–18; s. u. 11.5). Dort muss er um 49/50 n. Chr. angekommen sein, wie wir aus der Gallio-Inschrift wissen (s. o.). Laut Apg 18,11 blieb er mindestens 18 Monate dort, ehe er nach Antiochien zurückkehrte (Apg 18,22).

Die Reise nach Korinth

Von dort aus brach Paulus erneut auf (Apg 18,23). Diese weitere Reise führte ihn zu einem längeren Aufenthalt nach Ephesus (Apg 18,24–19,40; s. u. 11.6). Von dort ging es erneut über Makedonien nach Korinth (Apg 20,1f.), dann wieder zurück nach Makedonien bis nach Kleinasien in die Städte Troas (Apg 20,3–12) und Milet (Apg 20,13–38; s. u. 11.7). Das Ziel war diesmal Jerusalem (Apg 21). Dort wurde Paulus gefangen genommen und saß mindestens zwei Jahre in Haft (Apg 24,27). Anschließend wurde er nach Rom transportiert (Apg 27f.). Die Paulusbriefe widersprechen diesen Berichten im Großen und Ganzen nicht.

Von Antiochien nach Ephesus

Judäa, Rom

Aus Apg 16–28 ergibt sich daher folgende Reihenfolge der Ereignisse:
Reise nach Kleinasien, Makedonien und Achaia bis Korinth
Paulus in Korinth
Ankunft in Antiochien
Reise durch Kleinasien nach Ephesus
Aufenthalt in Ephesus
Reise nach Makedonien und Achaia bis Korinth
Reise nach Caesarea Maritima
Ankunft in Jerusalem
Gefangenschaft in Caesarea Maritima
Reise nach Rom

Hinzu kommen aber noch zwei Ereignisse, die bisher noch nicht genannt wurden. Das erste ist historisch umstritten, allerdings auch nicht sehr einschneidend: Nach Apg 15,36–39 beendete Paulus wegen eines Streits die Zusammenarbeit mit Barnabas, mit dem er in Zypern und Kleinasien unterwegs gewesen war. Sollte diese Auseinandersetzung tatsächlich stattgefunden haben (s. u. S. 224), gehört sie in die Zeit nach dem Ende der Reise mit Barnabas.

Der Streit mit Barnabas

Der Antiochenische Zwischenfall

Über das zweite Ereignis berichtet Paulus selbst: Losgelöst von der chronologischen Reihenfolge in Gal 1–2 erzählt er in Gal 2,11–14 von einer Auseinandersetzung mit Petrus und anderen Mitgliedern der antiochenischen Gemeinde, u. a. auch mit Barnabas. Die Details werden wir später erörtern (s. u. 10.2), hier ist zunächst nur wichtig, zu klären, wann diese Auseinandersetzung, die in der Forschung „der Antiochenische Zwischenfall" genannt wird, stattfand. In Antiochien war Paulus mehrere Male: vor dem Apostelkonvent (Gal 1,21), vor der Reise nach Zypern und Kleinasien (Apg 13,1–3), nach dieser Reise (14,26–28) bzw. vor der nächsten (15,35–39) und schließlich auch nach dem längeren Aufenthalt in Korinth (18,22). Der Zwischenfall könnte, da ja auch Barnabas davon betroffen war, mit jenem identisch sein, der in Apg 15,36–39 erzählt wird. Allerdings sind die Themen völlig unterschiedlich: Laut Gal 2,11–14 ging es um die Mahlgemeinschaft von jüdischen und nicht-jüdischen Christusgläubigen, nach Apg 15 um die Mitnahme des Johannes Markus auf eine zweite Reise. Vor dem Apostelkonvent bzw. vor der Reise nach Zypern was das Verhältnis zur antiochenischen Gemeinde und Barnabas noch völlig ungetrübt. Daher ist die Spätdatierung des Antiochenischen Zwischenfalls auf den letzten Besuch des Paulus in der Gemeinde Antiochiens im Jahr 52 n. Chr. (Apg 18,22) die beste Lösung (s. u. 10.2).

4.3 Die Chronologie des frühen Christentums

Das Ergebnis unserer Bemühungen, die Reihenfolge der Ereignisse im Leben des Paulus zu rekonstruieren, wird im Folgenden mit der absoluten Chronologie verbunden.

4 v. Chr.	Geburt Jesu
27–30 n. Chr.	Wirken Jesu
30	Tod Jesu
31/32	Berufung des Paulus
31–33/32–34	Paulus in der Arabia (2–3 Jahre)
33/34	1. Aufenthalt des Paulus in Jerusalem
33–46/34–47	Paulus in Syrien und Kilikien (13–14 Jahre)
41	Hinrichtung des Jakobus Zebedäus
45/46	Geldsammlung für die Jerusalemer Gemeinde
47	2. Aufenthalt des Paulus in Jerusalem – Apostelkonvent

47–48	Reise von Barnabas und Paulus nach Zypern und Kleinasien
48	Ankunft in Antiochien – Trennung von Barnabas und Paulus
48–49/50	Reise des Paulus nach Kleinasien, Makedonien und Achaia bis Korinth
49/50–52	Paulus in Korinth
52	Ankunft des Paulus in Antiochien – Antiochenischer Zwischenfall
52–53	Reise des Paulus durch Kleinasien nach Ephesus
53–55	Aufenthalt des Paulus in Ephesus
55–56	Reise des Paulus nach Makedonien und Achaia bis Korinth
56	Reise des Paulus nach Caesarea Maritima
56/57	Paulus in Jerusalem
57–59	Gefangenschaft des Paulus in Caesarea Maritima
59/60	Transport des gefangenen Paulus nach Rom
60/61	Hinrichtung des Paulus in Rom
62	Hinrichtung des Herrenbruders Jakobus
64	Christenverfolgung in Rom (?)
111/112	Christenprozesse in Bithynien-Pontus
114/117	Hinrichtung des Ignatius

Literatur

Martin Hengel/Anna Maria Schwemer, Paulus zwischen Damaskus und Antiochien. Die unbekannten Jahre des Apostels, WUNT 108, Tübingen 1998.
Robert Jewett, Paulus-Chronologie. Ein Versuch, München 1982.
Dietrich-Alex Koch, Geschichte des Urchristentums. Ein Lehrbuch, Göttingen ²2014.
Matthias Konradt, Zur Datierung des sogenannten antiochenischen Zwischenfalls, ZNW 102, 2011, 19–39.
Gerd Lüdemann, Paulus, der Heidenapostel. I: Studien zur Chronologie, FRLANT 123, Göttingen 1980.
Lee Martin MacDonald, New Testament Chronology, in: The World of the New Testament. Cultural, Social, and Historical Contexts, hg. v. J. B. Green, Grand Rapids 2013, 7–22.

Markus Öhler, Barnabas. Die historische Person und ihre Rezeption in der Apostelgeschichte, WUNT 156, Tübingen 2003, 58–65.

Rainer Riesner, Die Frühzeit des Apostels Paulus. Studien zur Chronologie, Missionsstrategie und Theologie, WUNT 71, Tübingen 1994.

Udo Schnelle, Die ersten 100 Jahre des Christentums 30–130 n. Chr. Die Entstehungsgeschichte einer Weltreligion, Göttingen ²2016.

Alexander J. M. Wedderburn, A History of the First Christians, London 2004, 89–120.

Alexander Weiß, Soziale Elite und Christentum. Studien zu ordo-Angehörigen unter den frühen Christen, Millenium-Studien 52, Berlin/Boston 2015.

5 Jesus von Nazareth

Die folgende Beschreibung des Lebens Jesu von Nazareth widmet sich (1.) der Vorgeschichte, vor allem Johannes dem Täufer, (2.) Jesu Wirken als Wanderlehrer in Galiläa und Judäa und (3.) den letzten Tagen Jesu in Jerusalem.

Die Erforschung des „historischen Jesus" ist davon geprägt, dass sie in verschiedenen Phasen versucht hat, den „wirklichen" Jesus von Nazareth aus den frühchristlichen Überlieferungen herauszuschälen und vom „verkündigten (kerygmatischen) Christus" zu trennen. Ob dies überhaupt möglich ist, ist ebenso umstritten wie die Frage nach Kriterien, die angewandt werden könnten. Die folgende Rekonstruktion nimmt Überlegungen der sogenannten „Third Quest" auf, die im Unterschied zu früheren Ansätzen die Verankerung Jesu in seinem jüdischen Lebenskontext ebenso ernst nimmt wie die Möglichkeit, dass aus den Evangelien als erinnernder Literatur Grundzüge der historischen Gestalt Jesus von Nazareth erkennbar sind.

Jesusforschung

Für die Rekonstruktion des „historischen Jesus" werden daher folgende Fragestellungen verfolgt: Sind die in den Evangelien enthaltenen Berichte und Worte Jesu im Kontext des palästinischen Judentums um 30 n. Chr. plausibel und dennoch so individuell ausgeprägt, dass sie nicht vollständig aus jüdischer Tradition erklärt werden können? Sind entsprechende Zeugnisse in mehreren voneinander unabhängigen Quellen zu finden? Stehen Elemente der Jesustradition in einer Spannung zu frühchristlichen christologischen Aussagen oder lassen sie sich besser als Rückprojektionen aufgrund des Christusglaubens verstehen? Lassen sich Teile der Jesustradition in jene Rekonstruktion einpassen, die sich aus vorhergehenden Fragestellungen ergeben hat? Auch hier gilt selbstverständlich, was oben zur grundsätzlichen Problematik von Geschichtsschreibung festgehalten wurde (s. o. 1.3).

Kriterien

5.1 Die Vorgeschichte – von der Geburt bis zur Taufe

5.1.1 Geburt und Herkunft

Die Geburt und Kindheit Jesu werden von den Evangelisten Matthäus und Lukas in unterschiedlicher Weise erzählt. Beiden Geburtserzählungen sind die Namen der Eltern Jesu gemeinsam, Joseph und Maria, sowie der Geburtsort Bethlehem. Dieser geographischen Angabe

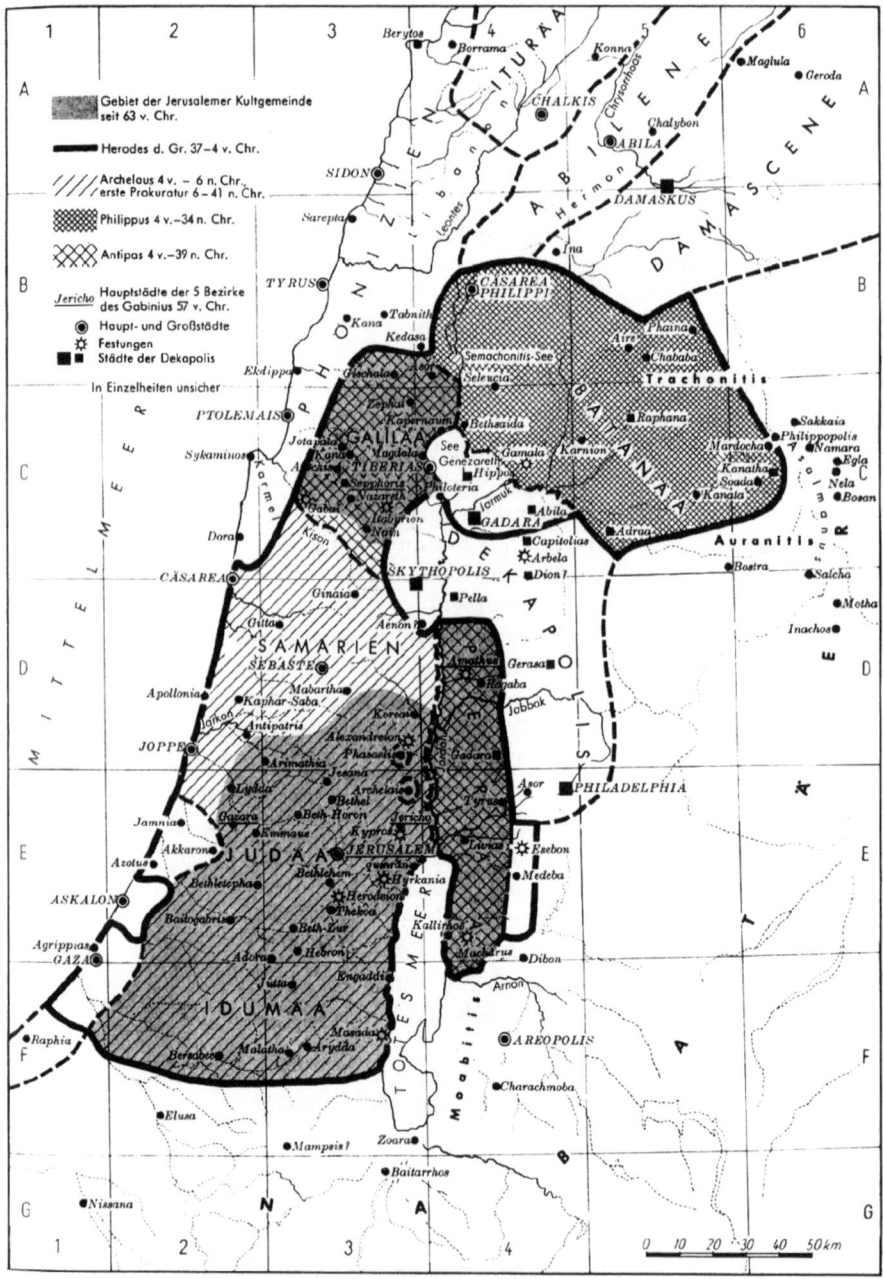

Karte 3: Das Reich Herodes des Großen und seiner Söhne

steht die Benennung „Jesus von Nazareth" bzw. „Jesus der Nazare- — Nazareth
ner" gegenüber, die sich in allen Evangelien findet (Mk 1,9 u. ö.). Nazareth hatte keinerlei historische oder theologische Bedeutung, wie ein Satz aus Joh 1,46 zeigt: „Was kann aus Nazareth Gutes kommen?" Die Angabe, Jesus sei in Bethlehem geboren (Mt 2,1; Lk 2,4; Joh 7,42), trägt hingegen eine besondere Bedeutung in sich: Die Erwartung eines Königs wurde aufgrund der Herkunft Davids mit diesem Ort verbunden (1Sam 16; Mi 5,1). Es ist deshalb plausibel, dass eine früh- — Bethlehem
christliche Interpretation des Christus Jesus deshalb Bethlehem, die Stadt Davids, in die Geschichte Jesu eingebracht hat. Die Forschung geht daher überwiegend davon aus, dass Jesus aus dem Dorf Nazareth stammte, das im südgaliläischen Bergland lag.

Seine Herkunft aus dem Stamm Juda, die in den matthäischen und lukanischen Genealogien (Mt 1,2–16; Lk 3,23–38) bei allen Differenzen – schon die Großväter Jesu sind unterschiedlich benannt – beibehalten wird (auch Hebr 7,14), ist für Galiläa durchaus möglich. Die — Abstammung
Abstammung aus dem weitverzweigten Haus des Königs David findet sich schon bei Paulus (Röm 1,3), gehört also zu altem Traditionsbestand und ist ebenfalls historisch plausibel. In anderen Kontexten wird Jesus öfters als „Sohn Davids" angerufen (Mk 10,47 par u. ö.), zugleich wird die Bedeutung Davids aber auch relativiert (Mk 12,35–37).

Mk 6,3 gewährt uns einen kleinen Einblick in Jesu familiären Hintergrund:

> „Ist das nicht der Zimmermann, der Sohn der Maria und der Bruder von Jakobus, Joses, Judas und Simon? Leben nicht seine Schwestern hier unter uns?"

Wie sein Vater, der sicherlich Joseph hieß (Mt 1,16; Lk 3,23), übte Jesus wahrscheinlich den Beruf des Zimmermanns aus (vgl. Mt 13,55). Zur — Die Familie Jesu
Zeit seines Wirkens lebten noch seine Mutter Maria sowie zahlreiche Geschwister, wobei nichts darauf hindeutet, dass sie nicht seine leiblichen Brüder und Schwestern gewesen wären. Von den Brüdern Jesu spielte nach Ostern vor allem Jakobus eine wichtige Rolle (s. u. S. 272f.). Der Jakobus- und Judasbrief geben jeweils vor, von Brüdern Jesu verfasst zu sein. Zu seinen Lebzeiten lehnte seine Familie Jesu Wirken als Wanderlehrer aber ab (Mk 3,21).

Die Bevölkerung Galiläas, das zur Zeit Jesu von Herodes Antipas — Galiläa
regiert wurde, bestand zum größten Teil aus Judäern. Sie sprachen vor allem Aramäisch, aber auch Hebräisch. Griechisch war hingegen wenig verbreitet. Nur sechs Kilometer von Nazareth entfernt lag Sepphoris, eine hellenistisch geprägte Stadt, in der auch Judäer wohnten. Das von Herodes Antipas gegründete Tiberias am See Genezareth

war ähnlich ausgerichtet. Die Stadtkultur hat Jesus aber weit weniger geprägt als die ländlich-dörfliche Welt: Seine Gleichnisse spielen in diesem Kontext, und auch die Orte seiner Wirksamkeit gehören in dieses Milieu (Kapernaum, Kana, Chorazin u. a.).

Die Beziehungen zwischen Judäa und Galiläa waren trotz der polemischen Benennung Galiläas als Gebiet der „Heiden" (Jes 8,23; vgl. Mt 4,15) eng, da sich die Bevölkerung als jüdisch empfand. Pilgerreisen zum Tempel, wie sie Jesus nach dem Johannesevangelium dreimal unternahm (vgl. auch Lk 2,41), demonstrierten die Verbundenheit mit dem Tempelkult. Eine von Judas dem Galiläer im Jahr 6 n. Chr. losgetretene Aufstandsbewegung (Josephus, bell. 2,118), die im 1. Judäischen Aufstand 66–70 n. Chr. noch einmal in Erscheinung trat (s. o. S. 68), zeigt ebenfalls an, wie eng die Beziehungen zwischen Galiläa und Judäa waren.

5.1.2 Johannes der Täufer

Die Berichte, wonach Jesus im Jahr 26/27 n. Chr. an die Jordanfurt bei Jericho reiste, um dort einen Propheten namens Johannes zu treffen und von ihm getauft zu werden, beziehen sich auf eine mit größter Wahrscheinlichkeit historische Begegnung. Johannes „der Täufer" (βαπτιστής/*baptistēs*), wie ihn nicht nur die Evangelien nennen, sondern auch Josephus (ant. 18,116–119), spielte offenbar für die Wirksamkeit Jesu eine sehr bedeutende Rolle. Aus allen vier Evangelien und dem Bericht bei Josephus lässt sich einiges über den Täufer rekonstruieren, wobei auch hier selbstverständlich die jeweiligen Darstellungsinteressen zu berücksichtigen sind: Während die Evangelien bestrebt sind, Johannes als Vorläufer Jesu (Mk, Mt, Lk) bzw. Zeugen für seine Gottessohnschaft (Joh) zu präsentieren, stellt ihn Josephus als Weisheitslehrer dar.

Quellen

5.1.2.1 Johannes der Gerichtsprophet

Nach der Logienquelle (Q), die neben dem Markusevangelium den Berichten über den Täufer in Matthäus- und Lukasevangelium zugrunde liegt, rief Johannes als Prophet angesichts des unmittelbar bevorstehenden Gerichts Gottes zur Umkehr auf (Q 3,7–9.17):

> „Er sagte zu der Volksmenge, die kam, um sich taufen zu lassen: Schlangenbrut! Wer hat euch in Aussicht gestellt, dass ihr dem bevorstehenden Zorngericht entkommt? Bringt darum Frucht, die der Umkehr entspricht, und bildet euch nicht ein, bei euch sagen zu können: Wir haben Abraham zum Vater. Denn ich sage euch: Gott kann aus diesen

Steinen dem Abraham Kinder erwecken. Aber schon ist die Axt an die Wurzel der Bäume gelegt; jeder Baum, der nicht gute Frucht bringt, wird daher herausgehauen und ins Feuer geworfen. ... Seine Schaufel ist in seiner Hand, und er wird seinen Dreschplatz säubern und den Weizen in seine Scheune einsammeln, die Spreu aber wird er in einem Feuer verbrennen, das nicht erlischt."

Nichts anderes als das Bekenntnis der Sünden (Mk 1,5) und das Ritual der Taufe im Jordan (Mk 1,4; Q 3,16) könnten vor dem kommenden Zorn Gottes bewahren. Auch die Berufung auf die Zugehörigkeit zu Israel biete keine Sicherheit (Q 3,8). Zudem sei nach der Taufe bis zum tatsächlichen Eintreten des Gerichts ein der Tora entsprechender Lebenswandel selbstverständlich notwendig („Frucht, die der Umkehr entspricht"). Das nahe Gericht Gottes

Mit dieser Botschaft stand Johannes in der Tradition der Gerichtsprophetie Israels (Jeremia, Amos, Hosea), nahm aber in spezifischer Weise die Hoffnung auf die Rückkehr Elijas (Mal 3,1.23; Sir 48,10), des unmittelbaren Vorläufers Gottes, auf. Darauf weisen einige Besonderheiten seines Auftretens und seiner Botschaft hin: Johannes als Elija
- seine Bekleidung mit Ledergürtel und Kamelhaarmantel (Mk 1,6), die sich an die Beschreibung Elijas anlehnt (1Kön 19,13.19; 2Kön 1,8; 2,8);
- der Ort der Taufe an der Jordanfurt bei Jericho (vgl. Mk 1,4f.; Mt 3,1), wo auch Elija entrückt worden war (2Kön 2). Er lag im Gebiet Peräas (östlich des Jordans), das zum Herrschaftsgebiet von Herodes Antipas gehörte;
- das Feuergericht, durch das das Gottesvolk von allen, die sich nicht an die Tora halten, gereinigt werden soll. Dieses Gericht spielt im Maleachibuch, das mit der Ankündigung der Wiederkunft Elijas endet, eine wichtige Rolle.

Es ist daher auch nicht verwunderlich, dass die Evangelien Johannes implizit (Mk 9,13) oder explizit (Mt 11,14; 17,12f.; vgl. Lk 1,17) als wiedergekommenen Elija identifizieren, um ihn als Vorläufer des Messias heilsgeschichtlich einzuordnen. Lediglich in Joh 1,21 wird die Deutung des Johannes als Elija bestritten.

5.1.2.2 Die Taufe des Johannes

Das wesentliche Merkmal der Tätigkeit des Johannes war sein Taufen im Jordan. Die Taufe bezieht sich auf Rituale des Judentums, in denen Waschungen eine wichtige Rolle spielen. Die aus priesterlichen Reinigungsritualen (Ex 30; Lev 16) entwickelte Vorstellung, dass man sich von Sünden nicht allein durch Buße, sondern zusätzlich auch durch Waschungen reinigen müsse, wird in verschiedenen jüdischen Traditionen aufgegriffen. Voraussetzung ist der Gedanke, dass die Gottesbegegnung den Status der Heiligkeit verlangt, der durch Verfehlungen gestört wird. So spielen in den Texten aus Qumran Reinigungsrituale ebenfalls eine wichtige Rolle (1QS 3,2–9; 5,13f.; CD 11,21–23). Dabei liegt auch hier die Betonung auf der Umkehr zur Tora, auf Redlichkeit und Demut, die für eine erfolgreiche Waschung nötig sind. Archäologisch für die Zeit Jesu und in ganz Palästina nachgewiesen und in späteren rabbinischen Texten ausführlich behandelt sind eigens gebaute Tauchbäder (Mikwen), die für Reinigungsrituale verwendet wurden. Erst nach 70 n. Chr. entstand im Judentum das Ritual des Proselytentauchbads, das die Reinigung von Sünden mit einer Initiation von Nicht-Juden in die Gemeinschaft Israels verband. Allen diesen Ritualen mit Wasser ist gemein, dass sie eine körperliche Erfahrung mit religiöser Bedeutung verbinden, was auch für Johannes von großer Wichtigkeit war.

Jüdische Reinigungsrituale

Den Grundsatz „Wasser reinigt von Sünden" teilte auch die Taufe des Johannes, sie erhielt aber durch einige Kennzeichen ein spezifisches Profil. Sie wird in den Evangelien als Taufe zur Umkehr und Vergebung der Sünden beschrieben (Mk 1,4 par), die vor dem unmittelbar bevorstehenden Gericht schützt. Die Gottesbegegnung geschieht nämlich nicht im Tempel, sondern im Gericht. Diese eschatologische Ausrichtung bedingt die Einmaligkeit des Reinigungsrituals. Zudem handelte es sich bei Johannes um ein öffentliches Geschehen, bei dem der Getaufte die Annahme der Botschaft des Johannes und die Hinwendung zum gerechten Leben demonstrierte. Und schließlich ist als Besonderheit zu werten, dass die Taufe durch den Täufer Johannes geschah und die Waschung nicht – wie sonst – selbst vollzogen wurde. Johannes popularisierte damit mit eschatologischer Qualität, was sonst nur durch den Jerusalemer Tempelkult zugänglich war: Vergebung der Sünden.

Die Besonderheiten der Taufe des Johannes

Hingegen wird bei Josephus, angepasst an hellenistische Tugendethik, die Bedeutung der Taufe des Johannes so dargestellt, dass sie als Abschluss eines Bußgeschehens erscheint. Die Taufe vollzieht so lediglich körperlich, was seelisch schon zuvor durch die Praxis der Gerechtigkeit geschehen ist (ant. 18,116f.).

5.2.1.3 Johannes und Jesus

Einer der engeren Anhänger des Johannes dürfte Jesus von Nazareth gewesen sein. Täuferjünger begegnen in Mk 2,18, Mk 6,29 und Q 7,18f. Gruppen von Täuferanhängern sind ebenso hinter manchen Bemerkungen im Johannesevangelium zu vermuten (vgl. v. a. Joh 1,35–42) und bestanden auch nach dem Tod des Johannes weiter (vgl. Apg 18,25; 19,1–6). Da sich Jesus dem Taufritual des Johannes unterzog, ist offensichtlich, dass er die Erwartung des unmittelbar bevorstehenden Gerichts Gottes, des kommenden Stärkeren (Q 3,16), teilte. Angesichts dieser Bedrohung wollte auch Jesus von seinem bisherigen Weg umkehren und erhoffte wie alle anderen Getauften Vergebung der Sünden durch die Taufe. In den Evangelien wird die Taufe hingegen vor allem unter dem Gesichtspunkt der Präsentation des Gottessohnes und der Geistbegabung gesehen (Mk 1,10f. par). Das eigentliche Taufgeschehen tritt demgegenüber immer mehr in den Hintergrund, bis es im Johannesevangelium schließlich nicht mehr erzählt wird. Unter historischem Gesichtspunkt gehörte die Taufe im Jordan aber zu den entscheidenden Ereignissen im Leben Jesu, wahrscheinlich als eine Art Berufungserfahrung. *Die Taufe Jesu*

Die Nähe Jesu zu Johannes und seine Hochschätzung des Täufers werden sowohl in Jesusworten deutlich als auch in Gesprächen mit Gegnern. Das geht so weit, dass durch Matthäus von beiden dieselbe Botschaft von der Nähe des Himmelreiches berichtet wird (Mt 3,2; 4,17). Die Möglichkeit, Jesus selbst sei Johannes der Täufer, gehörte sogar zu den frühesten Deutungen des Auftretens Jesu (Mk 6,14–16; 8,28). Jesu Verhalten wurde mit dem des Johannes verglichen, vor allem mit Blick auf die von Johannes und seinen Anhängern praktizierte Nahrungsaskese (Mk 2,18; Q 7,33f.; Lk 5,33; 11,1). *Die Nähe zwischen Jesus und Johannes*

Die Logienquelle berichtet darüber hinaus von einer Anfrage des Täufers (Q 7,18f.22f.), die dieser aus dem Gefängnis an Jesus habe richten lassen: „Bist du der Kommende?" Jesus habe dies im Grunde bejaht, da mit seinem Wirken Weissagungen über Heilungen und die Verkündigung des Evangeliums aus dem Jesajabuch erfüllt würden. Der Verdacht, dass es sich hierbei um den Versuch einer christlichen Verarbeitung der Beziehung zwischen Jesus und Johannes handelt, ist aber nicht von der Hand zu weisen. Versteht man es dennoch als eine historisch glaubwürdige Information, würde dies einschließen, dass Johannes seine Sicht der letzten Ereignisse geändert hätte: Von seiner ursprünglichen Erwartung, dass Gottes eschatologisches Handeln unmittelbar bevorstehe und er als Elija der letzte warnende Bote dafür sei, wäre er zur Hoffnung auf einen menschlichen Beauftragten gekommen. *Johannes über Jesus*

Die Wertschätzung des Johannes durch Jesus war auf jeden Fall sehr hoch: Johannes war in seinen Augen „mehr als ein Prophet" (Q 7,26). Er habe sich nicht an das angepasst, was opportun ist (Q 7,24f.). Seine Taufe sei „vom Himmel" (Mk 11,30). *Jesus über Johannes*

Die Bedeutung der Verbindung zu Johannes lag für Jesus vor allem in zwei gemeinsamen inhaltlichen Überzeugungen, die auch seine eigene Verkündigung der Gottesherrschaft prägten: 1. Gottes Kommen steht unmittelbar bevor, und: 2. Dies bedeutet nichts Gutes für jene, die sich jetzt nicht der Gottesherrschaft anschließen. Zugleich treten aber in Jesu Auftreten und Verkündigung Unterschiede zu Johannes hervor, die ihnen ein spezielles Profil verliehen (s. u. 5.2).

Aufgrund seiner relativ großen Anhängerschaft und seiner anstößigen Verkündigung stellte Johannes für den u. a. Peräa beherrschenden Tetrarchen Herodes Antipas eine Bedrohung dar. Dieser ließ ihn auf der Festung Machairus hinrichten, wahrscheinlich im Jahr 27 n. Chr. Dieser Zeitpunkt passt gut mit dem Wirkungszeitraum Jesu zusammen (s. o. S. 83–85). Für die Hinrichtung spielten sowohl politische (Josephus, ant. 18,118) als auch persönliche Gründe – die Kritik an einer unrechtmäßigen Ehe (Mk 6,18–29) – eine Rolle. Nicht eindeutig zu bestimmen ist allerdings, ob Jesus erst nach der Gefangennahme des Johannes öffentlich auftrat (so Mk 1,14 par) oder ob beide gleichzeitig wirkten (so Joh 3,22–36).

Der Tod des Johannes

5.2 Jesu Wirksamkeit

Das Auftreten Jesu in Galiläa, den angrenzenden Gebieten der Dekapolis und der phönizischen Küste, in Samarien und Judäa umfasste sowohl Worte als auch Taten. Beide Elemente seines Wirkens sind für das Verständnis Jesu von großer Bedeutung, auch wenn sie im Folgenden aus Gründen der Systematik getrennt behandelt werden. Beide sind eingebettet in das Leben einer umherziehenden Gemeinschaft, das Jesus und seine Jünger besonders auszeichnete.

5.2.1 Die Wanderbewegung Jesu

Warum Jesus im Jahr 27 n. Chr. begann, öffentlich aufzutreten, lässt sich nicht eindeutig bestimmen. Es könnte der Tod des Täufers dabei eine Rolle gespielt haben, vielleicht aber auch eine Art Berufungserfahrung. Öfters wird neben der Taufe durch Johannes dafür die Vision des Satanssturzes genannt, die sich allerdings nur in Lk 10,18 findet:

Der Beginn des Wirkens Jesu

> „Er sprach aber zu ihnen: Ich schaute den Satan wie einen Blitz vom Himmel fallen."

Aus dieser Vision habe Jesus abgeleitet, dass das Ende unmittelbar bevorstehe – was er eigentlich schon von Johannes dem Täufer wusste – und Gottes Eingreifen Heil für die Menschen bedeute. Mit einiger Sicherheit lässt sich aber annehmen, dass Jesus in Galiläa damit begann, von der nahen Gottesherrschaft zu reden, Exorzismen und andere Heilungen zu vollbringen und eine Gruppe von Anhängern und Anhängerinnen um sich zu scharen.

5.2.1.1 Jesus und seine Jünger

Die Berufung von Einzelpersonen in die Schülerschaft – das griech. Wort μαθητής/*mathētēs* („Schüler") wird in der Regel mit „Jünger" wiedergegeben – ist in allen Evangelien eng mit dem Wirken Jesu verbunden. Dabei konzentriert sich die Überlieferung nicht nur auf die zwölf Jünger, unter denen Simon mit dem Beinamen Kephas/Petrus sowie die Brüder Jakobus und Johannes, die Söhne des Zebedäus, herausragen. *Die Jünger Jesu*

> *Eine kurze Nachfolgeerzählung (Mk 2,13f.; vgl. Mt 9,9; Lk 5,27)*
> „Jesus ging wieder hinaus an den See. Und die ganze Volksmenge kam zu ihm und er lehrte sie. Als er weiterging, sah er Levi, den Sohn des Alphäus, am Zollhaus sitzen und sagte zu ihm: ‚Folge mir nach!' Da stand Levi auf und folgte ihm."

Die Wanderbewegung Jesu umfasste noch weitere Personen, unter denen auch Frauen waren. Nach dem Zeugnis der Evangelien beherbergten diese Jesus, wie z. B. Maria und Martha (Lk 10,38–42), und unterstützten ihn materiell (Lk 8,3). Sie begleiteten ihn auf seinem Weg von Galiläa nach Jerusalem und verkündigten das Evangelium (Lk 8,1f.). Die vor allem für die Passions- und Ostererzählungen wichtige Maria Magdalena sticht hier besonders heraus (Mk 15,40f.; 16,1; Lk 8,2; s. u. S. 135f.), doch fallen auch andere Namen (vgl. Lk 8,1f.). *Frauen in der Jesusbewegung*

Dennoch: Der engere Kreis der Zwölf bestand ausschließlich aus Männern. Seine Konstitution als engste Gemeinschaft um Jesus ergab sich aus der Zahl der Stämme Israels, wie ein Wort aus der Logienquelle erkennen lässt: Die zwölf Jünger sollen im eschatologischen Gericht die Funktion von Richtern über Israels Stämme übernehmen (vgl. Q 22,30). Als Repräsentanten bildeten sie das erwählte Volk in der Gottesherrschaft ab. Die Apostelgeschichte und davon abgeleitete weitere Apostellegenden rücken ihr Schicksal später in den Fokus.

Die Wanderbewegung Jesu zeichnete sich zum einen durch das Verlassen von Heimat und Familie aus (vgl. z. B. Mk 10,29), zum anderen durch eine Lebensgemeinschaft, die im Sinne einer neuen, fiktiven Familie die in Kauf genommenen Verluste kompensierte. Diese „Familie Gottes" (Mk 10,29f.) erfüllte dessen Willen (Mk 3,35). Die *Kennzeichen der Wanderbewegung*

Jüngerlisten aus Mk, Mt und Lk/Apg

Mk 3,16–19	Mt 10,1–4	Lk 6,12–16 (Apg 1,13)
Simon Petrus	Simon Petrus	Simon Petrus
Jakobus, S. d. Zebedäus	Jakobus, S. d. Zebedäus	Jakobus
Johannes, B. d. Jakobus	Johannes, B. d. Jakobus	Johannes
Andreas	Andreas, B. d. Petrus	Andreas, B. d. Petrus
Philippus	Philippus	Philippus
Bartholomäus	Bartholomäus	Bartholomäus
Matthäus	Matthäus d. Zöllner	Matthäus
Thomas	Thomas	Thomas
Jakobus, S. d. Alphäus	Jakobus, S. d. Alphäus	Jakobus, S. d. Alphäus
Thaddäus	Thaddäus	Judas, B. d. Jakobus
Simon d. Kananäer	Simon d. Kananäer	Simon d. Eiferer
Judas Iskariot	Judas Iskariot	Judas Iskariot

Wanderexistenz war nicht auf Enthaltsamkeit (Askese) ausgerichtet, wie sowohl durch den Kontrast zu Johannes dem Täufer (Mk 2,18; Q 7,34) als auch durch Einladungen in Häuser vermögender Personen (Mk 2,15; Lk 7,36 u. ö.) erkennbar wird. Dieses Leben war allerdings durch Entbehrungen gekennzeichnet, die aber offenbar im Vertrauen auf Gottes Hilfe überwunden werden sollten (Q 12,22–31).

Die Evangelien legen aber auch nahe, dass die Zugehörigkeit zur Gottesherrschaft nicht notwendig Heimat- und Familienlosigkeit verlangte. So gabe es neben der Gemeinschaft Jesu mit jenen, die ihn bei seiner Wanderschaft begleiteten, auch ortsfeste Anhänger und Anhängerinnen. Die Geschwister Maria, Martha und Lazarus sind ein prominentes Beispiel dafür (Lk 10,38–42; vgl. Mk 1,29–31). Auch die Anweisung, in einem Haus zu bleiben, in dem die Verkündigung angenommen wird, verweist auf lokale Gruppen von Unterstützerinnen und Unterstützern (Mk 6,10; Q 10,5–9). Zudem lassen Bestimmungen wie das Scheidungsverbot (Mk 10,2–9) oder zur Bezahlung von Steuern (Mk 12,17) erkennen, dass Jesus auch die Verankerung in Familien und Dorfstrukturen im Blick hatte.

Zentrum der Lebensgemeinschaft Jesu und seiner Anhänger und Anhängerinnen war – wie allgemein in der Antike – das gemeinsame Mahl. Dabei hatte Jesus gegenüber wenig angesehenen Gruppierungen wie Zollpächtern, die als Kollaborateure der Römer und Ausbeu-

Ortsfeste Anhänger

Das Gemeinschaftsmahl

ter galten, Prostituierten sowie Kranken kaum Berührungsängste. Er bezog diese Randgruppen vielmehr aktiv in die Gemeinschaft ein (Mk 2,15–17; vgl. Mt 21,30f.):

> „Und es geschieht, dass er in seinem Hause zu Tisch lag, und viele Zöllner und Sünder lagen mit Jesus und seinen Jüngern zu Tisch, denn es waren viele, und sie folgten ihm nach. Und als die Schriftgelehrten der Pharisäer sahen, dass er mit den Sündern und Zöllnern isst, sagten sie zu seinen Jüngern: Mit den Zöllnern und Sündern isst er? Und Jesus hörte es und spricht zu ihnen: Nicht die Starken brauchen einen Arzt, sondern die Kranken. Ich bin nicht gekommen, Gerechte zu rufen, sondern Sünder."

Auch jene, die mit Jesus wanderten, gehörten nicht zu den Eliten, sondern waren Leute vom Land (Fischer, Bauern u. ä.). Ihr Auftreten musste aufgrund dieser sozialen Zusammensetzung gerade in den Städten, etwa in Jerusalem, für entsprechende Irritationen sorgen. In Kombination mit Jesu Kritik an den religiösen Eliten (vgl. nur Mt 23) waren Konflikte schon allein deshalb unausweichlich.

5.2.1.2 Jesus und Nicht-Juden

Aus den geographischen Angaben über Jesu Reisetätigkeit wird erkennbar, dass er sich auch außerhalb der Kerngebiete Israels aufhielt, z. B. im Gebiet der Dekapolis (Mk 5,1–20) oder in Phönizien (Mk 7,24). In diesen Gegenden bestand eine relativ starke judäische Minderheit, sodass sich daraus nicht notwendig eine gezielte Hinwendung Jesu zu Nicht-Juden ableiten lässt. Einzelne Texte geben aber Jesu Ansicht zu erkennen, dass die Gottesherrschaft Nicht-Juden nicht grundsätzlich ausschließt, auch wenn sie nicht im engeren Kreis um Jesus nachweisbar sind. Zu Nicht-Juden, denen sich Jesus zuwandte, gehörten z. B. der Hauptmann von Kapernaum (Q 7,1–10; vgl. Joh 4,43–54) oder eine namenlose Frau in Phönizien (Mk 7,25–30). Die Offenheit galt auch für Samaritaner, die in einigen Erzählungen eine durchaus positive Rolle spielen (Lk 10,30–37; 17,11–19; vgl. Joh 4,1–42).

Der Hauptmann von Kapernaum

Samaritaner

Dem entgegen steht die Aufforderung Jesu an die Jünger in Mt 10,5, „nicht auf den Weg der Völker und in die Städte der Samaritaner" zu gehen. Auch der Vergleich der Nicht-Juden mit Hunden (Mk 7,27) lässt erkennen, dass Jesus Israel selbstverständlich als das erwählte Volk betrachtete, dem Gottes Zuwendung in der Gottesherrschaft gilt. Angehörige der Völker mit hineinzunehmen, entsprach allerdings auch der alttestamentlichen Erwartung, dass der Zion zum Ziel der Gottesanbetung der gesamten Menschheit werden würde (Mi 4,2–4; Jes 2,2–4; 43,8f.; 60; 66,20; Hag 2,7; Sach 8,22; 14,16f.; Ps 68,32–35).

Jesus bewegte sich damit also durchaus innerhalb des weiten Feldes endzeitlicher Erwartungen des Frühjudentums.

5.2.2 Das Handeln Jesu

5.2.2.1 Die Wunder Jesu

Die Autoren der Evangelien erzählen von der Wundertätigkeit Jesu als einem besonderen Kennzeichen seines Wirkens. Die Berichte zeichnen Jesus als von Gott Beauftragten, dessen Kraft dazu ausreicht, Dämonen aus Besessenen auszutreiben (Exorzismen; vgl. etwa Mk 1,23–27 u. ö.). Er vollbringt Heilungswunder, indem er Blinde sehen (Mk 8,22–26 u. ö.), Taube hören, Stumme sprechen (Mk 7,32–35 u. ö.) und Gelähmte gehen lässt (Mk 2,1–12 u. ö.). Hautkrankheiten („Aussatz"; Mk 1,40–42 u. ö.) und allerlei andere Beschwerden werden geheilt, sogar Tote werden wieder lebendig gemacht (Mk 5,22f.35–42 u. ö.). Weitere Wunder betreffen den nicht-menschlichen Bereich, wie die Stillung des Sturms (Mk 4,35–41), den Seewandel (Mk 6,45–52), die Vermehrung von Nahrungsmitteln (Mk 6,35–44; 8,1–9) oder das Verdorren eines Baumes (Mk 11,12–14.20–22).

Eine kurze Wundergeschichte (Mk 1,29–31 par Mt 8,14f.; Lk 4,38f.)
„Und sobald sie aus der Synagoge hinausgingen, kamen sie mit Jakobus und Johannes in das Haus von Simon und Andreas. Die Schwiegermutter Simons aber lag danieder, fiebernd, und sogleich berichten sie ihm von ihr. Und er trat hinzu, richtete sie auf, indem er ihre Hand ergriff; und das Fieber verließ sie, und sie diente ihnen."

Jesu Wunder im antiken Kontext

Eine historische Rekonstruktion ist in jedem einzelnen Fall der Wundererzählungen kaum zu erreichen. Auch wenn antikes Weltverständnis gegenüber dem Eingreifen übernatürlicher Kräfte weniger skeptisch war, handelte es sich im damaligen Kontext dennoch um ausgesprochen bemerkenswerte Handlungen. Die Erzählungen wurden zum einen durch die Überlieferung und den Christusglauben in spezifischer Weise gestaltet, zum anderen lassen sich nachösterliche Neubildungen von Wundererzählungen nicht ausschließen. Allerdings spricht die Zahl der Erzählungen wie ihre starke Verankerung in allen Quellenschichten der Jesusüberlieferung dafür, dass dahinter historische Substanz vermutet werden darf: Anscheinend hatten Menschen in Jesu Umfeld manche von seinen Handlungen als „Wunder" oder Machttaten (griech. δυνάμεις/*dynameis*) interpretiert. Sogar der jüdische Historiker Josephus führt diesen Umstand in seiner sonst kurzen Notiz über Jesus an (ant. 18,63: „ein Vollbringer wundersamer Taten").

Hinsichtlich der Exorzismen und Heilungen Jesu ist zu berücksichtigen, dass normabweichendes psychisches Verhalten oder auch Krankheiten im antiken Verständnis so gedeutet werden konnten, dass böse Geister bzw. Dämonen dafür verantwortlich sind. Diese konnten durch Experten vertrieben werden, was wie von Jesus auch von anderen Persönlichkeiten erzählt wird. So beschreibt Josephus König Salomon als Heiler und Exorzisten und berichtet, bei einem Exorzismus durch einen gewissen Eleazar persönlich dabei gewesen zu sein (Josephus, ant. 8,42–49). Exorzismen und Heilungen enthält auch die Lebensbeschreibung des griechischen Wanderphilosophen Apollonios von Tyana (Philostrat, Vita Apollonii). Selbst über Kaiser Vespasian erzählte man Ähnliches (Sueton, Vesp. 7). Wundersame Heilungserfolge spielen auch sonst in der griechisch-römischen Tradition eine wichtige Rolle, wie Berichte aus dem griechischen Epidauros exemplarisch zeigen.

<small>Exorzismen</small>

Zu denken ist zudem an jenen Bereich nicht-öffentlicher Religion, der gemeinhin als „Magie" bezeichnet wird (s. o. 2.4.2.3). Damit werden ganz unterschiedliche Praktiken beschrieben, von denen einige auch für Heilungen verwendet wurden. Manche der Wundererzählungen über Jesus enthalten Elemente solcher magischen Handlungen (Mk 7,32–35; 8,22–26; Joh 9,1–12), wenngleich die Deutung Jesu als Magier sich erst im 2. Jh. explizit als antichristliche Polemik findet (vgl. Justin, apol. I 30,1; dial. 69,7; Celsus in Origenes, c. Celsum 1,28.68).

<small>Magie</small>

Mit einer für die Erfahrung ungewöhnlicher Ereignisse offenen Haltung war es nicht abwegig, Überraschendes als Wunder zu deuten und dem Vollbringer dieser Handlungen besondere Fähigkeiten zuzusprechen. Das kann auch für die sog. „Naturwunder" Jesu veranschlagt werden, wobei gerade hier eine nachträgliche christologische Ausgestaltung besonders nahelag.

Jesus selbst verstand diese Ereignisse als Zeichen für den Anbruch der Gottesherrschaft. Exorzismen zeigten den Untergang der Herrschaft des Teufels an, des Gegenspielers Gottes (Lk 11,20). Heilungs- und Geschenkwunder machten die Heilsgegenwart Gottes erlebbar, sowohl für die Geheilten als auch die Beobachtenden. Doch die Wunder, das zeigen schon die Evangelien, waren nicht eindeutig, sondern führten zum Vertrauen auf die Botschaft Jesu oder provozierten Misstrauen. Die Aussage „Dein Glaube hat dich gerettet" (Mk 5,34; 10,52 u. ö.) bringt so zum Ausdruck, dass das Ziel des Wunderhandelns der Anschluss an die Bewegung der Gottesherrschaft war, die durch Jesus verkündigt wurde. Von Gegnern wurden Exorzismen und Heilungswunder hingegen als „Teufelszeug" interpretiert (Mk 3,22; Q 11,14–19).

<small>Wunder und Gottesherrschaft</small>

5.2.2.2 Symbolhandlungen Jesu

Unter Symbol- oder Zeichenhandlungen sind Taten zu verstehen, mit denen zusätzlich zu einer mündlichen Verkündigung eine Botschaft zum Ausdruck gebracht werden soll. Im Alten Testament sind es vor allem Propheten wie Jesaja, Jeremia oder Ezechiel, von welchen Symbolhandlungen erzählt werden. Auch über Jesus berichtet die Evangelientradition von dieser Art der Kommunikation. Als Symbolhandlungen können neben der Tempelaktion und dem Einzug in Jerusalem auch die Auswahl und Aussendung der Zwölf (s. o. 5.2.1.1), die Tischgemeinschaft mit Angehörigen von Randgruppen (s. o. S. 106f.) und das letzte Mahl (s. u. 5.3.2) gewertet werden.

Die Tempelaktion — Die Wanderschaft Jesu brachte ihn auch nach Jerusalem, vielleicht schon zu Beginn seines Wirkens (vgl. Joh 2,13–25). Dort führte er im Tempelgelände eine Symbolhandlung durch (Mk 11,15f.):

> „Und als er in den Tempel eintrat, begann er die hinauszutreiben, die im Tempel verkauften und kauften; und die Tische der Geldwechsler und die Sitze der Taubenverkäufer stieß er um. Und er ließ nicht zu, dass jemand ein Gerät durch den Tempel trug."

Diese Tempelaktion Jesu lässt zumindest erkennen, dass Jesus im Blick auf das Jerusalemer Heiligtum davon ausging, dass die anbrechende Gottesherrschaft auch hinsichtlich des Kults und seiner Gestaltung Auswirkungen haben musste. Sicherlich war der Angriff auf Geldwechsler und Händler von Opfertieren im Bereich des Tempels weniger spektakulär, als er in den Evangelien dargestellt wurde. Seine symbolische Bedeutung war vor allem ein Aufweis der Ungehörigkeit jenes Exklusivanspruchs, den die Jerusalemer Tempelaristokratie auf Vermittlung der Verbindung zum Gott Israels erhob. Gott war nahegekommen, sein Reich jedem zugänglich. Schon die Taufe des Johannes hatte dieses Moment der Unmittelbarkeit inkludiert. Die Zeichenhandlung der Tempelaktion, die daher nicht als Reinigung des Tempels, sondern als Relativierung des Tempelkultes zu verstehen ist, verbindet so Wirken und Verkündigung Jesu.

Der Einzug in Jerusalem — Mit den Ereignissen der letzten Lebenstage Jesu enger verbunden ist seine letzte Ankunft in Jerusalem zum Passahfest im Jahr 30 n. Chr. (Mk 11,1–11 par). Die Schilderung des sogenannten Einzugs in Jerusalem nimmt Königsmetaphorik auf und ist deutlich an alttestamentliche Texte angelehnt (Sach 9,9–11; Ps 118,25f.). Es ist daher mehr als fraglich, ob es sich dabei um ein historisches Ereignis handelt. Immerhin hätte Jesus mit dem bewussten Nachspielen einer alten Königshoffnung, wonach dieser auf einem Esel reitend nach Jerusalem einzieht, nicht nur ein Zeichen der Provokation gegenüber der Aristokratie und den Römern gesetzt, sondern sich damit auch selbst als königlicher Messias präsentiert. Das kann zwar nicht ausgeschlossen werden, es steht allerdings in Kontrast zu der Tatsache, dass die Königsfunktion in Jesu Verkündigung eindeutig Gott zukommt, dessen Reich nicht umsonst „Königsherrschaft" genannt wird. Auch im Blick auf die Ereignisse, die mit der Kreuzigung Jesu endeten, wird daher die Annahme – manchmal verbunden mit einer Sühnetheologie –, Jesus habe seinen Tod bewusst provoziert, im Folgenden nicht weiter verfolgt.

5.2.3 Die Verkündigung Jesu

Zentrum der Botschaft Jesu ist die „Königsherrschaft Gottes" (βασιλεία τοῦ θεοῦ/*basileia tou theou*, bei Matthäus βασιλεία τῶν οὐρανῶν/*basileia tōn ouranōn* „Königsherrschaft der Himmel"). Die Rede von Gott als König ist altorientalisches Erbe und fester Bestandteil der Tradition Israels (vgl. etwa Ps 46–48; Jes 43,14f.; 44,6; 52,7f.; PsSal 17; äthHen 84,2). Dennoch stellt die besondere Betonung dieses Elements des alttestamentlich-jüdischen Gottesbildes ein Spezifikum der Verkündigung Jesu dar. Zu dieser Besonderheit gehört auch, in Gleichnissen über die Gottesherrschaft zu sprechen.

<small>Gott als König</small>

Die Übersetzung des griechischen Ausdrucks βασιλεία τοῦ θεοῦ/ *basileia tou theou* mit „Königsherrschaft Gottes" (verkürzt „Gottesherrschaft") oder mit „Reich Gottes" gibt die beiden Dimensionen wieder, die dieser Ausdruck beinhaltet: die räumliche und die dynamische Dimension. Ein Beispiel für ein räumliches Verständnis findet sich etwa in Q 13,29: Die Völker werden kommen, um das Mahl in der *basileia* zu feiern (vgl. Q 7,28; Mk 10,25; Mt 21,31). Wesentlich zentraler war aber in der Verkündigung Jesu die dynamische Perspektive, die Gottes herrschaftliches Handeln in den Vordergrund stellt. Zusätzlich hatte diese Redeweise auch eine politische Konnotation, da die reale Herrschaft in Händen von Herodes Antipas, dem römischen Präfekten bzw. eigentlich bei Kaiser Tiberius lag. Jesu zentraler Botschaft von Gottes Herrschaft gab dies, wie die Vorgänge unmittelbar vor der Kreuzigung zeigen, eine Sprengkraft, die auch als Aufstandspropaganda verstanden werden konnte.

<small>Räumliche und dynamische Dimension</small>

Aus der Überzeugung der Nähe des Gottesgerichts, die Jesus von Johannes übernommen hatte, entwickelte Jesus die Erwartung, dass sich die Durchsetzung von Gottes Königtum schon gegenwärtig vollziehe, in ihrer Endgültigkeit aber noch bevorstehe. Daher stehen Aussagen von der Gegenwärtigkeit der Gottesherrschaft (Mk 1,15; 3,27; 13,28; Q 6,20f.; 10,23f.; 11,20; Lk 10,18; EvThom 54; 69,2) neben solchen von dem noch bevorstehenden Anbruch, etwa im Vaterunser (Q 11,2; 13,28f.).

<small>Gegenwart und Zukunft der Gottesherrschaft</small>

> „Erfüllt ist die Zeit, und nahegekommen ist die Königsherrschaft Gottes; kehrt um und glaubt an das Evangelium!" (Mk 1,15)
> „Vater, geheiligt werden soll dein Name; kommen soll deine Königsherrschaft!" (Q 11,2)

Jesu Botschaft von der Gottesherrschaft war also weder ausschließlich zukünftig noch ausschließlich gegenwärtig ausgerichtet. Die Nachteile einer lediglich eine der beiden Seiten heranziehenden Rekonstruktion von Jesu Botschaft sind folgende: Wird einseitig auf die Zukünftigkeit der Gottesherrschaft abgehoben, wird der apokalyptische Kontext so sehr betont, dass die Gegenwärtigkeitsaussagen nur noch als eine Sprachform der Zukunftshoffnung erscheinen, aber keinen realen Hintergrund mehr haben. Wird hingegen die Gegenwart der Gottesherrschaft herausgestellt, können die zahlreichen Zukunftsaussagen Jesu nur mehr als spätere Hinzufügungen gedeutet werden, durch die Jesu Verkündigung nachösterlich bearbeitet wurde. Hingegen lässt sich die doppelte Ausrichtung eines „Schon-jetzt" und „Noch-nicht" sehr gut in den Kontext jüdischer Apokalyptik einordnen und ist eines jener Momente der Kontinuität, die Jesu Verkündigung mit der des frühen Christentums, u. a. des Apostels Paulus, verbindet.

5.2.4 Die Ordnung des Lebens in der Gottesherrschaft

In der Interpretation der Tora, in Aussagen zur Gestaltung von Gemeinschaft, durch Gleichnisse und weisheitliche Sprüche gab Jesus Anleitungen zur Lebenspraxis jener Bewegung, in der sich die Gottesherrschaft verwirklichen sollte. Grundsätzlich ist dabei festzuhalten, dass Jesus die Gültigkeit der Tora an sich nicht in Frage stellte (Mt 5,17–19; vgl. Mk 10,17–22):

Die Bedeutung der Tora

> „Meint nicht, dass ich gekommen bin, das Gesetz oder die Propheten aufzulösen; ich kam nicht, um aufzulösen, sondern um zu erfüllen. Amen, denn ich sage euch: Bis der Himmel und die Erde vergehen, vergeht nicht ein einziges Jota oder ein einziges Häkchen vom Gesetz, bis alles geschieht. Wer immer also ein einziges dieser geringsten Gebote auflöst und die Menschen so lehrt, wird der Geringste gerufen werden in der Königsherrschaft der Himmel; wer aber immer es tut und lehrt, dieser wird groß gerufen werden in der Königsherrschaft der Himmel."

Jesu Umgang mit der Tora war ähnlich wie bei den Pharisäern und späterern Rabbinen oder in den Qumrantexten dadurch gekennzeichnet, dass er die einzelnen Bestimmungen gewichtete. Das bedeutete vor allem, dass der in der Tora zum Ausdruck kommende Gotteswille durch die Gegenwart der Gottesherrschaft neu verstanden werden sollte. Dabei standen einige Elemente besonders im Vordergrund, die auch in der frühchristlichen Rezeption zu spezifischen Grundhaltungen der Glaubenden wurden.

Die Forderung nach Barmherzigkeit bzw. Mitleid wird in den Seligpreisungen besonders deutlich: Sie loben nicht nur ausdrücklich die Barmherzigen (Mt 5,7), sondern auch jene, die Barmherzigkeit benötigen: Arme und Hungernde (Q 6,20f.). Die Anspielung auf Hos 6,6 (Mt 9,13; 12,7), wonach Barmherzigkeit mehr zählt als Opfer, nimmt dies ebenfalls auf. Die Forderung Jesu richtete sich gerade an jene, die selbst Barmherzigkeit erfahren hatten, wie im Gleichnis vom unbarmherzigen Schuldner deutlich wird (Mt 18,23–35). Gottes Barmherzigkeit soll so zur Motivation für eigenes Handeln werden (Q 6,36):

Barmherzigkeit

„Seid barmherzig, wie euer Vater barmherzig ist."

In der Parabel vom Samaritaner (Lk 10,25–37) wird Nächstenliebe als Barmherzigkeit beschrieben. Mit der Betonung der Barmherzigkeit und der durch sie motivierten Taten stellt Jesus ein Element des jüdischen Ethos in die Mitte seiner Verkündigung, das etwa auch im Tobitbuch zentral ist. Auf den Punkt gebracht wird das Ethos der Gottesherrschaft in ähnlicher Weise in den Aussagen zur Nächstenliebe (Mk 12,28–34 par). Die Radikalisierung des Nächstenliebegebotes hin zur Forderung der Feindesliebe (Mt 5,43–45) stellt die Spitze des Ethos der Gottesherrschaft dar. Die Orientierung an Barmherzigkeit und Nächstenliebe wird daher auch in anderen Lebensbereichen zum Leitfaden: Schon Zorn wird untersagt, nicht nur das Töten (Mt 5,21f.), das Begehren einer Verheirateten, nicht nur der tatsächliche Ehebruch (5,27f.), und auch die Sabbateinhaltung wird durch die Barmherzigkeit modifiziert (Mk 2,27; 3,1–5).

Nächstenliebe und Barmherzigkeit

Deutlich wird durch den Schwerpunkt der ethischen Mahnungen Jesu auf Barmherzigkeit und Nächstenliebe, dass eine soziale Revolution nur implizit in der Botschaft von der Gottesherrschaft enthalten war. Immerhin lässt sich aber in einigen Aussagen die Kritik an Ausbeutungsverhältnissen und der Selbstsicherheit der Eliten erkennen, etwa im Gleichnis von den Arbeitern im Weinberg (Mt 20,1–16) oder im Gleichnis vom reichen Bauern (Lk 12,16–21). Dazu treten Jesusworte, die Armen die Anteilhabe an der Gottesherrschaft zusagen und Reiche davon ausschließen (Q 6,20f.; Lk 6,24f.; vgl. Mk 10,23–25). Sie finden später Eingang in den Jakobusbrief (1,10f.; 2,5; 5,1–6). Deutlich wird daraus, dass die Erwartung der Königsherrschaft Gottes auch beinhaltet, dass soziale Differenzen darin überwunden werden.

Soziale Folgen

5.2.5 Der Anspruch Jesu

Die Hoheitstitel

Im Neuen Testament werden verschiedene Bezeichnungen, sog. „Hoheitstitel", Jesus zugeordnet, die helfen sollen, sein Auftreten und seine Bedeutung für die Heilsgeschichte einzuordnen. Manche, wie „Christus/Messias" oder „Sohn Gottes", spielen bis heute in Theologie und Kirche eine bedeutende Rolle, andere, wie „Menschensohn" oder „Sohn Davids", traten demgegenüber mehr in den Hintergrund. Unabhängig davon, ob Jesus sich mit der einen oder anderen dieser Bezeichnungen identifizieren konnte oder von sich etwa als „Menschensohn" sprach – was wahrscheinlich ist –, lassen Verkündigung und Handeln Jesu erkennen, dass er einen hohen Anspruch erhob: Er sah sich als jenen von Gott Beauftragten an, der letztgültig vom nahen Anbruch der Gottesherrschaft und deren Charakter spricht und

Repräsentant der Gottesherrschaft

diese in seinen Handlungen zeichenhaft erfahrbar macht. An der Stellung zu seinem Wirken entscheide sich, ob Menschen einen Platz im Reich Gottes haben würden oder nicht. Das Vertrauen auf Jesus als den Repräsentanten der Gottesherrschaft begründete so schon vorösterlich, was sich nachösterlich als Glaube an Christus im frühen Christentum herausbildete.

5.3 Die letzten Tage Jesu

Die Passionsgeschichte gehört zu den wesentlichen Teilen der Evangelien, eine Vorform war Bestandteil der im Markus- und Johannesevangelium benutzten Quellen. Im Wesentlichen lassen sich die einzelnen Ereignisse wie folgt rekonstruieren.

5.3.1 Jesus in Jerusalem

Anfang April 30 n. Chr. reiste Jesus zum dritten Mal als Prophet der nahen Gottesherrschaft nach Jerusalem. In Begleitung seiner Anhänger und Anhängerinnen kam er in das religiöse Zentrum Israels, um das Passahfest zu feiern. Einige Evangelientexte machen wahrscheinlich, dass Jesus grundsätzlich damit rechnete, eines gewaltsamen Todes zu

Die Erwartung des bevorstehenden Todes

sterben. Bereits sein Lehrer Johannes der Täufer war hingerichtet worden, wenn auch durch Herodes Antipas. In Lk 13,31–33 findet sich eine alte Tradition, in der diese Bedrohung Jesus selbst zugeschrieben wird:

> „In derselben Stunde kamen einige Pharisäer herbei und sagten zu ihm: Geh hinaus und zieh fort! Denn Herodes will dich töten. Und er sprach zu ihnen: Geht hin und sagt diesem Fuchs: Siehe, ich treibe Dämonen

> aus und vollbringe Heilungen heute und morgen, und am dritten Tag werde ich vollendet. Doch ich muss heute und morgen und am folgenden Tag wandern; denn es geht nicht an, dass ein Prophet außerhalb Jerusalems umkomme."

Zudem gehörte eine Geschichtsdeutung, wonach Israel die Boten Gottes in der Regel verfolgt, zur prophetischen Tradition (vgl. Q 11,49–51; 13,34). Sie wird im Gleichnis von den bösen Pächtern des Weinbergs (Mk 12,1–9) von Jesus aufgenommen.

Auch wenn man die Einzugsgeschichte (Mk 11) nicht als Symbolhandlung versteht, mit der Jesus die Königswürde beanspruchte und damit auch die römische Staatsmacht auf sich aufmerksam machen musste, lassen sich provokative Handlungen und Worte Jesu rekonstruieren: die Tempelaktion (Mk 11,15–18 par), die Auseinandersetzungen mit verschiedenen Gruppen wie Sadduzäern, Hohepriestern, Schriftgelehrten und den Parteigängern des herodianischen Geschlechts (Mk 11,27–12,40 par; s. o. 3.2) sowie das Wort von der Zerstörung und Wiedererrichtung des Tempels (Mk 14,58 par).

Nach Mk 3,6; 14,1f. sollen die Gegner Jesu seinen Tod schon vor der Verhaftung beschlossen haben. Dies ist zwar als eine nachösterliche Schuldzuweisung an die Vertreter des judäischen Volkes anzusehen, es ist aber durchaus wahrscheinlich, dass Jesu Wirken zu nachhaltigen Irritationen geführt hatte. Hierfür dürfte jedoch nicht allein die Tempelaktion verantwortlich gewesen sein, zumal deren Umfang ohnehin nur zeichenhaft gewesen sein kann.

Mit dem Tempelwort Jesu stoßen wir freilich auf eine Aussage, deren Authentizität bereits im frühen Christentum umstritten war. Nach Mk 14,58 behaupteten falsche Zeugen während des Verhörs vor dem Synhedrion (vgl. auch Mk 15,29; Mt 26,60f.; 27,40):

Das Tempelwort Jesu

> „Wir haben ihn sagen gehört: Ich werde diesen mit Händen gemachten Tempel zerstören, und in drei Tagen werde ich einen anderen bauen, der nicht mit Händen gemacht ist."

Im Lukasevangelium fehlt dieser Satz, dafür findet er sich in der Apostelgeschichte (Apg 6,14f.): Abermals sind es falsche Zeugen, die nun aber angeben, der angeklagte Stephanus habe das Tempelwort als Wort Jesu zitiert. Die Ankündigung des Wiederaufbaus fehlt hier völlig. Im Johannesevangelium besteht zwar kein Zweifel an der Authentizität des Tempelwortes (Joh 2,19–22), der Tempel wird hier aber als Metapher für Jesu Leib gedeutet. Im Thomasevangelium beschränkt sich Jesus auf die Zerstörung des Tempels und kündigt an, dass ihn keiner mehr aufbauen wird (EvThom 71).

Diesen verschiedenen Versionen liegt ein Ausspruch Jesu zugrunde, der aufgrund seiner Anstößigkeit unterschiedlich überliefert und in die Texte aufgenommen wurde. Die Ankündigung der Zerstörung des Tempels geht wie die umfassendere Prophetie des Untergangs Jerusalems (Mk 13,2 par) mit einiger Gewissheit auf Jesus zurück. Beides passt zur Tempelaktion Jesu und zu Aussagen der prophetischen Tradition (vgl. nur Jer 7,14). So verweist das Tempelwort, in welcher Form auch immer, ebenso wie die Tempelaktion darauf, dass Jesus das Zentralheiligtum Israels nachhaltig in Frage stellte. Etwa dreißig Jahre nach Jesus von Nazareth trat mit Jesus ben Ananias ein Prophet auf, der ebenfalls vom Untergang Jerusalems und des Tempels sprach (s. u. S. 120). Das Thema der nahegekommenen Zerstörung des Identitätszentrums des antiken Judentums lag also gewissermaßen in der Luft.

5.3.2 Das letzte Mahl

Die Traditionen zum letzten Mahl Jesu mit seinen Jüngern (Mk 14,12–26 par; 1Kor 11,23–25) wurden nicht nur durch die Überlieferungsgeschichte unterschiedlich geprägt, sondern auch durch die hohe Bedeutung der Mahlgemeinschaft für die frühchristlichen Gemeinden. Dennoch ist mit großer Gewissheit davon auszugehen, dass Jesus, in dessen Wirken Gemeinschaftsmähler eine wichtige Rolle spielten (s. o. S. 106f.), dies auch in Jerusalem mit seinen Anhängern und Anhängerinnen fortsetzte.

Die Ansicht, dass das letzte Mahl Jesu erst nachträglich erdacht wurde, um die Mahlfeiern frühchristlicher Gemeinden zu begründen, hat angesichts der breit gestreuten Überlieferung, die zudem auf die vormarkinische Passionsgeschichte und die vorpaulinische Tradition verweist, wenig Plausibilität. Dass nicht überall das Gemeinschaftsmahl der Christusgläubigen mit der Passion Jesu verbunden wurde, wie die Didache zeigt (Did 9f.), belegt nur, dass Gemeinschaftsmähler auch ohne diese Bezugnahme gefeiert wurden (s. u. S. 318).

Mahl und Passion

Angesichts der ihm in Jerusalem begegneten Feindschaft und seiner Position zum Tempel ist anzunehmen, dass sich Jesus darüber im Klaren war, dass es sein letztes Mahl sein könnte (s. o. 5.3.1). Während nun aber im Markusevangelium und davon abhängig auch bei Matthäus und Lukas das Mahl als Passahmahl beschrieben wird, ist aufgrund der Chronologie des Lebens Jesu (s. o. 4.1.1.2) die johanneische Version, die auf einer vorjohanneischen Quelle beruht, vorzuziehen: Jesus feierte sein letztes Mahl als Bankett am Tag *vor* dem Beginn des Passahfestes. Es ist daher müßig, zum Verständnis dieses Mahles Beziehungen zum Ritus des Passahfestes herzustellen, die überdies auch in der synoptischen Tradition nicht sehr deutlich sind. Schwierig bleibt dennoch, ob und, wenn ja, welche Worte Jesus bei diesem letzten Zusammensein mit seinen Jüngern gesprochen hat.

Die Deuteworte zum Mahl sind im Wesentlichen in zwei Formen überliefert: Die Version des Markus- und Matthäusevangeliums formuliert die Deutung der Elemente Brot und Wein bzw. Kelch parallel: „Dies ist mein Leib … Dies ist mein Blut." Das Blut wird in Anlehnung an Ex 24,8 als Bundesblut bezeichnet, das „für viele" vergossen wird. Den Abschluss bildet ein eschatologischer Ausblick: Jesus werde erst im Reich Gottes wieder Wein trinken (Mk 14,25).

<small>Die Mahlworte</small>

Die Version in 1Kor 11 und ähnlich im Lukasevangelium bringt die Deutung asymmetrisch: „Dies ist mein Leib … Dieser Kelch ist der neue Bund". Die Formulierung „neuer Bund" spielt dabei auf Jer 31,31 an. Die Aussage „für euch" findet sich hier beim Brotwort. Jesus schließt mit der Aufforderung, diese Handlung zu seinem Gedächtnis zu wiederholen. Darüber hinaus blickt auch Paulus auf das Eschaton, denn die Mahlfeier „verkündigt den Tod des Herrn, bis er kommt" (1Kor 11,26).

Es ist faktisch unmöglich, den tatsächlichen Wortlaut der Worte Jesu bei seinem letzten Mahl zu rekonstruieren. Manches lässt sich mit guten Gründen zumindest ausschließen:
1. Dass Jesus einen neuen Bund eingesetzt hat, ist angesichts des völligen Fehlens des Themas „Bund" in der sonstigen Jesusüberlieferung äußerst unwahrscheinlich.
2. Eine sühnetheologische Deutung seines eigenen Todes, wie sie durch die Formulierungen „für viele" bzw. „für euch" nahegelegt werden, ist ebenso unplausibel: Sündenvergebung geschah in Jesu Wirken durch die Zusage, dass Gott die Vergehen erlassen habe (Mk 2,5–10). Zudem würde es die Verzweiflung der Jünger nach der Kreuzigung sowie ihr Festhalten am Tempelkult (s. u. 7.1.2) unerklärlich machen, wenn Jesus seinem Tod diese positive Deutung gegeben hätte.
3. Dass Jesus tatsächlich glaubte, der Wein sei real zu seinem Blut geworden, ist ebenfalls zweifelhaft: Es widerspricht dem jüdischen Mahlethos, das Blutgenuss selbstverständlich ausschloss (Lev 17,10; vgl. auch Joh 6,52).

Demgegenüber lassen sich wenigstens drei Elemente mit guten Gründen als historische Überlieferung festhalten:
1. Jesus gab seinem letzten Mahl in der Überzeugung, dass er ein weiteres nicht erleben werde, eine besondere Bedeutung, die in der Jesusüberlieferung bewahrt blieb.
2. Im Zusammenhang dieses Mahles spielten Brot und Wein eine zentrale Rolle, und zwar dahin gehend, dass Jesus dem Essen und

<small>Historische Elemente der Mahlberichte</small>

Trinken eine spezifische Funktion gab: Die Erinnerung an ihn sollte bei jedem Mahl der Gemeinschaft zelebriert werden. Es handelte sich also nicht um die Einsetzung eines Rituals, sondern um die Begründung einer spezifischen Memoria-Kultur. Dies entspricht auch dem Anspruch Jesu, für das Kommen der Gottesherrschaft eine entscheidende Rolle zu spielen.

3. Die Deuteworte über Brot und Wein – „Dies ist mein Leib ... Dies ist mein Blut" – sind als Jesu Vorausblick auf seinen Tod zu verstehen, den er sich nur als gewaltsamen vorstellen konnte. Mit diesem Ausblick verbunden war aber die Erwartung, im Reich Gottes das Mahl erneut feiern zu können.

Die frühchristliche Tradition machte dieses letzte Mahl rückwirkend zur Begründung ihrer eigenen Mahlpraxis, die die Gemeinschaftsmähler Jesu zu dessen Lebzeiten ebenso fortsetzte wie sie Anteil an der selbstverständlichen Praxis antiker religiöser Gemeinschaften hatte. Jesus selbst setzte damit also kein eigenes Ritual ein, als ob er angesichts seines Todes die urchristlichen Gemeinschaften schon vor Augen gehabt hätte, und dennoch wurde dieses letzte Mahl zur Legitimation für das neben der Taufe wichtigste Identitätsritual des frühen Christentums.

5.3.3 Verhaftung, Verhör, Verurteilung

Judas Iskariot Bereits in der vormarkinischen Passionstradition spielte Judas Iskariot als jener der Zwölf, der Jesus an seine Gegner ausliefern sollte, eine wichtige Rolle für die Geschehnisse, die zum Tod Jesu führten (Mk 14,10.17–21.43). Die historische Substanz dieser Person ist hinter den Evangelientraditionen, die ihn fortschreitend immer negativer zeichnen, kaum mehr zu erkennen. Doch es lässt sich in Bezug auf seine Funktion immerhin als historisch plausibel festhalten, dass offenbar auch im innersten Kreis um Jesus herum – und nicht nur außerhalb dieser kleinen Gemeinschaft – die Überzeugung aufkam, dass Jesu Wirken beendet werden sollte. Die ebenfalls grundsätzlich historisch zuverlässige Nachricht, wonach Petrus selbst seine Zugehörigkeit zur Gruppe um Jesus abstritt (Mk 14,66–72 par), lässt sich als weiterer Hinweis auf eine solche Entwicklung verstehen.

5.3.3.1 Die Verhaftung

Noch am Abend des letzten Mahles, also dem Donnerstag vor dem Passahfest im Jahr 30 n. Chr., wurde Jesus in einem Garten namens Gethsemane am östlich von Jerusalem gelegenen Ölberg verhaftet.

Die Beteiligung römischer Soldaten wird im Johannesevangelium angenommen, wie der Ausdruck σπεῖρα/*speira* – „Kohorte" anzeigt (Joh 18,3). In den anderen Evangelien fehlt dieser Hinweis. Historisch ist eine Beteiligung der römischen Besatzungstruppen zwar möglich, angesichts des Verlaufs der weiteren Ereignisse allerdings nicht wahrscheinlich. Jesus wird im Folgenden ja nicht vor den römischen Präfekten Pontius Pilatus geführt, sondern zunächst vor das judäische Synhedrion.

5.3.3.2 Das Verhör vor dem Synhedrion

Alle Evangelien stimmen darin überein, dass Jesus noch in der Nacht seiner Festnahme vor die judäischen Autoritäten Jerusalems geführt wurde, und zwar in den Palast des Hohepriesters. Sie unterscheiden sich darin, dass es sich nach Mk/Mt um einen formalen Prozess handelte, nach Lk/Joh um ein Verhör.

Laut Mk 14,53–65 hatte sich das gesamte Synhedrion im Palast des Hohepriesters versammelt, um ein ordentliches Verfahren mit Zeugen, Verhör und Schuldspruch durchzuführen. Die dabei angewandte Prozessordnung entspricht freilich nicht jener, die in der Mischna für Gerichtsverhandlungen vorgesehen ist (mSanh 4,1): Zu deren Vorgaben gehört u. a., dass nächtliche Prozesse verboten sind, die Quaderhalle des Tempels als Gerichtsort festgelegt ist, ein Todesurteil nur in einer neuen Sitzung gefällt werden darf und Gotteslästerung als Aussprechen des Gottesnamens definiert wird (mSanh 7,5). Es wäre allerdings möglich, dass z. Zt. Jesu noch davon abweichende Regeln der Sadduzäer galten, die uns aber nicht erhalten sind.

Weitaus wahrscheinlicher ist, dass es sich nicht um einen formalen Prozess handelte, sondern um ein Verhör durch jene Autoritäten Jerusalems, die u. a. für die lokale Rechtsprechung verantwortlich waren. Zum Synhedrion, das aus 71 Mitgliedern bestand, gehörten die Hohepriester, Ältesten und Schriftgelehrten, wobei der amtierende Hohepriester, damals Joseph Kaiphas (18–36/37 n. Chr.), den Vorsitz führte. Das Gremium wurde z. Zt. Jesu durch die Sadduzäer dominiert, schloss aber auch Pharisäer mit ein. Die Annahme, es habe sich um ein Verhör zur Vorbereitung einer Anklage beim römischen Präfekten gehandelt, lässt sich auch damit gut begründen, dass ein solches Verfahren in einem anderen Fall von Josephus berichtet wird (bell. 6,300–309).

Prozess oder Verhör?

Die Abweichungen vom rabbinischen Prozessrecht in der Verhandlung gegen Jesus lassen sich also gut erklären. Immer wieder wird auch argumentiert, dass die Beteiligung judäischer Autoritäten gänzlich eine historische Konstruktion aus christlicher Perspektive sei,

> *Der Fall Jesus ben Ananias*
> Josephus erzählt in seiner Darstellung des 1. Judäischen Aufstands von Vorzeichen der nahen Zerstörung Jerusalems (bell. 6,288–315). Darunter ist das Auftreten eines gewissen Jesus, Sohn des Ananias, eines einfachen Bauern (300–306). Dieser verkündete im Tempel über mehr als sieben Jahre hinweg, dass Heiligtum, Stadt und Volk untergehen würden. Daraufhin seien Bürger gegen ihn vorgegangen und hätten ihn verprügelt, doch auch dies habe ihn nicht zum Schweigen gebracht. Die Stadtoberen hätten ihn daher vor dem Prokurator Albinus (62–64 n. Chr.) angeklagt, der ihn auspeitschen ließ. Jesus ben Ananias habe allerdings weiter Weherufe über Jerusalem ausgestoßen. Albinus schätzte ihn daher als wahnsinnig ein und ließ ihn laufen. Bis zur Belagerung Jerusalems prophezeite Jesus ben Ananias das Ende der Stadt und wurde schließlich von einem Wurfgeschoss der Belagerer getötet.

Die Beteiligung judäischer Autoritäten um die römische Verantwortung für die Hinrichtung Jesu zu minimieren. Diese These verweist zum einen auf die genannten Widersprüche zur Prozessordnung der Mischna, zum anderen darauf, dass Jesus im Falle eines Prozesses vor dem Synhedrion durch Steinigung hingerichtet worden wäre. Allerdings besaß das Synhedrion in der Zeit der römischen Besatzung gar nicht die Berechtigung zur Kapitalgerichtsbarkeit. Die wenigen Einzelfälle, in denen Judäer in Eigenregie Hinrichtungen durchführten, vor allem die Lynchmorde an Stephanus (31/32 n. Chr.) und dem Herrenbruder Jakobus (62 n. Chr.), sind geradezu Belege dafür, dass das Synhedrion nicht das Recht zur Verhängung oder gar Vollziehung der Todesstrafe besaß. Dies behielten sich die Römer wie in allen Provinzen auch in Judäa selbstverständlich vor (vgl. Josephus, bell. 2,117). Die Beteuerung von Judäern in Joh 18,31: „Uns ist es nicht erlaubt, jemanden zu töten", gibt dies unmissverständlich wieder.

Über den genauen Ablauf des Verhörs vor dem Synhedrion lässt sich, da es – anders als ein Prozess – sehr wahrscheinlich nicht protokolliert wurde, kaum etwas sagen. Das Markusevangelium nutzt dies (Mk 14,57–62), um zum einen das Tempelwort Jesu zu diskreditieren (s. o. S. 115f.) und zum anderen die wichtigsten Hoheitstitel Jesu anzubringen: Christus, Sohn Gottes und Menschensohn. Das Ergebnis lautet im Evangelium dementsprechend, dass Jesus wegen Blasphemie schuldig sei (Mk 14,63f.).

Diese nachösterliche Version des Verhörs bleibt allerdings zweifelhaft, greift sie doch mit der Behauptung der Göttlichkeit Jesu einen Konfliktpunkt zwischen christlichen und jüdischen Gruppen auf, der erst aus der Auferstehungserfahrung und deren Deutung entstand.

Anlässe für das Vorgehen gegen Jesus und die Einsicht, dass seine Tötung angestrebt werden müsse, gab es für das höchste judäische Gremium aber auch ohne diesen späteren Streitpunkt:

Gründe für das Vorgehen gegen Jesus

1. Die Position Jesu zum Tempel und dem darin ausgeübten Kult, wie sie durch das Wort über den Untergang sowie die Symbolhandlung zum Ausdruck kamen (s. o. 5.2.2.2), mussten gerade auf die priesterlichen Mitglieder der Aristokratie als Provokation wirken. Die Infragestellung des Zentralheiligtums mit seiner religiösen und identitätsstiftenden Bedeutung wurde sowohl in religiöser wie auch in politischer und ökonomischer Hinsicht als eminent gefährlich eingestuft.
2. Nicht die Inanspruchnahme der Messiasrolle durch Jesus selbst, die wenig wahrscheinlich ist, wohl aber die durch seine Anhänger und Anhängerinnen behauptete königliche Würde Jesu waren für die judäische Aristokratie in zweierlei Hinsicht hochbrisant: Sie bedrohte ihre eigene Stellung gegenüber der Bevölkerung Judäas und das ausbalancierte Verhältnis zur römischen Staatsmacht.
3. Damit zusammenhängend war auch die permanente Betonung der Nähe der Gottesherrschaft als gefährliche Drohung gegen die aktuelle Machtkonstellation zu verstehen. Gerade die Jerusalemer Aristokratie, die sich als die religiöse und politische Führung verstand, konnte dies auf Dauer nicht dulden.

Weniger wahrscheinlich ist hingegen, dass Jesus als falscher Prophet angeklagt wurde (vgl. Dtn 13; 17) oder wegen seiner zahlreichen Auseinandersetzungen über die Auslegung von Torageboten. Ersteres hätte die Verführung zum Götzendienst mit eingeschlossen, was nun tatsächlich keinerlei Anhalt an Jesu Wirken gehabt hätte, und mit Letzterem hätte sich Jesus innerhalb des Spektrums pharisäisch-schriftgelehrter Diskussionen – und damit auf erlaubtem Terrain – befunden.

5.3.3.3 Verhör und Urteil des Pontius Pilatus

Entsprechend römischer Rechtsordnung in den Provinzen brachten Vertreter des Synhedrions am Tag des Passahfestes, das am selben Abend mit einem Mahl beginnen würde, genauerhin am 7. April 30, die Anklage vor den in Jerusalem wegen des Festes anwesenden Präfekten Pontius Pilatus. Sie konzentrierten sich dabei auf das gewichtigste Argument, das dann auch für das Todesurteil ausschlaggebend war: den vermeintlichen Anspruch Jesu, König Israels zu sein.

Das Vorgehen des Pilatus richtete sich nicht nach einem formellen Verfahren (*cognitio*), sondern nach dem Recht einer außerordentlichen Verhandlung (*coercitio extra ordinem*), das auch sonst

Verfahren vor Pilatus

bei Bewohnern von Provinzen ohne Bürgerrecht angewandt werden konnte. Damit war dem Präfekten nach einem kurzen Verhör ein rasches Urteil möglich. Dieses lässt sich am sog. *titulus*, der Kreuzesinschrift, erkennen (Mk 15,26): „Jesus von Nazareth, König der Judäer". Sein Wortlaut nimmt die römische Perspektive auf, indem hier vom „König der Judäer" anstatt vom „König Israels" die Rede ist. Solche Tafeln mit Angaben über die Ursache einer Beschuldigung im Zusammenhang mit Kreuzigungen sind aus anderen Fällen überliefert (Sueton, Cal. 32,2; Dom. 10,1; Cassius Dio, hist. 54,3,7). Eine juristische Begründung – etwa Vergehen gegen die Herrschaft des Kaisers *(crimen laesae maiestatis)* oder Landesverrat *(perduellio)* – brauchte es im Rahmen eines solchen Verfahrens nicht.

Die Evangelien lassen allerdings den Eindruck entstehen, dass sich Pilatus seines Urteils unsicher war bzw. in Erwägung zog, Jesus im Rahmen einer Passahamnestie freizulassen (Mk 15,6–15). Diese Form der Amnestie ist zwar sonst nicht belegt, bewegt sich aber im Rahmen der Möglichkeiten eines Präfekten (vgl. Josephus, ant. 20,215).

<small>Barabbas</small> Dass Pilatus die Wahl zwischen dem Räuber Barabbas, wahrscheinlich ein Aufständischer, und Jesus, der ja ebenfalls als Aufständischer verurteilt wurde, angeboten hat, lässt sich daher nicht ausschließen. Die Darstellung, wonach damit die Volksmenge selbst den Tod Jesu gefordert habe (Mk 15,14), gehört aber christlicher Deutung an. Die Wahl zur Freilassung eines Delinquenten überließ der Präfekt, wenn dies überhaupt vorkam, mit einiger Gewissheit der herrschenden Elite. Die historische Substanz dieses Details der Passionsgeschichte ist daher zumindest zweifelhaft.

5.3.4 Kreuzigung und Bestattung

5.3.4.1 Die Kreuzigung Jesu

<small>Eine römische Hinrichtungsart</small> Die Hinrichtung Jesu begann mit der Geißelung, die Teil der Todesstrafe war (vgl. Josephus, bell. 2,306–308). Beides wurde durchgeführt durch Angehörige der römischen Besatzungsmacht, entweder römische Legionäre oder Mitglieder der Hilfstruppen. Die Kreuzigung war die übliche Hinrichtungsart der Römer für Sklaven und Provinzbewohner und galt bereits in der Antike als ausgesprochen grausam. Sie war nicht nur darauf ausgerichtet, den Verurteilten zu töten, sondern sollte zusätzlich seine Qual und Herabwürdigung bezwecken, um so abschreckend zu wirken. Die Tatsache einer offenkundig römischen Hinrichtungsart macht zugleich deutlich, dass der römische Präfekt die entscheidende Rolle innehatte. Hätte Pilatus Jesus nicht verurteilt, hätte dieser ähnlich wie später der Unglücksprophet Jesus

ben Ananias seine Botschaft weiter verbreiten können (s. o. S. 120). Die Kreuzigung Jesu wird im Übrigen auch vom römischen Historiker Tacitus berichtet (ann. 15,44,3) und gehört zu den unbestreitbaren historischen Überlieferungen über Jesus von Nazareth.

Nach der Geißelung, durch die eine entscheidende Schwächung bereits eingetreten war, musste Jesus den Querbalken des Kreuzes zur Hinrichtungsstätte nach Golgatha außerhalb der Stadtmauern tragen. Die Überlieferung, wonach ein Simon von Kyrene den Balken ein Stück tragen musste, scheint historisch glaubwürdig (Mk 15,21). Das Kreuz hatte die Form eines T *(crux commissa)*, nicht die heutiger Kreuze *(crux immissa)*. Auf dem Hügel Golgatha, der nördlich der Zitadelle und außerhalb der Stadtmauer lag, starb Jesus nach einem relativ kurzen Todeskampf. Der Tod trat durch Ersticken bzw. durch Kreislaufversagen ein.

Von den Worten Jesu am Kreuz, die in den Evangelien sehr unterschiedlich überliefert werden, ist wahrscheinlich der aramäische Ruf Jesu historisch, mit dem der Sterbende Ps 22,2 zitierte (Mk 15,34; vgl. Mt 27,46):

„Eloï, Eloï, lema sabachtani?"   *Der Todesruf Jesu*

Die Übersetzung dieses Rufes – „Mein Gott, mein Gott, warum hast du mich verlassen?" – zeigt, dass es sich bei diesem ausgesprochen anstößigen letzten Wort Jesu kaum um eine frühchristliche Deutung des Kreuzestodes handelt. Möglich ist, dass Jesus den Anfang des Psalms zitierte, um damit seine Gewissheit zum Ausdruck zu bringen, dass Gott ihn, den leidenden Gerechten, am Ende retten würde (vgl. Ps 22,20–32). Auf jeden Fall wird aber deutlich: Jesus machte sein Schicksal bis zuletzt von Gott abhängig.

5.3.4.2 Die Bestattung

Römische Provinzbehörden hatten in der Regel kein Interesse daran, dass Hingerichtete ein besonderes Begräbnis erhielten. Es bestand ja die Gefahr, dass Familien und Anhänger die Grablegung zum Anlass weiterer Schwierigkeiten nahmen (vgl. Tacitus, ann. 6,29). Die Bestattung in einem der Massengräber war daher die Regel. Bei einer Kreuzigung konnte zur Abschreckung die Leiche sogar lange am Kreuz belassen werden (vgl. Petronius, Satiren 111,6).

Die Berichte der Evangelien über die Bestattung Jesu (Mk 15,42–47 par) sind daher überraschend: Sie erzählen davon, dass Joseph von Arimatäa, ein Angehöriger der herrschenden Elite, mit Erlaubnis des Präfekten dafür sorgte, dass Jesus in einem Felsengrab bestattet wurde.   *Joseph von Arimatäa*

Die rasche Abnahme des Leichnams vom Kreuz lässt sich gut mit dem bevorstehenden Passahfest erklären. Für die Einzelbestattung eines Gekreuzigten gibt es überdies einen archäologischen Parallelfall aus der Nähe von Jerusalem (Giv'at ha-Mitvar): Ein in einem Knochenbehälter (Ossuar) gefundener Fersenknochen enthielt noch den Nagel der Kreuzigung des jungen Mannes namens Jehochanan, der in der Zeit um 50 n. Chr. umkam und anschließend in einem Familiengrab bestattet worden war. Es ist daher plausibel, dass Jesus in der Tat noch am Abend seines Todes in einem Einzelgrab bestattet wurde.

Die Chronologie der Passionsereignisse im Jahr 30 n. Chr.
Die Einteilung der Tage richtet sich nach dem griechisch-römischen Verständnis, wonach der Tag mit dem Morgen beginnt. Aus jüdischer Perspektive beginnt der Tag erst mit dem Abend.

Anfang April	Ankunft Jesu und seiner Anhänger in Jerusalem
Donnerstagabend, 6. April	Letztes Mahl
	Verhaftung im Garten Gethsemane
Donnerstagnacht, 6. April	Verhör durch das Synhedrion
Freitagfrüh, 7. April	Anklage vor Pilatus
	Verurteilung
Freitagvormittag, 7. April	Kreuzigung
Freitagmittag, 7. April	Tod
Freitagnachmittag, 7. April	Bestattung
Freitagabend, 7. April	Beginn des Passahfestes und des Sabbats

Die letzten Tage Jesu **125**

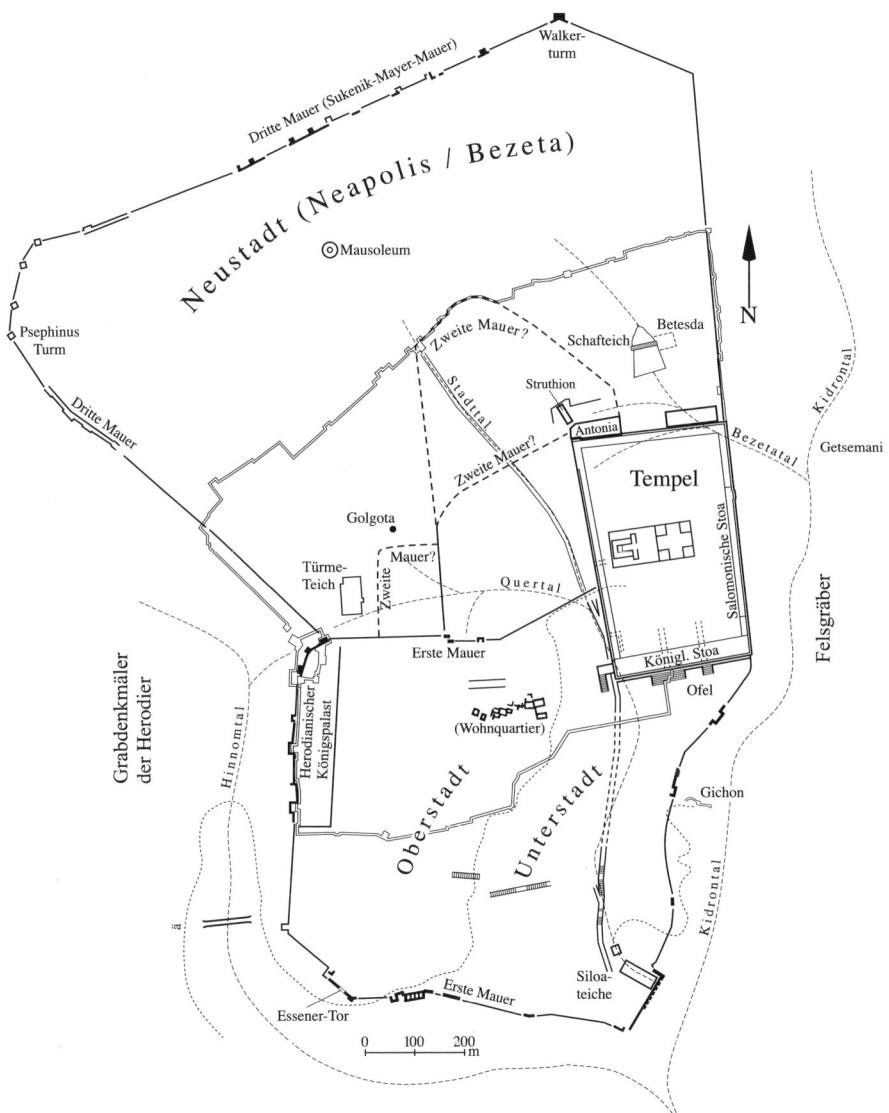

Karte 4: Jerusalem zwischen 40 v. Chr. und 70 n. Chr.

Literatur

Raymond E. Brown, The Death of the Messiah. From Gethsemane to the Grave, 2 Bde., New York ²1994.

James D. G. Dunn, Jesus Remembered, Christianity in the Making 1, Grand Rapids/Cambridge 2003.

Martin Ebner, Jesus von Nazaret. Was wir von ihm wissen können, Stuttgart ²2007.

Martin Hengel/Anna Maria Schwemer, Jesus und das Judentum, Tübingen 2007.

Martin Hengel, Mors turpissima crucis. Die Kreuzigung in der antiken Welt und die „Torheit" des „Wortes vom Kreuz", in: ders., Studien zum Urchristentum, WUNT 234, 594–652.

Heinz-Wolfgang Kuhn, Art. Kreuz. II. Neues Testament und frühe Kirche (bis Justin), TRE 19, 713–725.

John P. Meier, A Marginal Jew, 4 Bde., New York 1991–2009.

Martin Meiser, Judas Iskariot. Einer von uns, BG 10, Leipzig 2004.

Jens Schröter, Jesus von Nazareth. Jude aus Galiläa – Retter der Welt, BG 15, Leipzig 2006.

Angelika Strotmann, Der historische Jesus. Eine Einführung, Paderborn ²2014.

Gerd Theißen/Annette Merz, Der historische Jesus. Ein Lehrbuch, Göttingen ⁴2011.

Werner Zager, Jesusforschung in vier Jahrhunderten. Texte von den Anfängen historischer Kritik bis zur „Dritten Frage" nach dem Historischen Jesus, Berlin 2014.

Themenheft „Wunder und Magie", ZNT 7, 2001.

Exkurs: Petrus

Petrus war einer der zwölf Jünger, die Jesus stellvertretend für Israel berufen hatte (vgl. Q 22,30). Sein eigentlicher Name lautete Simon bar Jona (Mt 16,17; vgl. Joh 1,42; 21,15–17). Er stammte aus der Gegend um den See Genezareth in Galiläa, entweder aus Bethsaida (Joh 1,44) oder Kapernaum (Mk 1,21.29). Von Beruf war Petrus Fischer. Der Anschluss an die Jesusbewegung wird unterschiedlich erzählt: Nach den Synoptikern wurde Petrus von Jesus gemeinsam mit seinem Bruder Andreas in die Nachfolge gerufen (Mk 1,16–18). In Joh 1,40–42 läuft die Geschichte ganz anders ab: Nach ihr wurde Petrus durch seinen Bruder Andreas, der ein Anhänger Johannes des Täufers gewesen sein soll, zu Jesus gebracht. Wahrscheinlich erhielt er von Jesus den Beinamen „Kefa" (Κηφᾶς/*Kēphas*; aram. „Fels"; Joh 1,42; 1Kor 1,12; Gal 1,18 u. ö.), der im Neuen Testament zumeist in der griech. Form Πέτρος/*Petros* („Stein") wiedergegeben wird.

Berufung

Der Name Petrus

In den Evangelien wird durchgehend Petrus als die Leitfigur der Zwölf dargestellt, wenngleich in recht unterschiedlicher Weise. So wird ihm das Bekenntnis zu Jesus als dem Messias (Mk 8,29 par) ebenso zugeordnet wie die Verleugnung des verhafteten Jesus im Zusammenhang der Passionsgeschichte (Mk 14,66–72 par). Mit den beiden Brüdern Jakobus und Johannes, den Söhnen des Zebedäus, ist er Zeuge der Verwandlung Jesu zu einer Himmelsgestalt (Mk 9,2–8 par). In Konkurrenz zur Tradition von Maria Magdalena als erster Osterzeugin steht die Überlieferung von der Ersterscheinung des Auferstandenen vor Petrus (1Kor 15,5; vgl. Mk 16,7 par; Lk 24,34).

Leitfigur im Jüngerkreis

Aus diesen Texten allein wird schon deutlich, dass Petrus zweifelsfrei die zentrale Gestalt im Jüngerkreis war. Er blieb es auch nach Ostern, wie die Erwähnungen bei Paulus zeigen, der ihn ganz selbstverständlich als Apostel versteht. Petrus war das ausdrückliche Ziel des Besuchs des Paulus in Jerusalem (Gal 1,18). Dies entspricht der Darstellung des Lukas in der Apostelgeschichte, in der Petrus bis Kapitel 12 die leitende Figur in der Jerusalemer Gemeinde ist. Er war nach Paulus auch derjenige, dem die Verkündigung unter den Judäern anvertraut war (Gal 2,7f.). Dies wird einerseits in Apg 9 ähnlich erzählt, zugleich steht aber die Geschichte um den römischen Zenturio Kornelius dazu in einer gewissen Spannung (Apg 10,1–11,18).

Petrus nach Ostern

An Petrus orientierte sich in der weiteren Folge eine der Parteien der korinthischen Gemeinde (1Kor 1,12; vgl. 3,22; s. u. S. 259), mit Petrus kam es aber auch in Antiochien zum Streit über die Einhaltung von Speisevorschriften (Gal 2,11–14). Eine gewisse Offenheit gegenüber der Verkündigung an die Völker bei gleichzeitiger Sorge um die judäische Identität mag hier im Hintergrund gestanden haben (s. u. 10.2). Deutlich wird aber, dass Petrus als Apostel weit reiste: Er nahm sogar seine Frau mit (1Kor 9,5; vgl. Mk 1,29–31) und kam wahrscheinlich schließlich bis nach Rom, wo er möglicherweise unter Nero starb (1Clem 5,4; vgl. Joh 21,18f.; 2Petr 1,12–15).

Die Rezeption des Petrus   Ist also die historische Bedeutung des Petrus deutlich vor Augen, so bleibt sein theologisches Erbe bedauerlicherweise verborgen. Die beiden Petrusbriefe des Neuen Testaments sind pseudepigraphische Texte aus dem Bereich paulinisch geprägter Gemeinden. Die Reden des Petrus in der Apostelgeschichte sind Erfindungen des Lukas, die dessen Petrusbild wiedergeben, aber keine historischen Grundlagen haben. Mit einiger Gewissheit ist aber anzunehmen, dass viele der Überlieferungen, die Paulus in seinen Briefen aufnimmt, sowie Teile der Jesustradition durch Petrus bewahrt, gestaltet und entworfen wurden. Dass Petrus der Gewährsmann für das Markusevangelium war, wie Papias meint (Euseb, h. e. 3,39,15f.), ist allerdings unwahrscheinlich.

Petrus wird aufgrund seiner Stellung im Jüngerkreis, aber sicherlich auch durch sein Wirken nach Ostern in der neutestamentlichen Darstellung zu einer Symbolfigur für die Kirche. Dies findet sich zugespitzt in Mt 16,18, wo Petrus unter Bezug auf die Bedeutung seines Beinamens zum Grundstein der Kirche erklärt wird. Aber auch aus Joh 21 wird deutlich, dass selbst im johanneischen Kreis, einer profilierten Sondergruppe des frühen Christentums, Petrus als Stellvertreter der Mehrheitskirche und Führungsfigur akzeptiert wurde.

Literatur

Christfried Böttrich, Petrus. Fischer, Fels und Funktionär, BG 2, Leipzig 2001.
Helen K. Bond/Larry W. Hurtado, edd., Peter in Early Christianity, Grand Rapids 2015.
Martin Hengel, Der unterschätzte Petrus. Zwei Studien, Tübingen 2006.

6 Der Neuanfang: Ostern und Pfingsten

Der Beginn des Christentums wird mit guten Gründen, die wir oben bereits erörtert haben, häufig nach dem Tod Jesu angesetzt. Für diesen Neuanfang sind zwei Erfahrungen entscheidend: jene von Ostern und jene des Geistes.

6.1 Die Ostererfahrung

Der Umstand, dass Jesus die Möglichkeit eines gewaltsamen Todes bedacht hatte (s. o. S. 114f.), schließt nicht ein, dass er auch seine Auferstehung erwartete. Die entsprechenden Abschnitte aus den Evangelien (Mk 8,31; 9,31; 10,33f. par) sind nachösterlich entstanden und verdanken sich frühchristlicher Bekenntnisbildung. Auch die Berichte über den Besuch der Frauen am leeren Grab (Mk 16,1–3 par) verdeutlichen, dass die Anhänger und Anhängerinnen selbstverständlich davon ausgingen, den Leichnam Jesu vorzufinden.

Die Osterüberlieferungen in den Evangelien und in 1Kor 15 sind so unterschiedlich, dass sich keine zugrunde liegende Urform rekonstruieren lässt. Ihnen gemeinsam sind aber zwei Elemente, die im Folgenden gesondert behandelt werden sollen: das leere Grab und die Erscheinungen des Auferstandenen vor Einzelpersonen bzw. vor Gruppen.

6.1.1 Das leere Grab

Die Bestattung Jesu – sei es grundsätzlich (1Kor 15,4) oder spezifischer in einem Felsengrab (Mk 15,46 par) – ist sicher. Sie gehört auch zu den Voraussetzungen für jene Erzählungen, nach denen einige Frauen am ersten Tag der Woche, dem heutigen Sonntag, zum Grab Jesu gingen und es geöffnet und leer vorfanden. Die Debatte für oder gegen die Historizität des leeren Grabes kreist um folgende Punkte:
1. Die Auferstehungsberichte setzen voraus, dass es sich bei dem Auferstandenen um den leiblichen Jesus handelt, nicht um ein Gespenst (vgl. v. a. Lk 24,36–43). Dies zeigt, dass für die Autoren des Neuen Testaments wie für die meisten ihrer jüdischen Zeitgenossen Leiblichkeit ein so wesentlicher Aspekt des Menschenbildes war, dass sie Auferstehung nicht bloß als seelisch-geistige Angelegenheit dachten. Die Verkündigung einer rein geistigen

Die Leiblichkeit des Auferstandenen

Auferstehung Jesu in Jerusalem wäre sinnlos gewesen. Allerdings kann darin auch ein Grund für die Behauptung des leeren Grabes gesehen werden: Nur bei einer leiblichen Auferstehung können die Berichte über postmortale Sichtungen Jesu überhaupt Sinn ergeben.

2. Alle Berichte über das leere Grab heben ausdrücklich hervor, dass es von Frauen aufgefunden wurde. Sie sind die Erstzeuginnen! Dies ist umso bemerkenswerter, als Frauen hinsichtlich ihrer Glaubwürdigkeit grundsätzlich als zweitrangig galten, sodass sich die Berichte im Falle einer nachträglichen Erfindung der Grabgeschichten kaum auf sie berufen hätten. Eher wären Personen wie die Apostel oder der angesehene Ratsherr Joseph von Arimatäa herangezogen worden.

Frauen als Zeuginnen

3. Der Ort des Grabes spielt in den frühen Überlieferungen keine Rolle. Das kann so gedeutet werden, dass der Ort schlicht unbekannt war, weil Jesus in einem Massengrab bestattet worden war, oder dass das Grab überhaupt nicht leer war. Allerdings lässt sich die Ortstradition der Jerusalemer Grabeskirche, die von 325 bis 335 n. Chr. von Kaiser Konstantin errichtet wurde, auf alte Überlieferungen zurückführen. So ganz vergessen war der Ort des Grabes also nicht. Zudem gilt für die gesamte frühchristliche Überlieferung, dass sie überraschend wenig an den konkreten Lokalitäten ihrer Geschichte interessiert war.

Der Ort des Grabes

Lässt sich so die Tradition des leeren Grabes als historische Überlieferung plausibel machen, so ist zu beachten: Die Bedeutung des leeren Grabes besteht nicht darin, die Auferstehung zu beweisen, denn ein leeres Grab ist mehrdeutig. Die Auferstehungsberichte ergeben sich daraus nicht notwendig: So wird in Joh 20,13 von Maria Magdalena erwogen, Jesu Leichnam sei verlegt worden, und Mt 28,11–15 richtet sich gegen die Annahme, die Jünger hätten den Körper aus dem Grab gestohlen.

6.1.2 Die Berichte über Erscheinungen des Auferstandenen

6.1.2.1 Die Zeuginnen und Zeugen

Die fünf ältesten Osterberichte finden sich in 1Kor 15 und in den Evangelien des Matthäus, Lukas und Johannes. Paulus beruft sich auf eine übernommene Tradition, die er referiert (1Kor 15,3–8):

1Kor 15,3–8

„Denn ich habe euch vor allem überliefert, was ich auch empfangen habe: dass Christus für unsere Sünden gestorben ist nach den Schriften; und dass er begraben wurde und dass er auferweckt worden ist am dritten Tag nach den Schriften; und dass er Kephas erschienen ist, dann den Zwölfen. Danach erschien er mehr als fünfhundert Brüdern auf einmal, von denen die meisten bis jetzt übriggeblieben, einige aber auch entschlafen sind. Danach erschien er Jakobus, dann den Aposteln allen; zuletzt aber von allen, gleichsam der unzeitigen Geburt, erschien er auch mir."

Bereits hier finden sich Erscheinungen vor Einzelpersonen (Kephas/Petrus, Jakobus, Paulus) und Gruppen (die Zwölf, mehr als fünfhundert Brüder, alle Apostel). In den Evangelien überwiegen die kollektiven Visionen: Die beiden Frauen am Grab (Mt 28,9f.), die beiden Emmaus-Jünger (Lk 24,13–35) und vor allem die elf Jünger (Mt 28,16–19; Lk 24,36–49; Joh 20,19–29; 21,1–14) sehen Jesus in größeren oder kleineren Gruppen. Gruppenerscheinungen sind insofern von Bedeutung, als sie zeigen, dass dies nicht nur Erlebnisse einzelner Personen waren. Sie lassen erkennen, dass hinter diesen Berichten auch kollektive Erfahrungen stecken, die sich nicht als individuelle Formen der Trauerbewältigung rationalisieren lassen. Gruppen-
erscheinungen

Als Einzelperson begegnet im strengen Sinn nur Maria Magdalena im Johannesevangelium dem Auferstandenen (Joh 20,11–18), doch wird Petrus ebenfalls hervorgehoben (Mk 16,7; Lk 24,12.34; Joh 20,3–10), der ja auch bei Paulus an erster Stelle steht (1Kor 15,5). Die Erfahrungen Einzelner, die behaupteten, den Auferstandenen gesehen und gehört zu haben, werden sehr unterschiedlich beschrieben. Die Berufung auf sie hatte – wenigstens für Petrus, Jakobus und Paulus ist dies sehr wahrscheinlich – eine autorisierende Funktion, im Gegensatz etwa zu Maria Magdalena. Im Unterschied zu den Evangelien berichtet aber in 1Kor 15,8 (vgl. 9,1; Gal 1,12.16) ein Auferstehungszeuge selbst von diesem Erlebnis, allerdings nur in sehr knappen Worten. Einzelerscheinungen

Im Zusammenhang der Einzelerscheinungen ist in der Forschung wiederholt die Frage diskutiert worden, ob Petrus oder Maria Magdalena die Erstvision hatte. Für Petrus spricht die alte Tradition in 1Kor 15, die allerdings Frauen gar nicht erwähnt. Auch die kurze Notiz, wonach der Auferstandene „Simon" (gemeint ist Petrus) erschienen sei (Lk 24,34), zeugt vom Wissen um eine solche Geschichte. Allerdings wird diese in den Evangelien nicht erzählt. Für Maria Magdalena kann hingegen angeführt werden, dass ihre Geschichte in Joh 20,11–18 ausdrücklich berichtet wird. Sie ist auch unter den zwei Frauen, denen Jesus nach Mt 28,9f. als Ersten begegnet. Da in beiden Texten aber nicht erkennbar ist, dass damit eine Autorisierung zur Verkündigung des Evangeliums verbunden sein soll, was in 1Kor 15 durchaus im Blick ist, ist davon auszugehen, dass in Mt 28 und Joh 20 tatsächlich Die Erstvision eine alte Tradition aufgegriffen wurde. Sie einer späteren Erfindung zuzuschreiben, ist angesichts der Dominanz von Männern unter den Überlieferungsträgern und Verkündigern des Evangeliums unwahrscheinlich. So spricht doch einiges dafür, dass unter jenen Frauen, die das Grab am dritten Tag nach der Kreuzigung besuchten, auch jene waren, die zuerst eine Erscheinung hatten.

Erfahrung und Deutung

Die Berichte über Erscheinungen des auferstandenen Jesus lassen erkennen, dass Anhänger und Anhängerinnen Jesu nach dessen Tod Erfahrungen machten, die sie als leibliche Auferstehung des Gekreuzigten weitererzählten. Diese Deutung des Geschehens als Auferstehung zum ewigen Leben war nicht durch jüdische Traditionen vorgegeben, die diesen Vorgang als Element der Endzeitereignisse verstanden (Jes 24–27; Dan 12,2f.; 2Makk 7,9–14), von denen sich aber sonst nichts vollzog. Die Berichte haben alle gemeinsam, dass sie von einem visionären Erleben handeln, in dem Jesus nach seinem Tod zu erkennen war. Aus diesem Sehen und Hören entstand für die Menschen der Antrieb zu neuem Denken und Handeln. An die Stelle der Verzweiflung angesichts von Kreuzigung und Tod trat die Überzeugung, dass die Sache Jesu nicht nur weiterging, sondern eine neue Qualität erreicht hatte.

6.1.2.2 Die Orte der Erscheinungen

Zu den Unterschieden zwischen den Erscheinungsberichten der Evangelien gehören die Angaben, wo der Auferstandene seinen Anhängern erschien, ob in Galiläa (Mk 14,28; 16,7; Mt 28,10.16–20; Joh 21) oder in Jerusalem (Mt 28,9f.; Lk 24,36–49; Joh 20,11–29; vgl. Apg 1,3–14). Vor allem Galiläa als Ort von Erscheinungen ist umstritten, Jerusalem lässt sich hingegen nicht in Frage stellen: Jesus starb dort und wurde dort begraben, in Jerusalem fanden sich von Beginn an christliche Gemeinschaften zusammen (s. u. 7.1). Dies schließt allerdings keinesfalls aus, dass auch in Galiläa entsprechende Erfahrungen gemacht wurden. Es ist nämlich nur schwer zu erklären, wie diese Überlieferungen ohne jeden Anhalt entstanden sein sollen, denn Galiläa war nachösterlich kein Zentrum des frühen Christentums. Wir werden daher damit zu rechnen haben, dass sowohl in Jerusalem als auch in seiner Heimat Galiläa Menschen den Auferstandenen sahen. Letzteres würde u. a. plausibel erklären, warum die Angehörigen Jesu, allen voran sein Bruder Jakobus, trotz der vorösterlichen Skepsis (Mk 3,21) von Beginn an Mitglieder der christlichen Gemeinschaft waren. Gemeinsam mit ihnen kamen anschließend andere Anhänger und Anhängerinnen Jesu aus Galiläa nach Jerusalem, um dort die endgültige Durchsetzung der Gottesherrschaft zu erwarten.

Jerusalem und Galiläa

6.1.3 Die Aufnahme in den Himmel

Lediglich Lukas berichtet in seinem Doppelwerk zweimal von der Entrückung des Auferstandenen in den Himmel (Lk 24,50–53 und Apg 1,6–11). Der Verfasser erzählt unterschiedlich davon, dass Jesus – analog zu anderen Heilsfiguren der jüdischen und paganen Vorstellungswelt – in den Himmel aufgenommen worden sei. Lukas verbindet dies sogar mit einer Zeitangabe: 40 Tage nach den Erscheinungen habe dies stattgefunden, eine Zeit, die Jesus zu Belehrungen über die Gottesherrschaft genutzt habe (Apg 1,3).

Auffällig ist, dass weder die anderen Evangelisten noch Paulus von einem solchen Ereignis berichten. Die Erzählungen des Lukas sind daher als ein Versuch zu verstehen, den Ostererscheinungen – möglicherweise auf der Basis älterer Traditionen – einen Abschluss zu geben. Dabei greift er auf die frühchristliche Überzeugung zurück, dass Christus „erhöht" wurde, also eine Herrschaftsstellung bei Gott bzw. im Himmel innehat (vgl. z. B. Phil 2,9). Er passt damit die Geschichte Jesu an alttestamentliche Gestalten wie Elija und zugleich auch an griechische und römische Mythen über vergöttlichte Personen wie Herakles oder Romulus an. Aus den lukanischen Nachrichten lassen sich daher keine historischen Informationen hinsichtlich des Endes der Erscheinungen, weder sachlich noch chronologisch, entnehmen.

Antike Mythologie

6.2 Die Geisterfahrung

Wie für die Entrückung in den Himmel, so gilt auch für das Pfingstereignis, dass wir lediglich durch Lukas davon erfahren. In Apg 2 beschreibt er breit den erstmaligen Empfang des Heiligen Geistes und die nachfolgenden Ereignisse. Hier stoßen wir auf eine narrative Verarbeitung einer frühchristlichen Erfahrung, nämlich jener ekstatischen Phänomene, die auf das Wirken des Geistes Gottes zurückgeführt wurden. Zwar ist die Gestaltung deutlich durch Lukas geprägt, doch begegnet das Element der Geistbegabung bzw. -erfahrung so häufig im frühchristlichen Schrifttum, dass allein deshalb schon wahrscheinlich ist, dass es sich dabei um ein Phänomen der ersten Zeit handelt.

Ekstase

In den paulinischen Briefen (u. a. 1Kor 12–14; 1Thess 4,8; Gal 3,2–5) taucht dieses Motiv immer wieder an prominenter Stelle auf. Trotz der Bedeutung, die sie vor allem in den paulinischen Texten hat (s. u. 12.2.4), lässt sich die Geisterfahrung nicht auf die Gemeinden, die durch Paulus begründet wurden bzw. sich auf ihn berufen, beschränken. Vielmehr findet sich die Rede vom Geist in allen Schriften des

Weite Verbreitung

Neuen Testaments, im Markusevangelium und in der Logienquelle etwa im Zusammenhang mit der Warnung vor der Lästerung des Heiligen Geistes (Mk 3,29; Q 12,10) sowie der Verheißung Jesu, dass der Geist durch die Glaubenden sprechen wird, wenn sie angeklagt werden (Mk 13,11 par; Q 12,11f.). Schon Johannes hatte nach christlicher Tradition die Geisttaufe angekündigt (Mk 1,8 par). Besonders wichtig ist die Rede vom Geist im Johannesevangelium, der als Stellvertreter des offenbarten Sohnes angekündigt wird (Joh 14–16).

Die Geisterfahrung als Identitätsmerkmal

Die Erfahrung des Geistes gehörte also offenbar zu den grundlegenden Eigenheiten der christlichen Gemeinden, und es spricht nichts dagegen, dies bereits für die erste Gemeinde in Jerusalem anzunehmen. Das Wirken des Geistes zeigt sich nach den Paulusbriefen u. a. in weisheitlicher Rede oder Erkenntnis, in Heilungen und Wundertaten, in Prophetie oder im ekstatischen Gebet, der Glossolalie (vgl. 1Kor 12,8–10; s. u. 12.2.4). Das lukanische Pfingstwunder fokussiert auf Letzteres, doch finden sich in der Darstellung der Jerusalemer Urgemeinde auch Wundererzählungen (Apg 2,43; 3,1–11; 5,1–16). Die Bedeutung außergewöhnlicher Erfahrungen für die Identität der jüdischen Splittergruppe um jene, die sich auf Jesus als den auferstandenen Repräsentanten der Gottesherrschaft bezogen, bestand in der Anfangszeit sicherlich darin, dass sie ihre endzeitlichen Erwartungen, die bei ihnen durch die Auferstehungserfahrung bereits geweckt worden waren, als erfüllt ansehen konnten. Ekstatische Erfahrungen wie diese sind typisch für religiöse Aufbrüche wie den, der durch die Ostererfahrungen ausgelöst wurde.

Die Pfingstgeschichte

Allerdings ist zu beachten, dass sich die Darstellung in der Pfingstgeschichte (Apg 2) deutlich lukanischer Stilisierung verdankt: Die Feuerzungen verweisen auf die Täuferrede, das Sprachenwunder nimmt die babylonische Sprachverwirrung aus Gen 11 auf. Die Rede des Petrus ist – wie alle Reden in der Apostelgeschichte – von Lukas auf die von ihm vorausgesetzte Situation hin geschrieben worden. So sollte man nicht vom Pfingstereignis als dem Anfang der Kirche sprechen, sondern vielmehr betonen, dass ekstatische Erfahrungen auch schon in der ersten Zeit in Jerusalem gemacht und als Be-Geisterung interpretiert wurden.

Literatur

Stefan Alkier, Die Realität der Auferweckung in, nach und mit den Schriften des Neuen Testaments, NET 12, Tübingen/Basel 2009.

James D. G. Dunn, Jesus Remembered, Christianity in the Making 1, Grand Rapids/Cambridge 2003, 825–879.

Dietrich-Alex Koch, Geschichte des Urchristentums. Ein Lehrbuch, Göttingen ²2014, 157–168.

Jens Schröter, Jesus von Nazareth. Jude aus Galiläa – Retter der Welt, BG 15, Leipzig 2006, 298–313.
Gerd Theißen/Annette Merz, Der historische Jesus. Ein Lehrbuch, Göttingen ⁴2011, 415–443.

Exkurs: Maria Magdalena

Mit Maria – hebr. *Mirjām*; griech. Μαριάμ/*Mariam* – aus Magdala begegnet in kanonischen und außerkanonischen Evangelien eine Jüngerin im engeren Kreis um Jesus. Ihre Näherbestimmung nach der Stadt Magdala, die am Westufer des Sees Genezareth lag, verweist auf eine wahrscheinlich unverheiratete Frau ohne Familie, da sie sonst nach ihrem Mann, Vater oder Bruder benannt worden wäre.

<small>Der Name Magdalena</small>

Im ältesten Evangelium wird sie – stets an erster Stelle – mit anderen Frauen als Beobachterin des Kreuzestodes (Mk 15,40f. par Mt 27,56; vgl. Joh 19,25), der Bestattung (Mk 15,47 par Mt 27,61) und Zeugin des leeren Grabes sowie der Engelsvision beschrieben (Mk 16,1–8; vgl. Mt 28,1; Lk 23,55–24,11). Bereits bei der ersten Nennung ergänzt der Evangelist Markus, sehr wahrscheinlich basierend auf einem älteren Bericht, dass Maria wie auch die anderen Frauen Jesus nachgefolgt waren und ihm gedient hatten. Die Rolle der Maria Magdalena wird damit jener der zwölf Jünger gleichgeordnet.

<small>Die Darstellung in den Evangelien</small>

Im Lukasevangelium wird die Erzähltradition noch ausgebaut, wobei allerdings hochzweifelhaft ist, wie weit sich das historischen Nachrichten verdankt. Maria Magdalena wird bereits in Galiläa, erneut im Kreis anderer Frauen, als Begleiterin Jesu vorgestellt, die Jesus von sieben Dämonen befreit haben soll (Lk 8,2). In Analogie zu den in Lk 8,1 genannten Jüngern waren auch diese Frauen in die Verkündigung der nahen Gottesherrschaft eingebunden. Die Verbindung mit der Jesus salbenden Sünderin aus Lk 7,36–50 wurde allerdings erst in der spätantiken Auslegung des Lukasevangeliums hergestellt und hat keinen Anhalt in der frühen Jesusüberlieferung.

Ob Maria Magdalena eine oder gar die erste Erscheinung des Auferstandenen erlebte, wird unterschiedlich überliefert (s. o. S. 131f.). Zumindest nach Mt 28,9f. und vor allem Joh 20,11–18 wäre beides zu bejahen, und auch der unechte Markusschluss aus dem 2. Jh. n. Chr. sah dies so (Mk 16,9–11). Im Johannesevangelium ist Maria Magdalena sogar die einzige Frau am leeren Grab (Joh 20,1). Die Darstellung kreist hier vor allem um die Begegnung mit dem Auferstandenen, den Maria Magdalena zunächst nicht erkennt, dann aber aufhalten will. Sie ist schließlich doch die Erste, die berichtet: „Ich habe den Herrn gesehen!" (Joh 20,18).

<small>Zeugin der Auferstehung</small>

Die wichtigste Funktion von Maria Magdalena wie der anderen Frauen in den Evangelien ist somit die Zeugenschaft für Tod und leeres Grab bzw. Auferstehung. Ersteres war auch für Frauen gefährlich, womit die Differenz zu den flüchtenden Jüngern noch größer wird. Letzteres ist gerade deshalb historisch plausibel, weil das Zeugnis von Frauen wenig geachtet war. Über diese Zeugenschaft hinaus lässt sich historisch allerdings nichts mehr über Maria Magdalenas Bedeutung und weitere Geschichte sagen.

Die Rezeption in der Gnosis

Als Figur mit einer besonderen Beziehung zu Jesus begegnet Maria Magdalena dann in gnostischen Texten aus dem 2. und 3. Jh. n. Chr., die allerdings keinerlei historische Substanz mehr haben. Nach dem „Evangelium nach Maria" (2. Jh. n. Chr.) ist Maria Magdalena Bewahrerin der wahren Worte des Erlösers, da dieser sie mehr als die anderen Jünger und Jüngerinnen geliebt habe (BG 18,10–15). Eine uns sonst unbekannte Gruppierung berief sich hier offenbar auf Maria Magdalena als ihre Autoritätsfigur, wie andere dies mit Thomas, Petrus oder Philippus taten. Unsicher ist hingegen aufgrund eines fragmentarischen Zustandes der Handschrift, ob im Philippusevangelium tatsächlich davon die Rede ist, dass Jesus Maria Magdalena geküsst hat (EvPhil 55,2). Im Thomasevangelium wird Maria Magdalena gegenüber Angriffen des Petrus, der als Vertreter des antignostischen Christentums oftmals eine negative Rolle in diesen Texten spielt, verteidigt: Auch sie kann in das Reich der Himmel eingehen, allerdings nur, wenn sie ihre Weiblichkeit ablegt (EvThom 114).

Hinter dieser positiven bis kritischen Rezeption der Gestalt Maria Magdalenas steht eine längere Überlieferungsgeschichte, die darauf verweist, dass sowohl in der vorösterlichen Jesusbewegung als auch im Zusammenhang der Ostereignisse Maria aus Magdala so wie einige andere Frauen eine entscheidende Rolle spielten.

Literatur

Silke Petersen, Maria aus Magdala. Die Jüngerin, die Jesus liebte, BG 23, Leipzig 2011.

7 Die ersten Gemeinschaften in Judäa, Galiläa und Samaria

Im folgenden Abschnitt werden die ersten Jahre der Jesusbewegung in Palästina nach dem Tod ihrer prägenden Gestalt angesprochen, wobei zwischen Judäa, Samaria und Galiläa unterschieden wird.

7.1 Christusgläubige in Jerusalem und Judäa

Mit Ostern und der Erfahrung des Geistes konstituierte sich die Gemeinschaft jener, die als Anhänger und Anhängerinnen Jesu zu Christusgläubigen wurden. Die personale Kontinuität mit der vorösterlichen Anhängerschaft Jesu blieb in den ersten Monaten und Jahren ein wichtiges Identitätsmerkmal. Zugleich veränderte sich aber durch die verwandelte Perspektive auf Jesus als den Messias/Christus das Verständnis von Jesu Wirken, Botschaft und Person nachhaltig.

Personale Kontinuität

Die Quellenlage für diese frühe Phase ist vor allem in der Hinsicht problematisch, dass lediglich die Apostelgeschichte des Lukas detaillierte Informationen zu den Verhältnissen der ersten Zeit gibt. Als Paulus schrieb, lagen die Anfänge in Jerusalem schon zwei Jahrzehnte zurück, zudem nennt er nur wenige für ihn bedeutsame Ereignisse. Die folgende Rekonstruktion wertet die Angaben der Apostelgeschichte und weniger anderer Quellen vor dem Hintergrund des zeitgenössischen Judentums und unter Berücksichtigung der Darstellungsinteressen der Autoren aus.

7.1.1 Die Zusammensetzung der Gemeinschaft in Jerusalem

Die ersten Mitglieder der Gemeinschaft von Christusgläubigen in Jerusalem waren sicherlich jene, die auch zu Lebzeiten Jesus vertrauten: Jünger und Jüngerinnen aus Galiläa und Judäa sowie in Jerusalem ansässige Sympathisanten. Einwohner von Jerusalem, Pilger aus Judäa und Galiläa sowie Judäer aus der Diaspora, die auf Besuch in Jerusalem oder hierher übersiedelt waren, bildeten das Publikum der Verkündigung sowie in der weiteren Folge den Stamm der Gemeinschaft. Ihre soziale Herkunft war dementsprechend gemischt: Fischer und Bauern, die Jesus aus Galiläa nach Jerusalem gefolgt waren, Mitglieder der lokalen Oberschicht wie Joseph von Arimatäa sowie rückgewanderte Diasporajudäer, deren ökonomischer Status über dem

Die Zusammensetzung der ersten Gemeinde

Durchschnitt lag, bildeten einen sozialen Bogen, der – wie wir noch sehen werden – auch zu Spannungen führte (s. u. 7.1.5).

Die Mitgliederzahl und Wachstumsraten der messianischen Gemeinschaft waren sicherlich moderat, die Zahlen bei Lukas sind deutlich übertrieben. Sie haben – wie auch sonst in antiker Literatur – eine narrative Funktion: Aus der kleinen, verzagten Schar wurden, so stellt Lukas es dar, über Wochen und Monate Tausende, weil die durch den Geist angetriebene Verkündigung Gottes Werk ist. Angesichts der Bevölkerungszahl Jerusalems von einigen Zehntausend ist die Angabe, 5000 Männer – Frauen sind hier noch nicht einmal berücksichtigt – seien gläubig geworden (Apg 4,4), mit den realen historischen Verhältnissen nicht vereinbar. Wir werden hingegen mit etwa hundert Personen zu rechnen haben (vgl. auch Apg 1,15), deren Zahl sich nur moderat erhöhte.

Die Größe der ersten Gemeinde

7.1.2 Die Orte der Gemeinschaft in Jerusalem

Das religiöse Leben der Gemeinschaft der Christusgläubigen spielte sich an drei Orten ab: im Tempel (Apg 2,46), in Synagogen, die von Judäern aus der Diaspora betrieben wurden (Apg 6,9), und in Privathäusern (Apg 2,2.46; 12,12). Die Bindung an den Tempel zeigt, dass die Christusgläubigen selbstverständlich mit dem religiösen und gesellschaftlichen Leben Jerusalems verbunden blieben, wenn auch als besondere Gemeinschaft. Es ist überdies sehr wahrscheinlich, dass sie den Tempelkult weiter pflegten, wie etwa aus Apg 21,23–26 oder aus Josephus deutlich wird. Aus dessen Bericht über die Ermordung des Herrenbruders Jakobus (ant. 20,200) lässt sich schließen, dass dieser als gesetzestreuer Jude lebte, was den Kult sicherlich einschloss. Auch der spätere Konflikt in Antiochien, in dem die Speisegebote der Tora eine zentrale Rolle spielten (Gal 2,11–14), macht wahrscheinlich, dass die Jerusalemer Christusgläubigen selbstverständlich die Tora mit all ihren kultischen Bestimmungen einhielten.

Das Festhalten am Tempel

Treffen der Glaubenden in Synagogen von Diasporajudäern werden in Apg 6 angedeutet und ergeben sich aus der Herkunft jener Christusgläubigen, die selbst aus der Diaspora stammten, der sog. „Hellenisten" (s. u. 7.1.5). Synagogen dienten allgemein als Versammlungsräume auch jenseits der Sabbatfeier, sodass durchaus damit zu rechnen ist, dass Konflikte, in die vor allem judäische Christusgläubige aus der Diaspora verwickelt waren (Apg 6,8f.; 9,29), ihren Ursprung in Räumen hatten, die sie mit anderen Diasporajudäern gemeinsam nutzten.

Synagogen als Treffpunkte

Eine wichtige Rolle spielen in der Apostelgeschichte Treffen in Häusern und Wohnungen (Apg 2,2.46; 12,12; vgl. auch 1,13). In einem Umfeld, das zwischen Tolerierung und Anfeindung schwankte, bot der

Häuser als Versammlungsorte

nicht-öffentliche Raum die naheliegende Möglichkeit für Mahlfeiern, Taufen und Verkündigung. Auffällig ist in diesem Zusammenhang, dass in Jerusalem auch Frauen wie Maria, die Mutter des Johannes Markus, als Quartiergeberinnen fungierten (Apg 12,12).

Über Jerusalem hinaus in das Gebiet von Judäa verweisen uns zwei Texte aus der Apostelgeschichte, die von Wundertaten des Petrus in Lydda und Joppe berichten, beide Male im Kontext von Häusern (Apg 9,32–35.36–43). Aus ihnen lässt sich allerdings nur erschließen, dass sich der Christusglaube über Jerusalem hinaus in Judäa verbreitet hatte. Auch Paulus erwähnt in 1Thess 2,14 und Gal 1,22 Gemeinden in Judäa, wobei er beide Male auf Konflikte mit der judäischen Umgebungsgesellschaft verweist.

Außerhalb von Jerusalem

7.1.3 Das Leben der Gemeinschaft

7.1.3.1 Das gemeinsame Mahl

Bei den Zusammenkünften der Christusgläubigen stand mit einiger Sicherheit die Mahlgemeinschaft im Vordergrund, wie sie Jesus schon vorösterlich gefeiert hatte. Dies stellt keine Besonderheit dar, sondern entsprach grundsätzlich antikem Gemeinschaftsleben, jüdischem wie paganem. Gemeinschaft ohne Mahl, noch dazu im Kontext religiöser Ausrichtung, war schlicht undenkbar.

Als Teil der Gemeinschaftsmähler bereits der ersten Glaubenden in Jerusalem wurde das Herrenmahl gefeiert. Es hatte sowohl den Charakter der Begründung und Stärkung von Gemeinschaft als auch den der Memoria an Jesus, den durch die Auferstehung gerechtfertigten Repräsentanten der Gottesherrschaft. Beides geht bereits auf Jesus selbst zurück (s. o. S. 106f.). Die Bezeichnung des Mahles in der Apostelgeschichte als „Brotbrechen" (Apg 2,42.46; vgl. 20,7.11; 27,35) weist nicht auf ein anderes Ritual hin, sondern steht für das Gemeinschaftsmahl, in dem Brot und Wein eine besondere Rolle spielten. Zudem war Brot Hauptbestandteil jeder Mahlzeit in der Antike. Orte dieser Mähler waren vor allem Wohnungen und Häuser von Jerusalemer Anhängerinnen und Anhängern (Apg 2,42.46).

Das Herrenmahl als Gemeinschaftsmahl

7.1.3.2 Die Taufe

Neben dem Mahl etablierte sich bereits in Jerusalem die Taufe als das spezifische Ritual der christusgläubigen Gemeinschaft. Die christliche Taufe hat ihre Wurzel in der Taufe des Johannes. Sie übernahm von ihr die Eigenschaften der Einmaligkeit, der eschatologische Ausrichtung und der Taufe durch einen Täufer. Jesus selbst hat, das wird durch das Schweigen der Synoptiker gegen die Notiz in Joh 3,22 (vgl. aber 4,1f.) deutlich, nicht getauft. Die Anweisung des Auferstandenen zur Taufe in Mt 28,19 verdankt sich frühchristlicher Weiterentwicklung der Jesustradition und dem Bedürfnis, dieses zentrale Ritual durch Christus autorisieren zu lassen.

Jesu Jünger nahmen nach Ostern den ihnen vertrauten Usus des Johannes wieder auf, sehr wahrscheinlich unter dem Eindruck, dass der endgültige Durchbruch der Gottesherrschaft, die das Gericht Gottes einschloss, unmittelbar bevorstand. Die Taufe sollte jene, die sich neu der Bewegung anschlossen, vor dem Zorn Gottes bewahren. Sie galt nur für jene, die nach Ostern der Gemeinschaft beitraten, eine nachträgliche Taufe der Jünger und anderer vorösterlicher Jesusanhänger und -anhängerinnen wird nicht berichtet. Dabei trat nun eine wesentliche Neubestimmung hinzu: Die Taufe wurde auf den Namen Jesu vollzogen. Damit wurde die Zugehörigkeit zum Auferstandenen ausgedrückt, zu dessen Gemeinschaft Getaufte gehörten. So wurde mittels eines Ritualtransfers aus der eschatologischen Zeichenhandlung des Täufers ein Ritual, das den Eintritt in die Gemeinschaft der Christusgläubigen und eine völlige Neuausrichtung des Lebens markierte.

Die Wiederaufnahme der Taufe

Taufe auf den Namen Jesu

7.1.3.3 Die Gütergemeinschaft

Lukas berichtet in Apg 2–4 von einer besonders intensiven Gemeinschaft, die sich nicht nur in religiösen Vollzügen zeigte, sondern auch die ökonomischen Verhältnisse betraf (Apg 2,44f.; 4,32.34f.):

> „Alle Glaubenden aber waren beisammen und hatten alles gemeinsam; und sie verkauften die Güter und die Habe und verteilten sie an alle, je nachdem einer Bedarf hatte. ... Die Menge der Glaubenden war ein Herz und eine Seele; und auch nicht einer sagte, dass etwas von seiner Habe sein Eigen sei, sondern es war ihnen alles gemeinsam. ... Denn es war auch keiner bedürftig unter ihnen; denn so viele Besitzer von Grundstücken oder Häusern waren, verkauften sie und brachten die Erlöse des Verkauften, und legten sie nieder zu den Füßen der Apostel; es wurde aber jedem zugeteilt, so wie einer Bedarf hatte."

Neben diesen allgemeinen Beschreibungen führt Lukas zwei Fälle von Wohltätigkeit an: Als positives Beispiel nennt er Barnabas (Apg 4,36f.), als negatives Ananias und Saphira (Apg 5,1–11). Dabei wird in Apg 5 auch deutlich, dass die Preisgabe von Grundstücken oder Verkaufserlösen nicht verpflichtend war (Apg 5,4). Deutlich ist überdies aufgrund der sprachlichen Gestalt, dass Lukas die beiden oben zitierten Passagen,

Barnabas, Ananias und Saphira

sog. Summarien, selbst formulierte, um die generelle Hilfsbereitschaft innerhalb der „Ur-Gemeinde" zu beschreiben. Er bediente sich dabei des Alten Testaments (Dtn 15,4) sowie griechisch-römischer Traditionen, die zum einen die Anfänge einer Gemeinschaft als Utopien einer idealen Gesellschaft beschreiben, zum anderen gemeinsamen Besitz als Kennzeichen echter Freundschaft werten. Ähnliches wird über die Pythagoreer erzählt (Iamblichus, De vita Pythagorica 167f.) und der ideale Staat Platons ist durch Gemeinschaftsbesitz ausgezeichnet (Platon, Politeia 3,416de; 5,464e; 8,543b; Cicero, off. 1,51). Das Schlagwort, wonach Freunden alles gemeinsam sein soll, findet sich schon bei Platon (Politeia 4,424a; 5,449c) und Aristoteles (eth. Nic. 1159b), wobei Letzterer ausdrücklich auch Vereinsmitglieder einschließt.

_{Eine christliche Utopie?}

Sachlich stehen die Berichte in Apg 2–5 in gewisser Spannung sowohl zueinander als auch zur Beschreibung der Jerusalemer Gemeinde: Die Aussage, dass alle alles gemeinsam hatten, wird relativiert durch die Berichte über die Verkäufe Einzelner, die offenbar bis dahin ihren Besitz behalten hatten. Zudem heißt es, dass sich die Gemeinde in den Häusern einzelner Glaubender versammelte, wobei sich in Apg 12,12f. sogar zeigt, dass diese nicht nur ihre Häuser weiter besaßen, sondern auch Sklaven und Sklavinnen.

Die historische Substanz dieser Überlieferungen über die Gütergemeinschaft besteht sehr wahrscheinlich darin, dass etliche der Christusgläubigen in Jerusalem tatsächlich davon abhängig waren, von anderen unterstützt zu werden. Manche vermögenden Personen taten dies offenbar auch. Dies war ja bereits zu Lebzeiten Jesu üblich gewesen, als Sympathisanten und Sympathisantinnen die Jesusbewegung finanziell unterstützten. Unter den Bedürftigen dürften vor allem die galiläischen Jünger und Jüngerinnen gewesen sein, die in Jerusalem kaum Arbeitsmöglichkeiten hatten. Sie waren Fischer, Bauern und Zöllner, die ihre finanziellen Mittel hinter sich gelassen hatten (vgl. Mk 10,17–23). Die unmittelbare Erwartung der Gottesherrschaft mag ein weiteres Motiv dafür gewesen sein, dass man ökonomisch nachhaltige Überlegungen hintanstellte. Aus Einzelfällen wie Barnabas entwickelte Lukas dann ein Bild idealer Anfänge, das auf seine eigene Gegenwart als Anreiz zur Barmherzigkeit wirken sollte. Die prekäre finanzielle Lage der Glaubenden in Jerusalem wird zwei Jahrzehnte später auch durch Paulus bezeugt: Die Sammlung von Geld für die Jerusalemer, auf die er in Gal 2,10 und Röm 15,26 zu sprechen kommt (vgl. 1Kor 16,1–4; 2Kor 8f.; s. u. S. 201f.), war, so heißt es dort ausdrücklich, „für die Armen" bestimmt. Eine ähnliche Sammelaktion hatte bereits 45/46 n. Chr. von Antiochien aus stattgefunden (Apg 11,27–30; s. u. S. 173).

_{Unterstützung durch Wohltäter}

Unterstützungen von Gemeinschaften durch vermögende Mitglieder oder Patrone waren in griechisch-römischen Vereinigungen üblich

Wohltäterschaft in der Antike

und auch für Synagogen in der Diaspora wichtig. Die Bedeutung von Stiftungen war im gesamten hellenistischen Raum verbreitet, wobei diese in der Regel für Bauten und gemeinsame Mähler verwendet wurden. Geldzahlungen an einzelne Mitglieder geschahen hingegen in der Form von Krediten. Die Besonderheit der Gaben einzelner Christusgläubiger in Jerusalem lag daher nicht darin, dass diese die Gemeinschaft finanziell unterstützten, sondern darin, dass diese Mittel nicht für die Errichtung von Gebäuden oder opulente Mähler verwendet wurden, sondern um bedürftigen Mitgliedern zu helfen.

Umgang mit Besitz in Qumran

Parallel dazu finden sich Vorgaben zum Vermögensaustausch in der sog. Gemeinderegel von Qumran (1QS) bzw. im Damaskusdokument (CD). Laut 1QS 6,19–22.24f. war ein Vollmitglied der Gemeinschaft dazu verpflichtet, seinen Besitz vollständig der Gemeinschaft zu überlassen. Die hinter CD stehende Gemeinschaft verlangte hingegen analog zu einer griechisch-römischen Vereinigung Mitgliedsbeiträge, die zur Unterstützung von Elenden und Armen verwendet werden sollten (CD 14,12–16). Beides unterschied sich von der Jerusalemer Gemeinschaft dadurch, dass es sich bei den Christusgläubigen nicht um obligatorische Regeln handelte.

7.1.4 Die Zwölf und die Apostel

Die nachösterliche Gemeinschaft der Anhänger und Anhängerinnen Jesu entwickelte von Beginn an eine Leitungsstruktur, für die sowohl die Kontinuität zur vorösterlichen Jesusbewegung wie auch die Weiterentwicklung der durch die Oster- und Geisterfahrung verwandelten Erwartung der Gottesherrschaft prägend waren. Beides lässt sich in neutestamentlichen Aussagen wiederfinden.

Die Zwölf und die Apostel

Die oben bereits angeführte Passions- und Ostertradition aus 1Kor 15 nennt die beiden wichtigsten Gruppen als Osterzeugen, zunächst die Zwölf, dann „alle Apostel". Paulus unterscheidet also zwischen jener Gruppe der zwölf Jünger, die Jesus als stellvertretende Repräsentanten des 12-Stämme-Volkes Israel installiert hatte (s. o. 5.2.1.1), und den Aposteln, zu denen er sich selbst zählte. Letztere blieben mit Jerusalem verbunden (Gal 1,17.19), waren aber weit darüber hinaus aktiv.

Der Zwölferkreis in der Apostelgeschichte

Im lukanischen Doppelwerk sind allerdings die Zwölf mit den Aposteln identisch, wie Lk 6,13 ausdrücklich festhält: Jesus „wählte aus den Jüngern zwölf aus, die er auch Apostel nannte". Dies wird in Apg 1,15–26 insofern zugespitzt, als für den zu Tode gekommenen Judas Iskariot um der Zwölfzahl willen durch das Los ein neuer Apostel gefunden wird: Matthias. Diese Ergänzung des Zwölferkreises nach dem Ausscheiden des Judas Iskariot ist historisch durchaus plausibel, da die Repräsentation Israels durch die Zwölf nachösterlich sicherlich nicht als erledigt betrachtet wurde. Übrigens lässt sich für das Schicksal des Judas Iskariot ein gewaltsamer Tod historisch wahrscheinlich machen, wenn auch die Art offenbleiben muss: Nach Mt 27,5 erhängte er sich, nach Apg 1,18 stürzte er zu Tode.

Bei Lukas sind – bis auf zwei Ausnahmen in Apg 14,4.14 – mit den Aposteln immer die Zwölf gemeint. Die hohe Bedeutung der Gruppe der zwölf Jünger für die Anfangszeit erscheint logisch. Auch die paulinische Tradition nennt sie in 1Kor 15,5 am Anfang der Osterzeugen (nach Petrus), allerdings erwähnt Paulus sie sonst nicht mehr. In den eigentlichen Erzählungen der Apostelgeschichte über den Anfang in Jerusalem spielen dann auch nur Petrus und die beiden Brüder Johannes und Jakobus eine Rolle.

Dieser Umstand verweist wahrscheinlich darauf, dass die Rolle der Zwölf schon bald durch die der Apostel ersetzt wurde, ein Personenkreis, der, anders als Lukas insinuiert, deutlich größer war. Die Möglichkeit, dass etliche der Zwölf Jerusalem bald verließen, um etwa nach Galiläa zurückzukehren (vgl. Joh 21), sollte nicht ausgeschlossen werden. Während das Interesse des Lukas ganz eindeutig jenes ist, die Kontinuität zwischen der Führung der Gemeinde und der vorösterlichen Jesusbewegung auch an den zwölf Aposteln festzumachen, verweist die paulinische Verwendung des Apostelbegriffs auf einen weiteren Sinn. *Die Apostel als Träger der Verkündigung*

Paulus verband nämlich mit dem Begriff „Apostel" verschiedene Personengruppen. Im Blick auf sich selbst machte er das Apostolat daran fest, dass er sich nicht nur auf eine Erscheinung des Auferstandenen berufen konnte (1Kor 9,1; 15,8f.), sondern auch vom Herrn selbst mit der Verkündigung des Evangeliums beauftragt worden war (Gal 1,1.16; 2,8; Röm 1,1 u. ö.; vgl. auch Q 10,2) und dementsprechend Gemeinden gegründet hatte (1Kor 9,1f.). Dazu kamen Wundertaten als Kennzeichen apostolischen Wirkens (2Kor 12,12). Die Zahl der Apostel war nach paulinischem Verständnis daher viel größer, sodass auch Personen wie Andronikus und Junia (Röm 16,7) oder Barnabas (1Kor 9,5f.) zu ihnen gehörten. Dementsprechend werden die Apostel in 1Kor 15 erst nach den Zwölfen genannt. Allerdings ist auch für Paulus die Gruppe der Apostel zahlenmäßig beschränkt: Nach ihm konnte es keine neuen Apostel mehr geben, da er selbst der letzte Osterzeuge gewesen sei (1Kor 15,8f.). Dabei ist Paulus stets wichtig, sein Wirken als Apostel als Dienst (διακονία/*diakonia*) zu bezeichnen, nicht als Machtstellung (z. B. 1Kor 3,5; 2Kor 3,6; 4,1; Röm 11,13). *Das paulinische Apostelverständnis*

Weitere Apostel

Daneben gab es nach paulinischer Überzeugung auch Apostel, die für eine bestimmte Aufgabe ausgewählt wurden und als Gesandte der Gemeinde wirkten (2Kor 8,23; Phil 2,25; vgl. auch Apg 14,4.14). *Gemeindeapostel*

Andere führten ihr Apostolat auf die Einsetzung durch den Geist, nicht durch den Auferstandenen, zurück (1Kor 12,28; 2Kor 10–13), was von Paulus ambivalent beurteilt wurde. Diese Formen des Apostolats – aufgabenbezogene und charismatische – finden sich auch noch in späterer Zeit (vgl. Did 11,3–6).

Geistapostel

Im Blick auf die Leitung der ersten Gemeinschaft in Jerusalem lässt sich also ein zeitlicher Ablauf erkennen: Zunächst wurde diese von den Zwölfen ausgeübt, deren Rolle als Tradenten und Interpreten der Jesusüberlieferung allerdings bald auch von anderen Osterzeugen übernommen wurde. In dieser Zeit nahmen die Christusgläubigen für diese Funktion den Begriff „Gesandte" auf, der sich im Griechischen von dem Wort ἀποστέλλω/*apostellō* zu ἀπόστολος/*apostolos* herleitet. Die Bezeichnung „Apostel" konzentrierte das Wirken dieser Personen – Männer und Frauen – auf die Verkündigung.

Die Bezeichnung Apostel

Mit den folgenden Jahrzehnten rückten neben den Aposteln andere Gruppierungen in den Vordergrund. In Gal 2,9 nennt Paulus eine Dreiergruppe, die beim Apostelkonvent die Abmachungen mit Paulus und Barnabas vereinbarte: Petrus, Johannes und der Herrenbruder Jakobus, die sogenannten „Säulen" (στῦλοι/*styloi*). Um 46/47 n. Chr. hatte sich also die Struktur deutlich verändert, von den Zwölfen als Leitungsgremium ist keine Spur mehr zu finden.

Die Säulen in Jerusalem

Für denselben Zeitraum lässt sich auch die Etablierung einer Gruppe von Ältesten vermuten, die Lukas in seiner Beschreibung des Apostelkonvents erwähnt (Apg 15,2.4.6 u. ö.; vgl. schon 11,30). Diese πρεσβύτεροι/*presbyteroi* bildeten sich analog zu der aus Synagogen bekannten Funktion (vgl. Lk 7,3), spiegelten aber auch die Ehrenstellung der Ältesten in der Jerusalemer Tempelaristokratie wider (Josephus, ant. 12,142; vgl. 1QS 6,8; CD 9,4). Dabei handelte es sich um angesehene Mitglieder, die sich durch ihren gesellschaftlichen Status oder besonderes Engagement in der Gemeinschaft auszeichneten. Das Fehlen dieser Funktion bei Paulus spricht nicht dagegen, dass in Jerusalem eine entsprechende Gruppe von Ältesten bestand, sondern zeigt die unterschiedlichen Entwicklungen im frühen Christentum auch im Blick auf Funktionsträger (s. u. 12.2.2 u. 16.3).

Die Presbyter

Schließlich ist auch die Familie Jesu zu nennen, die nach und nach in der Jerusalemer Gemeinde an Einfluss gewann, zumal zumindest von Jesu Bruder Jakobus eine Erscheinung des Auferstandenen berichtet wird (1Kor 15,7). Dieser Aufstieg hing sehr wahrscheinlich auch damit zusammen, dass die familiäre Zugehörigkeit in der antiken Gesellschaft für die gesellschaftliche Stellung von hoher Bedeutung war.

Die Familie Jesu

7.1.5 Hebräer und Hellenisten

In Apg 6,1 berichtet Lukas von Spannungen zwischen Hebräern und Hellenisten innerhalb der Gemeinschaft der Jerusalemer Christusgläubigen. Mit den Hebräern sind sehr wahrscheinlich Aramäisch sprechende Christusgläubige gemeint, wie z. B. die Jünger aus Galiläa oder andere Judäer. Als Hellenisten – der Begriff begegnet hier und in Apg 9,29 zum ersten Mal in der griechischen Literatur – sind wohl jene judäischen Mitglieder der Gemeinschaft der Glaubenden zu verstehen, die Griechisch sprachen. Diese Sprachgrenze impliziert eine Reihe weiterer Unterschiede: *Die Sprachdifferenz*

- Sprache schließt kulturelle Hintergründe mit ein: Auf der einen Seite stand hier die Welt Galiläas und Judäas, die trotz einer gewissen Hellenisierung stark von der traditionellen judäisch-aramäischen Kultur geprägt war. Auf der anderen Seite waren Diasporajudäer, die, auch wenn sie sich zur Rückkehr nach Jerusalem entschlossen hatten, von der hellenistischen Kultur geprägt waren, in der sie aufgewachsen und erzogen worden waren. *Kultur*

- Damit zusammenhängend muss auch ein unterschiedliches Bildungsniveau berücksichtigt werden: Die Jünger Jesu, Fischer und Bauern aus Galiläa, sowie die anderen Galiläer in der Gemeinschaft gehörten zu jenen Schichten, für die Bildung vor allem hinsichtlich der Lese- und Schreibfähigkeiten nur in Ansätzen vorausgesetzt werden kann. Hingegen implizierte die griechische Bildung der Diasporajudäer, dass die Christusgläubigen aus dieser Gruppe sowohl die Möglichkeit hatten, die Texte des Alten Testaments – und zwar der Septuaginta – zu lesen als auch eigene Schriften zu verfassen. *Bildung*

- In gleicher Weise ist zu bedenken, dass Diasporajudäer im sozialen Gefüge der Stadt Jerusalems zu jenen Schichten gehörten, die zwar nicht die herrschenden Eliten bildeten, aber aufgrund ihrer ökonomischen Möglichkeiten deutlich bessergestellt waren als jene Schar von Menschen, die – wie es in Mk 10,28 formuliert wird – „alles verlassen" hatten. Während wir Letztere zu der Einkommensgruppe der Armen zählen müssen (Stufen 6 und 7), die auf die Unterstützung anderer Mitglieder der Gemeinschaft angewiesen waren (s. o. 7.1.3.3), gehörten die Einwanderer aus der Diaspora zumeist zu jenen, die über ein gesichertes Einkommen verfügten (Stufen 5 oder 4). Nur unter diesen Umständen war ihr Umzug nach Jerusalem überhaupt möglich gewesen. *Ökonomie*

- Mit den Diasporajudäern, die etwa 10–15 % der Bevölkerung Jerusalems stellten, war auch eine neue Form jüdischer Gemeinschaft in die Stadt gekommen, die Synagoge. In Apg 6,9 führt Lukas eine *Synagoge oder Tempel*

Reihe von wahrscheinlich fünf verschiedenen Synagogen an, die sich aus Diasporajudäern aus verschiedenen Gegenden des Mittelmeerraums zusammensetzten (Rom, Kyrenaika, Alexandria, Kilikia, Asia). Beispielhaft wird dies an einer Inschrift erkennbar, die ein gewisser Theodotos vor 70 n. Chr. erstellen ließ: Sie berichtet von der Renovierung einer durch seinen Großvater errichteten Synagoge, die Pilgern aus der Diaspora Unterkunft und Studiermöglichkeit bot (CIJ II 1404). Das diasporajudäische Profil der Synagogen in Jerusalem zeigt aber auch, dass ähnliche Institutionen für jene, die Aramäisch sprachen, nicht bestanden: Ihr religiöser Treffpunkt in Jerusalem blieb der Tempel, während für Diasporajudäer die Synagogen die Möglichkeit boten, mit ihresgleichen jene spezifische Form jüdischen Lebens zu pflegen, die sie aus der Diaspora kannten. Diese Differenzierung ist auch im Blick auf die Christusgläubigen zu beachten. Die Hellenisten schlossen sich nicht nur einer messianischen Gruppierung innerhalb des Jerusalemer Judentums an, sondern mussten sich auch in ein Verhältnis zu ihrer jeweiligen Synagogengemeinschaft setzen. Ausgerechnet aus dieser Spannung entstanden die heftigsten Konflikte der ersten Jahre.

Beziehung zu Jesus von Nazareth

– Für das Miteinander innerhalb der Gemeinschaft der Jerusalemer Christusgläubigen spielte – quer zu den sozialen und ökonomischen Unterschieden – zugleich die Beziehung zum irdischen Jesus eine ganz wichtige Rolle: Ein großer Teil der „Hebräer" hatte sich bereits vor Ostern Jesus angeschlossen, teilweise unter schwierigen Bedingungen. Ob Jesus überhaupt Diasporajudäer unter seinen Anhängern und Anhängerinnen hatte, lässt sich nicht erweisen. Wir werden daher davon ausgehen müssen, dass sich der größte Teil der „Hellenisten" erst nach Ostern aufgrund der Verkündigung der Jünger und Jüngerinnen der neuen Bewegung anschloss. Das bedeutete wohl auch, dass unter den hellenistisch geprägten Christusgläubigen die Zahl derjenigen, die sich auf Erscheinungen des Auferstandenen berufen konnten, sehr gering war. De facto erfahren wir nur von dem Sonderfall Paulus, wahrscheinlich gehörten auch Andronikus und Junia (Röm 16,7) und der Jerusalemer Zypriote Barnabas (Apg 4,36f.) dazu.

Der erste Konflikt

Es verwundert nicht, dass sich entlang dieser verschiedenen Prägungen und Erfahrungen auch Spannungen ergaben. Lukas berichtet – ganz im Gegensatz zu seinen Ausführungen, wonach die Gemeinde „ein Herz und eine Seele" war (Apg 4,32) – von einem entsprechenden Konflikt: Die Versorgung von Witwen des hellenistischen Teils geschah nicht ausreichend (Apg 6,1). Offensichtlich hatten die Differenzen bereits dazu geführt, dass sich unterschiedliche Versammlungen gebildet hatten, jene der Hebräer und jene der Hellenisten. Stiftungen, die eigentlich für alle gedacht waren (s. o. 7.1.3.3), wurden nicht an alle verteilt.

Darüber hinaus ist aber vor allem davon auszugehen, dass allein schon Sprache und Kultur zu einem trennenden Moment wurden, das mit der Zeit zu verschiedenen Gemeinschaften führte, die sich getrennt trafen und auch theologisch unterschiedlich dachten. Diese Differenzen legten den Grundstein für die Entwicklungen der folgenden Jahrzehnte, wie wir noch sehen werden.

Zwei Gemeinden

Auch in institutioneller Hinsicht entwickelte sich innerhalb der Gruppe der Hellenisten ein neues Gremium. Lukas berichtet in Apg 6,6 von sieben Männern, deren Namen alle auf eine griechischsprachige Herkunft verweisen: Stephanos, Philippos, Prochoros, Nikanor, Timon, Parmenas und Nikolaos, ein antiochenischer Proselyt. Nach dem Bericht der Apostelgeschichte sollten sie eine Aufgabe erfüllen, für die die Apostel keine Zeit mehr hatten, nämlich die gerechte Verteilung der Mahlanteile. Obwohl sie Lukas also als Tischdiener präsentiert, treten sie im Folgenden ebenso wie die Jünger Jesu ausschließlich in der Verkündigung auf (Stephanus Apg 6,8; Philippus 8,4–13).

Das Siebenergremium der Hellenisten

Auf diese hellenistisch geprägte Gemeinschaft dürfte die Aufnahme jenes Begriffes zurückgehen, der sowohl in der LXX als auch in der Struktur einer griechischen Polis einen hohen Wert hatte: ἐκκλησία/ *ekklēsia*, das eigentlich „Versammlung" bedeutet, im christlichen Kontext aber als „Gemeinde" übersetzt wird (s. u. 12.2.5). Als *ekklēsia* wird im Buch Deuteronomium der LXX das hörende Israel bei der Übergabe der Tora benannt (Dtn 4,10 u. ö.), häufig finden sich die Formulierungen „Versammlung des Herrn" (Dtn 23,2), „Versammlung des Volkes Gottes" (Ri 20,2) oder „Versammlung Israels" (1Kön 8,14). In den Psalmen wird darüber hinaus die gottesdienstliche Gemeinde entsprechend bezeichnet (Ps 22,22.26; 26,12). Eine Unterscheidung von *ekklēsia* und *synagōgē* findet sich in Spr 5,14. Vor diesem Hintergrund lässt sich die Wahl dieses Terminus zur Selbstbezeichnung der Gemeinschaft gut verstehen. Die paulinische Verwendung des Begriffs für die Gemeinden in Judäa (1Kor 15,9; Gal 1,13; Phil 3,6) sowie seine weite Verbreitung in unterschiedlichen Traditionen des frühen Christentums weisen auf eine frühe Entstehung hin. Damit unterschied sich diese neue Gruppe durch die Bezeichnung von den bestehenden Synagogen, ohne sich damit vom Judentum zu trennen. Die Gemeinschaft der Christusgläubigen gab sich so eine relativ neutrale Beschreibung, die sie zugleich als das bestimmte, was sie sein wollte: die Versammlung jener in Israel, die an der Königsherrschaft Gottes teilhaben.

Die Bezeichnung als ekklēsia

Aus den beiden Gruppierungen der Hebräer und Hellenisten entwickelten sich zwei christliche Gemeinschaften, die mit der Zeit eigene Formen und Deutungen des Christusereignisses ausbildeten. Zwischen ihnen gab es allerdings auch Vermittlungspersonen wie Joseph Barnabas: Er war zwar von der Herkunft her Diasporajudäer aus Zypern, sein hebräisch/aramäischer Name deutet aber auf einen mindestens ebenso engen Bezug zur aramäischen Kultur hin (s. u. S. 213f.). Als „Gräcopalästiner" gehörte er beiden Gruppierungen der Jerusalemer Christusgläubigen an und warnte davor, die Trennung zu scharf zu ziehen. Die weitere Geschichte zeigt allerdings, dass sich selbst für Außenstehende der hellenistisch geprägte Teil der Jerusalemer Christusgläubigen von jenem der Aramäisch Sprechenden unterscheiden ließ.

Vermittler

7.1.6 Konflikte in Jerusalem

Die Apostelgeschichte berichtet von Konflikten zwischen den Christusgläubigen in Jerusalem und dem Synhedrion (Apg 4,1–22; 5,17–42). Lukas erzählt zwar in stilisierter Form davon, indem er Reden (4,8–12; 5,29–32), ein Befreiungswunder (5,19) und interne Konflikte innerhalb des Synhedrions (5,34–39) aufnimmt, es besteht aber kein Grund, diese Auseinandersetzungen im Kern zu bezweifeln. Es ist im Gegenteil historisch sehr wahrscheinlich, dass die Behauptung, der gekreuzigte Jesus von Nazareth sei von den Toten auferstanden und dadurch als Repräsentant der Gottesherrschaft gerechtfertigt worden, von jenen, die die Verurteilung Jesu betrieben hatten, nicht einfach hingenommen werden konnte. Dass es tatsächlich heftige Anfeindungen gegenüber den Christusgläubigen gab, belegt auch Paulus selbst, der mehrfach davon berichtet, die Gemeinde(n) in Judäa verfolgt zu haben (Gal 1,13.22f.; 1Kor 15,9; Phil 3,6; vgl. auch 1Thess 2,14). Auffällig bleibt dabei zugleich, dass von einer römischen Beteiligung an diesen Auseinandersetzungen keine Spur zu finden ist. Erst mit König Agrippa I. wandte sich im Jahr 41 n. Chr. wieder ein offizielles Organ gegen die Gemeinschaft in Jerusalem (Apg 12,1f.; s. o. S. 87). Die Zurückhaltung der Römer lag daran, dass die neue Bewegung zwar religiös hochproblematisch erschien, es aber offenbar keinerlei Indizien dafür gab, dass sie eine politisch gefährliche Gruppierung war. Die Auseinandersetzungen waren also ausschließlich innerjüdisch.

Konflikte mit den judäischen Autoritäten

Der Fokus des Lukas liegt in den ersten Kapiteln der Apostelgeschichte auf den zwölf Aposteln, vor allem auf Petrus und Johannes Zebedäus, die an der Spitze der Gemeinschaft standen und zu den Hebräern gehörten. Trotz der in der Apostelgeschichte berichteten Verhaftungen und Prügelstrafen (Apg 4,3; 5,18.40) konnten sie aber in Jerusalem bleiben, ein kolportierter Beschluss zur Tötung (Apg 5,33) blieb ebenfalls folgenlos. Im Grunde war, wenn sich der Staub erst mal gelegt hatte, die Behauptung, Jesus sei der Messias gewesen, keine Begründung für ein weiteres gewaltsames Vorgehen.

Anders erging es den Hellenisten, der Gruppe griechischsprachiger Christusgläubiger, die sich zwar ebenso selbstverständlich als Teil des Judentums verstanden, aber offenbar in einem scharfen Gegensatz zu einem bestimmten Verständnis der JHWH-Religion in Jerusalem standen. Aufgrund ihrer Sprache und ihres sozialen Umfeldes in den Synagogen waren sie auch als eigenständige Gruppierung, unabhängig von den „Hebräern", erkennbar.

Das Vorgehen gegen die Hellenisten

Lukas erzählt von diesen heftigen Konflikten in seinem Bericht über die Verkündigung und Ermordung des Stephanus (Apg 6,8–8,1a), die Verfolgungstätigkeit durch Paulus (Apg 8,1b-3; 9,1) und die Vertreibung der Hellenisten aus Jerusalem (Apg 8,4; 11,19). Überdies versichert Lukas, dass die Apostel in Jerusalem verblieben waren (Apg 8,1b), was darüber hinaus für alle „Hebräer" zu veranschlagen ist.

Die Vertreibung aus Jerusalem

Die Gründe für die scharfen Auseinandersetzungen, die am Ende zur Tötung des Stephanus führten (Apg 7,54–8,1b), lassen sich nur in Ansätzen rekonstruieren, da Lukas auch hier mit Zuspitzungen arbeitet: „Blasphemie gegen Mose und Gott" (6,11) und „Worte gegen den heiligen Ort und das Gesetz" (6,13f.) sind zudem genau die Vorwürfe, die auch Paulus nach Lukas zu Unrecht gemacht wurden (21,21.28). Für eine Rekonstruktion ist überdies zu beachten, dass die Feindschaft gegen die Hellenisten offenbar vor allem von Diasporajudäern in Jerusalem ausging (Apg 6,9; vgl. 9,29). Zu deren spezifischen Anliegen stand die Verkündigung der Hellenisten in einem scharfen Gegensatz, wobei folgende Bereiche diskutiert werden:
1. Tempelkritik: Diasporajudäer waren nach Jerusalem zurückgekehrt, weil für sie der Tempel und der damit verbundene Kult eine ganz besondere Bedeutung hatten. Die in der Anklage (6,13f.) und in der Verteidigungsrede des Stephanus (7,48–50) begegnende Infragestellung des Tempels hatte ihre Wurzel in der Jesustradition (s. o. 5.2.2.2): Diese überlieferte eine Symbolhandlung Jesu, mit der dieser den exklusiven Anspruch des Tempels auf Kontrolle der Gottesbeziehung kritisierte (Mk 11,15–19 par). Hinzu kommt das bereits in den Evangelien umstrittene Jesuswort, wonach dieser den Tempel zerstören und in drei Tagen wiederaufbauen werde (Mk 14,58; 15,29; Mt 26,60f.; 27,40; Joh 2,19). Hatten die Hellenisten wenigstens die Ankündigung der Zerstörung (vgl. auch Mk 13,2) aufgenommen, lässt sich somit ein Konfliktfeld genau bestimmen: Wer den Tempel als Institution und Ort der Anwesenheit Gottes angriff, stellte sich in einen Gegensatz zu dem, was frommen Juden in Jerusalem als wesentlicher Teil ihrer religiösen Identität erschien (s. o. 3.1.3).

Kritik am Jerusalemer Tempel

Zudem lässt sich an der gegenteiligen Ausrichtung der Gruppe der Hebräer, die offenbar weiterhin am Tempel festhielten (Apg 21,23–26; s. o. 7.1.2), verstehen, warum diese nicht angegriffen wurden.

Kritik an der Tora?

2. Kritik am Gesetz: Ebenfalls in der Anklage gegen Stephanus genannt wird die Ablehnung des Gesetzes (Apg 6,13). Historisch plausibel ist dies allerdings nicht, da eine generelle Ablehnung des Gesetzes die Christusgläubigen aus dem Judentum hinauskatapultiert hätte, wofür es keine Hinweise gibt. Sicherlich haben – das wird vor allem durch die Jesustradition plausibel – auch unter Jerusalemer Christusgläubigen Diskussionen über Torabestimmungen stattgefunden, die schon die Auseinandersetzungen Jesu mit den Pharisäern prägten. So wenig diese aber bei Jesus zum gewaltsamen Vorgehen gegen ihn führten, lässt sich dies für die Jerusalemer Gemeinschaft der Christusgläubigen annehmen. Zudem ist zu bedenken, dass auch innerhalb des Judentums die Interpretation der Tora und die konkreten Vorgaben zur Einhaltung nicht einheitlich gehandhabt wurden.

Ablehnung des Sühnekults?

3. Sühnetheologie: Man könnte die Tempelkritik der Hellenisten auch als Polemik gegen den Sühnekult verstehen. Da der Tod Jesu als Sühne gewirkt habe, sei diese Funktion des Tempels als überholt angesehen worden. Eine traditionelle Formulierung, die Paulus in Röm 3,25f. aufnimmt, verweist in der Tat auf einen ähnlichen Gedanken, allerdings lässt sich eine Verbindung dieses Textes mit den Jerusalemer Hellenisten nicht belegen. Zudem spielt der kultische Sühnegedanke bei Paulus eine geringe Rolle, was anders wäre, wenn er in jener Gruppe, der er sich nach seiner Hinwendung zum Christusglauben angeschlossen hatte, so zentral gewesen wäre. Allerdings erklärt dieser Ansatz gut, warum die Hebräer, die am Tempelkult weiterhin festhielten, nicht aus Jerusalem vertrieben wurden.

Verehrung Jesu als Christus?

4. Christusverehrung: Die Gestalt der frühesten Christusverehrung lässt nicht genau bestimmen (s. u. S. 153f.). Es ist aber anzunehmen, dass die glaubende Deutung Jesu von Nazareth als Messias, Sohn Gottes oder Herr nicht unbemerkt bleiben konnte und wohl auch Teil der Verkündigung war. Allerdings hätten die Bedrängnisse dann alle Christusgläubigen gleichermaßen treffen müssen. Es sind aber nur die Hellenisten, die Jerusalem verlassen, während die Hebräer um die Jünger und den Herrenbruder Jakobus davon zunächst unbehelligt bleiben. Auch unter den Konfliktpunkten, die Lukas im Zusammenhang des Stephanusmartyriums anführt, fehlt dieser Aspekt völlig.

5. Öffnung zu den Völkern: Noch mehr Plausibilität bietet eine Erklärung, wonach die Nachgeschichte des Stephanusmartyriums darauf

verweise, worin – neben dem Tempelwort – ein weiterer Konfliktpunkt lag. Laut Apg 11,20 verkündigten einige der nach dem Tod des Stephanus Vertriebenen auch Griechen das Evangelium, also Nicht-Juden. Der griechischsprachige Philippus ging nach Samarien und taufte überdies einen Äthiopier (Apg 8,4–40). Durch die gemeinsame Sprache des Griechischen, die die Hellenisten mit den meisten Menschen im Osten des Imperium Romanum teilten, war die Gruppe um Stephanus und Philippus auch ein selbstverständlicher Ansprechpartner für jene Nicht-Juden, die von der neuen Botschaft gehört hatten (vgl. Joh 12,20–22). Wenn dies schon zuvor in Jerusalem in den Blick genommen worden war, würde sich darin ein spezifisches Konfliktpotential zeigen, das gerade für Diasporajudäer von hoher Relevanz war: Neben der Nähe zum Tempel war die Auswanderung aus pagan geprägten Gebieten ein wichtiges Motiv für jene, die wieder nach Jerusalem zurückkehrten. Wenn aus ihren eigenen Reihen nun welche auftraten, die in Berufung auf den Messias Jesus die Universalität der Gottesherrschaft behaupteten und sich aktiv auf Nicht-Juden zubewegten, lag ein konzentriertes Vorgehen gegen diese Gruppe nahe. Und auch hier zeigt sich, dass der hebräische Teil der Jerusalemer Christusgläubigen in dieser Hinsicht unverdächtig war: In den späteren Auseinandersetzungen um die Zulassung von Nicht-Juden zu christlichen Gemeinden und die spezifischen Anforderungen dafür stehen Jakobus und die Jerusalemer für restriktive Ansichten. Dass es auch in Jerusalem Nicht-Juden gab, für die der Tempel als religiöse Institution von Bedeutung war, zeigen u. a. Joh 12,20 und Josephus (bell. 5,17; 6,427f.). Man denke nur an die Bezeichnung „Vorhof der Völker" für den ersten Bereich des Tempelareals. Hinzu kamen stationierte Soldaten, Händler sowie Touristen, die Jerusalem bereisten.

Aufnahme von Nicht-Juden

Die heftigsten Auseinandersetzungen geschahen also nicht zwischen den christusgläubigen Juden und den Juden Jerusalems, sondern spielten sich innerhalb des Diasporajudentums Jerusalems ab. Die Folgen dieser um 31/32 n. Chr. stattfindenden Konfrontation waren die Ermordung des Stephanus, die Vertreibung des hellenistischen Teils der Jerusalemer Christusgläubigen und damit die Ausbreitung von deren Verständnis der Christusbotschaft in die Diaspora. Die Expansion des Christentums über Judäa und Galiläa hinaus geschah nicht geplant oder kontrolliert, sondern aufgrund der Umstände.

Ausbreitung durch Flucht

7.1.7 Der Glaube des Anfangs

Im Kontext des Judentums entwickelten die ersten Christusgläubigen in Jerusalem ihren Glauben vor allem hinsichtlich ihres Verständnisses Jesu weiter, sodass erste Ansätze einer Christologie entstanden. Dabei ist im Blick auf die Quellen zunächst zu berücksichtigen, dass sich aus den Reden der Apostelgeschichte (2,14–36; 3,12–26; 4,8–12; 5,29–32; vgl. 4,24–30) nur entnehmen lässt, was Lukas Jahrzehnte später für die Theologie des Petrus und anderer hielt. Grundsätzlich ist aber auf jeden Fall anzunehmen, dass die Erscheinungen des Auferstandenen von Jesu Anhängern und Anhängerinnen als göttliche Bestätigung seiner Botschaft interpretiert wurden: Derjenige, der von der Jerusalemer Aristokratie sadduzäischer und pharisäischer Prägung an den Präfekten ausgeliefert und von den Römern hingerichtet worden war, war von Gott ins Recht gesetzt worden. Die Gottesherrschaft, die Jesus als unmittelbar erfahrbar gepredigt und in Taten erlebbar gemacht hatte und deren endgültige Durchsetzung kurz bevorstand, bildete daher sicherlich das Zentrum der Hoffnung und Verkündigung in Jerusalem.

Die Bestätigung der Verkündigung Jesu

Die apokalyptische Prägung dieses Glaubens wird beispielhaft deutlich an dem aramäischen Gebetsruf „Maranatha" („Unser Herr, komm!"; 1Kor 16,22; Did 10,6; vgl. Apk 22,20). Er war selbst in der griechischsprachigen Gemeinde von Korinth verankert und gibt wieder, was schon den Glauben des Anfangs charakterisierte: die Hoffnung auf Jesus, den Auferstandenen, den erhöhten Herrn, der kommen werde, um Gottes Herrschaft auf Erden aufzurichten.

„Maranatha"

Diese Überzeugung wirkte nach außen, und zwar in Form einer Umkehrbotschaft, die auch Gerichtsverkündigung umfasste. Die ekstatische Geistererfahrung und die Taufe auf den Namen Jesu als einmaliger Reinigungs- und Initiationsritus gaben dem Anschluss an die Gemeinschaft der Geretteten (der „Heiligen"; 1Kor 16,1.15; 2Kor 8,4; 9,1.12; Röm 15,25f.31) einen sinnfälligen Ausdruck. Zugleich entwickelte sich aus der Verkündigung Jesu ein spezifisch christliches Ethos, das die Betonung von Nächstenliebe und Barmherzigkeit bis hin zu radikalen Haltungen wie der Feindesliebe als Ethos der Gottesherrschaft in den Vordergrund rückte (s. o. S. 113).

Verkündigung und Ethos

Unabhängig davon, welches Selbstverständnis Jesus von Nazareth vor seinem Tod hatte, ergab sich aus der göttlichen Bestätigung seines Wirkens und seiner Person zugleich, dass Erwartungen, die an den vorösterlichen Jesus herangetragen worden waren, nun erst recht vertreten wurden. Die Meinung, er sei der Prophet der Gottesherrschaft gewesen, war bestätigt. Dazu gehörte mit einiger Gewissheit aber auch die Rede von Jesus als dem kommenden und richtenden Menschen-

Anfänge der Christologie

sohn. Jesus wurde so nicht nur als Verkündiger der Gottesherrschaft verstanden, sondern entsprechend Dan 7,13f. und äthHen 48,10 auch als Beteiligter bei der machtvollen Durchsetzung der Gottesherrschaft.

Der kommende Menschensohn

Zentral wurde nun vor allem die Überzeugung, dass Jesus tatsächlich der Messias gewesen sei, eine Behauptung, die Jesus bereits vorösterlich entgegengebracht worden war (vgl. nur Mk 8,29 par). Dies schloss ein, dass die vor allem königlich geprägte Erwartung eines Messias neu gedeutet wurde – und zwar von Kreuz und Auferstehung her: Der Messias war nun einer, der durch Leid und Tod hindurch seine Herrschaft angetreten hat. Im Zusammenhang damit steht darüber hinaus auch die Bezeichnung Jesu als „Sohn Davids" (Röm 1,3; Mt 1,1 u. ö.). Die Gemeinschaft griechischsprachiger Glaubender in Jerusalem benannte den Messias (hebr. *Maschiach,* aram. *Meschiach*) daher in griechischer Form als Χριστός/*Christos* („Gesalbter"). Dieser Ausdruck wird in der LXX für Könige oder Priester verwendet, die gesalbt wurden. In der weiteren Folge wurde diese Bezeichnung im frühen Christentum so selbstverständlich, dass sie zum zweiten Namen Jesu wurde.

Der Messias/ Christus

Damit eng verbunden, aber durch den Gedanken der Erhöhung zur Rechten Gottes erweitert, ist die Anrufung Jesu als „Mara"/„Herr", dem das griechische κύριος/*kyrios* entspricht. Hier spielte ein alttestamentlicher Text eine wichtige Rolle: Ps 110,1. Durch ihn war die Möglichkeit gegeben, von Jesus als dem erhöhten Herrn zu sprechen, ohne dabei Gottes Herr-Sein in Frage zu stellen (Mk 12,36 par; Apg 2,34; Röm 8,34): „Es sprach der Herr zu meinem Herrn: Setze dich zu meiner Rechten!" Die Erhöhung bedeutete zugleich eine Stellung der Herrschaft, sodass sich Jesus neben der leiblichen Auferstehung auch darin von den Gerechten Israels wie Abraham oder Elija unterschied.

Der Herr/kyrios

Diese Differenz gilt ebenso in der christologischen Anwendung der Metapher von der Sohnschaft, die bereits bei Paulus einen traditionellen Charakter hat (1Thess 1,9f.; Röm 1,3f.). Erneut ist es eine Stelle aus den Psalmen, die dazu beitrug, von Jesus, dem Erhöhten, auch als Sohn Gottes zu sprechen: „Mein Sohn bist du, heute habe ich dich gezeugt." (Ps 2,7). In Röm 1,4 lässt sich noch erkennen, dass die Gottessohnschaft in engem Zusammenhang mit der Auferstehung als Einsetzung in diese Position gesehen wurde.

Der Sohn Gottes

Umstritten ist in der Forschung die Stellung, die Jesus für die Glaubenden des Anfangs hatte: War Jesus schon Gegenstand kultischer Verehrung oder war dies erst eine spätere Entwicklung unter dem Einfluss nicht-jüdischer Christusgläubiger? Die Antwort wird in der Mitte liegen. Zum einen gibt es tatsächlich frühe Aussagen, die eine kultische Verehrung Jesu nahelegen: Der Ruf „Maranatha" war Anrufung des erhöhten Jesus, nicht Gottes. Daher lassen sich auch andere

Die Anfänge des Christuskults

traditionelle Hoheitsbezeichnungen als Reflex auf Oster- und Geisterfahrungen verstehen, die mehr als bloße Aussagen über Jesus waren, sondern schon die Anrufung Jesu als Christus, Herr oder Sohn Gottes implizierten. Vergleichende Untersuchungen religiöser Bewegungen zeigen, dass durch intensives religiöses Erleben die Konventionen bestehender Religion gesprengt werden können. Die Begegnung mit dem gekreuzigten und von den Toten auferstandenen Jesus sowie die ekstatischen Erlebnisse als Geistbegabte machen religiöse Innovationen gerade für die Frühzeit des Christusglaubens wahrscheinlich, obwohl sie den Rahmen jüdischer Religiosität in dieser Hinsicht überstiegen.

Der Glaube der Hebräer

Zum anderen ist allerdings augenfällig, dass Teile der frühchristlichen Bewegung in Jerusalem am Tempel und seinem Kult festhielten. Dieser hebräisch-aramäische Teil der Christusgläubigen entging auch in den ersten Jahrzehnten der Verfolgung durch die sadduzäisch-pharisäische Elite. Dies ist darauf zurückzuführen, dass ihre Ansichten in weit geringerer Differenz zu jenen standen, die in Judäa als „mainstream" galten. Die Hebräer bildeten so zwar eine durch das Bekenntnis zu Jesus als dem auferstandenen und wiederkommenden Messias auffällige Gruppierung, eine Propagierung kultischer Verehrung des Christus lässt sich hier aber nicht feststellen. Sie riefen Jesus als himmlischen Herrscher und Menschensohn an, doch das scheint innerhalb der jüdischen Gesellschaft nicht jenen Widerspruch erzeugt zu haben, den man bei einer kultischen Verehrung erwarten würde.

Der Glaube der Hellenisten

Im Gegensatz dazu wurden die Hellenisten, die griechischsprachigen Christusgläubigen judäischer Herkunft, sowohl wegen ihrer Haltung zu Tempel und Kult als auch wegen ihrer Offenheit für die Völker unter Druck gesetzt und angefeindet. So veranlassten der Ausschluss aus den Synagogen und die Tötung des Anführers Stephanus die Hellenisten zur Flucht aus Jerusalem und Judäa. Sie entwickelten durch Bezugnahme auf das Alte Testament, konkret die Septuaginta, neue Formen der Christologie, die es ihnen ermöglichten, die Stellung Jesu an der Seite Gottes so zu interpretieren, dass durch ihn Gott angebetet und verehrt werden sollte. Das bedeutete keinesfalls eine Theologie von zwei Göttern, war aber sicherlich geeignet, als Widerspruch zur Alleinverehrung JHWHs verstanden zu werden. Insofern gewann der Vorwurf der Blasphemie (Apg 6,11) aus der Perspektive frommer Juden durchaus an Plausibilität.

7.2 Christusgläubige in Galiläa

7.2.1 Zweifel an der Existenz eines Christentums in Galiläa

Über die Existenz christlicher Gemeinschaften in Galiläa besteht in der Forschung ein Dissens, da im Gegensatz zu den anderen Gebieten Palästinas dazu keine Berichte in der Apostelgeschichte vorliegen. Die einzige Erwähnung von christlichen Gemeinden ist sehr pauschal (Apg 9,31), doch werden die „Gemeinden in Judäa, Galiläa und Samarien" zumindest in einem Atemzug genannt. Als Argumente für die Präsenz von Christusgläubigen in Galiläa können folgende Beobachtungen vorgebracht werden:

1. Die Auferstehungsberichte enthalten Ankündigungen von Erscheinungen in Galiläa oder erzählen selbst davon. In Mk 14,28 prophezeit Jesus selbst: „Nachdem ich aber auferweckt sein werde, werde ich euch nach Galiläa vorangehen." Laut Mk 16,7 wird dies vom Engel am leeren Grab wiederholt. Das Markusevangelium setzt also voraus, dass die Erscheinungen des Auferstandenen nicht in Jerusalem, sondern in Galiläa stattfanden. Das ist ebenfalls durch Matthäus überliefert (Mt 28,7.10), der allerdings auch eine Erscheinung vor zwei Frauen in Jerusalem erzählt (28,9). Den Jüngern jedoch erscheint Jesus nach Matthäus erst in Galiläa (Mt 28,16–20). Der Anhang zum Johannesevangelium (Joh 21) berichtet ebenfalls von einer Erscheinung vor einigen Jüngern am See Genezareth. *Erscheinungen in Galiläa*

2. Vor allem die Logienquelle, aber auch das Markusevangelium, überliefert zahlreiche Traditionen, die mit Galiläa geographisch eng verbunden sind. Die Orte Kapernaum, Bethsaida, Caesarea Philippi, Kana und einige mehr sind zentrale Schauplätze der Jesustradition. Dass das zweifellos vor allem in Galiläa konzentrierte Wirken Jesu keinerlei Nachhaltigkeit gezeigt hätte, die entsprechenden Traditionen aber dennoch so wichtig blieben, lässt sich am einfachsten damit erklären, dass an diesen Orten Christusgläubige diese Überlieferungen bewahrten und weitergaben. *Galiläa in der Jesustradition*

3. Der Umstand, dass Lukas nichts über Gemeinden in Galiläa berichtet, liegt daran, dass er die Ereignisse des Anfangs ganz auf Jerusalem, das er als Zentrum des Christusglaubens versteht, konzentriert. Zudem setzt bereits das Lukasevangelium ausreichend voraus, dass die Botschaft Jesu zur Etablierung von Gemeinschaften in Galiläa geführt hat (vgl. Lk 4,14f.; 5,15; 6,17–19; 9,4; 10,5–9.38–42). Eine allgemeine Ablehnung Jesu in Galiläa findet sich auch bei Lukas nicht. *Galiläa im Lukasevangelium*

4. Galiläa wurde bis 39 n. Chr. von Herodes Antipas regiert. Unter seiner Herrschaft wurde Johannes der Täufer hingerichtet (Jose-

phus, ant. 18,116–119; Mk 6,17–29). Er scheint aber auch gegen Jesus vorgegangen zu sein, ihn zumindest als gefährlich betrachtet zu haben (Mk 6,14–16; Lk 13,31–33). Auf jeden Fall gilt Herodes Antipas in der Evangelienüberlieferung, die damit ältere Traditionen aufnimmt, als Feind Jesu (vgl. auch Lk 23,7–12). Dies verweist darauf, dass Jesu Verkündigung auch in Galiläa durchaus Wirkung zeigte, die nicht mit seinem Weggang nach Jerusalem und Tod zu Ende sein musste.

Die Wirkung der Verkündigung Jesu

Gegen die Annahme, dass es in Galiläa überhaupt eine nennenswerte Zahl von Christusgläubigen gab, lassen sich als Argumente nennen:
1. Lukas und das ursprüngliche Johannesevangelium überliefern lediglich Erscheinungen in Jerusalem bzw. Judäa. Auch Paulus nennt in 1Kor 15 keine Orte, weder für die Jünger noch für andere Personen. Eine Verortung der Erscheinung vor „500 Brüdern auf einmal" (1Kor 15,6) in Galiläa ist darüber hinaus spekulativ. Die Traditionen über Ostererscheinungen in Galiläa im Markus- und Matthäusevangelium wären nach dieser Ansicht theologische Konstruktionen.
2. Auswirkungen von Jesu Verkündigung in Galiläa sind schwer nachzuweisen: Zum einen sind die Erfolgsnotizen in den Evangelien sehr pauschal, zum anderen erzählen sowohl das Markusevangelium (Mk 6,1–6) als auch die Logienquelle (Q 10,13–15) von einer Ablehnung der Botschaft Jesu. Die Apostelgeschichte berichtet nichts Konkretes über Gemeinden in Galiläa, weil es nichts zu berichten gab. Die allgemein gehaltene Notiz in Apg 9,31 soll das Unwissen des Lukas nur kaschieren.
3. Eindeutige Belege für das frühe Christentum in Galiläa finden sich erst in nachkonstantinischer Zeit. Umstritten ist in dieser Hinsicht vor allem das sog. Haus des Petrus in Kapernaum. Unter einer aus konstantinischer Zeit stammenden Pilgerkirche in Form eines Oktogons wurde nämlich ein Bau gefunden, der als eine frühe Hauskirche, die mit der Erinnerung an Petrus verbunden war, interpretiert wurde. Da diese Deutung aber unsicher bleibt, lässt sich das Gebäude nicht für ein vorkonstantinisches Christentum in Galiläa werten.

Erscheinungen in Jerusalem

Scheiterte Jesus in Galiläa?

Das Schweigen in der Apostelgeschichte

Das Haus des Petrus in Kapernaum

Entscheidend in dieser Frage sind die Darstellungsinteressen der neutestamentlichen Autoren: Das Anliegen des Lukas, Jerusalem in allen Belangen der Ausbreitung des frühen Christentums zu favorisieren, ist sehr viel deutlicher zu erkennen als ein diffuser Schwerpunkt des Markus in Galiläa. Die Streichung von Erscheinungsberichten in Galiläa durch Lukas hat deshalb sehr viel mehr Plausibilität als eine Bildung solcher Traditionen durch Markus. Wenn aber hinter den Nachrichten über Erscheinungen in Galiläa historische Substanz steht, muss es dort auch Anhänger und Anhängerinnen Jesu gegeben haben, die diese berichteten. Da Ostererfahrungen in Galiläa der Zentralität Jerusalems, die im Laufe der Zeit immer mehr in den Vordergrund trat, widersprachen, sind sie nur noch als rudimentäre Reste erhalten. So ist es durchaus möglich, dass Petrus und einige der Zwölf nach der Kreuzigung aus Jerusalem nach Galiläa flohen und erst nach den ersten Erscheinungen wieder zurückkehrten. Dies passt auch mit den Überlieferungen zu Erstvisionen vor Frauen gut zusammen (s. o. S. 130f.). Anhänger und Anhängerinnen Jesu, die diesen während seiner Verkündigung bereits unterstützt hatten und nicht mit ihm nach Jerusalem gezogen waren, sowie jene, die später wieder zurückkehrten, bildeten dann die Basis der christlichen Gemeinschaften in Galiläa.

Die Rückkehr aus Galiläa

7.2.2 Die Logienquelle als Zeugnis des Christentums in Galiläa

Die christlichen Gemeinschaften in Galiläa entwickelten sich im Schatten der uns erhaltenen Geschichtsschreibung. Wesentliche Basis für die historische Rekonstruktion ist daher vor allem die Logienquelle, deren Anfänge sehr wahrscheinlich in Galiläa liegen. Gerade in diesen Überlieferungen werden nämlich Orte Galiläas genannt (vgl. Q 7,1; 10,13–16), während Jerusalem kritisch gesehen wird (Q 13,34f.). Das spezifische Lokalkolorit verweist dabei auf kleine Ortschaften, nicht auf die hellenistisch geprägten Städte Sepphoris oder Tiberias. Die Logienquelle nimmt in Erzählungen und Gleichnissen vor allem Vorstellungen aus dem dörflich-agrarischen Milieu auf (z. B. Q 12,22b–31; 15,4–7; 17,34f.). Die soziale Situation am oder unterhalb des Existenzminimums, wie sie für die bäuerliche Landbevölkerung typisch war, wird u. a. in der Brotbitte des Vaterunsers deutlich (Q 11,3). Die Erwähnung von einzelnen Häusern, in denen Wanderlehrer aufgenommen werden, lässt erahnen, wie klein die einzelnen christlichen Gemeinschaften waren, die in diesem geographisch allerdings auch nicht großen Gebiet die Botschaft Jesu bewahrten. Möglicherweise spielten dabei Dorfschreiber als jene Personen, die die Jesustradition schriftlich festhalten konnten, eine wichtige Rolle.

Gemeinden in Galiläa

Durch die Logienquelle lässt sich eine Art Theologie dieser kleinen Gruppen rekonstruieren, in der die Verkündigung der Gottesherrschaft sowie die weisheitlichen Aspekte der Lehre Jesu eine ganz zentrale Rolle spielten. Tod und Auferstehung Jesu fehlen allerdings in der Logienquelle weitgehend (vgl. aber 14,27: Kreuztragen als Metapher). Das hängt aber mit ihrer Form als Spruchsammlung mit nur wenigen narrativen Abschnitten zusammen, nicht mit Unkenntnis

Der Christusglaube nach der Logienquelle

oder Ablehnung der Auferstehungsbotschaft. Christologisch lag in Galiläa eine etwas andere Entwicklung als in Jerusalem vor, wie sich an der hohen Bedeutung des Titels Menschensohn und dessen eschatologischer Funktion zeigt (12,8f.).

7.2.3 Die Wanderlehrer

Im Zusammenhang der Erörterung der Gemeinschaften hinter der Logienquelle spielt auch die Frage eine Rolle, ob diese auf christusgläubige Wanderlehrer zurückgeht, die bis zum Ende des 1. Jh. n. Chr. weiterhin aktiv waren (vgl. Did 11–13). Diese „Wandercharismatiker" (G. Theißen) bzw. Wanderradikalen hätten die Existenzweise Jesu – Heimat-, Familien-, Besitz- und Schutzlosigkeit – fortgesetzt, wären aber zunehmend aufgrund der Ausbildung lokaler Strukturen an den Rand gedrängt worden. Einige Texte des Neuen Testaments lassen sich tatsächlich in dieser Richtung verstehen, wie z. B. die Berichte über die Aussendung der Zwölf (Mk 3,13–15; Lk 9,1–6) oder die Nachfolgetexte (u. a. Mk 10,28f.; Q 9,57–60; 14,26), vor allem aber die Aussendungsreden (Mk 6,7–13; Q 10,2–16). Neben diesen Wandercharismatikern gab es nach dieser These lokal stabile Gruppen von Sympathisierenden, die die Verkündiger aufnahmen und versorgten.

Wandercharismatiker

Sympathisanten

> **Die Aussendungsrede nach Q (Mt 10,9–10a.7f.10b-15 par Lk 10,4–12)**
> „Tragt keinen Geldbeutel, keinen Sack, keine Sandalen, auch keinen Stock, und grüßt niemanden auf dem Weg! Wenn ihr aber hineingeht in ein Haus, sagt als Erstes: Friede diesem Haus. Und wenn dort ein Sohn des Friedens ist, komme euer Friede auf ihn; wenn aber nicht, kehre euer Friede auf euch zurück. In diesem Haus bleibt, esst und trinkt, was sie euch geben; denn der Arbeiter ist seines Lohnes wert. Geht nicht von Haus zu Haus. Und wenn ihr in eine Stadt hineingeht und sie nehmen euch auf, esst, was euch vorgesetzt wird. Und heilt die Kranken in ihr und sagt ihnen: Nahe ist euch die Königsherrschaft Gottes. Wenn ihr aber in eine Stadt hineingeht und sie nehmen euch nicht auf, geht hinaus aus jener Stadt, und schüttelt den Staub eurer Füße ab. Ich sage euch: Sodom wird es an jenem Tag erträglicher ergehen als jener Stadt."

Allerdings lässt sich das Nebeneinander von Texten, die die Nachfolge fordern, und solchen, die von einer häuslichen Existenz ausgehen, auch anders deuten. So zeigt schon das Markusevangelium, dass die Forderung der Nachfolge auf alle Glaubenden angewandt wird und daher nicht wörtlich, sondern metaphorisch zu verstehen ist: Von jeder und jedem Christusgläubigen wird der Einsatz bis zum Äußersten erwartet. Daher müssen auch die Aussagen der Logien-

Ein metaphorisches Verständnis von Nachfolge

quelle nicht notwendigerweise als wörtliche Beschreibung nachösterlicher Verhältnisse verstanden werden. Kritisch gegen die Wandercharismatiker-These kann ebenfalls eingewandt werden, dass die geforderte Besitzlosigkeit der Wanderer angesichts der geringen Distanzen zwischen den Dörfern Galiläas keine besondere Motivation verrät. Schließlich ist auch die Abfassung schriftlicher Texte mit der Wanderexistenz schwerlich vereinbar.

Es ist daher eher davon auszugehen, dass sich die christlichen Gemeinschaften Galiläas rund um einzelne Häuser und Familien konstituierten, die miteinander in Kontakt blieben und in den 50er Jahren begannen, die bis dahin mündlich tradierte lokale Jesusüberlieferung auf Griechisch schriftlich festzuhalten. Dorfschreiber spielten dabei eine wichtige Rolle. Lediglich aufgrund der Logienquelle, die ihre Bewahrung der Flucht im Zusammenhang des 1. Judäischen Aufstands verdankt (spätestens Anfang 67 n. Chr.), und der durch Markus bewahrten galiläischen Erzählungen, die auf Überlieferungen der Jünger zurückgehen, lässt sich ein kurzer Blick auf diese besondere Form des frühen Christentums werfen. Sie ist nicht durch die Aktivität einzelner Personen entstanden, sondern bildete eine eigenständige Weiterentwicklung der Jesusbewegung. Mit dem 1. Judäischen Aufstand und der Etablierung des rabbinischen Judentums in Galiläa nach dem Bar-Kochba-Aufstand verlor diese Form des Christentums jede Kontinuität in Galiläa. Ebenso ging auch die Logienquelle in den Evangelien des Matthäus und Lukas auf.

Lokale Gemeinschaften

Das Ende des frühen Christentums in Galiläa

7.3 Christusgläubige in Samarien

Anders als für Galiläa berichtet Lukas über die Verkündigungstätigkeit in Samarien ausführlich in Apg 8,5–25, wobei der Verfasser der Apostelgeschichte die Bindung an Jerusalem stets im Auge behält. Protagonist dieser Erzählungen ist Philippus, einer der christusgläubigen Diasporajudäer Jerusalems (Apg 6,5). Er floh als einer der Führer der Hellenisten nach dem Tod des Stephanus aus Jerusalem (Apg 8,1) und begann in Samarien, das Evangelium zu verkündigen (Apg 8,5–8).

Philippus

Dieser Philippus, der von Lukas auch als Verkündiger bezeichnet wird (Apg 21,8), ist nicht mit dem Jünger gleichen Namens identisch (Lk 6,14). Dies hätte den lukanischen Interessen – die Apostel als Initiatoren der Verkündigung an allen Orten – so sehr entsprochen, dass er es sicher angeführt hätte. Es ist daher von zwei Personen mit dem in Judäa nicht so seltenen Namen Philippus auszugehen.

Die Wirksamkeit des Hellenisten Philippus in Samarien setzte nach 31/32 n. Chr. ein, während sich Ähnliches auch in Syrien vollzog

Verkündigung in Samarien

(s. u. 8.1.2). Sie ist ein deutlicher Hinweis darauf, dass der griechisch geprägte Teil der Jerusalemer Christusgläubigen sich von Menschen, die nicht als Teil Israels galten (s. o. S. 150f.), nicht scharf abgrenzte. Auch Jesus selbst war bereits mit einer gewissen Offenheit Samaritanern begegnet (s. o. 5.2.1.2).

Die Orte der Wirksamkeit des Philippus weisen über das Volk der Samaritaner hinaus. Die in Apg 8,5 erwähnte „Stadt Samariens" kann nämlich nur die pagane Stadt Sebaste meinen, die an der Stelle des alten Samaria von Herodes dem Großen 27 v. Chr. gegründet worden war. Das wird als Hinweis darauf zu werten sein, dass sich Philippus nicht nur an dem Judentum in gewisser Weise nahestehende Samaritaner, sondern auch an Nicht-Juden wandte. Mit den Bewohnern von Sebaste teilte Philippus ja auch die gemeinsame Sprache. Diese Interpretation hat einige Plausibilität für sich, zumal die Verkündigung an Nicht-Juden auch von anderen aus Jerusalem geflüchteten Hellenisten betrieben wurde, wie sich später in Antiochien zeigt (Apg 11,20). Die in Apg 8,25 pauschal genannten „Dörfer der Samaritaner", in denen Petrus und Johannes später das Evangelium verkündigten, sind aber ein Indiz dafür, dass auch unter den eigentlichen Samaritanern Gemeinschaften von Christusgläubigen entstanden (vgl. Apg 15,3).

Sebaste

Weitere Zeugnisse über Philippus

Später ist die Anwesenheit des Philippus in Aschdod/Azotus (8,40) und dann in der Küstenstadt Cäsarea Maritima belegt, eine damals mehrheitlich nicht-jüdische Stadt (Apg 8,40; 21,8). Hier traten auch seine als prophetisch begabt bekannten Töchter in Erscheinung (21,9). Laut späteren Nachrichten verlegte Philippus schließlich seinen Wohnsitz nach Hierapolis im kleinasiatischen Phrygien (Euseb, h. e. 3,31,3; 39,9), wo möglicherweise auch sein Grabmal gefunden wurde.

Verkündigung an Samaritaner und Nicht-Juden

Das Wirken des Philippus nicht nur unter den JHWH verehrenden Samaritanern, sondern auch unter den nicht-jüdischen Bewohnern der Stadt Samaria/Sebaste widerspricht im Grunde der Perspektive des Lukas, der Samarien als Zwischenstufe auf dem Weg zu den Völkern ansieht (vgl. Apg 1,8). Dass Philippus aber eine jener Personen war, für die die Gottesherrschaft auch den Völkern zugänglich sein sollte, wird durch die Geschichte über die Taufe eines äthiopischen Beamten bestätigt (Apg 8,26–39). Abgesehen von der legendarischen Gestaltung dieser Erzählung gibt es keinen Grund, daran zu zweifeln, dass ihr Kern historische Nachrichten überliefert. Auch in diesem Fall fand ein Nicht-Jude Anschluss an die Gemeinschaft der Christusgläubigen, wobei durchaus möglich ist, dass dies schon vor dem Wirken in Samaria/Sebaste von Jerusalem aus geschehen war (vgl. Apg 8,26).

Die im Zusammenhang der Verkündigung des Philippus in der Stadt Samaria/Sebaste ebenfalls berichtete Auseinandersetzung mit einem gewissen Simon (Apg 8,9–13.18–24), in der schließlich Petrus die Hauptrolle spielt, geht vielleicht ebenfalls auf lokale Traditionen zurück. Nach Justin (apol. I 26,2), der selbst aus Samarien stammte, kam Simon aus dem Dorf Gitta und wurde später in Rom hoch geehrt. In Justins Darstellung wie auch in anderen patristischen Traditionen wird Simon, der den Beinamen Magus („Zauberer") erhielt, zum Urvater abweichender Lehren (s. u. S. 309). Auch die verbotene Praxis, für den Zugang zu kirchlichen Ämtern zu bezahlen („Simonie"), wird nach ihm benannt (vgl. Apg 8,18f.). Grundsätzlich thematisiert die Geschichte um Simon die für das frühe Christentum auch an anderen Orten typische Konfrontation mit Magie (Apg 13,6–11; 19,13–19) und zeigt, dass die Verkündiger des Evangeliums bei Weitem nicht die Einzigen waren, die durch Reden und Wundertaten auf sich und ihre Botschaft aufmerksam machten.

Simon der Zauberer

Gegenüber der Verkündigung unter Samaritanern zeigt sich im Matthäusevangelium eine deutliche Distanz (Mt 10,5f.), die allerdings durch den Missionsbefehl in Mt 28,19f. aufgehoben wird. Erzählungen über das Scheitern Jesu in Samarien (Lk 9,51–56), aber auch über Erfolge (Lk 17,16; Joh 4), verweisen auf Erfahrungen während der nachösterlichen Evangeliumsverkündigung jenseits des Wirkens des Philippus. Eine spezifisch samaritanisch geprägte Form frühchristlicher Theologie lässt sich allerdings aus den wenigen Überlieferungen nicht rekonstruieren.

7.4 Rückblick

Bereits die ersten Jahre des frühen Christentums in Judäa, Galiläa und Samaria waren gekennzeichnet durch die Ausbildung verschiedener Formen des Christentums. Die Oster- und Geisterfahrung führte zunächst zur Entstehung einer jüdischen Sondergruppe, die durch ihre radikale apokalyptische Erwartung und die Verehrung des zu Gott erhöhten Messias und Menschensohns Jesus innerhalb des palästinischen Judentums eine kleine, aber auffällige Minderheit bildete. Sie war einige Male in Konflikte mit unterschiedlichen Bewegungen des Judentums verstrickt, einige Gruppen fanden aber schließlich innerhalb der herrschenden Strukturen durchaus ihre Möglichkeiten zur Entfaltung.

Diese messianische Sondergruppe bestand von Beginn an aus verschiedenen christlichen Gemeinschaften, die jeweils auf ihre eigene Art die Jesusüberlieferung neu deuteten und formulierten. Zu nennen sind hier:
– die galiläische Form des frühen Christentums, die die vorösterliche Begegnung mit Jesus von Nazareth in kleinen Gemeinschaften fortsetzte und in der Logienquelle bewahrte;

Verschiedene christliche Gemeinschaften

- die hebräisch-aramäisch geprägte Form des Jerusalemer Christentums, in dem die personale Kontinuität mit der Jesusbewegung und den Jüngern sowie die Verankerung innerhalb des Jerusalemer Judentums leitend waren;
- die hellenistisch geprägte Form des Jerusalemer Christentums, die aufgrund der griechischen Kulturalisierung eine spezifische Neudeutung des Christusereignisses unternahm und Offenheit gegenüber den Völkern propagierte;
- christliche Gemeinden in Samarien und Syrien (s. u. 8), die unter dem Eindruck der Vertreibung der Hellenisten als Formen nichtjüdischen Christentums entstanden.

Vielfalt als Kennzeichen des Anfangs

Die Vielfalt christlicher Gemeinschaften oder Formen des Christentums stand also am Anfang dieser messianischen Bewegung. Sie blieb auch in den folgenden Jahrzehnten und Jahrhunderten das Kennzeichen des frühen Christentums. Zugleich ist aber zu betonen, dass diese Bewegungen sowohl durch Personen (u. a. die Zwölf, Petrus, Philippus, Barnabas und Paulus) als auch durch Inhalte eng miteinander verbunden blieben.

Literatur

Martina Böhm, Samarien und die Samaritai bei Lukas. Eine Studie zum religionshistorischen und traditionsgeschichtlichen Hintergrund der lukanischen Samarientexte und zu deren topographischer Verhaftung, WUNT 2. Reihe, Tübingen 1999.

Wilhelm Bousset, Kyrios Christos. Geschichte des Christusglaubens von den Anfängen des Christentums bis Irenaeus, Göttingen 1967 (6. Aufl. d. 2., umgearb. Aufl. von 1921)

Friedrich Wilhelm Horn, Die Gütergemeinschaft der Urgemeinde, EvTh 58, 1998, 370–383.

Larry W. Hurtado, Lord Jesus Christ. Devotion to Jesus in Earliest Christianity, Grand Rapids 2003.

Hans-Josef Klauck, Gütergemeinschaft in der klassischen Antike, in Qumran und im Neuen Testament, in: Gemeinde – Amt – Sakrament. Neutestamentliche Perspektiven, Würzburg 1989, 69–100.

Matthias Klinghardt, Gemeinschaftsmahl und Mahlgemeinschaft. Soziologie und Liturgie frühchristlicher Mahlfeiern, TANZ 13, Tübingen 1996.

John S. Kloppenborg, Excavating Q. The History and Setting of the Sayings Source, Edinburgh 2000.

Dietrich-Alex Koch, Geschichte des Urchristentums. Ein Lehrbuch, Göttingen ²2014, 169–193.

Bernd Kollmann, Philippus der Evangelist und die Anfänge der Heidenmission, Bibl. 81, 2000, 551–565.

Georg van Kooten, Ἐκκλησία τοῦ θεοῦ: The ‚Church of God' and the Civic Assemblies (ἐκκλησίαι) of the Greek Cities in the Roman Empire: A Response to Paul Trebilco and Richard A. Horsley, NTS 58, 2012, 522–548.

Markus Öhler, Die Taufe in neutestamentlicher Perspektive, in: Taufe, hg. v. M. Öhler, Themen der Theologie 5, Tübingen 2012, 39–81.

Hermut Löhr, Entstehung und Bedeutung des Abendmahls im frühesten Christentum, in: Abendmahl, hg. v. H. Löhr, Themen der Theologie 3, Tübingen 2012, 51–94.

Thomas Schmeller, Brechungen. Urchristliche Wandercharismatiker im Prisma soziologisch orientierter Exegese, SBS 136, Stuttgart 1989.

Gerd Theißen, Die Jesusbewegung. Sozialgeschichte einer Revolution der Werte, Gütersloh 2004.

Markus Tiwald, Die Logienquelle. Text, Kontext, Theologie, Stuttgart 2016.

Paul Trebilco, Why Did the Early Christians Call Themselves ἡ ἐκκλησία?, NTS 57, 2011, 440–460.

Alexander J. M. Wedderburn, A History of the First Christians, London 2004, 16–78.

Jürgen K. Zangenberg, From the Galilean Jesus to the Galilean Silence, in: The Rise and Expansion of Christianity in the First Three Centuries of the Common Era, edd. Clare K. Rothschild/Jens Schröter, WUNT 301, Tübingen 2013, 75–108.

Michael Zugmann, „Hellenisten" in der Apostelgeschichte. Historische und exegetische Untersuchungen zu Apg 6,1; 9,29; 11,20, WUNT 2. Reihe 264, Tübingen 2009.

8 Die Ausbreitung des Christusglaubens nach Syrien

Die Gebiete der Provinz Syrien bildeten neben jenen Palästinas das zweite frühe Zentrum des Christusglaubens. Die Entstehung dieser Gemeinden verdankte sich ebenso wie in Samarien der Vertreibung der Hellenisten aus Jerusalem, wie Lukas in Apg 11,19f. knapp berichtet:

Apg 11,19f.

> „Die aber nun zerstreut waren durch die Bedrängnis, die wegen Stephanus geschehen war, zogen hindurch bis Phönizien, Zypern und Antiochien und sagten niemand das Wort außer den Judäern. Es waren aber welche von ihnen, Männer aus Zypern und der Kyrenaika, die kamen nach Antiochien und sprachen auch zu Griechischsprechenden (wörtlich: Hellenisten), indem sie den Herrn Jesus als Evangelium verkündigten."

Aus dieser kurzen Notiz in Apg 11,19f. wird deutlich, dass Christusglaubende, die sich auch Nicht-Juden zuwandten, in das Küstengebiet Phönizien (vgl. Apg 15,3), auf die Insel Zypern (vgl. Apg 13,4–12) und in die Metropole Antiochien kamen. Für Antiochien verweist Lukas darauf, dass dort unbekannte Verkündiger aus Zypern und der Kyrenaika außer den ansässigen Judäern auch Syrern, die Griechisch sprachen, das Evangelium verkündigten. Dabei versteht der Verfasser im Unterschied zu Apg 6,1, wo es sich um christusgläubige Diasporajudäer handelt (vgl. 9,29), die Hellenisten in 11,20 als Nicht-Juden, die Griechisch sprechen.

Verkündigung an die Nicht-Juden

Die kurze Passage in 11,19f. benennt also eine weitere Ausprägung jener Ausrichtung der christlichen Botschaft, die so auch von Philippus und zuvor schon von den Hellenisten um Stephanus umgesetzt worden war. Die entsprechenden Ereignisse in Antiochien spielten sicherlich nicht viel später als jene in Jerusalem, da die von dort vertriebenen Diasporajudäer an die Orte zurückkehrten, aus denen sie ursprünglich eingewandert waren bzw. an denen sie vor dem Zugriff ihrer Widersacher sicher waren. So stammte mit Nikolaos z. B. einer der sieben Führer der Jerusalemer Hellenisten ursprünglich aus Antiochien (Apg 6,5). Wir bewegen uns bei den Anfängen des Christusglaubens in Syrien also in den Jahren 31/32 n. Chr.

Im Folgenden werden zunächst die Motive für die Verkündigung an Nicht-Juden und deren weitere Bedeutung diskutiert. Anschließend wird die Ausbreitung des frühen Christentums nach Damaskus

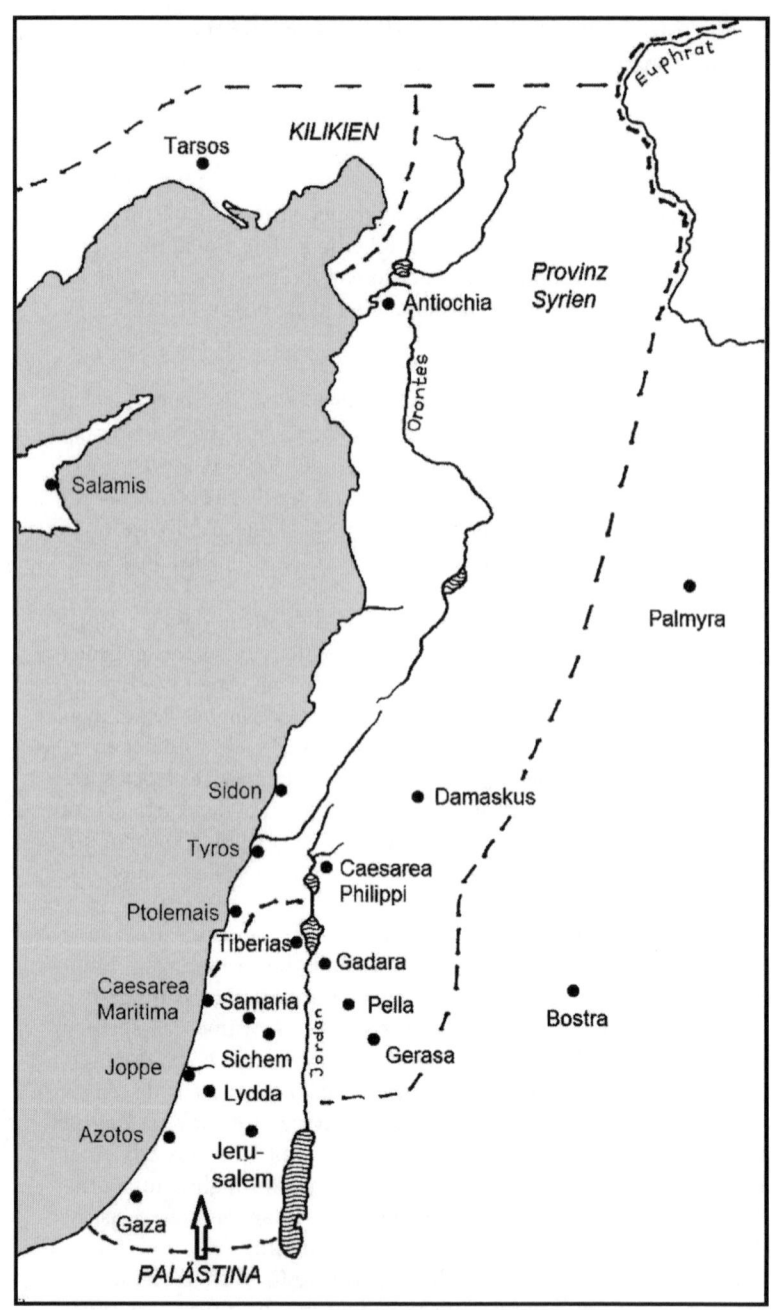

Karte 5: Palästina und Syrien im 1. Jh. n. Chr.

kurz betrachtet, bevor wir uns ausführlicher der Metropole Antiochien zuwenden.

8.1 Die Verkündigung des Evangeliums an Nicht-Juden

Wir haben bereits gesehen, dass es schon in Jerusalem unter den Hellenisten die Ansicht gab, dass die Gottesherrschaft auch Nicht-Juden offenstehen sollte (s. o. S. 150f.). Diese Auffassung war einer der Faktoren, die zu der Feindschaft gerade jener Judäer in Jerusalem geführt hatten, die aus der Diaspora in das Land der Verheißung zurückgekehrt waren. Allerdings lässt sich erst in Samarien und dann ausdrücklich in Antiochien davon sprechen, dass es sich nicht bloß um Einzelfälle, sondern um eine programmatische Hinwendung an Nicht-Juden handelte. Einzelne Glaubende außerhalb Israels hatte es aber anscheinend schon vorösterlich in der Jesusbewegung gegeben (vgl. Mk 5,1–20; 7,24–30 par; Q 7,1–10; s. o. 5.2.1.2).

8.1.1 Die Kornelius-Geschichte

Ebenfalls um einen Einzelfall handelte es sich bei Kornelius, dessen Begegnung mit Petrus Lukas in Apg 10–11 ausführlich erzählt: Kornelius, ein römischer Zenturio der Italischen Kohorte in Caesarea Maritima, war allem Anschein nach ein Sympathisant des Judentums, der sich aber als römischer Soldat nicht vollständig dem judäischen Ethnos und seiner Religion anschließen konnte. Lukas berichtet von Visionen, durch die das Geschehen geleitet wird: Einerseits wird Kornelius von einem Engel auf Petrus verwiesen (10,1–8). Andererseits wird Petrus deutlich gemacht, dass die Reinheitsgrenzen nicht mehr beachtet werden sollen (10,9–16): „Mir aber hat Gott gezeigt, dass man keinen Menschen unheilig oder unrein nennen darf", berichtet Petrus (10,28b). Kornelius und sein Haus empfangen sodann den Heiligen Geist und werden von Petrus getauft (10,44–48). Anschließend verteidigt dieser sein Handeln vor der zunächst skeptischen Jerusalemer Gemeinde (11,1–18; vgl. 15,7–11).

Die Erzählung in Apg 10–11

Diese lukanische Version einer Begegnung von Petrus mit einem gottesfürchtigen Nicht-Juden sowie ihre zeitliche Einordnung ist allerdings historisch nicht glaubwürdig. Sie steht zum einen im Widerspruch zum Bericht des Paulus, wonach Petrus die Mahlgemeinschaft mit Nicht-Juden in Antiochien aufgekündigt hatte (Gal 2,12). Zum anderen wird das chronologische Interesse des Lukas überdeutlich: Er erzählt diese Geschichte noch vor der Ausbreitung des Evangeliums nach Antiochien, damit die Jerusalemer Apostel, allen voran Petrus,

Die Problematik der lukanischen Erzählung

als Autoritäten hinter der umstrittenen Erweiterung des Gottesvolkes verstanden werden. Dies widerspricht den Berichten in Apg 8 und 11,20, wonach die geflohenen Hellenisten das Evangelium in Samarien und Antiochien auch an Nicht-Juden verkündeten, ohne dass in diesem Zusammenhang eine Autorisierung durch Jerusalem oder eine längere zeitliche Entwicklung vorausgesetzt werden.

Die zeitliche Einordnung der Korneliusgeschichte

Zeitlich gehören die Ereignisse um Kornelius daher nicht an den Anfang der Jerusalemer Gemeinde oder der Verkündigung an Nicht-Juden, sondern in die 40er Jahre. Durchaus plausibel ist, dass die Öffnung für einzelne besonders gottesfürchtige Nicht-Juden einen Teil der Hebräer in Jerusalem in erneute Konflikte mit der Elite Jerusalems brachte: Zwischen 41 und 44 wurde nämlich Jakobus Zebedäus durch Herodes Agrippa I. hingerichtet (Apg 12,1f.) und Petrus floh aus Jerusalem (Apg 12,17). Möglich ist aber auch, dass erst diese Flucht überhaupt zur Begegnung zwischen Petrus und Kornelius geführt hatte.

8.1.2 Die Öffnung für die Völker

Mit der Verkündigung des Evangeliums auch an Nicht-Juden beschritten die aus Jerusalem Geflohenen in Antiochien neue Wege. Denn nun war es für den Zugang zum Heil weder notwendig, als Israelit geboren zu sein, noch durch Beschneidung Teil des Volkes Israel zu werden.

Alttestamentliche Traditionen

Die Gründe für diese einschneidende Neuinterpretation können unterschiedlich bestimmt werden. Wir haben oben bereits gesehen, dass Jesus selbst Nicht-Juden in Einzelfällen offenbar durchaus wohlwollend begegnet war (s. o. 5.2.1.2). Auch die eschatologische Erwartung, dass die Völker JHWH als ihren Gott und den Zion als sein Heiligtum annehmen würden (s. o. S. 107), ließ sich mit der Überzeugung, dass mit der Auferstehung Jesu und der Geisterfahrung die Endereignisse eingesetzt hatten, gut vereinbaren. Aus der Schrift ließ sich überdies auch mit dem Hinweis auf Abraham begründen, dass Gottes guter Wille nicht auf Israel beschränkt sein muss. Die Verheißung aus Gen 22,18, wonach alle Völker durch die Nachkommen Abrahams gesegnet sein werden, verweist ausdrücklich auf eine weitere Perspektive (vgl. Gal 3,8f.14.29).

Geisterfahrung

Dies gilt umso mehr, als ekstatische Erlebnisse offenbar nicht auf jüdische Christusgläubige beschränkt blieben: Lukas berichtet dies über die Gemeinden in Samarien (Apg 8,17) und am Beispiel des römischen Zenturio Kornelius (Apg 10,44–47; 11,15–17). Die späteren Erfahrungen in Korinth (1Kor 12–14) oder in den galatischen Gemeinden (Gal 3,2f.) zeigen, dass ähnliche Erlebnisse auch unter Nicht-Juden ein wichtiger Aspekt des Glaubens waren, die Paulus als ganz selbstverständlich betrachtete. Wenn nun aber an verschiedenen Orten sogar Nicht-Juden, die dem Evangelium von Jesus Christus vertrauten, den Geist empfingen, und zwar ohne Teil des judäischen Volkes zu werden, musste dies die Verkündiger des Evangeliums zu der Einsicht leiten, dass die Zugehörigkeit zu „Israel nach dem Fleisch" (1Kor 10,18) keine Bedingung des Heils mehr war.

Der historische Ablauf einer solchen Erkenntnis verbirgt sich hinter solchen Geschichten wie der des Kornelius. Der römische Zenturio wird in Apg 10,2 als „gottesfürchtig" (φοβούμενος τὸν θεόν/*phoboumenos ton theon*) vorgestellt. Er gehörte also zu jenen, die als Sympathisanten und Sympathisantinnen der judäischen Kultur und Religion diese bis zu einem gewissen Grad übernahmen oder unterstützten (s. o. S. 79f.). Aufgrund der verschiedenen Formen von Annäherung an das judäische Ethnos bestand bei vielen dieser Gottesfürchtigen eine Bekanntschaft mit zentralen Themen des Judentums, sodass die christliche Verkündigung daran anschließen konnte. Darunter waren etwa die Ablehnung paganer Kulte und die Anerkennung JHWHs als einzigem Gott. Auch die Vertrautheit mit spezifisch jüdisch-religiöser Terminologie lässt sich bei dieser Gruppe voraussetzen. Dazu gehörten etwa die Bundesvorstellung, der Gedanke göttlicher Erwählung, die Gerichtserwartung und wohl auch die Auferstehungsvorstellung. Ebenso ist die Anerkenntnis eines spezifisch jüdischen Ethos, etwa im Bereich der Sexualmoral, wahrscheinlich. Aber auch hier gilt, dass eine generalisierende Aussage zu vermeiden ist: Zwischen der Begeisterung für das Judentum und einer politisch motivierten Förderung einer Synagoge war alles möglich.

Gottesfürchtige

Den Gottesfürchtigen, sowohl Männern als auch Frauen, begegneten Christusgläubige in der Diaspora im Umfeld der lokalen Synagogen. In Gesprächen im kleinen Kreis, Ansprachen in der Synagoge und bei Einladungen wurde ihnen die neue Botschaft vom Auferstandenen und seinem Reich verkündigt und die Möglichkeit geboten, ohne Anschluss an das judäische Volk Mitglied einer jüdischen Gemeinschaft zu werden und zugleich all dem weiter zu folgen, was sie an Kultur und Religion des Diasporajudentums bewundert hatten. Dazu traten die Geisterfahrung sowie mit der Taufe ein Ritual, das, anders als die Beschneidung, keinerlei körperliche Folgen hatte. Mit der Zeit wurden aber nicht nur Gottesfürchtige in die Gemeinden hineingenommen, sondern auch deren Familienangehörige, Freunde, Nachbarn und Klienten. Wer immer sich ihren Inhalten und Ritualen anschloss, konnte Teil der Gemeinschaft werden. So entstanden christliche Gemeinden, in denen Juden und Nicht-Juden gemeinsam ihren neuen Glauben lebten. Zwei Gemeinden, Damaskus und Antiochien, traten dabei besonders hervor.

Juden und Nicht-Juden

8.2 Damaskus

Stadtprofil

Damaskus, eine wichtige Oase und bedeutende Handelsstadt ca. hundert Kilometer nordöstlich des Sees Genezareth, war die bedeutendste hellenistische Stadt im Süden der Provinz Syrien. Gemeinsam mit zahlreichen anderen Städten gehörte sie zum Städteverbund der Dekapolis. In der Stadt wohnte aufgrund ihrer engen Verbindung mit Palästina u. a. eine größere judäische Diasporagemeinde (10.000–18.000 Personen), aber auch andere ethnische Minderheiten wie die Nabatäer (vgl. 2Kor 11,32). Josephus berichtet von Pogromen gegen Judäer, die allerdings erst nach 66 n. Chr. stattfanden (bell. 2,559f.; 7,368). Damaskus beherbergte einen in seinen Dimensionen und seiner Ausstrahlung mit dem Jerusalemer Tempel vergleichbaren Tempel des Zeus/Jupiter.

Damaskus im Neuen Testament

Die neutestamentlichen Erwähnungen von Damaskus beschränken sich auf zwei Bemerkungen in den Paulusbriefen (Gal 1,17; 2Kor 11,32) und den Berichten des Lukas über die Hinwendung des Apostels zum Christusglauben (Apg 9,2–25; 22,3–21; 26,12–23). Laut Gal 1,17 kehrte Paulus nach einem Aufenthalt im Gebiet der Nabatäer („Arabia") wieder nach Damaskus zurück, was einen vorherigen Aufenthalt ebendort wahrscheinlich macht. Es ist daher davon auszugehen, dass die Lokalisierung des Offenbarungserlebnisses des Paulus auf dem Weg nach Damaskus, die sich nur bei Lukas findet, sehr wahrscheinlich historisch ist. Auch die lukanischen Angaben über Einzelheiten der Geschehnisse nach der Bekehrung weisen auf konkrete Verhältnisse in Damaskus hin: Lukas erwähnt eine „gerade Straße", in der ein Christusgläubiger namens Judas wohnte (Apg 9,11). Das stimmt mit dem Straßensystem im damaligen Damaskus, das nach dem hippodamischen Schema mit rechtwinkelig verlaufenden Straßen gebaut war, auffallend überein.

Paulus in Damaskus

Die lukanische Angabe, wonach Paulus, ausgerüstet mit Briefen des Hohepriesters an die Synagogen von Damaskus, die christusgläubigen Judäer verhaften und nach Jerusalem führen wollte (Apg 9,1f.), entbehrt allerdings jeder rechtlichen Basis. Entsprechende Vollmachten hatte ausschließlich der römische Präfekt. Aber auch wenn es sich um ein spekulatives juristisches Konstrukt des Lukas handelt, steckt dahinter doch sehr wohl das Wissen darum, dass sich nicht nur die Verkündigung des Evangeliums nach der Vertreibung der Hellenisten weiter ausgebreitet hatte, sondern dass auch Konflikte an jenen Orten entstanden, in denen das Diasporajudentum mit der messianischen Botschaft konfrontiert wurde. Da Paulus ebenfalls einer jener Diasporajudäer war, die für den Tod des Stephanus verantwortlich waren (s. u. 9.3), sind dieselben Motive auch für die Ausweitung der

Auseinandersetzung nach Damaskus zu veranschlagen: Tempel- und Kultkritik sowie Offenheit für die Völker. Das Ziel des paulinischen Vorgehens in Damaskus wird darin zu vermuten sein, die lokalen Synagogenvorsteher dazu zu bewegen, alle auszuschließen, die sich der neuen Gruppierung anschlossen. Umgekehrt zeigt dies, dass sich die jüdischen Christusgläubigen offenbar selbstverständlich als Teil des Judentums verstanden. Dass gerade die Offenheit für die Völker auch in Damaskus vertreten wurde, wird durch die Berufung des Paulus und sein späteres Wirken plausibel: Das, was der Apostel später mit größter Vehemenz vertrat und laut Gal 1,16 schon von Beginn an als Inhalt seines göttlichen Auftrags verstand, war die Beschneidungsfreiheit der Nicht-Juden. Das, was er zuvor verfolgt hatte, war zum Hauptanliegen seines Wirkens geworden.

8.3 Antiochien

Mit Antiochien am Orontes erreichte die christliche Bewegung in den Jahren 31 oder 32 n. Chr. die drittgrößte Stadt des römischen Imperiums mit mehreren Hunderttausend Einwohnern (Josephus, bell. 3,29). Als Sitz des Statthalters, von dem aus mittels eines Präfekten/Prokurators auch Judäa, Samaria und zeitweise Galiläa regiert wurden (s. o. S. 27), war die Stadt das administrative und ökonomische Zentrum der wirtschaftlich und strategisch ausgesprochen wichtigen kaiserlichen Provinz Syrien. Durch die nahe gelegene Hafenstadt Seleukia (Apg 13,4) und die Lage an der Nord-Süd-Verbindung zwischen Kleinasien und Ägypten und der Straße nach Osten Richtung Palmyra war die Stadt sowohl für den Handel als auch für die Transferierung von Truppen besonders bedeutsam. Neben dem provinzialen Kaiserkult in einem bereits von Julius Caesar errichteten Kaisareion waren zahlreiche Kulte griechischer und orientalischer Provenienz in der Stadt vertreten, allerdings ohne dass ein besonderes Heiligtum überregionale Attraktivität erlangt hätte. *Stadtprofil*

Die judäische Minorität in Antiochien war sicherlich groß, aber auch andere Völkergruppen wurden von einer Metropole wie Antiochien angezogen. Josephus (bell. 7,106–111) berichtet über spezielle Rechte der Judäer in Antiochien, deren genaue Substanz allerdings umstritten ist. Der Plan des Caligula, seine Statue im Jerusalemer Tempel zu errichten (39/40 n. Chr.), hatte auch in Antiochien, wo der Statthalter Petronius regierte und dies ausführen sollte, einige Unruhe bei Judäern ausgelöst (vgl. Philo, leg. ad Gaium 203–224). Zugleich sollen zahlreiche Nicht-Juden sich den Synagogen der Judäer angeschlossen haben (bell. 7,45). Der später christusgläubige Nikolaos, *Judäische Minderheit* ein Proselyt aus Antiochien, belegt dies (Apg 6,5). In Antiochien gab es sicher mehrere Synagogen, eine übergeordnete Struktur bestand allem Anschein nach aber nicht. Nach dem 1. Judäischen Aufstand wurde die Lage der Judäer in Antiochien zwar kurzfristig schwieriger (Josephus, bell. 7,41–62), das Judentum bildete aber noch bis weit ins 4. Jh. n. Chr. hinein eine einflussreiche Gruppierung innerhalb Antiochiens (vgl. Johannes Chrysostomos, Acht Reden gegen Juden).

8.3.1 Christusgläubige in Antiochien

Die ersten Christusgläubigen, über die Lukas für Antiochien berichtet, waren geflohene Hellenisten aus Jerusalem. Unter ihnen waren einige aus Zypern, jener Insel, die Antiochien gegenüberlag, und einige von der nordafrikanischen Küste westlich von Ägypten, der Kyrenaika (Apg 11,19f.). Bereits zuvor hatte er mit Nikolaos, einem der Hellenisten, einen Proselyten aus Antiochien erwähnt (Apg 6,5). Auch dieser war nach dem Tod des Stephanus wieder heimgekehrt.

In Apg 13,1 überliefert Lukas außerdem eine Liste von Lehrern und Propheten, den Führungspersönlichkeiten der antiochenischen Gemeinde:

> „Barnabas und Symeon, der Niger gerufen wird, Lukios der Kyrenaier, Manaën, der Jugendfreund des Tetrarchen Herodes, und Saulos."

Lehrer und Propheten

Sie waren alle christusgläubige Judäer. Diese Aufzählung nennt zwei bekannte Personen, Barnabas und Paulus, der hier noch Saulus genannt wird (vgl. Apg 13,9). Barnabas gehörte, zumindest nach Lukas, nicht zu der ersten Gruppe von Zyprioten (vgl. Apg 11,22f.), stammte aber ebenfalls von dieser Insel. Auch die weiteren Männer waren Judäer aus der Diaspora: Bei Symeon Niger (der „Schwarze") handelte es sich nicht unbedingt um einen Afrikaner, da der Beiname verbreitet auch Schwarzhaarige bezeichnen konnte. Lukios stammte aus der Kyrenaika, also aus Nordafrika, vielleicht war er einer der ersten Christusgläubigen in Antiochien. Manaën schließlich war offenbar ein Mitglied der Oberschicht, zumindest aber ein Klient des herodianischen Königshauses. Die Reihenfolge der genannten Personen verweist, wenn Lukas dies analog zu den Jüngerlisten versteht, auf Bar-

Barnabas

nabas an der Spitze des Kollegiums. Für Lukas beruht dies auf einer Sendung des Barnabas (Apg 11,22–24), der ja eigentlich ein Jerusalemer war. Damit sollte – wie schon die samaritanische Gemeinde – auch die antiochenische Gemeinde eng an Jerusalem gebunden werden, was wir als spezifisches Anliegen des Lukas schon kennen. Es ist daher anzunehmen, dass Barnabas im Zuge der Entwicklungen in

Jerusalem mit Beginn der 40er Jahre, als dort erneute Konflikte aufbrachen, nach Antiochien kam, um selbst als Verkündiger des Evangeliums zu wirken. Paulus scheint überhaupt erst später gekommen zu sein (Apg 11,25).

Die Fünferliste in Apg 13,1 repräsentiert auch nach Lukas eine spätere Entwicklung. Die Funktionen der Personen rücken ihre Tätigkeit als Verkündiger und Interpreten des Evangeliums in den Vordergrund. Möglicherweise gehörte dazu ursprünglich auch jene der Apostel (vgl. 1Kor 12,28f.). Weitere Ämter, wie z. B. das des Presbyters, werden nicht erwähnt.

Eine Erzählung in Apg 11,27–30; 12,25 gibt uns einen weiteren kleinen Einblick in eine Episode der antiochenischen Gemeinde und demonstriert die weiterhin bestehenden Verbindungen mit den Jerusalemern. Danach soll ein Prophet namens Hagabos eine Hungersnot angekündigt haben, die unter Claudius (41–54 n. Chr.) eintreten sollte. Die Weissagung habe dazu geführt, dass die Antiochener eine Geldsammlung für die Jerusalemer veranstalteten, die Barnabas und Paulus überbrachten.

Kollekte für Jerusalem

Die Datierung der Hungersnot, die eine Nahrungsmittelknappheit mit entsprechender Verteuerung meinte, lässt sich nicht genau bestimmen. Notzeiten in Judäa sind für die Jahre 44–48 n. Chr. belegt (Josephus, ant. 20,101). Im Bericht des Paulus über seine Besuche in Jerusalem (Gal 1,15–2,10) ist keine Spur dieser Reise zu finden. Das kann so erklärt werden, dass die ganze Geschichte über die Sammlung keine historische Substanz hat. Sie wäre dann u. U. ein abweichender Bericht über jene Kollekte, die Paulus und Barnabas beim Apostelkonvent zugesagt hatten (Gal 2,10; s. u. S. 201f.). Zu so einem radikalen Schluss besteht allerdings kein Anlass, wenn bedacht wird, dass lediglich die Teilnahme des Paulus eine lukanische Ergänzung ist. Es ist hingegen durchaus plausibel, dass Barnabas im Jahr 44 oder 45 n. Chr., also noch vor dem Apostelkonvent (46/47 n. Chr.), als Leiter der Gemeinde Antiochiens eine Geldspende für Notzeiten nach Jerusalem brachte. Er hatte ja enge Beziehungen zu den Jerusalemern und sie bereits zuvor unterstützt (vgl. Apg 4,36f.). Zudem lässt sich, wenn die erste Sammlung als Vorbild galt, die Kollekte, die beim Apostelkonvent vereinbart wurde, als Wiederaufnahme dieser ersten Aktion verstehen. Sie demonstriert nachdrücklich, dass trotz unterschiedlicher theologischer Ausrichtungen eine grundsätzliche Verbundenheit zwischen Antiochien und Jerusalem sowohl durch die beteiligten Personen als auch durch die Hilfestellung bewahrt blieb.

Datierung und Abwicklung

8.3.2 Die antiochenische Gemeinde im Verhältnis zu den jüdischen Synagogen

Die Gemeinde von Antiochien entwickelte ausgehend von den Anfängen der Hellenisten in Jerusalem bald ein eigenständiges theologisches Profil und Gemeindeleben. Dies lässt sich zum einen an der Praxis von Beschneidungsfreiheit und Speisegemeinschaft erkennen, zum anderen an Abschnitten aus den Paulusbriefen, die wahrscheinlich auf antiochenische Wurzeln verweisen.

Beschneidungsfreiheit — Im Galaterbrief (2,1–10) berichtet Paulus davon, dass er und Barnabas sich zur Verteidigung der Beschneidungsfreiheit der nichtjüdischen Christusgläubigen nach Jerusalem begaben. Dieses Treffen, der sog. Apostelkonvent (s. u. 10.1), fand zwar erst im Jahr 46 oder 47 n. Chr. statt, geht aber sicherlich zurück auf eine schon länger geübte Praxis in Antiochien und in den von dort aus gegründeten Gemeinden in Syrien und Kilikien.

Mahlgemeinschaft — Ebenfalls im Galaterbrief (2,11–14) setzt Paulus außerdem voraus, dass die Mahlgemeinschaft zwischen christusgläubigen Juden und Nicht-Juden in der antiochenischen Gemeinde selbstverständliche Übung war (s. u. 10.2). Während die Beschneidungsfreiheit lediglich die Nicht-Juden betraf, hatte die Frage nach der Reinheit von Speisen und der Reinheit der Speisenden auch Bedeutung für Juden: Sie hielten sich damit nicht mehr an Bestimmungen, die wenigstens für einen Teil des Judentums und auch Gruppen des christusgläubigen Judentums weiterhin verbindlich gewesen waren.

Toravorschriften — In Mk 7,1–23 wird eine Entscheidung über die Einhaltung von Speise- und Reinheitsvorschriften der Tora bereits Jesus zugeschrieben: Er habe in Diskussionen mit Pharisäern alle Speisen für rein erklärt (7,19). Da sich aber in den frühchristlichen Debatten zu dieser Frage kein Verweis auf ein diese Streitfrage eigentlich entscheidendes Jesuswort findet, handelt es sich bei Mk 7 um eine nachösterliche Thematisierung dieser innerchristlichen Auseinandersetzung. So gehört auch Mk 7 in den Kontext eines immer wieder aufflackernden Konflikts, der im Galaterbrief schlaglichtartig erkennbar wird. Denn offenbar, und das ist zentral, wurde in Antiochien die identitätsstiftende und soteriologische Bedeutung des Gesetzes von jüdischen wie nicht-jüdischen Mitgliedern der Gemeinde anders eingeschätzt als in Jerusalem.

Veränderungen — Zwei Dinge sind dabei allerdings zu berücksichtigen: Zum Ersten ist anzunehmen, dass es über die Jahre und mit dem immer stärkeren Anwachsen des nicht-jüdischen Anteils unter den Christusgläubigen zu einer Entwicklung kam, die immer weiter von den Kernelementen jüdischer Identität wegführte. Die verstärkte Integration zunächst von

Gottesfürchtigen, dann aber auch von Nicht-Juden ohne jede besondere Beziehung zum Judentum, führte sehr wahrscheinlich zu weiteren Distanzierungen von Torabestimmungen.

Zum Zweiten ist zu beachten, dass sich die Gemeinschaft der Christusgläubigen in Antiochien selbst weiterhin als Teil des Judentums verstand. Ihre Leiter waren Judäer, sie verehrten den Gott Israels, sie beriefen sich für Theologie und Ethos auf die Heiligen Schriften Israels. Dass dieses Selbstverständnis von Seiten der Diasporajudäer in Antiochien sehr wahrscheinlich nicht geteilt wurde, liegt allerdings auf der Hand.

Verhältnis zum Judentum

"Christianoi"

Nach Apg 11,26 wurden die Christusgläubigen in Antiochien zum ersten Mal „Christianer" genannt (Χριστιανοῖ/*Christiani*). Auch wenn der Wortlaut in Apg 11,26 so verstanden werden kann, dass sich die Christusgläubigen selbst dieses Label gaben, ist dies aufgrund der Bezeichnung unwahrscheinlich. Sie geht nämlich auf eine lateinische Form zurück *(Christiani)*, die ins Griechische übertragen wurde. Daraus wird erkennbar, dass sie offenbar auf die römischen Behörden zurückzuführen ist. Es handelt sich also um eine Fremdbezeichnung, sodass Apg 11,26 meint: „Die Jünger wurden zuerst in Antiochien *Christianoi* genannt." Die Benennung findet sich innerhalb des frühen Christentums nur in relativ späten Texten: Sie fehlt bei Paulus und begegnet im Neuen Testament sonst nur noch in Apg 26,28 im Munde von Agrippa II. und in 1Petr 4,16 im Zusammenhang von Prozessen gegen Christusgläubige. An der Wende vom 1. zum 2. Jh. n. Chr. wird *Christianoi* als Selbstbezeichnung verwendet (1Petr 4,16; Did 12,4). Bei Ignatius von Antiochien ist dies um 114/117 n. Chr. schon selbstverständlich (IEph 11,2; IMagn 4; IRöm 3,2; IPol 7,3) und wird um dieselbe Zeit auch von römischen Eliten benützt (s. u. 14.2 u. 14.4). Die lateinische Form *Christiani* verweist nicht auf ein religiöses Verständnis, sondern auf ein politisches: Wer für eine bestimmte Person in politischen Auseinandersetzungen entschlossen Partei ergriff, wurde nach dieser Person als *-ianus* benannt: *Pompeiani, Caesariani, Pisoniani, Augustiniani* sind politische Gruppierungen. Am nächsten kommt der Bezeichnung *Christiani* die der Anhänger des herodianischen Königshauses als Herodianer (Mk 3,6; 12,13 par Mt 22,16). Es handelt sich also nicht um die Bezeichnung der „Vereinigung der Christusverehrer", sondern um die staatliche Benennung einer politischen Gruppierung. Die römischen Behörden sahen sie als Parteigänger des „Christos" an, deren Anführer allerdings schon einige Jahre zuvor gekreuzigt worden war (vgl. Tacitus, ann. 15,44,1). Fraglich muss bleiben, ob die Bezeichnung tatsächlich auf die 40er Jahre in Antiochien zurückgeht und die folgenden 60 Jahre nur zufällig nicht mehr auftaucht, oder – was doch wahrscheinlicher ist – Lukas die Entstehung der zu seiner Zeit (um 100 n. Chr.) im Christentum schon verwendete Bezeichnung in die Frühzeit verlegt. Dafür spricht auch, dass nachhaltige Konflikte des frühen Christentums mit der römischen Staatsmacht erst Anfang des 2. Jh. n. Chr. entstanden (s. u. 14.2).

Im Blick auf das Verhältnis zum Judentum in Antiochien ist zu bedenken: Verstanden sich die Christusgläubigen zweifellos als jüdisch, wurden sie dennoch von außen als Sondergruppe verstanden. Dies muss allerdings nicht einschließen, dass sie von den Römern und Syrern der Stadt als nicht-jüdisch eingeschätzt wurden. Immerhin waren die führenden Personen Judäer sowie viele ihrer Bräuche deutlich jüdisch ausgerichtet. Sie waren bloß eine weitere, den judäischen Synagogen der Stadt ähnliche Gruppierung. Aus der Perspektive der Diasporajudäer in Syrien war das sicherlich anders: Allein schon wegen ihrer Verbindungen mit Nicht-Juden und den daraus folgenden Brüchen mit Toravorschriften konnten sie nicht mehr als jüdisch gelten. So entstand eine jüdische Sondergruppe unter Einschluss von Nicht-Juden außerhalb der etablierten Synagogenstruktur der Diaspora.

Jüdische Sondergruppe

Im Blick auf das Verhältnis zur nicht-jüdischen Umgebung ist überdies zu bedenken, dass die Mitglieder aus den Völkern ihre traditionellen Wurzeln und religiösen Erfahrungen in die neue Gemeinschaft einbrachten. Zugleich implizierte die Mitgliedschaft in der Gemeinde (ἐκκλησία/*ekklēsia*) für Nicht-Juden eine Neupositionierung im Hinblick auf pagane Kulte, im öffentlichen wie im nicht-öffentlichen Bereich. Auch wenn frühchristliche Texte mit ihrer Forderung nach einer absoluten Trennung von sämtlichen paganen Aktivitäten eine Extremposition vertreten (z. B. 1Kor 10,14; 2Kor 6,14), standen nicht-jüdische Gläubige vor zahlreichen Herausforderungen: Wie weit konnten sie sich an häuslichen Familienkulten beteiligen, die über Generationen gepflegt worden waren? Durften sie weiterhin Mitglieder jener Vereinigungen bleiben, die für sie ein wichtiges soziales Netzwerk darstellten? Wie sollten sie sich bei öffentlichen Feiern zu Ehren der lokalen Gottheiten oder des Kaisers verhalten? Mit der Ausweitung der Verkündigung auf die Völker waren damit auch neue Konflikte vorprogrammiert.

Verhältnis zur paganen Umwelt

8.3.3 Spuren einer antiochenischen Theologie

Neben der Neueinschätzung von einigen Torabestimmungen, etwa zur Beschneidung oder zu Speisegeboten, entwickelte die antiochenische Gemeinde auch neue theologische Gedanken. Diese lassen sich vor allem aus jenen Abschnitten rekonstruieren, in denen Paulus geprägte Formulierungen und Traditionen in seinen Briefen verwendet. Da der Apostel nach eigenen Angaben 14 Jahre in Syrien und Kilikien als Verkündiger des Evangeliums gewirkt hat (Gal 1,21; 2,1), ist davon auszugehen, dass er aus den Gemeinden in Antiochien und Damaskus theologische Überzeugungen übernommen hat und auch selbst an deren Entwicklung beteiligt war. Dass in diesem Prozess die

Quellen

aus Jerusalem geflüchteten Hellenisten eine wesentliche Rolle spielten und manches davon bereits in Jerusalem entstanden war, ist anzunehmen, lässt sich aber im Einzelnen nicht nachweisen.

Für die Neuprägung christlichen Glaubens in Antiochien und Syrien war u. a. die Septuaginta von maßgeblicher Bedeutung. So wurde dort z. B. anstelle des Gottesnamens die Bezeichnung κύριος/ *kyrios* („Herr") verwendet. Wenn nun aber Jesus Christus ebenso als „Herr" bezeichnet wurde, setzte ihn dies so weit mit Gott gleich, dass auch von seiner Göttlichkeit gesprochen werden konnte (vgl. Phil 2,6; Joh 20,28). Dies wurde aber dadurch aufgefangen, dass einerseits ein monotheistisches Grundverständnis artikuliert (1Kor 8,6) und andererseits das Verhältnis zwischen Gott und Christus als hierarchisches bestimmt wurde (1Kor 3,23; 11,3; 15,28). Zudem wurden für die Deutung Christi hellenistisch-jüdische Spekulationen aufgenommen, wie sie sich prominent bei Philo von Alexandrien oder in der Sapientia Salomonis finden. In diesen philosophisch-theologischen Überlegungen wurde die Weisheit bzw. der Logos in Aufnahme alttestamentlicher Vorstellungen (vgl. Spr 8,22–31; Sir 24) als Wesen an der Seite Gottes, als Schöpfungsmittler und Offenbarungsgestalt gedeutet. In frühen christologischen Überlegungen, wie sie sich im hymnischen Christuslob im Philipper- oder auch Kolosserbrief finden (Phil 2,6–11; Kol 1,15–20), wurde dies auf Jesus Christus übertragen, der als gottgleiches Wesen, das sich bis zum Tod erniedrigte und dessen Herrschaft alles unterworfen ist, gepriesen wird.

Christologie

Immer wieder finden sich bei Paulus auch knappe Sätze, mit denen in Formeln Grundaussagen der christlichen Botschaft festgehalten werden. Sie verweisen z. B. auf die Auferstehung als Handeln Gottes an Christus (z. B. 1Thess 1,10; Röm 10,9 u. ö.). Besonders charakteristisch ist die Betonung, dass das Sterben des Christus „für uns" geschehen ist (u. a. 1Thess 5,10; Röm 5,6.8), Christus „für uns" hingegeben wurde (Röm 4,25; 8,32) oder sich selbst hingab (Gal 1,4; 2,20). Auch die Tradition über die Zeugen der Auferstehung setzt damit ein, dass Christus „für unsere Sünden gestorben ist nach der Schrift" (1Kor 15,3b-5; vgl. Röm 8,34). Diese Formeln gehen zurück auf eine christologische Lektüre von Jes 53,12 in der Version der Septuaginta, die von der Lebenshingabe des Gottesknechts für die Sünden handelt. Ist in diesen Traditionen noch von einer stellvertretenden Hingabe die Rede, so wird das in der Überlieferung, die Paulus in Röm 3,25–26a aufnimmt, als kultische Sühne gedeutet. Der Jerusalemer Tempelkult hat damit jedwede Funktion verloren.

Formeln

Im Hinblick auf das Leben der Gemeinde blieben auch in Antiochien das Gemeinschaftsmahl und die Taufe von höchster Bedeutung. Die vorpaulinischen Traditionen lassen z. B. erkennen, dass

Herrenmahl

das Herrenmahl nicht nur als von Christus eingesetzt fortgeführt wurde (vgl. 1Kor 11,23b-25), sondern dass darin auch der Gedanke der Gemeinschaft mit Christus selbst enthalten war (1Kor 10,16). Das kann am Einfluss paganer Kultfeiern, vor allem für Dionysos, liegen, die damit eingeholt wurden. Die Einbettung des frühchristlichen Gemeinschaftsmahls in die Praxis religiöser Mahlzeiten, wie sie u. a. in kultischen Mahlzeiten von Vereinigungen stattfanden, ist auch für Antiochien sehr wahrscheinlich (s. u. 12.2.1). Theologisch kam nun das Motiv des Bundes hinzu (1Kor 11,25), zugleich blieb aber auch die Vergegenwärtigung Jesu entscheidend (11,24f.). Zudem bestand die Verbindung des Herrenmahls mit der stellvertretenden Hingabe Jesu am Kreuz, die in der Formulierung „für euch" ausgedrückt wird, schon früh.

Taufe Die Taufe wurde nicht mehr allein als Ritual gedeutet, das vor dem kommenden Gericht bewahrt, sondern noch stärker auf die neu entstandene Gemeinschaft hin profiliert. Das Ritual wurde analog zu antiken Mysterienkulten, wenngleich in der Struktur durchaus unterschieden, zu einem Initiationsritus, der den Glaubenden verwandelt. In Gal 3,26–28 nimmt Paulus eine geprägte Form auf, die von der neuen Qualität dieses Seins „in Christus Jesus" handelt: Jenseits von Herkunft (Judäer oder Grieche), Status (Sklave oder Freier) und Geschlecht (männlich oder weiblich) bilden die Getauften eine egalitäre Gemeinschaft (vgl. auch 1Kor 12,13). Mit der soteriologisch-ekklesiologischen Grundaussage „in Christus" greift Paulus in seinen Briefen intensiv eine ältere, auf Antiochien zurückgehende Formel auf. Bereits in seinem ältesten erhaltenen Schreiben, dem 1. Thessalonicherbrief, begegnet sie gehäuft und gehört zu den Standardformulierungen der paulinischen Texte.

Schriften Jenseits der paulinischen Briefe bewahrten auch andere frühchristliche Texte das Erbe antiochenischer Theologie. Die Flucht galiläischer Christusgläubiger aus Palästina nach 70 n. Chr. brachte die Logienquelle nach Syrien, wo sie weiter überarbeitet wurde. Auch die Abfassung des Markusevangeliums geschah im syrischen Raum. Überdies lässt sich mit gutem Grund annehmen, dass das Matthäusevangelium vieles von dem aufnahm, was als Jesustradition nach Antiochien gekommen war, und dies in einem noch immer deutlich jüdisch ausgerichteten Umfeld ausformulierte. Dasselbe ist für die Didache plausibel, die das Matthäusevangelium voraussetzt. Einige Quellen, die Lukas für seine Apostelgeschichte nutzte, waren durch die antiochenische Gemeinde geprägt, sodass sich in seinem Geschichtswerk eine Form von Theologie und Geschichtsperspektive findet, die eine gewisse Nähe zu den Paulusbriefen offenbart.

Literatur

Friedrich Avemarie, Die Tauferzählungen der Apostelgeschichte. Theologie und Geschichte, WUNT 139, Tübingen 2002.

James D. G. Dunn, Beginning from Jerusalem, Christianity in the Making 2, Grand Rapids/Cambridge 2009, 292–321.

Andreas Feldtkeller, Identitätssuche des syrischen Urchristentums. Mission, Inkulturation und Pluralität im ältesten Heidenchristentum, NTOA 25, Göttingen 1993.

Martin Hengel/Anna Maria Schwemer, Paulus zwischen Damaskus und Antiochien. Die unbekannten Jahre des Apostels, WUNT 108, Tübingen 1998, 274–312.

Markus Öhler, Bausteine aus frühchristlicher Theologie, in: Paulus Handbuch, ed. F. W. Horn, Tübingen 2013, 497–504.

Magnus Zetterholm, The Formation of Christianity in Antioch. A social-scientific approach to the separation between Judaism and Christianity, London/New York 2003.

9 Die Frühzeit des Paulus

Eine der prägenden Gestalten der antiochenischen Gemeinde war Paulus. Zugleich ist wichtig, dass Paulus nicht der Gründer des Christentums war. Er spielte in dessen ersten Anfängen keine positive Rolle bei der Ausbildung des Evangeliums. Auch später war er nur einer unter zahlreichen namentlich bekannten Verkündigern (Petrus, Jakobus, Philippus, Barnabas, Apollos) und einer noch deutlich größeren Zahl an Unbekannten (vgl. z. B. Apg 11,19f.; 1Thess 1,8; Phil 1,15–17). Allerdings gelang es ihm in seiner etwa dreißig Jahre währenden Tätigkeit als Apostel, in einigen Gegenden des römischen Reiches christliche Gemeinden zu gründen und mittels eines Netzwerkes von Mitarbeitern und Mitarbeiterinnen sowie durch Briefe nachhaltig zu etablieren. Durch die Bewahrung wenigstens eines Teils seiner Schreiben erlangte seine Theologie für die kommenden Generationen bis heute eine essentielle Bedeutung. Zugleich sind sie direkte Zeugnisse eines der Protagonisten des frühen Christentums, durch die wir nicht nur über wichtige Stationen seines Wirkens als Verkündiger, sondern auch über seine Biographie Zahlreiches erfahren. Die Apostelgeschichte des Lukas ergänzt diese Informationen um einige wichtige Details.

9.1 Paulus, ein Diasporajudäer

9.1.1 Herkunft, Name, Bildung

Paulus selbst betont in seinen Briefen wiederholt seine judäische Herkunft (2Kor 11,22; Gal 1,13f.; Phil 3,5; Röm 9,3f.), wobei er Wert darauf legt, aus einer gesetzestreuen Familie zu stammen. Nach Auskunft von Phil 3,5 kam er aus dem Stamm Benjamin und war entsprechend Gen 17,12 am achten Tag beschnitten worden. Aus der Angabe, er sei ein Hebräer (Ἑβραῖος/*Hebraios*), lässt sich schließen, dass er Aramäisch, die Alltagssprache in Palästina und Syrien, sprach sowie genug Hebräisch verstand, um das Alte Testament lesen zu können (vgl. Phil 3,5; 2Kor 11,22). Schon der Name Παῦλος/*Paulos* (s. u. S. 182) lässt aber vermuten, dass er in einem nicht-jüdischen Kontext aufwuchs, handelt es sich doch um einen lateinischen Namen in griechischer Schreibweise.

Judäische Herkunft

Eine Lektüre der Paulusbriefe macht außerdem deutlich, dass hier ein Autor schrieb, der eindeutig von der hellenistischen Kultur geprägt war. Dies zeigt sich vor allem an der rhetorischen Gestaltung der Briefe, die in der sog. Koine, dem allgemein gebräuchlichen Griechisch der Zeit, abgefasst sind. Auch dem fast ausschließlichen Bezug auf die griechische Version des Alten Testaments, die Septuaginta, ist zu entnehmen, dass Paulus seine primäre religiöse Sozialisation und Bildung in dieser Sprache erhalten hat. Aufgrund dieses Befundes, der kaum bestritten, wenn auch verschieden gewichtet wird, ist anzunehmen, dass Paulus ein Diasporajudäer war, der sowohl in der jüdischen Tradition bewandert als auch mit hellenistischer Bildung vertraut war. Diese hellenistische Bildung hatte er über seine Familie bzw. synagogale Lehrinstitutionen erworben. Auffällig ist allerdings das Fehlen von Zitaten bzw. Anspielungen auf die klassische Schulliteratur – Homer oder andere griechische Autoren –, die Paulus offenbar nicht oder kaum kannte. Die einzige Ausnahme stellt ein Zitat aus Menander in 1Kor 15,33 dar, das allerdings zu dieser Zeit schon lange sprichwörtlich verwendet wurde. Gewisse Kenntnisse der Rhetorik ließen sich auch ohne formalen Unterricht gut durch Beobachtung und Schulung in der Diasporasynagoge bzw. im Erwachsenenalter erwerben.

Dieser Eindruck wird durch die Apostelgeschichte bestätigt, ja noch präzisiert. Hier trägt Paulus einerseits – und bis Apg 13,9 ausschließlich – den Namen Saulus (Σαῦλος/*Saulos*), der auf den biblischen Saul verweist. Die hebräische Form *Schaul* wird in der Apostelgeschichte mit Σαούλ/*Saul* wiedergegeben (9,4.17; 22,7.13; 26,14; vgl. 13,21). Die doppelte Benennung, sowohl hebräisch als auch griechisch, gehört zu den Eigenheiten von manchen Diasporajudäern. In ähnlicher Weise brachten auch Angehörige anderer orientalischer Ethnien im griechisch-römischen Raum durch entsprechende Doppelnamen ihre Zugehörigkeit zu zwei Welten zum Ausdruck. Der Umstand, dass die beiden Namen *Saulos* und *Paulos* ähnlich klingen, ist ebenfalls typisch. Die Verwendung richtete sich nach dem jeweiligen Kontext, sodass es nicht verwundert, dass sich *Saulos Paulos* in seinen griechischen Briefen seinen ausschließlich griechischsprachigen Leserinnen und Lesern nur mit seinem griechisch-römischen Namen Paulus vorstellt.

Während der ersten Verkündigungsreise (Apg 13f.), bei der Begegnung mit dem Statthalter Sergius Paul(l)us (13,6–12), nennt auch Lukas den eigentlichen Namen „Paulus", den er von da an ausschließlich verwendet. Die Redewendung „Vom Saulus zum Paulus werden" stimmt daher in zweierlei Hinsicht nicht: Zum einen wechselt die Benennung des Paulus in der Apostelgeschichte nicht bei der Bekehrung, sondern beim Zusammentreffen mit dem Statthalter Sergius, zum anderen trug Paulus von Geburt an zumindest zwei Namen, eben Saulus und Paulus.

Das lukanische Porträt des Paulus bestätigt ebenfalls den Eindruck, dass er Judäer war, sich aber in der hellenistisch-römischen Welt selbstverständlich bewegte. So predigt Paulus immer wieder in Synagogen und wirbt bei Judäern um den Glauben an den Messias Jesus von Nazareth, hält aber zugleich Reden wie jene in Lystra (Apg 14,15–17) oder auf dem Areopag in Athen (Apg 17,22–31), die deutlich hellenistisch-philosophische Anspielungen enthalten.

Die Herkunft des Paulus aus Tarsus, der Hauptstadt der südost- *Tarsus* kleinasiatischen Provinz Kilikien, ist kaum zu bestreiten. Lukas berichtet davon im Zusammenhang der Bekehrungsgeschichte (Apg 9,11). Laut Apg 21,39 besaß Paulus sogar das Bürgerrecht der größten Stadt Kilikiens, die als ein Schulzentrum hellenistischer Philosophie bekannt war (vgl. 22,3; Strabo, geogr. 14,5,13). Die Hafenstadt mit ihrer langen Bildungstradition entspricht dem urbanen Milieu, in dem sich Paulus während seiner Tätigkeit als Verkündiger des Evangeliums bewegte. Sie beherbergte sicherlich eine judäische Minderheit, die auch sonst in weiten Teilen Kleinasiens verbreitet war (vgl. Philo, leg. ad Gaium 281). In der hellenistischen Polis Tarsus konnte Paulus seine griechische Bildung ebenso empfangen haben wie die Vertrautheit mit jüdischen Traditionen in der dort wahrscheinlich vorhandenen Synagoge. Er selbst berichtet von seiner Tätigkeit in Kilikien nach seiner Hinwendung zum Christusglauben (Gal 1,21). Paulus übte laut Apg 18,3 *Beruf* den Beruf des Zeltmachers aus, den er in Tarsus erlernt hatte. In seinen Briefen verweist Paulus ebenfalls auf seine handwerkliche Tätigkeit (1Thess 2,9; 1Kor 9,6).

9.1.2 Römisches Bürgerrecht und soziale Stellung

Ausgesprochen umstritten ist die Frage, ob Paulus, wie die Apostelgeschichte mehrfach festhält (Apg 16,37f.; 22,25–29; 23,27), das römische Bürgerrecht besaß. In der frühen Kaiserzeit handelte es sich dabei um ein gewisses Privileg, das von Paulus – so Lukas – in Auseinandersetzungen mit staatlichen Behörden genutzt wurde. Die wichtigsten Argumente, die zu dieser Frage vorgebracht werden, sind folgende:
1. Paulus trägt an keiner Stelle den für einen römischen Bürger *Name* konstitutiven dreigliedrigen Namen aus *praenomen* (Individualname), *nomen gentile* (Familienname) und *cognomen* (Beiname). Das spricht an sich gegen das Bürgerrecht, kann aber auch daran liegen, dass Paulus in seinen Briefen keinen Anlass dafür sah, sich in dieser Ausführlichkeit vorzustellen.
2. Paulus wurde nach eigenen Angaben dreimal durch römische *Römische Strafen* Behörden ausgepeitscht (2Kor 11,25; vgl. Apg 16,22; anders Apg 22,23–29). Wäre er römischer Bürger gewesen, hätte das nach

römischem Recht nicht geschehen dürfen. Allerdings könnte es sich auch um Übergriffe römischer Behörden handeln, zumal es schwierig war, das Bürgerrecht jederzeit zu belegen. Möglich wäre ebenfalls, dass Paulus bewusst die Schmerzen auf sich nahm, als Teil der Konformität mit Jesu Leiden (2Kor 4,10; Gal 6,17) oder aus Solidarität mit Mitarbeitern, die keine römischen Bürger waren.

Appellation an den Kaiser

3. In der Verhandlung vor dem Prokurator Judäas, Festus (59 n. Chr.), berief sich Paulus laut Apg 25,11 auf sein Recht als römischer Bürger, seinen Fall vor den römischen Kaiser bringen zu dürfen *(appellatio)*. Der Prokurator soll diesem Anliegen stattgegeben haben und Paulus anschließend nach Rom zum Kaiser bringen lassen (Apg 25,21; 27,1). Ist dieser Bericht historisch, dann war Paulus tatsächlich römischer Bürger. Es ist allerdings auch möglich, dass es sich dabei um eine Konstruktion des Lukas handelt, um zu begründen, warum Paulus als Gefangener nach Rom kam.

Weniger Gewicht haben in der Debatte folgende Punkte:
- Mangelnde Lateinkenntnisse des Paulus spielen keine Rolle, da Griechisch im Osten selbstverständlich auch offizielle Sprache war.
- Eine Unvereinbarkeit von jüdischer Frömmigkeit und römischem Bürgerrecht war nicht gegeben. Judäer wurden nicht zur Demonstration von Loyalität mit dem Imperium Romanum durch kultische Verehrung des Kaisers oder römischer Staatsgötter gezwungen (vgl. Philo, leg. ad Gaium 155.157).
- Die häufigen Aufenthalte des Paulus in römischen Kolonien (Philippi, Korinth, im pisidischen Antiochien, in Ikonion und Lystra sowie in Alexandria Troas) hatten logistische Gründe, da die Straßenverbindungen zwischen Kolonien besonders gut waren. Sie sind für die Bürgerrechtsfrage irrelevant.

Römischer Bürger

Auch wenn es gewiss ein Anliegen des Lukas ist, Paulus als gesetzestreuen Staatsbürger zu präsentieren (Apg 26,32), sprechen die angeführten Gegenargumente nicht überzeugend gegen die lukanische Angabe, Paulus wäre römischer Bürger gewesen. Vor allem lässt sich damit am besten erklären, warum Paulus als Gefangener nach Rom gebracht wurde. Ohne Appellation an den Kaiser wäre Paulus in Judäa zu verurteilen gewesen, da sein Fall keinerlei politische Sprengkraft hatte. War Paulus also tatsächlich römischer Bürger, hatte er dieses Vorrecht gegenüber den meisten Bewohnern des römischen Reiches wahrscheinlich durch Geburt erreicht (Apg 22,28). Möglicherweise hatten dann bereits die Eltern des Paulus durch Freilassung aus der Sklaverei das Bürgerrecht erhalten.

Wenig hilfreich ist die Frage nach dem Bürgerrecht im Hinblick auf die soziale Stellung des Paulus. Mit seinem Beruf als Zeltmacher gehörte er eigentlich in das breite Feld der Handwerker, also zu den ökonomischen Stufen 4 oder 5 (s. o. S. 40), mehr oder weniger deutlich oberhalb des Existenzminimums. Das Bildungsniveau, das in seinen Briefen deutlich wird, verweist allerdings darauf, dass seine Familie Möglichkeiten hatte, ihn unterrichten zu lassen. Vor diesem Hintergrund wird auch eine Aussage wie 2Kor 11,7 verständlich: Paulus bezeichnet es dort als Selbsterniedrigung, sich von den Korinthern für seine Lehrtätigkeit nicht bezahlen zu lassen und durch eigene Arbeit seinen Lebensunterhalt zu verdienen. Er gibt damit zugleich zu verstehen, dass die handwerkliche Tätigkeit und die damit verbundenen ökonomischen Schwierigkeiten ihm eigentlich als unwürdig erscheinen. Diese Niedrigkeit gehörte zu seiner apostolischen Existenz, nicht zu seinem angestammten gesellschaftlichen Status. Das lässt erkennen: Paulus war aufgrund seiner Herkunft zunächst Teil jener Gruppe von Menschen (etwa 15 % der Gesamtbevölkerung), die ihr Leben gut bestreiten konnten (Stufe 4). Auch der Besitz des tarsischen Bürgerrechts, für den ein Vermögen von wenigstens 500 Denaren erforderlich war (Dio Chrysostomus, or. 34,21–23), entspricht dieser Einordnung. Während seiner späteren Verkündigungstätigkeit war die Einkommenssituation des Paulus allerdings sicherlich deutlich schlechter (Stufe 5, s. u. 11.2).

Soziale Stellung

9.2 Paulus, ein Pharisäer in Jerusalem

Wie viele andere Judäer aus der Diaspora zog offenbar auch Paulus nach Jerusalem. Die in der Apostelgeschichte erwähnten Jerusalemer Synagogen von Diasporajudäern umfassen u. a. eine von Leuten aus Kilikien (Apg 6,9). Bei der ersten Erwähnung in der Apostelgeschichte ist Paulus in Jerusalem (Apg 7,58–8,3). Nach Apg 23,16 lebte wenigstens ein Neffe von ihm ebenfalls in der Stadt. Apg 22,3 fügt darüber hinaus dem Aufenthalt in Jerusalem noch ein weiteres Detail hinzu: Zwar sei Paulus in Tarsus geboren, aufgezogen worden sei er aber in Jerusalem, wo er zu Füßen des Rabbi Gamaliel die Tora studiert habe (vgl. auch 26,4f.). Der historische Wert dieser Notiz ist allerdings umstritten.

Unstrittig ist in dieser Hinsicht freilich, dass Paulus eine pharisäisch ausgerichtete Bildung erhielt. Auch als Christusgläubiger verweist er mit einem gewissen Stolz darauf (Phil 3,5; vgl. Gal 1,14; Apg 23,6; 26,5). Da es aber in der Diaspora vor 70 n. Chr. keine Pharisäer gab, muss Paulus diese Bildung in Galiläa oder – viel wahrscheinlicher – in Judäa, konkret in Jerusalem, erhalten haben. Dagegen scheint auf den ersten Blick Gal 1,22 zu sprechen, wo Paulus berichtet, den (christli-

Pharisäische Ausbildung

chen) Gemeinden Judäas persönlich nicht bekannt gewesen zu sein. Allerdings handelt es sich bei der pharisäischen Ausbildung und der späteren Verfolgungstätigkeit um völlig verschiedene Kontexte, sodass nichts dagegenspricht, dass Paulus von Tarsus nach Jerusalem kam und sich dort der Schule der Pharisäer anschloss. Ob dies tatsächlich auch bei dem berühmten Lehrer Gamaliel I. (20–50 n. Chr.) erfolgte, ist nicht nachzuweisen, aber durchaus plausibel. Für einen eifrigen Studenten der Tora lag es nahe, bei der bekanntesten Lehrautorität Jerusalems zu lernen. Damals war Paulus 20–25 Jahre alt, also – wie auch Apg 7,58 nahelegt – ein junger Mann. Gegen dieses Alter spricht nicht, dass er sich im etwa fünfundzwanzig Jahre später geschrieben Philemonbrief als alt bezeichnet (Phlm 9), da dies im Kontext des Briefes vor allem rhetorisch ausgerichtet ist. Die Beschreibung des Lukas, wonach Paulus in Jerusalem „von Jugend auf" erzogen worden war (Apg 22,3; 26,4), ist allerdings übertrieben: Griechisch war eindeutig die Muttersprache des Paulus, seine Bildung empfing er in einem hellenistischen Umfeld. Wenig Plausibilität hat übrigens auch die lukanische Auskunft, schon der Vater des Paulus sei Pharisäer gewesen (Apg 23,6).

Alter

Als Pharisäer gehörte Paulus zu jener Gruppe frommer Juden, die sich in besonderer Weise um die Einhaltung der Tora bemühten. Dabei ging es vor allem darum, mithilfe der überlieferten und stets neu zu bedenkenden Deutung des Gesetzes dieses im Alltag umzusetzen (s. o. 3.2.2). Wie die zahlreichen Auseinandersetzungen Jesu mit Pharisäern zeigen (Mk 2,23–28 par; 3,1–6 par; 8,15 par; Mt 23,23 par Q u. ö.), bestand schon vor Paulus ein deutlicher Dissens zwischen der Jesusbewegung und der pharisäischen Schule. Paulus selbst verweist auf die große Bedeutung der Tora und der Auslegungstradition, wenn er sich selbst als „übermäßige[n] Eiferer für die väterlichen Überlieferungen" bezeichnet (Gal 1,13). Als Pharisäer sei es ihm darum gegangen, das Gesetz einzuhalten und darin ohne Tadel zu sein (Phil 3,5f.). Paulus war also nicht nur ein eingewanderter Diasporajudäer, sondern zeichnete sich als Pharisäer auch durch hervorragende Qualitäten aus. Seine in den Briefen immer wieder demonstrierte Fähigkeit, die biblischen Texte für seine Argumentation heranzuziehen, verdankt sich mit Gewissheit dieser Ausbildung.

Pharisäer

Zusammenfassend lässt sich festhalten: Paulus Saulus war also ein in jungen Jahren nach Jerusalem rückgewanderter Diasporajudäer, der Griechisch und Aramäisch sprach und auch Hebräisch beherrschte. Sprachlich und kulturell gehörte er damit zur großen Gruppe von Menschen im Imperium Romanum, deren personale Identität sich aus zwei verschiedenen Kulturen bildete. Während er den größten Teil seiner griechischen Bildung in seiner Heimatstadt Tarsus empfangen hatte, schloss er sich in Jerusalem der pharisäischen Bewegung an, die für seine religiöse Orientierung maßgebend wurde. Seine soziale Stellung in Tarsus schloss ökonomische Stabilität, das städtische und römische Bürgerrecht sowie die Zugehörigkeit zur Diasporasynagoge ein. In Jerusalem, wohin auch familiäre Beziehungen bestanden, war die Zugehörigkeit zu den Pharisäern, unter denen er als junger Mann offenbar einiges Ansehen genossen hatte (Gal 1,14), für ihn wesentlich. Zugleich war er Teil der Minorität von Diasporajudäern in Jerusalem, die die griechische Sprache und hellenistisch-jüdische Religiosität in den Synagogen weiter pflegte.

9.3 Paulus ein Verfolger der Christusgläubigen

In drei verschiedenen Schreiben berichtet Paulus unverhohlen von seiner Zerstörungswut gegenüber den Christusgläubigen:

> „Denn ihr habt gehört von meinem früheren Verhalten im Judentum, dass ich im Übermaß die Gemeinde Gottes verfolgt habe und sie zu zerstören versuchte" (Gal 1,13; vgl. 1,23)
> „… entsprechend dem Eifer die Gemeinde verfolgend" (Phil 3,6)
> „… weil ich die Gemeinde Gottes verfolgte" (1Kor 15,9)

In allen Kontexten spricht Paulus stets von „der Gemeinde" im Singular (ἐκκλησία/*ekklēsia*). Das kann so verstanden werden, dass damit die „Kirche" im Allgemeinen gemeint ist. Paulus würde dann den Begriff hier anders als sonst verwenden, denn ἐκκλησία/*ekklēsia* meint in den Paulusbriefen sonst ausschließlich die Einzelgemeinde. Es ist daher wahrscheinlicher, dass Paulus bei diesen Textstellen ganz konkret an *eine* Gemeinschaft von Christusgläubigen dachte. Sie könnte in Damaskus zu verorten sein, das würde allerdings der lukanischen Darstellung über weite Strecken widersprechen (s. u. 9.4). Plausibler ist, dass Paulus in diesen kurzen Notizen die Nachstellung von Christusgläubigen in Jerusalem im Blick hat. Wie wir oben gesehen haben, betraf die fatale Verfolgung in Jerusalem allerdings lediglich die Hellenisten (s. o. S. 149–151), sodass Paulus mit der Gemeinde Gottes hier den hellenistisch orientierten Teil des Jerusalemer Christentums meint. Dieser Befund fügt sich bestens zu jenem in der Apostelgeschichte: Paulus wird als zustimmender Beobachter der Steinigung des Stephanus eingeführt (7,58–8,3), der dann nach seinem Wüten gegen die Hellenisten auch in Damaskus für Ordnung sorgen will. Mit seiner damaligen pharisäischen Überzeugung konnten weder Tempel- und Kultkritik noch eine Öffnung für die Völker vereinbar sein, ja,

Verfolger

Jerusalem

deren Propagierung durch die Hellenisten fügte seiner Ansicht nach der religiösen und ethnischen Identität Israels als von Gott erwähltem Volk größten Schaden zu. Wie schon aus Jerusalem sollten auch aus den Synagogen in Damaskus die Christusgläubigen vertrieben werden. Aber wie ist dann Gal 1,22f. zu verstehen? Paulus schreibt dort:

Gal 1,22f.

> „Ich war aber den Gemeinden von Judäa, die in Christus sind, von Angesicht unbekannt. Sie hatten nur gehört: Der, der uns einst verfolgte, verkündigt nun den Glauben, den er früher zerstören wollte."

Drei Dinge sind dazu wichtig:
1. Wenn Paulus von Judäa schreibt, meint er nicht allein die Landschaft Judäa, sondern insgesamt jene Gebiete, die zur Zeit der Abfassung die Provinz Judäa bildeten, also auch Samaria und die Küstenstädte (vgl. 1Thess 2,14; 2Kor 1,16). Die Bezeichnung verweist also auf ein so großes Gebiet, dass die Aussage, Paulus sei den Christusgläubigen in Judäa persönlich unbekannt gewesen, selbst dann zutrifft, wenn Einzelne in Jerusalem Paulus gekannt haben.
2. Auch Jerusalem selbst war in den frühen 30er Jahren keine Kleinstadt, in der man sich kennen musste. Bei mehreren zehntausend Einwohnern ist mehr als verständlich, dass Paulus die vielleicht hundert Christusgläubigen nicht persönlich kannte.
3. Im Hinblick auf die Verfolgung ist zudem von Bedeutung, dass die Aussage, dass Paulus „die Gemeinde Gottes verfolgte und zu zerstören versuchte" (Gal 1,13), historisch die Gemeinde der Hellenisten meint, deren Ausläufer Paulus nach seiner Tätigkeit in Jerusalem dann auch in Damaskus verfolgte. Die Gruppe der „Hebräer" (Apg 6,1; s.o. 7.1.5), der Paulus nicht nachstellte, konnte ihm dann persönlich unbekannt bleiben (Gal 1,22). Auch dies ist als Hinweis darauf zu werten, dass die „Hebräer" nach einer kurzen Druckphase unmittelbar nach dem Tod Jesu bis in die 40er Jahre unbehelligt blieben.

9.4 Die Wende des Paulus zum Christusglauben

Mitten in seinem Vorgehen gegen Christusgläubige, wohl in oder auf dem Weg nach Damaskus, wurde aus Paulus ein Anhänger des Messias Jesus von Nazareth. In etlichen Texten kommt er selbst darauf zu sprechen, u.a. in Gal 1,15f.:

> „Als es aber ihm, der mich von Mutterleib an ausgewählt und mich durch seine Gnade berufen hatte, gefiel, seinen Sohn in mir zu offen-

baren, damit ich ihn unter den Völkern verkündigte, zog ich nicht Fleisch und Blut zu Rate."

Paulus schreibt hier in Anlehnung an prophetische Diktion (vgl. Jer 1,5; Jes 49,1.5): Er sei von Gott immer schon dazu bestimmt gewesen, als Apostel der Völker zu wirken, dies sei ihm aber erst durch die Offenbarung des Sohnes deutlich geworden. In den Briefanfängen von Römerbrief, 1. und 2. Korintherbrief und dem Galaterbrief verweist er darauf, von Gott berufener Apostel zu sein, und betont damit, nicht aus eigenem Vorsatz die Verkündigung des Evangeliums zu betreiben. In 1Kor 15,8f. erfahren wir davon, dass Paulus diese Offenbarung Jesu als letzte Erscheinung des Auferstandenen verstand (ähnlich 1Kor 9,1), die er gerade deshalb als Gnade empfand, weil er die Gemeinde Gottes verfolgt hatte. An all diesen Stellen spielt der Hinweis auf die Berufung durch Gott eine mehr oder weniger große Rolle im Zusammenhang der Verteidigung bzw. Absicherung des Apostolats des Paulus, eine objektive Darstellung ist das sicherlich nicht. Es ist aber auch bemerkenswert, dass Paulus dieses für ihn so umstürzende Ereignis nicht detailliert beschreibt. Was er gesehen und gehört hat, bleibt verborgen. Für Paulus war entscheidend, dass er damit zum Apostel wurde, der durch den Auferstandenen selbst mit der Verkündigung des Evangeliums beauftragt worden war.

<small>Berufung</small>

Die Hinwendung zum Glauben jener kleinen Gruppierung innerhalb des Judentums, die einen Gekreuzigten als auferstandenen Messias verkündigte sowie Tempel und judäische Identitätsmerkmale in Frage stellte, bedeutete für Paulus im Rückblick eine Abwendung von dem, was ihm vorher wichtig gewesen war.

<small>Auswirkungen der Offenbarung</small>

„Was immer mir Gewinne waren, diese habe ich wegen Christus für Verlust gehalten. Doch in der Tat, ich halte auch alles für Verlust wegen der überragenden Größe der Erkenntnis des Christus Jesus, meines Herrn, wegen dessen mir alles Verlust wurde, und ich halte es für Dreck, damit ich Christus gewinne." (Phil 3,7f.).

Sicherlich liegt hier eine pauschal formulierte Stilisierung vor, doch wird man anerkennen müssen, dass die Offenbarungsvision für Paulus eine Infragestellung seiner Werte bedeutete: Was zuvor wichtig war – das Gesetz und seine Einhaltung, der Tempel und sein Kult, die judäische Identität und ihre Bewahrung, die entschiedene Abgrenzung von Nicht-Juden –, wurde radikal in Frage gestellt. Der gescheiterte Gekreuzigte wurde als der Herr erkannt, der vor dem kommenden Zorn rettet (1Thess 1,10), der Verfluchte als der Retter auch für die Völker (Gal 3,13f.). Die Bedeutung von Gesetz und judäischer Identität wurde relativiert durch die Erkenntnis Christi (Gal 2–4; Röm 2–7). In seiner Tätigkeit als Verkündiger des Evangeliums und Theologe wurden jene Themen ganz zentral, die ihn zuvor zur Verfolgung der Christusgläubigen bewegt hatten.

Deutlich ist, dass Paulus dieses Geschehen als Neuorientierung innerhalb des Judentums verstand, nicht als Konversion zu einer anderen, neuen Religion. Eine solche bestand ja noch gar nicht, sondern entwickelte sich erst im 2. Jh. n. Chr. Die Lebenswende führte Paulus aber von einem „falschen" Weg auf den richtigen und schloss zugleich seine Beauftragung ein. Sie war also sowohl Bekehrung zu einer anderen Form des Judentums als auch Berufung zum Dienst der Verkündigung des Evangeliums.

Bekehrung und Berufung

Lukas erzählt, in Aufnahme von Berichten über Paulus, dieses Ereignis in drei Variationen als Bekehrung (Apg 9,3–19; 22,6–16; 26,12–18), die Paulus freilich auch nach Lukas nicht aus dem Judentum herausführte. Den Charakter einer Berufung hat diese Bekehrung bei Lukas in der Weise, dass Paulus zum Verkündiger an die Völker *und* Israel erwählt wird (Apg 9,15; 22,15; 26,17f.). Dies wird aber erst in der dritten Version durch Jesus selbst ausgesprochen (vgl. auch 22,17–21), sonst durch einen gewissen Ananias aus Damaskus, der Paulus taufte (9,10–18). Sachlich besteht der Widerspruch zur paulinischen Selbstdarstellung aber vor allem darin, dass Lukas ganz eindeutig keine Erscheinung des Auferstandenen damit verbindet, da Jesus nach seiner Darstellung bereits lange zuvor in den Himmel entrückt worden war. Die Lichtvision mit der begleitenden Stimme „Saul, Saul, warum verfolgst du mich?" (9,4) sowie die vorübergehende Blindheit sind Teil einer Bekehrungserzählung, keine Ostererscheinung.

Die lukanische Deutung

Das eigentliche Ereignis der Lebenswende bleibt hinter den knappen Formulierungen des Paulus also weitgehend verborgen. Geographisch kann auf Grundlage der Angabe, Paulus sei nach Damaskus zurückgekehrt (Gal 1,17), der Ort festgemacht werden, zeitlich dürfte sich die Berufung des Paulus um das Jahr 31/32 n. Chr. ereignet haben.

Damaskus, 31/32 n. Chr.

Diese relativ frühe Datierung der Berufung des Paulus – andere datieren sie auf das Jahr 33 n. Chr. – ist aufgrund dreier Überlegungen besonders naheliegend:

1. Die Ereignisse in Jerusalem, an denen Paulus beteiligt war und die zur Tötung des Stephanus und zur Flucht der hellenistischen Christusgläubigen aus Jerusalem geführt hatten, lassen sich sehr plausibel als Entwicklungen innerhalb eines Jahres verstehen. Die politische Problematik einer Gemeinschaft von Judäern, die den eben durch die Römer hingerichteten Jesus von Nazareth als Messias proklamierten und von seiner Auferstehung und Rechtfertigung redeten, war in den ersten Monaten nach seiner Kreuzigung besonders groß.

2. Die in Gal 1,17–2,1 erkennbare Abfolge einer 2- bis 3-jährigen Tätigkeit bei den Nabatäern und einer 13- bis 14-jährigen in Syrien und Kilikien bis zum Apostelkonvent macht die Datierung der Berufung des Paulus etwa um das Jahr 31 n. Chr. wahrscheinlich (s. u. S. 90).
3. Das Verständnis der Berufungsvision als Ostererscheinung, das Paulus so wichtig ist (1Kor 15,8f.), rückt dieses Erlebnis auch zeitlich nahe an Ostern heran. Die Bezeichnung des Adressaten dieses Ereignisses als „Fehlgeburt" im Vergleich zu den anderen Erscheinungsempfängern, den Jüngern und anderen Aposteln, zeigt nicht eine Verspätung an, wie manchmal vermutet wurde. Sie verweist vielmehr auf seine mangelnde Qualifikation zum Apostel, da er ja die Gemeinde verfolgt hatte.

9.5 Das Wirken des Paulus bis zum Apostelkonvent

In Gal 1,17–21 beschreibt Paulus äußerst knapp sein Wirken während eines Zeitraums von etwa fünfzehn bis sechzehn Jahren:

Gal 1,17–21

> „Ich ging auch nicht nach Jerusalem hinauf zu denen, die vor mir Apostel waren, sondern ich ging sogleich fort in die Arabia und kehrte wieder nach Damaskus zurück. Danach, nach drei Jahren, ging ich nach Jerusalem hinauf, um Kephas kennenzulernen, und blieb fünfzehn Tage bei ihm. Einen anderen der Apostel aber sah ich nicht außer Jakobus, den Bruder des Herrn. Was ich euch aber schreibe – siehe, vor Gott –, ich lüge nicht. Danach kam ich in die Gegenden von Syrien und Kilikien."

Nach eigener Auskunft (Gal 1,17) hielt sich Paulus nach seiner Lebenswende für etwa zwei Jahre in der Arabia auf, womit wohl nabatäisches Gebiet, südöstlich von Syrien, gemeint ist. Wenn er seiner Berufung als Apostel unter Nicht-Juden dort schon entsprechen wollte, verkündigte er das Evangelium bei den Nabatäern. Gehört die Episode aus 2Kor 11,32f. an das Ende dieses Zeitraums, ist das Vorgehen des Nabäterfürsten Aretas IV. gegen Paulus durch den Leiter der nabatäischen Handelsstation in Damaskus wahrscheinlich darauf zurückzuführen, dass Paulus mit seiner Verkündigung gewisse Probleme verursachte. Möglicherweise brachte er die judäische Minorität in diesen Gebieten in Unruhe. Im Jahr 33 oder 34 n. Chr., also ca. zwei Jahre nach seiner Berufung, kehrte er nach Damaskus zurück, wurde von dort aber wieder vertrieben.

Arabia

Aus Damaskus kam Paulus daraufhin zu einem Kurzbesuch nach Jerusalem, um Petrus (Kephas) und den Herrenbruder Jakobus kennenzulernen (Gal 1,18). Offenbar war Paulus die Verbindung zu den

1. Aufenthalt in Jerusalem

beiden führenden Gestalten der Jerusalemer Gemeinde sehr wichtig. Lukas hingegen beschreibt diesen ersten Aufenthalt in Jerusalem als angespannt (Apg 9,26–30): Zum einen hätten die Christusgläubigen in Jerusalem Angst vor Paulus gehabt, die nur durch das Eintreten des Barnabas überwunden werden konnte. Zum anderen sei Paulus mit Hellenisten nun selbst in Konflikt geraten und aus Jerusalem nach Tarsus geflüchtet (vgl. auch 22,17–21). Die enge Verbindung des Paulus mit den Aposteln in Jerusalem, die Lukas als Ergebnis des Besuchs festhält (9,28), entspricht nicht dem Anliegen des Paulus in Gal 1,18, der sich so weit wie möglich von ihnen distanzieren will, um nur ja nicht als abhängig zu erscheinen. Immerhin können wir Lukas bzw. seiner ihm vorliegenden Tradition entnehmen, dass Paulus in Jerusalem in Konflikte mit jenen geriet, deren Anliegen er zuvor mit Gewalt durchsetzen wollte, und nach Kilikien ging, woher er ja stammte. Im Blick auf eine paulinische Verkündigung in Jerusalem selbst ist auch Röm 15,19b gut verständlich, wo Paulus selbst angibt, „von Jerusalem aus und einen Kreis beschreibend bis Illyrien" das Evangelium verkündet zu haben (s. u. S. 229).

Kilikien und Syrien

Die Flucht nach Tarsus (Apg 9,30) wird bestätigt durch die paulinische Angabe (Gal 1,21), ca. dreizehn Jahre, also seit 33/34 n. Chr., in Syrien und Kilikien das Evangelium verkündigt zu haben. Die Provinz Syria und das „Kilikien der Ebene" mit dem Hauptort Tarsus bildeten von 44 v. Chr. bis 72 n. Chr. eine Verwaltungseinheit. In der Provinzhauptstadt Antiochien, die nicht weit von Kilikien lag, war jene Gemeinde von Christusgläubigen, von der Paulus am meisten geprägt wurde. Zwar erwähnt er die Stadt nur ein einziges Mal (Gal 2,11), weil er im Streit von der dortigen Gemeinde geschieden war, doch die Apostelgeschichte macht ihren großen Einfluss auf Paulus ebenso wahrscheinlich wie umgekehrt seinen Einfluss auf die Gemeinde. Auch wenn sich die Notiz, wonach erst Barnabas Paulus nach Antiochien geholt hat (Apg 11,25f.), nicht historisch verifizieren lässt, ist doch wahrscheinlich, dass Barnabas bereits eine leitende Funktion in Antiochien hatte, als Paulus zu dieser Gemeinde stieß (vgl. Apg 13,1; s. o. 8.3.1). Gemeinsam mit anderen bestimmten diese beiden die Theologie und die Gemeinden in Syrien und Kilikien in wesentlichen Zügen.

9.6 Die zeitliche Einordnung der Verkündigung auf Zypern und in Südkleinasien

In der Darstellung seiner Tätigkeit in Gal 1,13–2,14, die Paulus mit der Schwurformel in 1,20 als zuverlässig unterstreicht, fehlt die Verkündigungstätigkeit in Zypern und im Süden Kleinasiens, die in Apg 13f.

erwähnt wird, völlig. Es ist daher anzunehmen, dass sie erst in der Zeit nach dem Apostelkonvent stattfand (s. o. S. 91f.). Zahlreiche Rekonstruktionen des paulinischen Wirkens folgen allerdings der Ereignisabfolge der Apostelgeschichte auch in diesem Punkt. Sie wird dann etwa auf 45–47 n. Chr. (Schnelle) oder 48 n. Chr. (Koch) datiert. Sehr unwahrscheinlich ist die Annahme, die Reise hätte gar nicht stattgefunden: Sie passt trotz ihrer literarischen Gestaltung sowohl in Einzelheiten wie in der Route sehr plausibel zum Wirken des Paulus (s. u. 11.4). In der vorliegenden Rekonstruktion wird sie knapp nach dem Apostelkonvent eingeordnet, der auf das Jahr 46/47 n. Chr. datiert wird. Sie wird daher auch erst nach der folgenden Beschäftigung mit diesem entscheidenden Treffen näher diskutiert.

Literatur

Richard Bauckham, Paul and Other Jews with Latin Names in the New Testament, in: Paul, Luke and the Graeco-Roman World, FS A. J. M. Wedderburn, edd. A. Christophersen/C. Claussen/J. Frey/B. Longenecker, JSNT.S 217, Sheffield 2002, 202–220.

Eva Ebel, Das Leben des Paulus, in: Paulus. Leben – Umwelt – Werk – Briefe, ed. O. Wischmeyer, Tübingen 2006, 83–96.

Martin Hengel, Der vorchristliche Paulus, in: Paulus und Jakobus. Kleine Schriften III, WUNT 141, Tübingen 2002, 68–192.

Martin Hengel/Anna Maria Schwemer, Paulus zwischen Damaskus und Antiochien. Die unbekannten Jahre des Apostels, WUNT 108, Tübingen 1998.

Dietrich-Alex Koch, Geschichte des Urchristentums. Ein Lehrbuch, Göttingen ²2014, 202–221.

Bernd Kollmann, Die Berufung und Bekehrung zum Heidenmissionar, in: Paulus Handbuch, hg. v. F. W. Horn, Tübingen 2013, 80–91.

Wolfgang Kraus, Zwischen Damaskus und Antiochien, in: Paulus Handbuch, hg. v. F. W. Horn, Tübingen 2013, 91–98.

Karl-Wilhelm Niebuhr/Jörg Frey/Tor Vegge, Der vorchristliche Paulus, in: Paulus Handbuch, hg. v. F. W. Horn, Tübingen 2013, 49–80.

Eckart Reinmuth, Paulus. Gott neu denken, BG 9, Leipzig 2004, 17–40.

Ruth Schäfer, Paulus bis zum Apostelkonzil. Ein Beitrag zur Einleitung in den Galaterbrief, zur Geschichte der Jesusbewegung und zur Pauluschronologie, WUNT 2. Reihe 179, Tübingen 2004.

Udo Schnelle, Die ersten 100 Jahre des Christentums 30–130 n. Chr. Die Entstehungsgeschichte einer Weltreligion, Göttingen ²2016, 165–167.

10 Die fortwährende Auseinandersetzung um Gesetz und judäische Identität

Die Verhältnisbestimmung zur Tora, deren Bedeutung für Identität und Selbstverständnis im frühen Judentum trotz der unterschiedlichen Interpretationen und Zugänge ausgesprochen hoch war (s. o. 3.1), bewegte die frühchristlichen Gemeinschaften über lange Zeit, wenngleich in unterschiedlichem Ausmaß. Dabei ging es nicht nur, wie schon in der vorösterlichen Jesusbewegung, um die Interpretation von Einzelbestimmungen zu Sabbat, Reinheitsfragen oder ethischen Vorgaben, sondern um die grundsätzliche Rolle, die die Tora innerhalb des beginnenden Christentums spielen sollte. Diese Auseinandersetzungen spiegeln sich in Berichten über Ereignisse wie den Apostelkonvent (10.1) oder den sogenannten Antiochenischen Zwischenfall (10.2) wider, aber auch in Zeugnissen von Bestimmungen für Nicht-Juden wie dem Aposteldekret (10.3) und dem brieflichen Eingreifen des Paulus in den galatischen Gemeinden (10.4).

10.1 Der Apostelkonvent in Jerusalem

Mit dem Apostelkonvent, über den sowohl Paulus als auch Lukas berichten (Gal 2,1–10; Apg 15,1–29), erreichen wir ein bedeutendes, wenn nicht sogar das bedeutendste Ereignis in der Geschichte des frühen Christentums vor dem 1. Judäischen Aufstand. Das Treffen, das anachronistisch oft als „Apostelkonzil" bezeichnet wird oder neutraler als „Jerusalemer Konferenz", führte die bedeutenden Personen der beiden Gemeinden von Jerusalem und Antiochien zusammen, um die Frage der Zugehörigkeit von Nicht-Juden zu christlichen Gemeinden zu klären.

10.1.1 Auf der Suche nach Identität

Die frühchristlichen Strömungen, die in den ersten Jahrzehnten entstanden, befanden sich je für sich, im Austausch untereinander und im jeweiligen Kontext in einem Prozess der Identitätskonstitution. Dabei spielten verschiedene Faktoren eine wichtige Rolle, wie wir bisher gesehen haben: das Verhältnis zum historischen Jesus, die Ausbildung von Ritualen sowie die Bezugnahme auf Identitätsmerkmale des Judentums wie Tempel und Gesetz. Die Kontinuität zur vorösterlichen

Identitätsfaktoren

Jesusbewegung war vor allem in Jerusalem und Judäa, aber wohl auch in Galiläa von großer Bedeutung. Die Etablierung von Taufe und Mahl als identitätskonstituierenden und -erhaltenden Vollzügen war in allen Gruppen zentral, selbst wenn sie verschieden interpretiert wurden. Hingegen zeigte sich schon während der Anfänge in Jerusalem und dann noch sehr viel deutlicher mit der Ausbreitung der christlichen Bewegung unter Nicht-Juden, dass die Frage, ob und, wenn ja, inwiefern der Glaube an den Messias Jesus die Hineinnahme von Nicht-Juden in das Gottesvolk Israel einschloss, unterschiedlich beantwortet wurde. Gerade dieser Punkt wurde zu einer stetigen Herausforderung und Bedrohung für das Verhältnis der unterschiedlichen christlichen Gruppierungen zueinander.

Die Frage nach der Zugehörigkeit von Nicht-Juden betraf den für die Antike besonders wichtigen Bereich ethnischer Identität. Die Zugehörigkeit zu einem Volk, im konkreten Fall dem der Judäer, war ein wesentlicher Faktor für das Selbstverständnis von Individuen wie Gruppen. Andere Faktoren, wie die familiäre Abstammung, der Beruf, der Status oder die Herkunft aus einer bestimmten Stadt, waren ebenfalls wichtig. Dabei ist überdies zu beachten, dass in der griechisch-römischen Antike das Selbstverständnis weniger anhand der Frage „Wer bin ich?" bedacht wurde als vielmehr anhand der Frage „Was denken die anderen über mich?". Da die Verankerung in der Gemeinschaft um einiges bedeutender eingeschätzt wurde als in der Moderne, lag alles daran, was und wie die Umgebung über eine Person dachte. Exemplarisch zeigt sich dies in Jesu Frage an seine Jünger: „Wer sagen die Menschen, dass ich sei?" (Mk 8,27).

Schon innerhalb des antiken Judentums hatten sich durch die differierenden kulturellen Kontexte und sozialen Umstände verschiedene Formen ausgebildet, die im Widerstreit untereinander und in mehr oder weniger engem Bezug zur nicht-jüdischen Umgebungsgesellschaft unterschiedliche judäische Identitäten konstruierten (s. o. 3.2 und 3.7). Innerhalb des frühen Christentums war durch die immer stärker betriebene Hineinnahme von Nicht-Juden in die sich als Teil des Judentums verstehenden Gemeinden dieser Konflikt ebenfalls aufgebrochen. Diese Öffnung auf die Völker hin bedeutete nämlich zum einen, dass die Beschneidung nicht mehr als unbedingte Voraussetzung für die Zugehörigkeit zum Gottesvolk galt, und zum anderen, dass Vorschriften zur Abgrenzung von den Nicht-Juden sowie zu Speisetabus in einigen Gemeinden von jüdischen und nicht-jüdischen Christusgläubigen nicht mehr praktiziert wurden. Der Konflikt, aus dem sich der Apostelkonvent ergab, war also ein Streit innerhalb einer Gruppierung, die sich in der Frage, was judäische Identität ausmachte, neu orientieren wollte. Es war

Ethnische Identität

keine nur religiöse oder theologische Frage, es ging um die Identität als Teil des judäischen Ethnos.

10.1.2 Der Ablauf des Apostelkonvents

Die Rekonstruktion des Apostelkonvents ist durch die beiden Berichte in Gal 2,1–10 und Apg 15,1–29 im Vergleich zu vielem anderen in der Geschichte des frühen Christentums verhältnismäßig einfach. Allerdings ist zu berücksichtigen, dass in beiden Texten bestimmte Blickwinkel eingenommen werden: Paulus berichtet davon im Kontext seiner indirekten Auseinandersetzung mit Gegnern in Galatien, die von Gemeindegliedern die Beschneidung und vollständige Beachtung der Tora verlangten (s. u. 10.4). Lukas erzählt die Geschichte hingegen mit dem Interesse, die Jerusalemer Apostel und den Herrenbruder Jakobus als die Leitungsorgane der gesamten Christenheit darzustellen. Da es sich aber bei Paulus um einen der Beteiligten an diesem Treffen handelt, ist seiner Darstellung grundsätzlich der Vorzug zu geben. Tabellarisch lassen sich Übereinstimmungen und Differenzen folgendermaßen veranschaulichen, wobei die Differenzen kursiv gedruckt sind.

Paulus und Lukas

Paulus (Gal 2,1–10)	Lukas (Apg 15,1–29)
Vorgeschichte in Syrien und Kilikien (1,21)	Vorgeschichte in Antiochien (14,26)
Narrativer Anschluss an die Verkündigung *in Syrien und Kilikien* (1,21)	Narrativer Anschluss an die Verkündigung *auf Zypern und in Kleinasien* (13f.)
3 Personen aus Antiochien: Paulus, Barnabas und Titus (2,1)	Personen aus Antiochien: Paulus, Barnabas und einige andere (15,2)
Anlass der Reise: *Offenbarung* (2,2)	*Anlass der Reise: Forderung der Lehrer aus Judäa in Antiochien die Beschneidung von Nicht-Juden durchzuführen – Streit mit Paulus und Barnabas (15,1f.)*
	Aussendung durch die Gemeinde von Antiochien (15,2)
Ort des Treffens: Jerusalem (2,1)	Ort des Treffens: Jerusalem (15,4)
Jerusalemer Gesprächspartner: Die Gemeinde und die *„Säulen"* bzw. *„Angesehenen"* Jakobus, Petrus und Johannes (2,2.6.9)	Jerusalemer Gesprächspartner: Die Gemeinde (15,4) sowie v. a. *Apostel und Älteste* (15,6); Petrus und Jakobus als Redner

Widerstand des Paulus gegen „falsche Brüder" (2,4)	Forderung von pharisäischen Christusgläubigen: Beschneidung und Verpflichtung auf das Gesetz des Mose (15,5)
	Erklärung des Petrus, der an die Völker das Evangelium verkündigt hat, wonach Gott keinen Unterschied zwischen Juden und Nicht-Juden macht (15,7–11)
Präsentation der Verkündigung unter Nicht-Juden (2,2)	Bericht des Barnabas und Paulus über die Verkündigung auf Zypern und in Kleinasien (15,12)
Anerkenntnis der Verkündigung des Paulus (2,7–9)	
	Bestätigung der Beschneidungsfreiheit durch Jakobus (15,13–19)
Titus als Exempel eines nicht beschnittenen Griechen, der an Christus glaubt (2,3)	
Keine Auflagen der Säulen für Paulus (2,6)	Erlass von Regeln für nicht-jüdische Gemeindeglieder durch Jakobus, das sog. Aposteldekret (15,20)
	Brief an die Gemeinden in Antiochien, Syrien und Kilikien (15,22–29)
Aufteilung der Verantwortung für die Verkündigung zwischen Jakobus, Petrus und Johannes einerseits und Paulus und Barnabas andererseits: „sie zu den Beschnittenen, wir zu den Völkern" (2,9)	
Zusage der Sammlung für die Armen (2,10)	

Es ist zunächst festzuhalten, dass in den wesentlichen Punkten die Darstellungen so deutlich übereinstimmen, dass unbestreitbar vom selben Ereignis die Rede ist. Überlegungen, es könnte sich in Gal 2,1–10 um den Besuch aus Apg 11,30; 12,25 handeln, sind daher abzuweisen. Die Datierung haben wir bereits oben geklärt: Das Jahr 47 n. Chr. ist als wahrscheinlichstes Datum für den Apostelkonvent anzunehmen (s. o. S. 90). Die einzelnen Phasen des Konvents lassen sich wie folgt rekonstruieren:

10.1.2.1 Die Vorgeschichte des Apostelkonvents

Die paulinische Angabe, er sei aufgrund einer Offenbarung nach Jerusalem gegangen, ist kaum zu widerlegen. Der Apostel will damit aber auch zum Ausdruck bringen, weder von Jerusalem zu dem Treffen bestellt noch als Repräsentant Antiochiens gesandt worden zu sein. Über die Motive der Mitreisenden – zumindest Barnabas und Titus, möglicherweise noch mehr – sagt er nichts. Die Angabe des Lukas, wonach es sich um eine Gesandtschaft der Gemeinde handelte, hat daher durchaus Plausibilität. Denn auch sonst versucht Paulus in seiner Darstellung des Konvents, sich so weit wie möglich als Einzelperson in den Vordergrund zu rücken (2,6–9a). Tatsächlich muss er aber zugestehen, dass zumindest Barnabas bei dem Treffen eine gleichrangige Rolle hatte. Es ist daher anzunehmen, dass die Funktion von Barnabas und Paulus als Repräsentanten der antiochenischen Gemeinde, die bereits in Apg 13,1–3 angedeutet ist, den historischen Sachverhalt auf jeden Fall richtig wiedergibt. Die Rolle des Barnabas in diesem Zusammenhang wird sogar besonders wichtig gewesen sein, da er aufgrund seiner früheren Stellung in der Jerusalemer Gemeinde dort über hohes Ansehen verfügte (Apg 4,36f.).

Der Anlass der Gesandtschaft von Antiochien nach Jerusalem wird bei Lukas mit dem Auftreten von Lehrern aus Jerusalem angegeben, die von den nicht-jüdischen Christusgläubigen in Antiochien die Beschneidung und Unterordnung unter die ganze (!) Tora, also die Eingliederung in das judäische Ethnos forderten. Obwohl dies eine Parallele zu den Ereignissen im Zusammenhang des späteren sog. Antiochenischen Zwischenfalls (Gal 2,11–14; s. u. 10.2) darstellt, ist es ausgesprochen plausibel, dass einzelne Glaubende aus Jerusalem die Gemeindesituation in Antiochien schon zuvor als unbefriedigend empfanden. Das sollte sich später in den 50er Jahren noch einmal in Galatien und möglicherweise auch in Philippi wiederholen, woraus deutlich wird, dass Streitigkeiten über dieses Thema regelmäßig auftraten. Dass die Lehrer tatsächlich aus Jerusalem kamen, ist nicht nur durch Lukas, sondern auch aufgrund des Galaterbriefes wahrscheinlich: Die „falschen Brüder" (Gal 2,4) traten ja ebenfalls in Jerusalem auf. *(Auseinandersetzung in Antiochien)*

10.1.2.2 Die Verhandlungen und die Ergebnisse

Das Jerusalemer Gegenüber der Antiochener in den Verhandlungen wird – nach einer ersten Präsentation in der Gemeinde – von Paulus und Lukas unterschiedlich bestimmt, wobei hier Paulus sicherlich der Vorzug zu geben ist. Die sog. Angesehenen bzw. Säulen der Jeru- *(Die Säulen)* salemer Gemeinde repräsentieren sowohl die Kontinuität zum Jüngerkreis (Petrus und Johannes) als auch die Bindung an die Familie Jesu (Jakobus). Die lukanische Nennung von Aposteln und Ältesten ist hingegen ausgesprochen pauschal, wenngleich Lukas immerhin weiß, dass die eigentliche Führungsgestalt in dieser Zeit bereits der Herrenbruder Jakobus war (15,13–21). Auch bei Paulus wird er an erster Stelle genannt (2,9). Nach dem Tod Agrippas I. (44 v. Chr.) war Petrus offenbar wieder nach Jerusalem zurückgekehrt.

Die Verkündigung des Paulus

Die für Paulus persönlich wichtigste Angelegenheit nennt er noch vor den Beschlüssen (2,7–9a): Die Säulen „sahen, dass mir das Evangelium für die Unbeschnittenen anvertraut war". Im Galaterbrief betont Paulus zuvor bereits mehrfach, dass er den Verkündigungsauftrag und die verkündete Botschaft – beides ist in dem Begriff „Evangelium" eingeschlossen – ausschließlich von Gott erhalten habe (Gal 1,1–12). Daher geht es Paulus hier auch nicht darum, aufzuzeigen, dass Jakobus, Petrus und Johannes bestätigten, was er getan hatte, sondern dass sie es als Erfüllung von Gottes Willen erkannten. Dass dies eigentlich auch für Barnabas gelten musste, lässt er hier unter den Tisch fallen, wie er generell seine Person in den Vordergrund rückt. Da Barnabas und Paulus aber als Gesandte der antiochenischen Gemeinde in Jerusalem waren, ging es damit zugleich um das Einverständnis, dass die Praxis der Evangeliumsverkündigung an Nicht-Juden auch durch die Jerusalemer Gemeinde als heilswirksam anerkannt wurde.

Kein Beschneidungszwang

Entsprechend fiel das erste konkrete Ergebnis aus: Nicht-Juden sollten nicht beschnitten werden müssen. Paulus zeigt dies am Beispiel des Titus, eines Griechen, der im 2. Korintherbrief als wichtiger Mitarbeiter genannt wird (2Kor 2,13; 7f.; 12,18; vgl. auch den pseudepigraphischen Titusbrief). Die Jerusalemer Gemeindeführung forderte die Beschneidung nicht, dies tat lediglich eine kleine Gruppe. Paulus versieht sie mit der polemischen Bezeichnung „falsche Brüder", während sie Lukas durchaus plausibel als christusgläubige Pharisäer beschreibt. Die Unterlassung der Beschneidung war aber schon längere Zeit Usus in Syrien und Kilikien, wohl auch in Samaria (Sebaste) und in Einzelfällen – wie bei Kornelius – sogar in Judäa. Die ethnisch begründete Beschneidungsforderung wurde nun aber durch die beiden Leitungsgremien aus Jerusalem und Antiochien in einer konzertierten Aktion zurückgewiesen. Es war somit kein Neuland, das betreten wurde, sondern die gemeinschaftliche Bestätigung einer längst gefallenen Entscheidung.

Aufteilung der Verkündigung

Das zweite Ergebnis der Verhandlungen war auf die Zukunft ausgerichtet: Die Verantwortung für die Verkündigung wurde geteilt. Jakobus, Petrus und Johannes und mit ihnen die Jerusalemer Gemeinde sollten das Evangelium unter den Judäern bekannt machen, Barnabas und Paulus mit der antiochenischen Gemeinde unter den Völkern. Unklar bleibt auf den ersten Blick, ob es sich dabei um eine geographische oder um eine ethnische Aufteilung handelte. Versteht man die Vereinbarung *geographisch,* dann kann sie eigentlich nur bedeuten, dass die Jerusalemer sich auf die Gebiete Israels beschränken sollten, in denen Judäer wohnten, d. h. v. a. auf Judäa und Galiläa. Das hätte dann auch die dort lebenden Nicht-Juden selbstverständlich mit eingeschlossen. Das weite Gebiet der Diaspora hingegen, also der Rest des Imperium Romanum, wäre dann Aufgabe der Antiochener gewesen.

Als *ethnisch* ausgerichtete Aufteilung ergibt sich aus der Vereinbarung, dass sich die Jerusalemer an Judäer in Israel und in der Diaspora wenden sollten, während die Antiochener generell nur Nicht-Juden das Evangelium verkündigen sollten. Dies lässt sich auch der Ausrichtung der paulinischen Verkündigung „an die Unbeschnittenen" bzw. „an die Völker" entnehmen, die jener des Petrus „für die Beschnittenen" entspricht (Gal 2,7–9). Als Konsequenz hätte dies zur Folge gehabt, dass an einzelnen Orten gegebenenfalls zwei Gemeinden entstanden wären. Das war zwar in abgewandelter Form schon einmal in Jerusalem der Fall gewesen, wenngleich es dort um eine Trennung nach Sprachen ging, nicht nach ethnischer Zugehörigkeit. Eine solche Verdoppelung ist jedoch für die ersten Jahrzehnte nach dem Apostelkonvent nicht belegt. Und konsequent betrieben hätte dies sogar die Teilung gemischter Gemeinden wie der in Antiochien bedeutet. Gleichwohl ist auffällig, dass die paulinischen Gemeinden beinahe vollständig aus Nicht-Juden bestanden (s. u. 12.1.1) und sich Paulus auch im Römerbrief wiederholt als Apostel der Völker bezeichnet (Röm 1,5; 11,13f.; 15,15f.).

Ethnische Ausrichtung

Man wird zwar die ethnische Dimension, um die es bei Beschneidung und Beachtung der ganzen Tora ja stets ging, auch für diese Vereinbarung veranschlagen müssen, aber zugleich zu bedenken haben, dass eine Umsetzung an Grenzen stieß. Zwar lässt sich vor allem für Petrus wahrscheinlich machen, dass er tatsächlich auch in die Diaspora reiste, z. B. nach Antiochien (Gal 2,11–14) oder Korinth (1Kor 1,12), eine geplante Aktion der Jerusalemer Gemeinde zur Gewinnung von Diasporajudäern findet sich aber nicht.

Das dritte Ergebnis der Verhandlungen nennt nur Paulus: die Sammlung bzw. Kollekte für die Armen durch ihn und Barnabas (Gal 2,10). Diese Geldsammlung war zur Zeit der Abfassung des Galaterbriefs (54/55 n. Chr.), zumindest was Paulus angeht, noch immer nicht abgeschlossen und beschäftigte ihn bei seiner letzten längeren Reise (s. u. 11.7). Im Römerbrief wird deutlich, dass sie für die Armen in Jerusalem bestimmt war (Röm 15,26). Als Vorbild könnte die erste Sammlung der Antiochener gedient haben (Apg 11,27–30; 12,25),

Die Kollekte

zumal die ökonomische Lage der Gemeinde in Jerusalem auch später nicht einfach war. Um eine Kompensation für die Anerkennung des paulinischen Apostolats, für die Beschneidungsfreiheit für Nicht-Juden oder für die Aufteilung der Verantwortung in der Verkündigung handelte es sich dabei allerdings nicht. Es war vielmehr der sichtbare Ausdruck der Verbundenheit (κοινωνία/*koinonia;* Gal 2,9). Lukas erwähnt die Kollekte übrigens an keiner Stelle, lediglich in Apg 24,17 schreibt er über Almosen für das Volk. Möglicherweise kannte er den negativen Ausgang dieser Geschichte (s. u. 11.7.3).

In Apg 15 findet sich noch ein weiteres Ergebnis, das allerdings zu dem Bericht des Paulus in unüberbrückbarer Spannung steht. Laut Apg 15,19f. setzte der Herrenbruder Jakobus fest, dass nicht-jüdische Gläubige zwar nicht beunruhigt werden sollten, dass sie aber dennoch bestimmte Auflagen einhalten müssten. Diese in der Forschung als „Aposteldekret" oder „Jakobusklauseln" bezeichneten Bestimmungen schreiben vor, dass sich Nicht-Juden „von den Verunreinigungen durch Götzen, von Unzucht, von Ersticktem und von Blut" fernhalten müssen, eine knappe Liste von ethischen Verboten und Speiseregeln. Mit kleinen Abweichungen wird dies anschließend in einem Brief an die Gemeinden in Antiochien, Syrien und Kilikien festgehalten (15,23–29) und in Apg 21,25 noch einmal wiederholt. Diese Bestimmungen nehmen Vorgaben für Fremde in Israel auf, die sich in Lev 17f. finden. Es handelt sich also um eine aus der Tora entnommene Regelung, die sicherstellen soll, dass sich nicht-jüdische Christusgläubige so verhalten, als wenn sie als Nicht-Israeliten unter den Israeliten lebten (s. u. 10.3).

Das Aposteldekret

Dieser für Lukas offenbar sehr wichtige Teil des Berichts in Apg 15 ist allerdings historisch nicht zutreffend. Paulus hält in Gal 2,6 nämlich ausdrücklich fest, dass ihm nichts Zusätzliches auferlegt wurde. Zudem zeigt die Erörterung des Themas „Götzenopferfleisch" in 1Kor 8–10, dass Paulus keine Ahnung davon hatte, dass beim Apostelkonvent irgendwelche Bestimmungen dazu erlassen worden waren. Und schließlich ließe sich der spätere Konflikt über die Einhaltung von Speiseregeln (Gal 2,11–14) nicht erklären, wenn das ohnehin schon beim Jerusalemer Treffen geregelt worden wäre. Es ist daher davon auszugehen, dass Lukas hier eine Regelung in das Treffen einträgt, die in einem anderen Kontext entstanden ist, und zwar im Nachgang zu dem Antiochenischen Zwischenfall (Gal 2,11–14; s. u. 10.2). Erst diese Auseinandersetzung über die Mahlgemeinschaft von Juden und Nicht-Juden führte zu einer Lösung im Sinne des Aposteldekrets.

Keine weiteren Auflagen

10.1.2.3 Die Nachgeschichte des Apostelkonvents

Paulus berichtet in Gal 2 im Anschluss an seine Darstellung des Apostelkonvents vom Antiochenischen Zwischenfall, allerdings ohne kenntlich zu machen, ob sich dieser unmittelbar danach oder deutlich später zugetragen hat. Da die vorhergehenden Beschreibungen früherer Phasen seines Wirkens jeweils mit „danach" (ἔπειτα/*epeita*) eingeleitet wurden, ist hier in 2,14, wo Paulus mit „als" (ὅτε/*hote*) formuliert, eine genaue Einordnung nicht so einfach. Trifft unsere Datierung der Verkündigung auf Zypern und im Süden Kleinasiens auf die Zeit nach dem Apostelkonvent zu (Apg 13f.; s. o. 9.6), so ist freilich anzunehmen, dass dieses Treffen für die antiochenische Gemeinde der Anlass dazu war, über die Provinzgrenzen und die nächste Umgebung hinaus nun tatsächlich Nicht-Juden das Evangelium zu verkündigen (s. u. 11.4). Dies war ja ein Teil der getroffenen Vereinbarungen.

Nach der Apostelgeschichte folgten hingegen auf den Konvent und die Bekanntgabe der Ergebnisse in Antiochien (Apg 15,30–34) die Trennung von Paulus und Barnabas (Apg 15,35–41) und die Reise des Paulus mit Silas und Timotheus, die ihn bis nach Korinth führte (Apg 16,1–18,17). Da der Streit zwischen Barnabas und Paulus allerdings als Konsequenz der gemeinsamen Verkündigungsreise zu sehen ist, hängt er auch zeitlich mit ihr zusammen (s. u. S. 224). Die Reise nach Korinth ist dementsprechend eine Folge der Trennung von Barnabas, mit dem Paulus zuvor erfolgreich Gemeinden in Kleinasien gegründet hatte.

10.2 Der Antiochenische Zwischenfall

Auch nach dem Apostelkonvent war die Frage, inwiefern das Gesetz für christusgläubige Juden und Nicht-Juden weiterhin Geltung haben sollte, offenbar nicht erledigt. Dies wird zunächst beim sogenannten Antiochenischen Zwischenfall (Gal 2,11–14) im Jahr 52 n. Chr. deutlich.

Einzige Quelle für diesen schlaglichtartigen Einblick in die Kontroversen über die Bedeutung der Tora im entstehenden Christentum ist die Darstellung des Paulus in Gal 2,11–14. Obwohl auch Lukas – ganz gegen seine Tendenz – ebenfalls über einen Streit zwischen Barnabas und Paulus berichtet (Apg 15,36–39), ist dies keinesfalls eine verklausulierte Version des Antiochenischen Zwischenfalls, sondern ein davon unabhängiger Konflikt. Es lässt sich nicht mehr feststellen, ob Lukas den Zwischenfall aus Unwissenheit übergeht oder aus Unwilligkeit, die beiden wichtigsten Gestalten seiner Erzählung, Paulus und Petrus, im Streit zu präsentieren.

Paulus beschreibt die Auseinandersetzung folgendermaßen (Gal 2, 11–14):

> „Als aber Kephas nach Antiochien kam, widerstand ich ihm ins Gesicht, denn er war verurteilt. Bevor aber welche von Jakobus kamen, aß er mit denen aus den Völkern. Als sie aber kamen, wich er zurück und trennte sich, weil er sich vor denen aus der Beschneidung fürchtete. Und mit ihm heuchelten auch die übrigen Judäer, sodass auch Barnabas mit ihnen gerissen wurde durch die Heuchelei. Aber als ich sah, dass sie nicht recht wandelten hin zur Wahrheit des Evangeliums, sprach ich zu Kephas vor allen: Der du als Judäer nach der Weise der Völker und nicht nach der Weise der Judäer lebst, wie nötigst du die Völker, zu judaisieren?"

In dem Konflikt waren offenbar nach Einschätzung des Paulus er selbst und Petrus (Kephas) die Protagonisten. Petrus kam in die antiochenische Gemeinde, möglicherweise um von dort aus die Verkündigung an die Judäer in Syrien zu betreiben (Gal 2,7–9). Nach seiner Ankunft in Antiochien war er offenbar dem dortigen Brauch gefolgt, wonach jüdische und nicht-jüdische Christusgläubige gemeinsam Mahl hielten. Bei dieser etablierten Praxis wurden zwei Grenzen, die viele gesetzestreue Juden zogen, überschritten: Zum einen wurde die Trennung zwischen Juden und Nicht-Juden, die für die Reinheit des Gottesvolkes wichtig war, nicht mehr beachtet. Dieses Problem war aber eigentlich durch die Beschlüsse des Apostelkonvents schon geregelt worden, als die Beschneidungsfreiheit für Christusgläubige aus den Völkern festgelegt worden war (Gal 2,1–10).

Zum anderen wurden aber auch die Speisegesetze nicht mehr berücksichtigt: Die Gemeinschaftsmähler schlossen nämlich ein, dass alle Teilnehmenden von dem aßen und tranken, was durch die Mitglieder finanziert bzw. gestiftet wurde. In dieser Mahlgemeinschaft kam die Einheit der christlichen Gemeinde zum Ausdruck (vgl. 1Kor 10f.). Es bestanden also weder nach ethnischen Kriterien getrennte Tische noch getrennte Speisen. Petrus hatte dies akzeptiert und selbst an diesen Mahlzeiten teilgenommen. Wenn Nicht-Juden Gerichte und Getränke stifteten, die den Speisevorschriften nicht genügten oder bei denen dies zweifelhaft war (Lev 11; 17f.; Dtn 12,16.23f.; 14,3–21), nahmen die jüdischen Mitglieder der antiochenischen Gemeinde daran keinen Anstoß mehr.

Mit der Ankunft von Christusgläubigen aus Jerusalem, die entweder von dem Herrenbruder Jakobus entsandt worden waren oder sich auf eine solche Sendung beriefen, änderte Petrus sein Verhalten. Offenbar hatte ihm die Intervention der Jakobusleute eingeleuchtet. Die anderen jüdischen Christusgläubigen in Antiochien inklusive des Gemeindeleiters Barnabas teilten nach einer gewissen Übergangsphase diese Meinung. Damit wurden schließlich auch die nicht-jüdischen Mitglieder der Gemeinde dazu gedrängt, jüdische Speisevorschriften einzuhalten, was Paulus als „judaisieren" (ιουδαΐζειν/*iudaizein*) bezeichnet.

Die Reaktion des Paulus war ein scharfer Widerspruch, für den er sich nach seiner Darstellung mit Petrus die angesehenste Person in der ganzen Geschichte vornahm. Weder das Handeln des Petrus noch jenes der anderen Beteiligten seien durch das Evangelium gedeckt. Dieses enthalte ja als Kernelement, dass für den Zugang zum Heil nicht die Beachtung von Vorschriften aus der Tora bzw. das Annehmen einer judäischen Identität nötig sei, sondern allein der Glaube an den Gekreuzigten (Gal 2,16). Wer wie Petrus durch sein Handeln, das die Mahlgemeinschaft mit Nicht-Juden einschloss, bereits demonstriert habe, dass die Einhaltung des Gesetzes nicht mehr nötig sei, könne nicht wieder so tun, als ob dies nun doch unabdingbar wäre. Zudem sei es unzulässig, nicht-jüdische Christusgläubige zur Annahme judäischer Identitätsmerkmale zu nötigen, wie auch schon Titus beim Apostelkonvent nicht zur Beschneidung gezwungen worden war.

Streit mit Petrus

Paulus berichtet nicht über den Ausgang dieses Streits, obwohl ein Sieg für sein Anliegen im Galaterbrief von größter Bedeutung gewesen wäre. Das ist als deutlicher Hinweis dafür zu werten, dass er in der Auseinandersetzung den Kürzeren zog. Dem entspricht auch, dass Paulus die für ihn so wichtige Gemeinde von Antiochien einzig in Gal 2,11 erwähnt.

Die Datierung des Antiochenischen Zwischenfalls ist allerdings unsicher. Dabei handelt es sich um eine wichtige Frage, denn die chronologische Einordnung betrifft das Verständnis der paulinischen Verkündigungstätigkeit sowie die Beziehungen des Apostels zu den Gemeinden in Antiochien und Jerusalem. Im Wesentlichen werden zwei Möglichkeiten vertreten, die darauf beruhen, dass Lukas nach dem Apostelkonvent noch zwei Gelegenheiten anführt, bei denen Paulus in Antiochien war: unmittelbar nach dem Konvent (vgl. Apg 15,36–41) und nach der Verkündigung in Makedonien und Achaia (Apg 18,22f.). Eine Datierung des Konflikts vor den Apostelkonvent hat sich als Möglichkeit nicht halten können, da sie weder durch den Text in Gal 2 noch durch die historischen Zusammenhänge nahegelegt wird.

Datierung

Für eine chronologische Einordnung unmittelbar nach dem Apostelkonvent sprechen nur wenige Argumente:
- In Gal 2,11 beschreibt Paulus eine klare Reihenfolge: Petrus kam und Paulus, der in Antiochien anwesend war, geriet mit ihm in Streit. Das wäre also als reale Beschreibung des Geschehens zu lesen.

- Der Beginn von Gal 2,11 („als aber" ὅτε δέ/*hote de*) lässt keine größere Zeitspanne zu. Paulus setzt die Erzählung einfach mit dem nächsten wichtigen Ereignis fort.
- Lukas nimmt in Apg 15,36–41 auf den Zwischenfall Bezug, wenn er von einem Streit zwischen Paulus und Barnabas berichtet. Er verklausuliert dies aber als Auseinandersetzung über Johannes Markus, um die wahren Hintergründe nicht aufdecken zu müssen. Die Beteiligung des Petrus verschweigt er deshalb vollständig.
- Der Besuch des Paulus in Antiochien nach Apg 18,22f. ist nicht historisch, sondern entspricht dem lukanischen Schema der „Missionsreisen", die jeweils in Antiochien beginnen und enden.

Folgt man dieser Einordnung, so ist der Zwischenfall auf die Jahre 47/48 n. Chr. zu datieren, gegebenenfalls etwas früher (46 n. Chr.). Seine Folge wäre die Abreise des Paulus mit Silas, die Verkündigung in Makedonien und Achaia sowie – eventuell – eine erneute Rückkehr nach Antiochien (Apg 18,22). Paulus wäre also trotz des Streits und seiner Folgen wieder in seine Heimatgemeinde zurückgekehrt. Im Galaterbrief würde Paulus dann mit deutlichem zeitlichen Abstand über dieses Ereignis berichten.

Der letzte Aufenthalt in Antiochien

Für eine Deutung als den letzten Aufenthalt des Paulus in Antiochien (Apg 18,22f.) sprechen die überzeugenderen Argumente:
- Die Einleitung in Gal 2,11 („als aber" ὅτε δέ/*hote de*) verweist auf den sachlichen Unterschied zu den Vereinbarungen des Apostelkonvents (vgl. Gal 1,15). Über die dazwischenliegende Zeitspanne lässt sich daraus nichts entnehmen.
- Die Funktion von Gal 2,11 ist die der Leserlenkung. Paulus will am Beginn seines Berichts deutlich machen, wie der Antiochenische Zwischenfall zu verstehen ist: „Petrus war verurteilt". Der eigentliche Ablauf setzt erst mit Gal 2,12 ein. Paulus reagiert mit seiner Darstellung des Zwischenfalls nämlich darauf, dass auch die Galater bereits von dieser Auseinandersetzung gehört hatten, und will ihnen schon zu Beginn vorgeben, wie sie diese Angelegenheit verstehen sollen.
- Die Auseinandersetzung zwischen Barnabas und Paulus über die Frage, ob Johannes Markus erneut mit ihnen reisen sollte (Apg 15,36–39), wäre als Ersatzerzählung für den Antiochenischen Zwischenfall unerklärlich. Zudem wäre eine genuin lukanische Erklärung für die Trennung der erfolgreichen Verkündiger sicherlich positiv gestaltet worden. Dass der Zwischenfall und der Streit mit Barnabas zum selben Zeitpunkt stattfanden, ist ebenfalls nicht wahrscheinlich. Die einfachste Lösung ist, dass die Trennung von Paulus und Barnabas nach dem Konvent bzw. nach der ersten

gemeinsamen Reise geschah, aber vor dem Zwischenfall, der eine gemeinsame Verkündigung ohnehin unmöglich gemacht hätte.
- Die Wahrscheinlichkeit, dass Paulus nach einer so entscheidenden und für ihn negativ endenden Auseinandersetzung, in der es nach seiner Ansicht um die Wahrheit des Evangeliums ging, noch einmal nach Antiochien kam (Apg 18,22f.), ist äußerst gering.
- Die Mahlgemeinschaft ohne Berücksichtigung von Speiseregeln des Judentums könnte auch erst nach dem Apostelkonvent entstanden sein, da sie beim Konvent keine Rolle spielte. Dafür bräuchte es aber eine längere Phase der Entwicklung in diese Richtung.
- Paulus reagierte erst, als sich Petrus dauerhaft zurückzog, was durch die Imperfektform in Gal 2,12b deutlich wird (ὑπέστελλεν καὶ ἀφώριζεν ἑαυτόν/*hypestellen kai aphōrizen heauton*).
- Die Opposition in Galatien ist eine Fortsetzung jener schon in Antiochien erfolgreichen Versuche, nicht-jüdische Christusgläubige zu einer Übernahme judäischer Identitätsmerkmale zu nötigen. Dass dies in Galatien erst einige Jahre nach dem Zwischenfall geschehen sein soll, ist weniger plausibel als eine zeitlich nahe Ausweitung dieser Bemühungen auf die paulinischen Gemeinden.
- Silas/Silvanus, der Begleiter des Paulus während der Verkündigung in Makedonien und Antiochien, fehlt ohne Angabe von Gründen bei der Reise, die in Apg 18,23 beginnt. Die Annahme, dass der Jerusalemer Silas (Apg 15,22) sich wie die anderen jüdischen Christusgläubigen auf die Seite des Petrus und der Jakobusleute stellte, erklärt diesen Sachverhalt sehr gut. Silas wird zudem später eng mit Petrus verbunden (1Petr 5,12).

Es ist daher sehr wahrscheinlich, dass der Antiochenische Zwischenfall nach der Verkündigung in Makedonien und Achaia geschah. Paulus kehrte als erfolgreicher Verkündiger des Evangeliums und Gründer von Gemeinden zurück, in denen die Speiseregeln des Judentums ganz selbstverständlich keine Rolle mehr spielten (vgl. 1Kor 8–10). Er musste nun in Antiochien sehen, dass sich die gesamte Gemeinde auf Betreiben von Leuten aus Jerusalem dem Vorbild des Petrus und Barnabas angeschlossen hatte: Sowohl die jüdischen wie auch die nicht-jüdischen Mitglieder berücksichtigten die Speiseregeln der Tora bei ihren Mahlgemeinschaften. Sein Widerstand gegen diese Neuausrichtung der ihm vertrauten Mahlpraxis, mit der für ihn eine inhaltliche Dimension des Evangeliums im Kern betroffen war, blieb erfolglos, sodass er sich von seiner ihn prägenden Heimatgemeinde trennte. Der Antiochenische Zwischenfall ist daher auf das Jahr 52 n. Chr. zu datieren.

52 n. Chr.

Auch wenn die Darstellung des Paulus keinen Zweifel daran lässt, dass er die Motive der anderen beteiligten Personen verurteilte, ist für das Verständnis der Vielfalt frühchristlicher Haltungen zur Tora doch wichtig, die Ansichten jener genauer zu betrachten, die sich gegen Paulus stellten.

Die Leute des Jakobus, die sich mit einiger Wahrscheinlichkeit durchaus nicht völlig zu Unrecht auf diesen beriefen, konnten auf berechtigte Gründe für ihr Anliegen verweisen. Zum einen war beim Apostelkonvent zwar beschlossen worden, dass Nicht-Juden nicht beschnitten werden müssten, über andere Regelungen war aber keineswegs eine gemeinsame Position vereinbart worden. Zudem wurden in Jerusalem selbstverständlich von jüdischen Christusgläubigen die identitätsbestimmenden Elemente der Tora eingehalten, und dies schloss auch die Speiseregeln ein. Dasselbe in der antiochenischen Gemeinde zu propagieren – und zwar nur hinsichtlich ihrer jüdischen Mitglieder (!) –, war nur logisch. Und schließlich wurde auch die Verkündigung unter den Judäern Antiochiens nicht einfacher, wenn die christliche Gemeinschaft von potentiellen neuen Christusgläubigen aus den Synagogen Antiochiens verlangte, Kernelemente ihrer judäischen Identität aufzugeben.

Anliegen der Toratreuen

Petrus und Barnabas, beide mit engen Verbindungen nach Jerusalem, wurden offenbar durch die Argumentation der Jakobusleute davon überzeugt, dass die Entwicklung hinsichtlich der Bedeutung der Tora in der antiochenischen Gemeinde in die falsche Richtung ging, und schlossen sich wie auch die anderen jüdischen Mitglieder der Gemeinde dieser Position an. Paulus gesteht Barnabas zwar zu, dass dieser „mitgerissen" wurde, doch dient dies lediglich der Entschuldigung der für die galatischen Gemeinden so wichtigen Gründungsfigur (s. u. 11.4). Angesichts der Forderungen der Jakobusleute ging es in Antiochien darum, die Einheit der Gemeinde zu bewahren, auch um den Preis, eine theologische Überzeugung durch eine gelebte Praxis zu verwässern. Dass dies schließlich auch die nicht-jüdischen Mitglieder überzeugte, war naheliegend: Zum einen hatte ein Teil als ehemalige Gottesfürchtige wenig Probleme damit, Toravorschriften zu übernehmen, zum anderen hatten sie kein Interesse daran, eine Parallelgemeinde aus nicht-jüdischen Mitgliedern zu bilden.

Bewahrung der Einheit

10.3 Das Aposteldekret

Zur Nachgeschichte des Antiochenischen Zwischenfalls, also in die Zeit nach 52 n. Chr., gehört das sogenannte Aposteldekret, das Lukas in Apg 15,20.29 fälschlich mit dem Apostelkonvent verbindet (s. o. S. 202) und in 21,25 durch Jakobus noch einmal wiederholen lässt. Die darin enthaltenen Bestimmungen verbieten nicht-jüdischen Christusgläubigen Götzendienst bzw. das Essen von Götzenopferfleisch, Unzucht sowie den Genuss von nicht fachgerecht geschlachteten Tieren („Ersticktem") und von Blut. Sie wiederholen damit mit wenigen Schlagworten einige der Vorgaben, die in Lev 17f. Fremden gegeben werden, die sich in Israel niederlassen. Sie betreffen nicht allein die Speisegemeinschaft, sondern gehen darüber hinaus, indem sie Grenzen für Christusgläubige festmachen, die von allen – Juden wie Nicht-Juden – eingehalten werden müssen.

Während in Jerusalem entsprechende Regeln nicht notwendig waren, da die wenigen nicht-jüdischen Christusgläubigen wie Kornelius als ehemalige Gottesfürchtige diese Bestimmungen ohnehin einhielten, war in Antiochien und darüber hinaus in Syrien und Kilikien die Lage eine andere: Der größere Anteil von Nicht-Juden in den Gemeinden führte mit der Zeit zu einer zahlenmäßig großen Gruppe von Christusgläubigen, die zuvor keine Berührungen mit dem Judentum gehabt und Toragebote nicht beachtet hatten. Mit der Ankunft der Jakobusleute in Antiochien wurde deren Einhaltung aber wieder aktuell. Das Aposteldekret mit seinen Vorgaben für Nicht-Juden stellte dabei einen Kompromiss dar, denn es lässt einiges offen. So fehlen das Verbot von Schweinefleisch oder auch die Verpflichtung auf den Sabbat.

Ein Kompromiss

Das Aposteldekret zeigt zunächst, dass es nicht darum ging, Nicht-Juden zu Juden zu machen, sondern darum, einige Regeln, die in der Tora für das Zusammenleben Israels mit Mitgliedern anderer Völker festgelegt waren, auch für christliche Gemeinschaften verbindlich zu machen. Deutlich wird sodann, dass es um mehr ging als um gemeinsame Mahlzeiten. Die Bestimmungen greifen vielmehr in den Alltag der einzelnen Gemeindeglieder ein, wenn Götzendienst bzw. Götzenopferfleisch und Unzucht verboten werden. Und schließlich ist anzunehmen, dass diese Vorschriften als spezifische Regelungen für die Diaspora nicht nur in christlichen Gemeinschaften, sondern darüber hinaus auch in jüdischen Synagogen Sinn ergaben. Damit gingen sie über das hinaus, was in Synagogen von Sympathisanten und Sympathisantinnen des Judentums verlangt wurde. Mit den Regeln des Aposteldekrets öffneten dessen Autoren, hinter denen sehr wahrscheinlich Jakobus selbst steckte, die christliche Botschaft zugleich für Judäer und Judäerinnen in der Diaspora: Diese konnten sehen, dass der christliche Glaube keine Gefährdung jüdischer Identität darstellte, auch wenn Nicht-Juden aufgenommen wurden.

Lukas hat diese Regeln, obwohl sie zunächst nur in einem Brief an die Gemeinden von Antiochien, Syrien und Kilikien festgehalten werden, sicherlich als universal gültig verstanden. Paulus habe sie demnach auch in den Gemeinden Lykaoniens verkündet (Apg 16,4), und in Apg 21,25 wird erkennbar, dass sie für alle nicht-jüdischen Christusgläubigen gelten sollten. Die paulinische Beschäftigung mit den Themen Unzucht und Götzenopferfleisch (1Kor 5; 8–10) offenbart allerdings keinerlei Kenntnis dieser Vorschriften. Paulus war das Aposteldekret fremd und er hätte es aufgrund der Ableitung von trennenden Torabestimmungen auch nicht akzeptiert.

10.4 Erneute Forderungen nach Einhaltung der Tora – die galatische Krise

Der Galaterbrief ist nicht nur das wichtigste Zeugnis für den Apostelkonvent und den Streit in Antiochien, das eigentliche Anliegen des Briefes ist der Kampf gegen Lehrer, die in den galatischen Gemeinden um das Jahr 53/54 n. Chr. auftraten. Paulus beschreibt deren Forderungen recht eindeutig. In Gal 6,12, einem persönlichen Nachtrag zum Diktat des Briefes, formuliert Paulus:

> „So viele im Fleisch gut angesehen sein wollen, die nötigen euch, beschnitten zu werden" (Vgl. 6,13.)

Die Beschneidung steht hier repräsentativ für die Unterwerfung unter Torabestimmungen (5,3), die auch die Beachtung von Festtagen mit einschloss (4,10). Offenbar hatten die Lehrer, die in den Adressatengemeinden auftraten, von den Christusgläubigen die Unterwerfung unter die gesamte Tora gefordert und damit den Übergang in das judäische Ethnos als heilsnotwendig angesehen. Mit den Beschlüssen des Apostelkonvents, die Paulus deshalb im Brief auch anführt (2,1–10), war dies nicht vereinbar.

Lehrer in Galatien — Die Personen, die hinter diesen Forderungen standen, tragen im Galaterbrief weder Namen noch Titel. Es handelte sich mit großer Gewissheit einerseits um Judäer (vgl. 6,13), andererseits um Christusgläubige, da sie und ihre Lehren in den Gemeinden sonst nicht akzeptiert worden wären. Offenbar waren sie auf den Spuren des Paulus unterwegs, um den Christusgläubigen an den jeweiligen Orten die richtige, also tatsächlich rettende Form des Evangeliums zu predigen. Aus ihrer Perspektive taten sie das selbstverständlich nicht, um Paulus zu schaden oder die nicht-jüdischen Glaubenden zu verunsichern, sondern um diese von einem falschen Weg abzubringen. Mit ihren Forderungen nach vollständiger Beachtung der Tora führten sie jene Form des Christentums weiter, die beim Konvent schon in Opposition zu Paulus, aber auch zur Jerusalemer Gemeindeleitung gestanden hatte (Gal 2,4; Apg 15,5). Jakobus ist daher nicht dahinter zu vermuten, sondern Leute, die besonders gesetzestreu waren und auf der unverfälschten Identität des judäischen Volkes beharrten, möglicherweise mit pharisäischem Hintergrund. Aus einer anderen Perspektive erzählt Josephus eine ähnliche Geschichte über Izates von Adiabene: Dieser ließ sich zunächst auf Anraten eines jüdischen Lehrers nicht beschneiden, wurde dann aber durch einen weiteren Lehrer doch noch davon überzeugt (Josephus, ant. 20,17–53; s. o. S. 79).

An dieser oppositionellen Gruppe beim Apostelkonvent, am Antiochenischen Zwischenfall und in der galatischen Krise zeigt sich, dass es auch innerhalb des toratreuen Christentums weiterhin verschiedene Ansichten gab, die mit dem Konvent nicht beseitigt waren. Wie mit dem Erbe des Judentums und judäischer Identität umzugehen sein sollte, blieb eine große Herausforderung des frühen Christentums (s. u. 13).

Ob die Intervention des Paulus mittels des Galaterbriefs erfolgreich war, lässt sich nur schwer sagen. Die Antwort hängt auch mit der Verortung jener Gemeinden zusammen, an die der Brief gerichtet war (s. u. S. 226f.). Lagen sie im Norden der Provinz Galatien, dann ist auffällig, dass wir erst im 3. Jh. n. Chr. wieder Christusgläubigen in diesen Gebieten begegnen. Paulus hatte dann die Adressaten nicht überzeugen können. Lagen sie hingegen im Süden der Provinz, war Paulus offenbar erfolgreich, denn das Christentum in Lykaonien und Pisidien hat eine durchgehende Traditionsgeschichte.

Auch für Philippi wird häufig vermutet, dass dort ebenfalls unbekannte Lehrer ähnliche Forderungen vertraten wie in Galatien (Phil 3,2.18f.). Wie im Galaterbrief findet sich im Philipperbrief daher ein kurzes biographisches Stück, in dem Paulus seine judäische Herkunft hervorhebt und die pharisäische Gesetzestreue dem Glauben an Christus gegenüberstellt (Phil 3,5–9). Wäre der Philipperbrief von Rom aus geschrieben und daher spät zu datieren (ca. 61 n. Chr.), würden sich diese Versuche deutlich nach den Vorfällen in Galatien abspielen (s. u. S. 236). Plausibler ist allerdings, dass der Philipperbrief etwa zeitgleich mit dem Galaterbrief in Ephesus verfasst wurde (53/54 n. Chr.): Paulus trug die schlechten Nachrichten aus Galatien in den Philipperbrief ein, um auch die dortigen Adressaten zu warnen. Tatsächlich eingetreten sein müssen diese Vorkommnisse in Philippi dann nicht.

Lehrer in Philippi?

Deutlich ist: Für Paulus war die von einem Teil der jüdischen Glaubenden vorgebrachte Forderung nach Unterwerfung unter die Tora eine der größten Gefahren für seine nicht-jüdischen Gemeinden. Seiner Ansicht nach bedeutete eine Unterwerfung unter die Tora nicht nur die Annäherung oder gar Inklusion in die jüdische Synagoge, sondern vor allem die Verneinung der Heilsbedeutung des Todes Christi

Die paulinische Position

(Gal 2,21). Die paulinische Abwertung der Bedeutung des Gesetzes im Galaterbrief (vgl. 3,17–21) verdankt sich der Polemik gegen eine Verkündigung, die von ihm als Bruch der Vereinbarungen des Apostelkonvents und als Verführung zum Verderben der nicht-jüdischen Christusgläubigen verstanden wurde. Auch wenn Paulus damit seine Berufung und sein Wirken in Frage gestellt sah (vgl. 1,1.11f.), ging es ihm in erster Linie um das Heil jener, die durch seine Verkündigung den Geist empfangen hatten (3,2) und nur im Festhalten an diesem Evangelium (1,8–10) das Heil erreichen würden.

Literatur

Friedrich Avemarie, Die jüdischen Wurzeln des Aposteldekrets. Lösbare und ungelöste Probleme, in: Apostoldekret und antikes Vereinswesen, ed. M. Öhler, WUNT 280, Tübingen 2011, 5–32.

Roland Deines, Das Apostoldekret – Halacha für Heidenchristen oder christliche Rücksichtnahme auf jüdische Tabus?, in: Jewish Identity in the Greco-Roman World, edd. J. Frey/D. R. Schwartz/S. Gripentrog, AJEC 71, Leiden 2007, 323–395.

James D. G. Dunn, Beginning from Jerusalem, Christianity in the Making 2, Grand Rapids/Cambridge 2009, 446–494.

Felix John, Der Galaterbrief im Kontext historischer Lebenswelten im antiken Kleinasien, FRLANT 264, Göttingen 2016.

Dietrich-Alex Koch, Geschichte des Urchristentums. Ein Lehrbuch, Göttingen ²2014, 225–247, 308f.

Matthias Konradt, Zur Datierung des sogenannten antiochenischen Zwischenfalls, ZNW 102, 2011, 19–39.

Gerd Lüdemann, Paulus, der Heidenapostel. I: Studien zur Chronologie, FRLANT 123, Göttingen 1980.

Markus Öhler, Barnabas. Die historische Person und ihre Rezeption in der Apostelgeschichte, WUNT 156, Tübingen 2003, 25–86.

Udo Schnelle, Die ersten 100 Jahre des Christentums 30–130 n. Chr. Die Entstehungsgeschichte einer Weltreligion, Göttingen ²2016, 223–234.

Jürgen Wehnert, Die Reinheit des „christlichen Gottesvolkes" aus Juden und Heiden. Studien zum historischen und theologischen Hintergrund des sogenannten Apostoldekrets, FRLANT 173, Göttingen 1997.

Exkurs: Barnabas

In Apg 4,36f. berichtet Lukas im Zusammenhang seiner Darstellung der Jerusalemer Güter von einer beispielhaften Handlung:

> „Joseph aber, der von den Aposteln Barnabas genannt wurde – das ist übersetzt ‚Sohn des Trostes' –, ein Levit, der Herkunft nach Zypriote, besaß einen Acker, verkaufte ihn, brachte das Geld und legte es den Aposteln zu Füßen."

Wie für keine andere Gestalt des frühen Christentums – mit Ausnahme von Jesus – gibt uns Lukas hier Informationen über Barnabas: Er gehörte zum Stamm Levi und war ein nach Jerusalem rückgewanderter Judäer aus Zypern. Sein Name, so Lukas, war ein Ehrenname, der ihm aufgrund seiner Gabe, die für die Gemeinde ein Trost gewesen war, von den Aposteln gegeben worden war. Auch wenn dies sprachlich nicht möglich ist – der Name verweist eher auf eine Herkunft aus der Priesterstadt Nob –, so zeigt dies doch die Hochschätzung, die Barnabas in Jerusalem genoss.

Diasporajudäer

Paulus sah Barnabas als Mann an seiner Seite, zumindest im Zusammenhang seiner Darstellung des Apostelkonvents (Gal 2,1–10): Barnabas war gleichberechtigt mit ihm Vertragspartner bei der Abmachung mit der Jerusalemer Gemeindeleitung über die Verantwortung für die Verkündigung unter den Völkern (Gal 2,9). 1Kor 9,6 ist zu entnehmen, dass Barnabas wie Paulus auf das Recht der Apostel auf Unterhalt durch die Gemeinden verzichtete. Die enge Zusammenarbeit der beiden zeigt sich auch in der Darstellung der Verkündigungsreise nach Zypern, der Heimat von Barnabas' Familie, und Kleinasien (Apg 13f.). Als Gesandter der antiochenischen Gemeinde, an deren Spitze u. a. er stand (Apg 13,1), verkündigte Barnabas mit Paulus das Evangelium, wobei seine führende Rolle noch durch die Darstellung des Lukas schimmert (vgl. Apg 14,12.14). Diese Zusammenarbeit zerbrach allerdings an einem Konflikt über die weitere Mitwirkung des Johannes Markus, in dem Barnabas, womöglich wegen verwandtschaftlicher Beziehungen (Kol 4,10), für den Jerusalemer Partei nahm.

Zusammenarbeit mit Paulus

Trotz der führenden Rolle in der antiochenischen Gemeinde und bei der Ausbreitung des Evangeliums unter den Völkern blieb Barnabas auch mit der Jerusalemer Gemeinde in engem Kontakt: Unter seiner Führung wurde die erste Geldsammlung für die Jerusalemer durchgeführt (Apg 11,27–30; 12,25), die als Vorbild für die paulinische Kollekte gelten kann (Gal 2,10). Für die Einigung beim Apostelkonvent war die Wertschätzung, die Barnabas dort genoss, sicherlich von großer Bedeutung (vgl. auch Apg 15,12.25). Eine ursprüngliche

Vermittler

Sendung des Barnabas nach Antiochien durch die Jerusalemer zur Überprüfung, ob in Antiochien alles mit rechten Dingen zuginge (Apg 11,22–24), ist allerdings nicht historisch.

Die Rolle als Vermittler zwischen Jerusalem und Antiochien, also zwischen einem an der Tora und judäischer Kultur orientierten Verständnis christlicher Identität und einer für die Völker und deren Identitäten offenen Position, führte schließlich zum Bruch zwischen Barnabas und Paulus (Gal 2,13). Barnabas rückte im Antiochenischen Zwischenfall im Gegensatz zu Paulus das Festhalten an der Gemeinschaft zwischen jüdischen und nicht-jüdischen Christusgläubigen in den Vordergrund, auch wenn dies die Einhaltung von Toravorschriften verlangte.

Die apokryphe Tradition
Die weitere Geschichte des Barnabas nach diesem Vorfall im Jahr 52 n. Chr. bleibt im Dunkeln. Der sogenannte Barnabasbrief, der allerdings selbst keine Verfasserangaben trägt, wurde erst später Barnabas zugeordnet (Clemens v. Alexandrien, Strom. 2,20,116,3). Sowohl die Inhalte als auch die Abfassungsverhältnisse schließen dies aber aus. In den apokryphen Barnabasakten wird die Geschichte seines weiteren Wirkens auf Zypern erzählt, sie stammen allerdings aus dem 5. Jh. n. Chr. Das Barnabasevangelium, ein muslimischer Text aus dem 16./17. Jh., löst sich vollends von der historischen Gestalt.

So blieb, auch verursacht durch die Darstellung der Apostelgeschichte, Barnabas ein Mann im Schatten der großen Gestalten Petrus und Paulus, war aber durch seine Vermittlungstätigkeit von großer Bedeutung für die Entwicklungen der ersten Jahrzehnte.

Literatur

Bernd Kollmann, Joseph Barnabas. Leben und Wirkungsgeschichte, SBS 175, Stuttgart 1998.

Markus Öhler, Barnabas. Der Mann in der Mitte, Biblische Gestalten 12, Leipzig 2005.

11 Die Ausbreitung des Evangeliums in Kleinasien und Griechenland durch Paulus

Die lukanische Apostelgeschichte erweckt den Eindruck, Paulus habe drei „Missionsreisen" unternommen, die jeweils in Antiochien begannen und bis auf die letzte auch dort endeten (Apg 13f.; 15,40–18,22 und 18,23–21,17). Vor diesen Reisen war Paulus freilich schon lange als Verkündiger des Evangeliums tätig, etwa bei den Nabatäern (Gal 1,17) oder in Syrien und Kilikien (Gal 1,21). Die drei lukanischen Reiseberichte vermitteln zudem einen falschen Eindruck, denn eigentlich handelte es sich um eine fortdauernde Reisetätigkeit des Paulus, die durch längere Aufenthalte an einzelnen Orten, etwa im syrischen Antiochien, in Korinth oder Ephesus, unterbrochen wurde. Die Zählung von drei Reisen wird daher im Folgenden aufgegeben, vielmehr ist von einer durchgehenden Verkündigungstätigkeit auf Zypern, in Kleinasien und Griechenland auszugehen. Auch auf den Begriff „Missionsreise" oder „Mission" wird verzichtet, da er weder ein hebräisches noch ein griechisches Äquivalent hat und den Aspekt der Sendung zu sehr in den Vordergrund rückt. Daher wird im Folgenden anstelle von „Mission" der Ausdruck „Verkündigung" verwendet, der auch durch die neutestamentlichen Begriffe εὐαγγέλιον/*euangelion* bzw. κήρυγμα/*kērygma* abgedeckt wird.

11.1 Reisen in der griechisch-römischen Antike

Reisen war in der Antike strapaziös, unsicher und riskant. Benutzte man ein Schiff, war man Gefahren durch Wetter, verborgene Riffe oder auch Feuer ausgesetzt. Piraten waren im 1. Jh. n. Chr. durch die starke Flottenpräsenz der Römer hingegen kein großes Problem mehr. Die großen Vorteile von Seereisen waren Schnelligkeit und Bequemlichkeit. Allerdings waren diese nur zu bestimmten Jahreszeiten möglich: Im Winter – genauerhin vom 12. November bis 5. März – stand die Seefahrt grundsätzlich still, wenngleich Ausnahmen wie Apg 27,12f. die Regel bestätigen. Zudem hing es von den vorherrschenden Winden ab, in welche Richtung man mit dem Schiff gerade fahren konnte. Von Wind und Strömung hing selbstverständlich auch die Dauer von Seereisen ab. Bei gutem Wetter waren etwa 120 Seemeilen pro Tag möglich (ca. 220 km), wobei die vorherrschende Windrichtung im Mittelmeer von Westen nach Osten geht. Die von Paulus geplanten

Seereisen

Schiffsreisen folgten daher dieser Richtung (Apg 18,18–22; 20,6–21,3). Wollte man eine Seereise machen, musste man ein Schiff suchen, das in die gewünschte Richtung fuhr und Passagiere aufnahm. Auch der Preis musste ausgehandelt werden. Reine Passagierschiffe gab es nicht, gegebenenfalls waren ein Schiffswechsel und eine entsprechende Wartezeit einzuplanen.

Landreisen   Reisen über Land waren ebenfalls unsicher. Reisende befanden sich zumeist schutz- und rechtlos in fremdem Gebiet. Neben den Strapazen durch Wind und Wetter sowie durch die lokalen Verhältnisse waren auch Räuber eine große Gefahr, sodass die Mitnahme von Geld und anderem Besitz ein hohes Risiko darstellte. Zum Schutz schloss man sich zu Reisegesellschaften zusammen. Landreisen fanden aus naheliegenden Gründen nur tagsüber statt. Vor allem im Winter waren viele Wege über Berge nicht begehbar, überquellende Flüsse waren ebenfalls zu berücksichtigen. Mit Wagen oder Pferd waren am Tag 60–75 Kilometer zu schaffen, zu Fuß je nach individueller Konstitution und Beschaffenheit des Weges 20–40 Kilometer. Dazu benutzte man, wenn möglich, die gut markierten römischen Straßen. Gegen Wind und Regen schützte ein grober Mantel, gegen die Sonne ein breiter Hut. Wanderer führten nur das Notwendigste an Proviant und Kleidung mit sich.

Unterkünfte   Als Unterkünfte für Reisende dienten Gasthäuser (lat. *caupona*, *hospitum*), oder man versuchte, bei Freunden unterzukommen. Auch mittels Empfehlungsbriefen ließ sich eine Unterkunft finden, wie u. a. die zahlreichen Bitten, Personen aufzunehmen, in den Paulusbriefen zeigen (z. B. 2Kor 3,1; 8,17–24; Röm 16,1f.). Reisende konnten auch auf die Kultur der Gastfreundschaft hoffen (vgl. Röm 12,13; 16,2.23; Phlm 22). Diasporasynagogen oder Berufsvereinigungen von Händlern boten u. U. ebenfalls Unterkunftsmöglichkeiten. Lediglich für Angehörige der Eliten bestand die sog. Proxenie, freundschaftliche Beziehungen zwischen Städten, die Schutz und Versorgung versprachen.

Reiseinformationen   Informationen über die Reisestrecke waren in der Regel mündlich einzuholen. Es gab aber auch Reiseliteratur, wie z. B. Pausanias' Schilderung Griechenlands. Für die Seefahrt waren Küstenbeschreibungen nützlich (περίπλους/*periplus*), für Landreisen sogenannte Itinerare. Erhaltene Werke zeigen, dass auf diese freilich nicht immer Verlass war. Möglicherweise waren christliche Itinerare unter den Quellen, die Lukas für seine Apostelgeschichte nutzte. In Itineraren fanden sich wichtige Straßen mit Gasthäusern, Abzweigungen, Beschreibungen der Landschaft und Angaben zu Entfernungen. Letztere wurden in römischen Meilen angegeben, wobei eine Meile *(milia pasuum)* etwa eineinhalb Kilometern entsprach. War man von einer Stadt zur nächsten unterwegs, waren Meilensteine sehr hilfreich, da sie u. a. die Entfernung angaben. Ob es in der Antike bereits Landkarten gab, ist umstritten. Die uns erhaltenen Karten wie die Tabula Peutingeriana sind wenig mehr als graphische Versionen von Itineraren. Sie waren zudem für Reisen ungeeignet.

11.2 Die Verkündiger als Reisende

Sowohl die Einkommenssituation des Paulus und anderer Verkündiger wie Barnabas oder Apollos als auch die konkreten Umstände ihrer Reisen waren offenbar alles andere als erfreulich. Paulus beschreibt die Strapazen seiner Reisetätigkeit in einer Auflistung schwieriger Umstände, einem sogenannten Peristasenkatalog (2Kor 11,25b-27):

> „Dreimal habe ich Schiffbruch erlitten; einen Tag und eine Nacht habe ich im tiefen Meer zugebracht; oft auf Reisen, in Gefahren von Flüssen, in Gefahren von Räubern, in Gefahren von dem eigenen Volk, in Gefahren von den Völkern, in Gefahren in der Stadt, in Gefahren in der Wüste, in Gefahren auf dem Meer, in Gefahren unter falschen Brüdern; in Mühe und Beschwerde, vielfach in Wachen, in Hunger und Durst, vielfach in Fasten, in Kälte und Nacktheit."

Diese Umstände in Relation zu den weiten Strecken von insgesamt ca. fünf- bis sechstausend Kilometern, die Paulus zu Fuß oder per Schiff zurücklegte, zeigen, wie anstrengend und entbehrungsreich der Apostel reiste. Überfälle und Schiffbrüche bedeuteten überdies den Verlust der wenigen Besitztümer, u. a. von Schriftrollen oder Werkzeug. Angaben zur Dauer der paulinischen Reisen sind nur unzureichend möglich, da einerseits in den seltensten Fällen klar ist, wie lange Paulus an einem Ort blieb, und andererseits Unterbrechungen wegen eingeschränkter Reisemöglichkeiten aufgrund der Witterung oder mangelnder Schiffsverbindungen zu berücksichtigen sind. *Schwierigkeiten*

Die Finanzierung der paulinischen Reisen stand auf zwei Beinen: Zum einen war Paulus als Zeltmacher tätig, ein Beruf, in dem man wenig eigenes Werkzeug benötigte. Die berufliche Zusammenarbeit mit den jüdischen Christusgläubigen Aquila und Priska in Korinth und Ephesus war eine besondere Situation (Apg 18,3), doch ist auch für andere Orte vorauszusetzen, dass Paulus seinen Beruf ausübte. *Finanzierung*

Zum anderen erhielt der Apostel von manchen seiner Gemeinden Geldbeträge als Unterstützung. Dies ist schon für die Reise nach Zypern und Kleinasien anzunehmen, da Barnabas und Paulus hier als Beauftragte der Gemeinde Antiochiens unterwegs waren (Apg 13f.). *Unterstützung durch Gemeinden*

Aus Phil 4,10–18 wird ferner die finanzielle Unterstützung des Apostels durch die Gemeinde in Philippi erkennbar, und im Römerbrief ersucht er die Adressaten indirekt um Ausstattung für die Weiterreise nach Spanien (Röm 15,23–29). Gastfreundschaft an jenen Orten, an denen es ihm gelungen war, Menschen für den Christusglauben zu gewinnen, wird in der Apostelgeschichte für fast alle Orte erwähnt. Paulus selbst nennt dies in Röm 16, wo er auf die Unterstützerin Phöbe verweist (Röm 16,1f.).

Über die ökonomische Situation anderer reisender Verkündiger wie Barnabas, Apollos oder Petrus sind keine detaillierten Informationen erhalten. Während Paulus allerdings für Barnabas festhält, dass dieser seine Reisetätigkeit selbst finanzierte (1Kor 9,6), betont er, dass sich die anderen sehr wohl durch die Gemeinden ausstatten ließen (1Kor 9,4–18). Jesus selbst habe geboten, dass jene, die das Evangelium verkündigen, auch von diesem leben sollten (1Kor 9,14). Wir stoßen damit also auf jene Jesustradition der Verbreitung des Evangeliums durch Wanderlehrer (Q 10,2–16; Mk 6,7–13), die sich in veränderter Form nachösterlich fortsetzte (s. o. 7.2.3). Barnabas, Paulus und seine Mitarbeiter wichen von dieser Praxis allerdings ab.

Als Wanderlehrer waren die christlichen Verkündiger und Verkündigerinnen in der griechisch-römischen Welt nicht einzigartig. Vor allem die Philosophie des Kynismus (s. o. 2.3.3), die im 1. Jh. n. Chr. eine neue Blüte erlebte, wurde auf dieselbe Weise verbreitet: Wandernde Philosophen propagierten ihre Lehren und wurden in Häuser als Lehrer oder interessante Gesprächspartner aufgenommen, bis sie wieder weiterzogen. Die Abgrenzung zu diesen ausgesprochen populären, aber wegen ihrer herausfordernden Art auch sehr umstrittenen Wanderlehrern war Paulus im 1. Thessalonicherbrief ein wichtiges Anliegen (1Thess 2,9). Lukians Beschreibung des Lebens des Peregrinus Proteus aus der Mitte des 2. Jh. n. Chr., der sich zunächst der christlichen Lehre, dann aber den Kynikern anschloss, demonstriert die Nähe zwischen den beiden Bewegungen deutlich. Neben den Kynikern waren aber auch andere Leute unterwegs, mit denen die christlichen Verkündiger manche Gemeinsamkeiten hatten: Magier und Exorzisten, die in literarischen Zeugnissen zumeist mit Spott überzogen wurden, deren Dienste aber von vielen Menschen genutzt wurden (s. o. 2.4.2.3). Wunderhandlungen und Dämonenaustreibungen, die die christliche Verkündigung begleiteten (vgl. 2Kor 12,12), rückten die Tätigkeit der Wanderlehrer auch in die Nähe dieser weitverbreiteten Phänomene. Die frühchristliche Verkündigungsbewegung stand also in Konkurrenz zu anderen Gruppen und Einzelpersonen, die verschiedene Lehren verbreiteten.

11.3 Die Methoden der Verkündigung

Die Arten und Weisen, durch die das Evangelium vermittelt wurde, waren vielfältig. In erster Linie ist dabei an kleine Kommunikationsformen im nicht-öffentlichen Bereich zu denken: Gespräche während der handwerklichen Arbeit (1Thess 2,9), auf der Agora (Apg 17,17), bei Einladungen oder nach dem Sabbatgottesdienst in Synagogen. Dabei ist zu beachten, dass sich Paulus und andere Verkündiger auf ihre Gesprächspartner jeweils einstellen und Argumentationen für Verehrer des Gottes Israels, Juden und Gottesfürchtige, oder für Anhänger griechisch-römischer Kulte entwickeln mussten (vgl. 1Kor 9,20). *Mikrokommunikation*

Öffentliche Reden analog zu den Auftritten mancher Kyniker werden eher selten vorgekommen sein. Weder Paulus noch Lukas berichten über diese Art von öffentlichem Auftreten. Reden vor einem größeren Publikum fanden eher in Lehr- oder Vereinshäusern statt (vgl. Apg 19,9), waren aber am Beginn einer Verkündigungstätigkeit nicht die Regel. Auch an Synagogenpredigten ist zu denken, die in etwa so ausgesehen haben könnten, wie sie Lukas in Apg 13,15–41 darstellt. Diasporajuden und Gottesfürchtige konnten so für den Christusglauben gewonnen werden. Dass zur Verkündigung im Kontext jüdischer Gemeinschaften offenbar nur selten Gelegenheit bestand, beklagt Paulus indirekt in 1Thess 2,16. Gab es bereits eine kleine Versammlung von Christusgläubigen, dann waren Gottesdienst und Mahlfeier das Umfeld, in dem man Interessierte oder zufällige Beobachter überzeugen konnte (vgl. 1Kor 14,23–25). *Makrokommunikation*

Ein wesentlicher Aspekt der Verkündigung waren u. a. die Wundertaten der Apostel, von denen auch Paulus selbst immer wieder berichtet (1Thess 1,5; 1Kor 2,4f.; 2Kor 12,11f.; Röm 15,18f.). Die durch Lukas spektakulär gestaltete Lystraepisode in Apg 14,8–18 setzt eine gewisse Öffentlichkeit solcher Wunderhandlungen voraus, durch die im Idealfall die Aufmerksamkeit auf den verkündigten Christus gelenkt werden konnte, im schlechtesten Fall aber die Apostel als Götter verstanden wurden (vgl. auch 19,12). *Wunder*

Die Botschaft der Verkündiger lässt sich nur für Paulus genauer abschätzen. Allerdings gelingt dies nicht aus seinen Reden der Apostelgeschichte, die Lukas ihm in den Mund gelegt hat, sondern aus den Briefen. Der 1. Thessalonicherbrief als ältestes erhaltenes Schreiben des Apostels, das nur wenige Monate nach der Gründung der Gemeinde entstand, referiert in 1Thess 1,9b-10 einige wesentliche Elemente. Paulus erinnert hier die Adressaten daran, *Inhalte der Verkündigung*

> „welchen Eingang wir bei euch hatten und wie ihr euch bekehrt hin zu Gott, weg von den Götzen, um dem lebendigen und wahren Gott

zu dienen und seinen Sohn aus den Himmeln zu erwarten, den er aus den Toten erweckte, Jesus, der uns rettet vor dem kommenden Zorn."

Die Betonung der Bekehrung zum Gott Israels verweist darauf, dass Paulus seine Botschaft vor allem an Nicht-Juden richtete (vgl. auch 1Kor 8,5f.). Dieser Gott wurde als der Schöpfergott verkündigt (1Kor 8,6a). Das zweite wesentliche Element des Glaubens, das Nicht-Juden verständlich gemacht werden musste, war die Erwartung des Zorngerichts Gottes (vgl. auch Röm 1,18–32). Vor diesem Gericht würden sie nur durch Jesus gerettet, wobei dessen Gottessohnschaft und himmlische Existenz durchaus kompatibel mit griechisch-römischen Vorstellungen war. Die eigentliche Besonderheit war freilich, dass dieser Jesus von den Toten auferweckt worden war. Diese Aufzählung in Aufnahme von 1Thess 1,9f., die Monotheismus, Schöpfung, Gericht, Rettung, Auferstehung und Umkehrforderung als Verkündigungsinhalte umgreift, ist sicherlich nicht umfassend. Sie vermittelt aber einen Eindruck von dem, was, in Verbindung mit Handlungen, die als Wunder verstanden wurden, Paulus an Nicht-Juden verkündigte.

11.4 Die Reise nach Zypern und in den Süden Kleinasiens (47–48 n. Chr.; Apg 13f.)

Entsprechend der oben erörterten Chronologie fand die Reise nach Zypern und in den Süden Kleinasiens erst nach dem Apostelkonvent statt (s. o. S. 91 f.). Anlass war die in Jerusalem erreichte Vereinbarung, dass die antiochenische Gemeinde für die Verkündigung an Nicht-Juden verantwortlich sein sollte (Gal 2,7–9). Die Reise ist daher auf die Jahre 47–48 n. Chr. zu datieren. Die These, die Reise habe gar nicht stattgefunden, da sie in Gal 1f. nicht erwähnt wird, hat sich nicht bewährt. Sowohl die lokalgeschichtlichen Details wie auch die hohe Plausibilität der Reiseroute sprechen überdies für die Verwendung vorlukanischer Traditionen, möglicherweise einer aus Antiochien stammenden zusammenhängenden Erzählung.

Lukas nennt in Apg 13,2f. als Motivation für die Reise die durch den Heiligen Geist erfolgte Erwählung von Barnabas und Paulus für „das Werk" (τὸ ἔργον/*to ergon*). Historisch zutreffend ist daran, dass Barnabas und Paulus als Gesandte der antiochenischen Gemeinde (Apg 14,4.14) die Verkündigung nun in weitere Gebiete trugen. Dazu nahmen sie auch einen Neffen des Barnabas namens Johannes Markus mit (vgl. Kol 4,10), einen Jerusalemer (Apg 12,12). Mit dieser Reise wurde zudem eine wesentliche strategische Veränderung vorgenom-

Planvolle Verkündigung

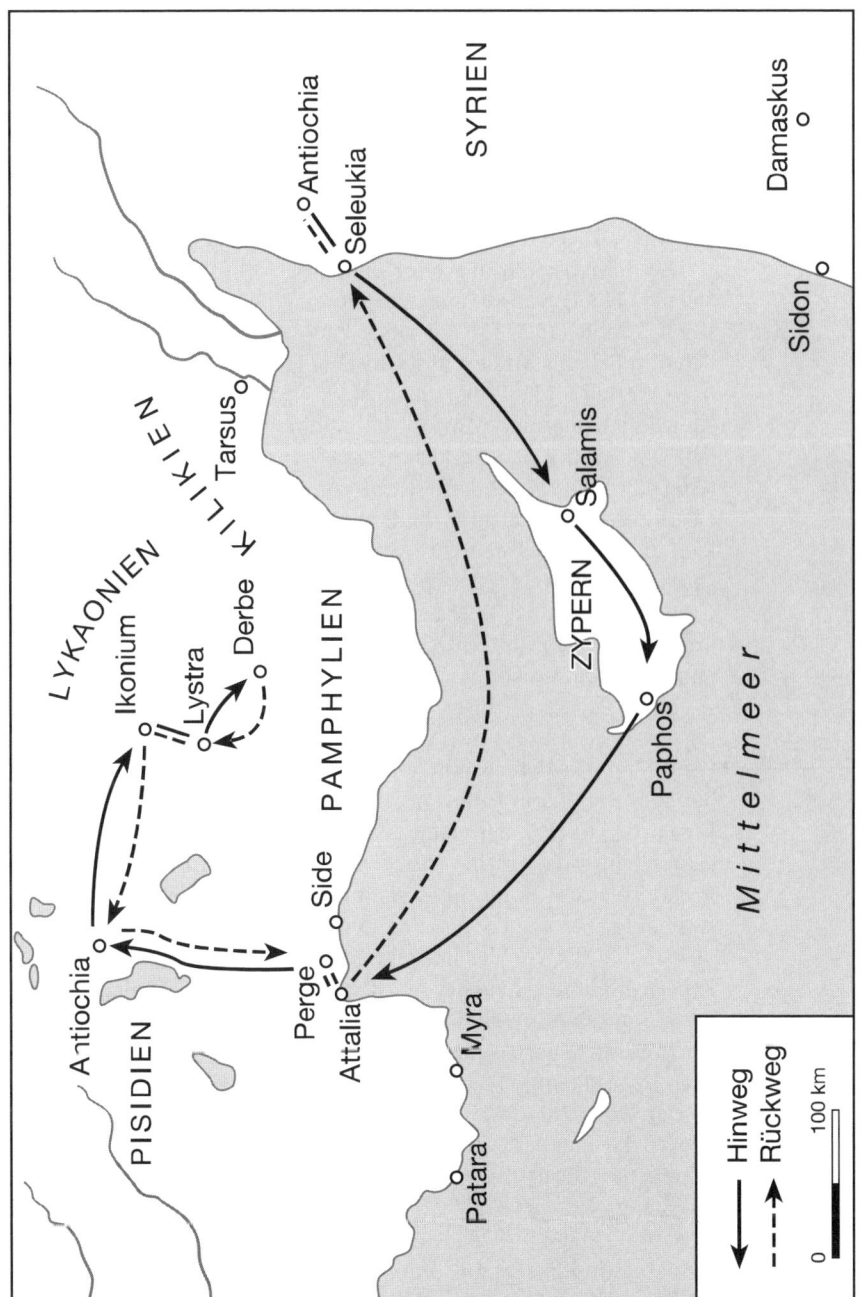

Karte 6: Reise von Barnabas und Paulus nach Zypern und in den Süden Kleinasiens

men: Bis dahin geschah die Verbreitung des Christusglaubens ohne Planung, sondern durch persönliche Kontakte, Vertreibung oder Migration. Nun wurde ein konkretes Gebiet – die Antiochien nahe gelegene Insel Zypern – ins Auge gefasst und zwei hervorragende Mitglieder der Gemeinde wurden damit beauftragt, dort das Evangelium zu verkündigen. Sowohl der Reisebeginn auf Zypern als auch die von Lukas aufgenommenen antiochenischen Traditionen (z. B. Apg 14,12) lassen zudem erkennen, dass Barnabas die führende Gestalt auf dieser Reise war.

Zypern — Die Reise begann in Antiochien (Apg 13,1–3) und dessen Hafen Seleukia (13,4), von wo aus man innerhalb eines Tages nach Zypern segeln konnte (13,5–13). Barnabas, Paulus und Johannes Markus landeten in Salamis im Osten der Insel (13,5) und gingen von dort aus nach Westen in die Provinzhauptstadt Nea Paphos (13,6) unweit des Aphroditeheiligtums. Warum die Wahl auf Zypern als erste Station fiel, lässt sich u. a. damit erklären, dass Barnabas von der Insel stammte (Apg 4,36). Das machte die Reise vor allem hinsichtlich möglicher Gastfreundschaft leichter. Zudem war Zypern abgesehen von Kilikien die am schnellsten von Antiochien aus erreichbare Gegend. Es gab dort eine große judäische Minderheit (Philo, leg. ad Gaium 282; Cassius Dio, hist. 68,32,2f.) und damit wohl auch einen entsprechend großen Anteil an Gottesfürchtigen, bei denen man mit der Verkündigung gut ansetzen konnte.

Sergius Paullus — In Nea Paphos gelang es, den römischen Statthalter, wahrscheinlich Lucius Sergius Paullus (s. o. S. 86f.), für das Evangelium zu interessieren (Apg 13,12). Lukas erwähnt aber keine Taufe. Der in diesem Kontext berichtete Streit des Paulus mit einem Magier namens Bar Jesus bzw. Elymas (13,6–11) – der Name ist bei Lukas verschieden überliefert – lässt sich historisch nicht verifizieren. Auch wenn die Hinwendung des Prokonsuls zum Evangelium nicht vollständig geschah, ist sein Interesse aufgrund der Fortsetzung der Reise ins pisidische Antiochien plausibel (s. u.). Von der Entstehung von christlichen Gemeinden auf Zypern erfahren wir aus der Apostelgeschichte hingegen nichts. Offenbar waren keine großen Erfolge erzielt worden, da erst im 4. Jh. n. Chr. Christen auf Zypern begegnen. Die spätere erneute Reise des Barnabas nach Zypern (Apg 15,39) änderte an diesem Ergebnis nichts.

Der Umstand, dass Johannes Markus nach dem Aufenthalt auf Zypern die Gruppe verließ (Apg 13,13; s. u. S. 224), ist darauf zurückzuführen, dass die ursprünglichen Pläne der antiochenischen Gemeinde nur die Insel als Ort der Verkündigung vorgesehen hatten. Die weitere Reiseroute in das pisidische Antiochien hängt damit zusammen, dass Barnabas und Paulus mit Empfehlungsschreiben des Lucius Sergius Paullus ausgestattet worden waren, dessen Familie eng mit dieser Stadt verbunden war. Nach der Ankunft in Perge an der Südküste Kleinasiens blieben Barnabas und Paulus daher auch nicht dort, obwohl in dieser Gegend eine größere judäische Minderheit lebte (1Makk 15,23; Philo, leg. ad Gaium 281). Stattdessen gingen sie landeinwärts nach Norden ins pisidische Antiochien, das an der Grenze von Phrygien und Pisidien lag. Die Stadt, eine Gründung aus dem 3. Jh. v. Chr., war 25 v. Chr. von Augustus als römische Kolonie neu gegründet worden und dementsprechend römisch geprägt. Sie war eines der Zentren des Kaiserkultes in Kleinasien und lag in der Provinz Galatien. Wie in den meisten Städten Kleinasiens gab es wahrscheinlich auch eine kleine judäische Minderheit (Josephus, ant. 12,149). Die führende Rolle der Sergii Paulli in dieser Gegend ist durch zahlreiche Inschriften belegt. Die Verbindung zwischen dem Prokonsul von Zypern Lucius Sergius Paullus und seiner Familie im pisidischen Antiochien erklärt, warum Barnabas und Paulus den etwa zweihundertdreißig Kilometer langen Weg von der Küste in die Stadt auf sich nahmen, um gerade dort die Verkündigung des Evangeliums wieder aufzunehmen. Der gesamte Bericht in Apg 13,14–52 ist allerdings deutlich durch Lukas gestaltet, vor allem die Rede des Paulus. Aber es bleibt doch als historische Substanz festzuhalten, dass Barnabas und Paulus die Etablierung einer kleinen christlichen Gemeinschaft gelang. Eine Auseinandersetzung mit der Synagoge der Judäer, die zur Flucht bzw. Vertreibung aus der Stadt führte, ist ebenso plausibel.

Das pisidische Antiochien

Die nächste Station war Ikonion, das ebenfalls eine römische Kolonie war und 150 Kilometer weiter östlich lag (Apg 14,1–7). Danach folgte Lystra in Lykaonien, eine weitere römische Kolonie (14,8–20a), Heimat des späteren Paulusmitarbeiters Timotheus (Apg 16,1). Beide Städte waren durch die *Via Sebaste* mit dem pisidischen Antiochien verbunden. Es ist jeweils anzunehmen, dass auch hier Gemeinden entstanden, wobei wir nicht von großen Zahlen ausgehen dürfen. Aus beiden Orten wurden Barnabas und Paulus vertrieben, wobei sie in Lystra zunächst besonders verehrt, dann aber scharf abgelehnt wurden. Sie kamen durch Steinwürfe beinahe zu Tode (Apg 14,19f.), ein Detail, das Paulus ohne Ortsangabe auch in 2Kor 11,25 erwähnt. Eine Steinigung durch Judäer im Sinne einer Todesstrafe war dies mit Sicherheit nicht. Die Verletzung religiöser Sitten führte in der Antike öfters zu Steinwürfen, bei denen der Tod der Betroffenen in Kauf genommen wurde. Paulus und Barnabas hatten, so stellt es zumindest Lukas dar, die religiösen Gefühle der Bewohner Lystras verletzt.

Ikonion und Lystra

Endpunkt der Reise war Derbe, ein kleiner Ort 130 Kilometer weiter im Osten (14,20b-21). Als Ziel lässt sich rekonstruieren, dass der Rückweg nach Antiochien auf dem Landweg über das Taurusgebirge und die sogenannte „Kilikische Pforte" genommen werden sollte. Wegen des hereinbrechenden Winters war dieser Weg dann offenbar

Derbe

Die Rückreise nicht mehr möglich, sodass Barnabas und Paulus für die Rückreise dieselbe Route wählten, auf der sie gekommen waren (14,21): über Lystra, Ikonion, das pisidische Antiochien und Perge. Sofern in diesen Städten Gemeinden bestanden, besuchten die Apostel sie, freilich nur kurz und ohne viel Aufsehen, da sie ja zuvor vertrieben worden waren. Von Attalia gelangten sie mit dem Schiff schließlich nach Antiochien am Orontes. Zypern suchten sie nicht mehr auf. Anfang September 48 n. Chr. war diese Reise mit der Ankunft im syrischen Antiochien beendet.

Ergebnisse Das Ergebnis der Verkündigung waren kleine christliche Gemeinschaften, vornehmlich bestehend aus Nicht-Juden. Zum Teil waren diese sicherlich Gottesfürchtige aus lokalen Synagogen, in denen Barnabas und Paulus öfters ihre Verkündigung begannen (Apg 13,4.14.42; 14,1), doch zeigt das Beispiel Lystras, dass nicht immer die Synagoge der erste Anlaufpunkt war. Die beim Konvent übernommene Aufgabe der antiochenischen Gemeinde, den Völkern das Evangelium zu verkünden, hatte mit dieser Reise einen Anfang genommen.

Streit mit Barnabas Allerdings zerfiel nach der Rückkehr von Barnabas und Paulus nach Antiochien im September 48 n. Chr. die Partnerschaft zwischen den beiden Verkündigern (Apg 15,36–41). Während Barnabas seinen Neffen Johannes Markus erneut mitnehmen wollte, lehnte Paulus dies offenbar ab, da er sich der Loyalität des Begleiters nicht sicher war. Die weitere Reisetätigkeit des Paulus zeigt zusätzlich, dass dieser nun nicht mehr als Gesandter Antiochiens jene Gebiete besuchen wollte, *Eigenständigkeit* in denen bereits Verkündigung betrieben worden war. Vielmehr ging Paulus nun weit darüber hinaus bis nach Griechenland, verblieb lange Zeit in Korinth (Apg 18,1–18a) und nahm Mitarbeiter mit, die nicht aus der Gemeinde in Antiochien kamen: Silas, den Paulus mit seinem lateinischen Namen Silvanus bezeichnete (1Thess 1,1; 2Kor 1,19), stammte aus Jerusalem (Apg 15,22), Timotheus aus Lystra (Apg 16,1f.). Paulus war mit der Trennung von Barnabas und der Abnabelung von der antiochenischen Gemeinde zum eigenständigen Verkündiger des Evangeliums geworden.

11.5 Die Reise nach Makedonien und Griechenland (48–52 n. Chr.; Apg 15,41–18,22)

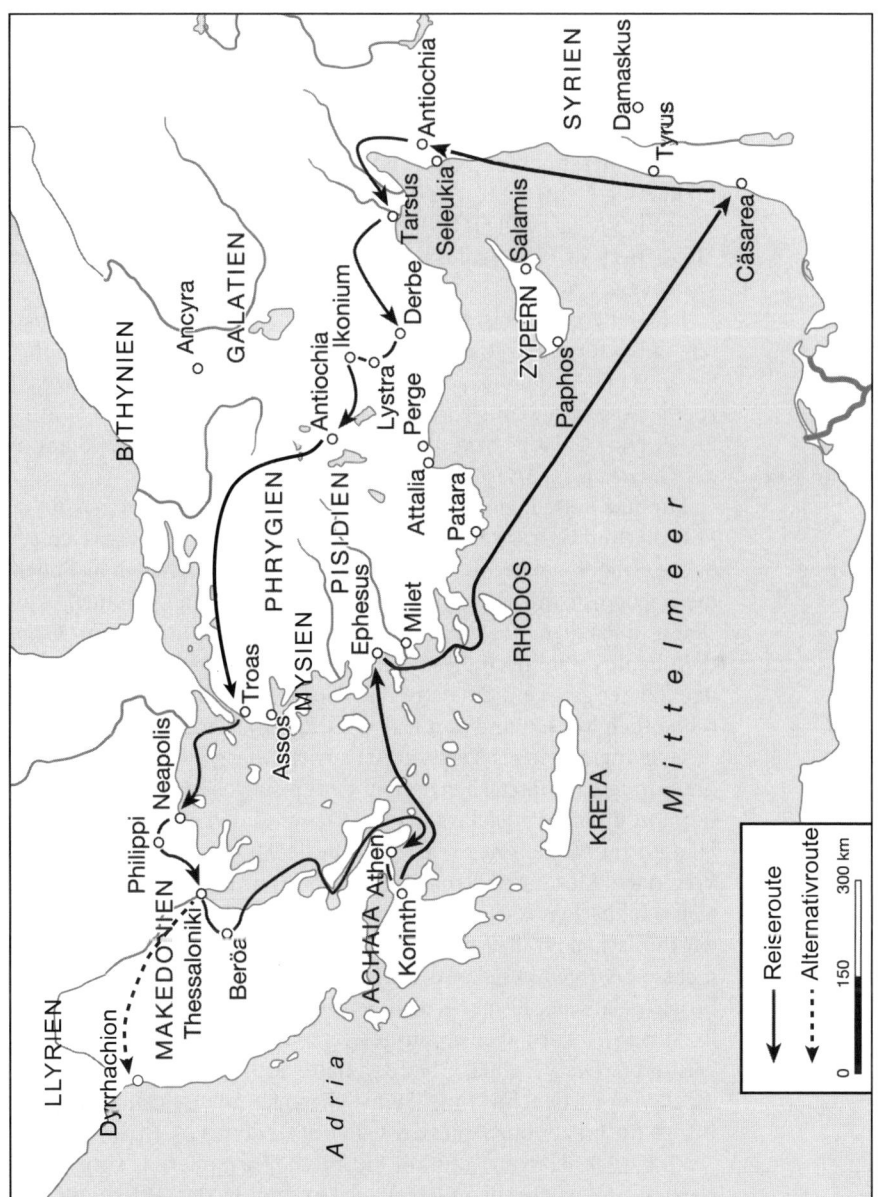

Karte 7: Reise des Paulus nach Griechenland und Makedonien

11.5.1 Der Reiseverlauf

Im Jahr 48 n. Chr. brach Paulus gemeinsam mit Silas Silvanus von Antiochien auf, diesmal allerdings ohne eine Aussendung durch die Gemeinde. Die Reise führte zunächst über Kilikien und das Taurusgebirge in die Gemeinden im Süden Galatiens, die bei der ersten Reise entstanden waren. Ab Lystra wurde Paulus von Timotheus begleitet (Apg 16,1–3), der zu seinem engsten Mitarbeiter wurde. Der Bericht über die Beschneidung des Timotheus (Apg 16,3) steht allerdings im krassen Gegensatz zu den Ausführungen im Galaterbrief, sodass diese Erzählung nicht als historisch zu werten ist (vgl. auch 1Kor 7,18). Möglicherweise war Paulus bei dem Aufenthalt in diesen Gemeinden krank (vgl. Gal 4,13).

Silvanus

Timotheus

Die weitere Route ist in der Forschung Gegenstand heftiger Debatten. Lukas formuliert nämlich einigermaßen undeutlich, dass Paulus, Silvanus und Timotheus „durch das phrygische und galatische Gebiet" zogen (Apg 16,6). Umstritten ist, ob damit eine Reise in den Norden der Provinz Galatien bzw. das Siedlungsgebiet der keltischen Stämme der Galater gemeint ist oder nicht.

Reise durch Galatien

Für eine Reise in den Norden der Provinz mit den Städten Ankyra, Pessinus und Germa spricht die Bezeichnung als „galatisches Gebiet", da die Galater mehrheitlich dort wohnten. Die Landschaften im Süden, die Teil der Provinz Galatien waren, hießen hingegen Lykaonien, Isaurien und Pisidien. Phrygien allerdings lag westlich der Provinz Galatien. Paulus wäre nach dieser These also nach Norden in das Gebiet der Galater gezogen, um dann nach Südwesten abzubiegen, bevor er schließlich Mysien und den Hafen Alexandria Troas erreichte.

Durch die Landschaft im Norden?

Gegen ein solches Verständnis spricht, dass die Strecke von ca. dreihundert Kilometern zwischen dem pisidischen Antiochien oder Ikonion im Süden der Provinz Galatien und den nächsten größeren Städten im Norden nur sehr dünn besiedelt war. Auch der weitere Weg nach Alexandria Troas im Nordwesten Kleinasiens, wie er in vielen biblischen Karten eingezeichnet ist, wäre angesichts der Lage der römischen Straßen nicht günstig gewesen. Zudem berichtet Lukas nichts über irgendwelche Aktivitäten der Verkündiger im Norden der Provinz Galatien. Bei der erneuten Nennung des galatischen Gebietes in Apg 18,23 wird aber vorausgesetzt, dass dort bereits Gemeinden existieren. Die Reise nach Norden hätte auch der paulinischen Taktik widersprochen, im Umfeld von Synagogen anzusetzen, da es keine Belege für Judäer im Gebiet der Galater vor dem 3./4. Jh. n. Chr. gibt.

Zu berücksichtigen ist für die lukanische Formulierung vom „phrygischen und galatischen Gebiet", dass schon in der Antike die geographischen Verhältnisse nicht ganz eindeutig zu bestimmen waren.

Das wird u. a. an der unterschiedlichen Lokalisierung des pisidischen Antiochien deutlich, das für die einen noch in Pisidien lag (Plinius d. Ä., nat. hist. 5,24,94), für die anderen aber in Phrygien (Strabo, geogr. 12,6,4; 8,14). Ähnliches gilt für Ikonion. Zu erinnern ist daran, dass Lukas keine Landkarte zur Verfügung hatte, sodass die ungenaue Formulierung in Apg 16,6 auch das „phrygogalatische Gebiet" meinen könnte. Sie ist daher auf jene Gegend zu beziehen, die auf dem Weg Richtung Ephesus lag, nicht auf eine Reise in den Norden.

Wir gehen daher im Folgenden davon aus, dass Paulus mit Silvanus und Timotheus nicht in den Norden reiste, sondern durch die Gemeinden der ersten Reise. Von dort ging es weiter nach Mysien im Nordwesten Kleinasiens, die Landschaften Asia im Westen und Bithynien im Norden blieben ausgespart (Apg 16,6f.). In die Provinz Asia mit der Hauptstadt Ephesus, zu der auch Phrygien gehörte, kam Paulus erst später (Apg 18,19; s. u. 11.6). Bis zum Erreichen von Alexandria Troas im nordwestlichen Mysien wird von keiner Verkündigung berichtet. Gemeinden, die ohne sein Zutun entstanden waren, wie in Ephesus, mied er zunächst (vgl. Röm 15,20f.).

Durch den Süden der Provinz

In Mysien kam die Gruppe in die Hafenstadt Alexandria Troas (Apg 16,8), erneut eine römische Kolonie. Lukas berichtet nicht über eine Gemeindegründung, doch ist eine Gemeinde später vorhanden (Apg 20,6–12; vgl. 2Kor 2,12). Von dort aus setzte Paulus mit seinen Begleitern nach Makedonien über in die Hafenstadt Neapolis (Apg 16,11). Der Übergang nach Europa ist dabei nicht das vorrangige Ziel: Auf beiden Seiten des Meeres war die griechische Kultur prägend, die Provinzen in Kleinasien und Südosteuropa waren beide Teil des Imperium Romanum.

Mysien

Makedonien

Die Datierung der Ankunft in Neapolis auf das Frühjahr 49 n. Chr. liegt nahe, da mit Anfang März der Schiffsverkehr wieder aufgenommen wurde. Anschließend ging es auf der *Via Egnatia* nach Westen in die Stadt Philippi. Philippi, eine Stadt in Makedonien, war erneut eine römische Kolonie, sie war sogar noch stärker durch römische Kultur geprägt als andere. Auch eine kleine judäische Gemeinschaft scheint es gegeben zu haben, die allerdings am Rand der Stadt ihren Versammlungsort hatte (Apg 16,13). Die Existenz einer Gemeinschaft von Christusgläubigen ist durch den Philipperbrief belegt. Apg 16 berichtet mit einigen lokalen Details von der Taufe einer Gottesfürchtigen namens Lydia und ihres Hauses sowie eines namenlosen Gefängniswärters mit seinem Haushalt. Aus dem Philipperbrief erfahren wir noch von weiteren Personen in der dortigen Gemeinde, u. a. Epaphroditus (Phil 2,25; 4,18), Klemens (4,3), Euodia und Syntyche (4,2). Die Gemeinde setzte sich überwiegend aus Menschen des griechischsprachigen Teils der Stadt zusammen. Mit den Christusgläubigen in Phi-

Philippi

lippi blieb Paulus in enger Verbindung, ja Freundschaft, u. a. durch den Philipperbrief, die Sendung von Mitarbeitern und weitere Besuche. Der Philipperbrief, verfasst zwischen 53 und 54 n. Chr., ist das wohlwollendste Schreiben des Apostels. Entsprechend ist Philippi auch diejenige Gemeinde, von der Paulus finanzielle Unterstützung annahm (Phil 4,10–20). Darüber hinaus nennt Paulus in Phil 4,15 seine Tätigkeit unter den Philippern den „Anfang der Verkündigung des Evangeliums", da diese Gemeinde die erste war, die er als selbstständiger Verkündiger gegründet hatte.

In Haft   Aus dem 1. Thessalonicherbrief wird deutlich, dass der Aufenthalt des Paulus in Philippi zu Schwierigkeiten führte (1Thess 2,2). Die Geschichte, wonach die Austreibung eines Wahrsagegeistes aus einer Sklavin der Anlass dazu war (Apg 16,16–18), ist historisch zweifelhaft, Prügelstrafe und Untersuchungshaft sind aufgrund der lokalgeschichtlichen Details aber durchaus plausibel (Apg 16,22–24; vgl. 2Kor 11,25f.). Unter anderem die Nennung der lokalen Duoviri (στρατηγοί/*strategoi*), die in römischen Kolonien das Spitzenamt innehatten, zeugt von Detailwissen (Apg 16,19–24.35–39). Auch die Anklage, dass Paulus und Silvanus Judäer seien, die Gebräuche verkündeten, die man als Römer nicht annehmen dürfe (Apg 16,20f.), gibt die Stimmung in einer römisch geprägten Kolonie wie Philippi gut wieder. Etwa um diese Zeit (49 n. Chr.) hatte Kaiser Claudius Judäer aus der Stadt Rom vertreiben lassen (Sueton, Claud. 25,4; s. o. S. 86).

Thessalonich   In der Provinzhauptstadt Thessalonich, die auf der *Via Egnatia* über Amphipolis und Apollonia in drei bis vier Tagen zu erreichen war, ereignete sich Ähnliches: Die Etablierung einer Gemeinde im Umfeld der Synagoge und die Vertreibung von Paulus und Silvanus durch die Stadtführung (Apg 17,1–9). Über die Gemeindegründung und die berufliche Tätigkeit des Paulus berichtet der 1. Thessalonicherbrief, der in diesem Zusammenhang auch die Mitwirkung von Silvanus und Timotheus bei der Verkündigung erwähnt (1Thess 1,1–10; 2,5–7). Der Brief wurde nur wenige Monate nach der Abreise aus Thessalonich im Jahr 49/50 n. Chr. von Korinth aus geschrieben. Paulus verweist darin auf die Anfeindung der Thessalonicher durch ihre eigenen Landsleute (1Thess 2,14), während Lukas Judäer als Anstifter dahinter sieht (Apg 17,6). Wahrscheinlich traf der bei Lukas ebenfalls erwähnte Politarch der Stadt die Entscheidung gegen die Unruhe stiftenden Christusgläubigen. Eine Situation wie in Rom, wo christusgläubige Judäer die judäische Minderheit in Unruhe versetzt hatten (Sueton, Claud. 25,4), sollte hier nicht entstehen. Die (unbegründete) Sorge des Paulus, die Christusgläubigen würden sich dadurch wieder vom Glauben abbringen lassen, wird durch die Sendung des Timotheus nach Thessalonich dokumentiert (1Thess 3,1–8). Der Apostel etablierte mit diesem Brief und der Sendung eines Boten eine Besonderheit seiner Verkündigungstätigkeit, die er fortan beibehielt. Briefe und Boten waren wichtige Mittel, die Gemeinden trotz Abwesenheit zu leiten.

Die nächste in der Apostelgeschichte genannte Station war die südwestlich gelegene Stadt Beröa (17,10–15), die noch in Makedonien lag, allerdings nicht mehr an der *Via Egnatia*. Aus Beröa stammte Sopatros (Apg 20,4; vgl. Röm 16,21), mehr ist über die Gemeinde nicht zu erfahren. Die Vertreibung der Verkündiger aufgrund von Interventionen der Judäer aus Thessalonich (Apg 17,13) lässt sich historisch nicht belegen.

Beröa

Erwägenswert ist, ob Paulus vor der Ankunft in Beröa noch der *Via Egnatia* bis in die Landschaft Illyrien am Balkan gefolgt war. Die wichtige Handelsstraße endete nämlich an der Adriaküste in Dyrrhachion im heutigen Albanien, von wo aus man mit dem Schiff nach Brundisium in Italien übersetzte, um nach Rom zu gelangen. Paulus erwähnt in der Tat in Röm 15,19 als seinen äußersten Wirkungsbereich bis zu diesem Zeitpunkt eben jenes Illyrien. Zudem gibt er an, schon mehrfach vergebliche Versuche unternommen zu haben, nach Rom zu reisen (Röm 1,13). Diese Hinweise machen es wahrscheinlich, dass Paulus schon bei dieser ersten Reise eigentlich nach Rom wollte, diesen Plan aber aufgrund uns unbekannter Umstände nicht umsetzte. Er orientierte sich vielmehr nach Süden, kam nach Beröa und von dort nach Athen in die Provinz Achaia.

Illyrien

Einen Aufenthalt in Athen bezeugt auch 1Thess 3,1, allerdings ist die Erzählung in Apg 17,16–34 eine lukanische Konstruktion. Paulus blieb einige Zeit in der Stadt (1Thess 3,1), die zwar als Ort von Gelehrsamkeit bekannt war, aber sonst nur noch geringe Bedeutung hatte. Die Notiz in Apg 17,34, wonach Paulus wenigstens ein Mitglied des Rates der Stadt, des sogenannten Areopags, mit Namen Dionysios und dessen Frau Damaris für den Glauben gewinnen konnte, lässt sich nicht weiter erhärten. Eine christliche Gemeinde in Athen ist zum ersten Mal um 170 n. Chr. belegt (Euseb, h. e. 4,23,2f.).

Athen

Von viel größerer Bedeutung war der anschließende Aufenthalt in Korinth (Apg 18,1–17), der zumindest eineinhalb Jahre dauerte (Apg 18,11). Korinth, erneut eine römische Kolonie und zugleich Provinzhauptstadt von Achaia, war eine bedeutende Handelsstadt mit den zwei Häfen Lechaion und Kenchreä (vgl. Röm 16,1). Trotz ihrer römischen Prägung war die Stadt ein Schmelztiegel verschiedenster Völker, Griechisch war aber die Hauptsprache. Über die Entstehung der Gemeinde berichtet Paulus selbst, dass er gemeinsam mit Silvanus und Timotheus dort das Evangelium verkündigt habe (2Kor 1,19; vgl. Apg 18,5). Mit den aus Rom gekommenen jüdischen Christus-

Korinth

gläubigen Priska/Priscilla und Aquila setzte eine langjährige Zusammenarbeit ein, sowohl in beruflicher Hinsicht (Apg 18,3) wie auch im Hinblick auf die Verkündigung (1Kor 16,19; Röm 16,3; vgl. Apg 18,26). Mit der Gemeinde von Korinth blieb Paulus durch mindestens drei Briefe, die Sendung von Mitarbeitern und spätere Besuche eng verbunden, wenngleich es auch erhebliche Differenzen gab, aus denen die Vielfalt und besonderen Herausforderungen der paulinischen Gemeinden deutlich werden.

Vor Gallio

Auch in Korinth kam es zu einer Auseinandersetzung vor einem Statthalter (Apg 18,12–17). Die zweifellos bestehende jüdische Synagoge von Korinth (vgl. Philo, leg. ad Gaium 281) klagte Paulus bei dem Prokonsul L. Iunius Gallio Annaeanus an, der ab Juli 51 bis Juni 52 n. Chr. Statthalter der Provinz Achaia war (s. o. S. 85f.). Die Darstellung der Verhandlung entspricht dem lukanischen Interesse, den Christusglauben als innerjüdische und politisch ungefährliche Bewegung darzustellen, doch ist die Historizität dieser Auseinandersetzung vor dem Statthalter nicht zu bestreiten. Sie legt eine Datierung des paulinischen Wirkens in Korinth auf die Jahre 49–52 n. Chr. nahe. Als Paulus Anfang 52 n. Chr. Korinth verließ, hinterließ er eine Gemeinde mit vielleicht hundert Mitgliedern.

Nach Antiochien

Die Reise nach Antiochien nahm Paulus gemeinsam mit Silvanus und Timotheus sowie Priska und Aquila per Schiff in Angriff (Apg 18,18). Letztere blieben aber in der Zwischenstation Ephesus, die Paulus jedoch rasch verließ (Apg 18,19–21). Das Schiff kam allerdings nicht in Syrien an, sondern in Caesarea Maritima an der phönizischen Küste. In Apg 18,22 wird öfters ein Hinweis auf einen weiteren Jerusalembesuch des Paulus gesehen:

Caesarea Maritima

„Und als er zu Caesarea gelandet war, ging er hinauf und begrüßte die Gemeinde und zog hinab nach Antiochien."

Besuch in Jerusalem?

Aus dem Ausdruck „er ging hinauf" (ἀνάβας/*anabas*) könnte sich ein Besuch in Jerusalem erschließen lassen, denn Reisen nach Jerusalem wurden wegen des Berges Zion als „hinaufgehen" bezeichnet. Warum Lukas Jerusalem nicht nennt, bleibt allerdings rätselhaft. Entweder war er nicht sicher, ob Paulus tatsächlich in Jerusalem gewesen war, und überließ es der Phantasie der Leser und Leserinnen, das Hinaufgehen so zu interpretieren. Oder Lukas meinte schlicht, dass Paulus in Caesarea Maritima vom Hafen hinauf in die Stadt Caesarea ging und die dortige Gemeinde – bekannt vor allem durch den Hauptmann Kornelius (Apg 10) – begrüßte. Letzteres liegt deutlich näher, zumal Paulus später an diesen Aufenthalt anknüpfte (Apg 21,8–16). Paulus war also nicht in Jerusalem, sondern kam von Caesarea Maritima aus im

Jahr 52 n. Chr. auf dem Landweg zum letzten Mal nach Antiochien. Der folgende Konflikt, der sog. Antiochenische Zwischenfall – mit Petrus, Barnabas und der restlichen Gemeinde führte zur nachhaltigen Trennung von seiner Heimatgemeinde (s. o. 10.2).

11.5.2 Paulus der Völkerapostel

Vor allem während seiner Reisetätigkeit in Makedonien und Griechenland hatte Paulus sein spezifisches Wirken als Verkündiger des Evangeliums weiterentwickelt. Drei charakteristische Züge zeichneten seine Tätigkeit dabei aus:
1. Paulus handelte unabhängig von einer Gemeinde, sowohl, was die Beauftragung anging, als auch hinsichtlich der Finanzierung seiner Wirksamkeit. Seine Sendung durch Gott bzw. Christus wurde zum zentralen Element seines Selbstverständnisses, das in seinen Briefen wiederholt zum Ausdruck kommt. Die Gemeinden waren daher auch „seine" Gemeinden und deren Entstehung und Bestand Ausweis seiner apostolischen Sendung (1Kor 9,1f.). Diese Unabhängigkeit bewahrte er sich, abgesehen von der Unterstützung aus Philippi, auch in ökonomischer Hinsicht durch seine handwerkliche Tätigkeit.

    Unabhängigkeit

2. Die von Paulus gegründeten Gemeinden entstanden zu Beginn im Umfeld der Synagoge, bestanden aber zum weitaus überwiegenden Teil aus Nicht-Juden. In der Apostelgeschichte wird dies zu einem Schema: Paulus beginnt in der Synagoge, wenige Juden und mehrere Gottesfürchtige kommen zum Glauben an Christus, die Gemeinde wird etabliert, die Synagogenleitung reagiert feindselig und mobilisiert die staatlichen Autoritäten, Paulus reist – zumeist unfreiwillig – wieder ab. Diese Vorgehensweise ist historisch durchaus plausibel, zumal Lukas auch Abweichungen davon kennt, wie z. B. für Lystra (Apg 14,8–18) oder Athen (17,16–34), wo es jeweils keinen Beginn in der Synagoge gibt, oder in Philippi und Ephesus, wo der Widerstand von nicht-jüdischer Seite kommt (16,16–40; 20,23–40).

    Gemeinden aus Nicht-Juden

Was in der Apostelgeschichte nicht deutlich wird, ist allerdings, dass entsprechend der Vereinbarung von Jerusalem Paulus das Evangelium vornehmlich an Nicht-Juden verkündigte. Er verfolgte eine auf die Völker orientierte Perspektive, die er programmatisch im Römerbrief festhielt (Röm 1,5.13f.; 15,19–21). Das lässt sich mit folgenden Argumenten gut zeigen:
- Paulus stellt seine Arbeit mehrfach als jene unter den Völkern dar (Gal 1,16; Röm 1,5; 11,13f.; 15,15f.). Sein Auftrag, den er von Gott

Der Völkerapostel

empfangen habe, sei es, als „ein Diener Christi Jesu unter den Völkern" zu wirken (Röm 15,16).
- Dieser Selbstdarstellung entsprechen auch die Einblicke, die wir aus den Briefen über die Zusammensetzung der Gemeinden erhalten. Wenn Paulus die Adressaten und Adressatinnen daran erinnert, dass sie sich von den Götzen zu Gott bekehrt haben (1Thess 1,9), kann dies nicht für Juden gelten. Auch die Warnungen vor der Beschneidung im Galaterbrief (Gal 5,2) und die dazu parallelen Stellungnahmen zur Beschneidung im Philipperbrief (Phil 3,2–9) können nur an Nicht-Juden gerichtet sein. Und die Auseinandersetzung in der korinthischen Gemeinde über das Essen von Götzenopferfleisch (1Kor 8–10) ist als Differenz innerhalb nicht-jüdischer Deutungen paganer Religiosität zu verstehen. Paulus spricht demgemäß die Korinther allgemein als ehemalige Götzendiener an (1Kor 12,2). Dementsprechend kann der Apostel in Röm 16,4 von den „Versammlungen der Völker" sprechen und meint damit die Gemeinden, die aus nicht-jüdischen Christusgläubigen bestehen.
- Auch aus der Apostelgeschichte erfahren wir mit dem Synagogenvorsteher (Archisynagogos) Krispus aus Korinth (18,8; vgl. 1Kor 1,14) nur von einem einzigen Judäer, der sich durch Paulus bekehren ließ. Alle anderen Christusgläubigen, die durch den Völkerapostel zum Christusglauben kamen und deren ethnische Herkunft genannt wird, waren Nicht-Juden, wie z. B. Lydia, Dionysios oder Titius Justus.

Zwei Argumente werden gegen die Annahme angeführt, in den paulinischen Gemeinden seien zum größten Teil, wenn nicht ausschließlich Christusgläubige nicht-jüdischer Herkunft gewesen. Beide lassen sich freilich widerlegen:
- Zum einen wird vorgebracht, die ausführliche Argumentation des Paulus mit dem Zeugnis der Schrift, etwa im Galater- oder 1. Korintherbrief, lasse sich nur verstehen, wenn man diese auch ausreichend kennen würde. Dies setze einen jüdischen Anteil in *Schriftverwendung* der Gemeinde voraus. Dagegen kann Folgendes eingewandt werden: Es ist einerseits – abgesehen davon, dass wir nicht wissen, wie gut Diasporajudäer die LXX überhaupt kannten – wahrscheinlich, dass Paulus mit seinen Schriftauslegungen vor allem jene im Blick hatte, deren Argumente er widerlegen wollte: Im Galaterbrief wollte er mit seiner komplexen Exegese (z. B. Gal 4,21–31) Ansichten widerlegen, deren Vertreter sich in der Gemeinde und damit unter den Hörern und Hörerinnen der Briefverlesung befanden. Die Korintherbriefe waren andererseits an eine Gemeinde gerichtet, deren Bekanntschaft mit einzelnen Schriften Israels (Tora, Psal-

men, Jesaja) oder wenigstens Schriftauslegungen über die Jahre gewachsen war. Zudem konnten Briefboten schwierige Passagen erläutern. Der Römerbrief, in dem die Schriftauslegung sehr wichtig ist, ist schließlich an eine Gemeinde gerichtet, die Paulus nicht selbst gegründet hat.
– Ein zweiter Einwand ist jener, dass Paulus nach eigenem Zeugnis den Judäern ein Judäer geworden sei, um diese zu gewinnen (1Kor 9,20). Dagegen kann vorgebracht werden, dass diese Aussage im Rückblick auf die Tätigkeit *vor* dem Apostelkonvent geschrieben ist. Die in Röm 9–11 zu erkennende Frustration über vergebliche Bemühungen, Judäer vom Evangelium zu überzeugen, erinnert ebenfalls an diese Anfänge. Bei seinen späteren Besuchen in Jerusalem wird Paulus zudem nach Vorgaben der Tora gelebt haben, um die Jerusalemer Gemeinde nicht zu brüskieren.

So bleibt als eine wesentliche Entwicklung der paulinischen Tätigkeit in den Jahren 48–52 n. Chr. festzuhalten, dass sich der Apostel als selbständiger Völkerapostel verstand, dessen göttlicher Auftrag die Verkündigung an Nicht-Juden war.

3. Deutlich wird schließlich bei dieser Reise, dass Paulus sich für die Geschicke der von ihm gegründeten Gemeinden verantwortlich fühlte. Die Besuche in den Gemeinden in Südgalatien zeigen dies ebenso wie die Sendung des Timotheus nach Thessalonich und der dorthin geschickte Brief. Auch dieser Zug des paulinischen Wirkens verstärkte sich noch mehr, je unabhängiger er sich fühlte. Mit dieser Reise begründete sich aber zugleich – wenigstens für uns sichtbar – das Netzwerk von Mitarbeitern und Mitarbeiterinnen. Silvanus, Timotheus, Priska und Aquila werden namentlich als Begleiter und Vertraute genannt, dazu kommen noch einige, die an den einzelnen Orten wichtig waren, wie z. B. Lydia in Philippi, Jason in Thessalonich, Stephanas, Titius Justus und Krispus in Korinth. Alle diese Menschen wirkten als Multiplikatoren des Evangeliums, wie in 1Thess bereits konstatiert wird (1Thess 1,8), und zwar jenes Evangeliums, das Paulus verkündigte.

Das Netzwerk des Paulus

11.6 Die Verkündigung in Ephesus (52–55 n. Chr.; Apg 18,23–20,1)

Nach dem Antiochenischen Zwischenfall (Gal 2,11–14; s. o. 10.2) brach Paulus im Sommer 52 n. Chr. mit Timotheus und Titus, aber ohne Silvanus, erneut in die Gemeinden im Süden der Provinz Galatien auf. Weitere Mitarbeiter auf dieser Reise waren Erastos (Apg 19,22),

Epaphroditus (Phil 2,25; 4,18), Aristarchos (Phlm 24; Apg 19,29 u. ö.), Demas, Lukas und auch Markus (Phlm 24). Die Reisegesellschaft war deutlich angewachsen, wobei nicht deutlich wird, wann die genannten Personen zu Paulus stießen.

Die Erwähnung des Durchzugs durch das galatische und phrygische Gebiet (Apg 18,23) entspricht jener in Apg 16,6 und ist erneut nicht auf eine Reise in den Norden der Provinz Galatien zu deuten (s. o. S. 226f.). Das Ziel war ja Ephesus im Westen, das er bereits zuvor kurz aufgesucht hatte (Apg 18,19–21). Offenbar hatte er gesehen, dass hier noch Raum für die Verkündigung an Nicht-Juden war, obwohl bereits Gruppen von Christusgläubigen bestanden. Die ersten Gläubigen waren wahrscheinlich judäische Pilger gewesen, die in Jerusalem den Christusglauben kennengelernt und von dort mitgebracht hatten.

Ephesus   Ephesus, Hauptstadt der Provinz Asia und wichtiges Zentrum an der kleinasiatischen Westküste, beherbergte nicht nur den berühmten Kult für die Artemis Ephesos, sondern auch eine Gemeinschaft von Diasporajudäern, von der allerdings kaum Spuren erhalten sind. Paulus traf dort wieder auf Priska und Aquila, die seinen Aufenthalt vorbereitet hatten (Apg 18,18), und begann mit der Verkündigung des Evangeliums. Auch Verbindungen zu Freigelassenen und Sklaven aus dem kaiserlichen Haushalt, die im ganzen Imperium Romanum verbreitet waren, wurden geknüpft (vgl. Phil 4,22). In der späteren Kollektendelegation befanden sich mit Tychikus und Trophimus zwei Reisebegleiter aus der Provinz Asia (Apg 20,4; vgl. 21,29).

Über das sonstige Wirken des Paulus in Ephesus sind wir nur unzureichend informiert, zumal der Epheserbrief nicht von Paulus stammt. Die Erwähnung eines Lehrsaals des Tyrannos (Apg 19,9) als Ort paulinischer Lehrtätigkeit ist historisch plausibel, auch die Dauer der Wirksamkeit von mehr als zwei Jahren ist glaubhaft (Apg 19,8–10; vgl. 20,31). Offenbar konstituierte sich im Haus von Priska und Aquila in Ephesus eine von Paulus geprägte Gemeinde (1Kor 16,19).

Bei der Bestrafung der Söhne eines jüdischen Oberpriesters namens Skevas und der Verbrennung von magischen Büchern (Apg 19,13–20) spielte Paulus keine Rolle. Auch in den Aufruhr der Berufsvereinigung der Silberschmiede (Apg 19,23–40) war Paulus nicht involviert: Diese hatten die geschäftsschädigende Wirkung der christlichen Verkündigung beklagt. Sie fürchteten, dass Nachbildungen des weltberühmten Artemistempels nicht mehr gekauft würden.

Trotz der Abwesenheit des Apostels bei den meisten Ereignissen, die Lukas über Ephesus berichtet, lässt sich mit guten Gründen annehmen, dass Paulus gegen Ende seiner Zeit in dieser Stadt in Konflikt mit lokalen Autoritäten geriet. So berichtet er in 1Kor 15,32 aus Ephesus (vgl. 1Kor 16,8), dass er in der Stadt mit wilden Tieren kämpfen musste. Damit beschreibt er metaphorisch eine schwierige Lage, die er offenbar als sehr bedrohlich erlebte. Kurz danach erinnert Paulus noch einmal daran (2Kor 1,8): *Haft in Ephesus*

> „Denn wir wollen euch nicht in Unkenntnis lassen, Brüder, über unsere Bedrängnis, die in der Asia auftrat, dass wir übermäßig beschwert wurden, über unsere Kraft hinaus, sodass wir sogar am Leben verzweifelten. Wir hatten nämlich schon bei uns selbst das Todesurteil empfangen."

Schließlich lobt er in Röm 16,4 Priska und Aquila dafür, ihm das Leben gerettet zu haben, was auf die Zeit in Ephesus und nicht jene in Korinth verweist. Neben der Möglichkeit, dass Paulus sogar zweimal in Ephesus aufgrund von Konflikten mit den staatlichen Autoritäten in ernsten Schwierigkeiten war, könnte 2Kor 1,8 auch auf eine lebensbedrohliche Krankheit verweisen. Mit Gewissheit ist aber davon auszugehen, dass Paulus in Ephesus ebenso wie an anderen Orten in zumindest eine Auseinandersetzung verwickelt war, die hier offenbar gefährlicher als sonst ausfiel, um sich schließlich aber doch noch zum Guten zu wenden.

Aus Ephesus schrieb Paulus mehrere Briefe. In der ersten Zeit entstand der Galaterbrief (s. o. 10.4). Während der Haft wurden die Briefe an die Philipper und an Philemon verfasst. Im Philipperbrief gibt Paulus seine Situation als Gefangener zu erkennen (Phil 1,7.13). Auch plant er, der Mühen überdrüssig (1,23), einen Besuch in Philippi (1,26), den er aber erst später umsetzen konnte (s. u. 11.7.2). Die Situation einer Gefangenschaft rückt Paulus auch im Philemonbrief gleich zu Beginn in den Vordergrund (Phlm 1) und schließt hier ebenfalls mit der Ankündigung eines Besuches (22). Der 1. Korintherbrief entstand erst nach der Freilassung aus dem Gefängnis (54 n. Chr.). *Briefe aus Ephesus*

Mit dem Aufenthalt in Ephesus etablierte Paulus nach Korinth ein zweites Zentrum seiner Verkündigungstätigkeit. Von Ephesus aus schrieb er nicht nur Briefe, sondern zugleich strahlte sein Wirken von hier in andere Bereiche der Provinz aus. Vor allem die Anfänge des Christentums im Lykostal gehen von Paulus aus, wie der Philemon- und der nachpaulinische Kolosserbrief zeigen. Paulus wirkte in Ephesus aber auch in einem Umfeld, in dem bereits vor und neben ihm andere christliche Gruppierungen ihre Form des Evangeliums verkündigt hatten und verkündigten. Aus den Paulusbriefen und der Apostelgeschichte lassen sich wenigstens zwei rekonstruieren. *Ephesus als Zentrum*

Eine wichtige Figur des frühen Christentums in Ephesus war der alexandrinische Judäer Apollos. Während Lukas eine Begegnung zwischen Paulus und Apollos erzählerisch vermeidet (vgl. Apg 19,1), berichtet Paulus selbst davon, Apollos in Ephesus getroffen zu haben *Apollos*

Rom als Abfassungsort von Philipper- und Philemonbrief?
Eine andere zeitliche und geographische Ansetzung der Abfassung von Philipper- und Philemonbrief verweist auf das Rom des Jahres 61 n. Chr. Die wichtigsten Argumente dafür sind: Eine längere Gefangenschaft des Paulus im Rom wird durch die Apostelgeschichte belegt (Apg 28,16.30f.; s. u. 14.1). Die Erwähnung des Prätoriums (Phil 1,13) und von Sklaven bzw. Freigelassenen des Kaisers (Phil 4,22) passe am besten zu Rom. Paulus erwähne die Kollekte nicht, weil sie abgeschlossen sei. Die Gemeindesituation in Philippi setze eine Weiterentwicklung voraus, da der Titel Episkopos begegnet (Phil 1,1; s. u. 12.2.2).

Aus Rom?

Die Länge der Gefangenschaft wird allerdings weder im Philipper- noch im Philemonbrief thematisiert. Die Briefe können auch während einer relativ kurzen Untersuchungshaft, wie sie für Ephesus wahrscheinlich ist, entstanden sein. Prätorien als Amtsgebäude gab es nicht nur in Rom, sondern auch in Provinzhauptstädten, sogar in Jerusalem (Mk 15,16 u. ö.). Angehörige des kaiserlichen Haushalts waren im Imperium Romanum verbreitet, da sie im Auftrag des Kaisers eine Reihe von Verwaltungsaufgaben erfüllten. Die Kollekte erwähnt Paulus im Philipperbrief nicht, weil er ja selbst von den Philippern Geld erhalten hatte. Im Philemonbrief, einem Privatbrief, wäre sie zudem unpassend. Die Verwendung des Begriffs Episkopos für die Leiter der Gemeinden von Philippi ist keine Spätentwicklung, sondern eine singuläre Verwendung aufgrund lokaler Umstände in Philippi.

Für eine Abfassung in Ephesus sprechen vor allem die Besuchspläne in beiden Briefen (Phil 1,26; 2,24; Phlm 22): So ist Paulus zuversichtlich, die Philipper bald wieder besuchen zu können. Philemon, der wahrscheinlich im nahe Ephesus gelegenen Kolossä wohnte (vgl. Phlm 10 mit Kol 4,9), bittet er, eine Unterkunft für ihn vorzubereiten. Diese Vorhaben nach der Gefangenschaft stehen zu den Reiseplänen im Römerbrief in deutlicher Spannung: Paulus kündigt dort an, von Jerusalem über Rom nach Spanien zu reisen (Röm 15,28.32), da er im Osten des Reiches keinen Raum mehr habe (Röm 15,23). Er müsste also in der Gefangenschaft seine Meinung geändert haben. Auch die ausgesprochen intensiven Reisebewegungen zwischen Philippi und dem Abfassungsort sprechen gegen eine Abfassung im von Philippi bzw. Kolossä weit entfernten Rom.

Aus Ephesus

(1Kor 16,12). Zwar war ihm die Tätigkeit des Apollos in Korinth suspekt, da dieser in seiner Gemeinde lehrte (1Kor 1,12; 3,4–6.22; 4,6; vgl. Apg 18,27f.). Paulus konnte sich damit aber offenbar abfinden, da die theologischen Differenzen zwischen den beiden nicht gravierend waren. Die Darstellung, wonach Apollos nur die Taufe des Johannes gekannt habe und erst durch Priska und Aquila ausreichend belehrt worden sei (Apg 18,24–28), entspringt dem Interesse des Lukas, Paulus als den einzigen Verkündiger in Ephesus zu präsentieren. Eher wird man davon auszugehen haben, dass schon vor Paulus der Alexandriner Apollos vor allem unter den Diasporajudäern in Ephesus sein Publikum gefunden hatte.

Mit deutlich größerer Skepsis betrachtete der gefangene Paulus in Phil 1,15–18 Leute, die „aus Neid und Streit" bzw. „Eigennutz" Christus verkündigten. Der Umstand, dass er sie dennoch akzeptieren konnte (1,18), macht aber zugleich deutlich, dass es sich nicht um Vertreter einer toraobservanten Gruppierung handelte. Am ehesten sind dahinter Gesandte aus Antiochien zu vermuten, die unter den durch den Zwischenfall und das Apostendekret veränderten neuen Bedingungen das Evangelium an Nicht-Juden verkündigten. Sie verlangten zwar nicht die Beschneidung – Paulus hätte dagegen viel schärfer polemisiert –, aber die Einhaltung spezifischer Grundregeln für die Gemeinschaft jüdischer und nicht-jüdischer Christusgläubiger. Hier bestand ganz offensichtlich eine Konkurrenz zwischen zwei christlichen Gruppen.

Andere Verkündiger

Neben diesen beiden christlichen Gemeinschaften, die möglicherweise schon vor Paulus bestanden, gab es, wenn Lukas in Apg 19,1–7 trotz der Stilisierung historisch glaubhaft berichtet, auch eine Gruppe von Anhängern Johannes des Täufers (vgl. auch 18,25; Mk 6,29; s. o. S. 102f.). Mit der Taufe durch Paulus ordnet sie Lukas in die christliche Bewegung ein. Die Existenz dieser Gruppe lässt aber die Bezüge der Täuferbewegung zur nachösterlichen Jesusbewegung, die auch für die Gemeinschaft hinter dem Johannesevangelium wahrscheinlich sind, erkennen.

Anhänger des Täufers

11.7 Die Kollektenreise (55–56 n. Chr.; Apg 20,1–21,17)

11.7.1 Reisepläne

Die Korintherbriefe, der Philipper- und der Philemonbrief gewähren uns einen kleinen Einblick in die Reisepläne, die Paulus während seines Aufenthalts in Ephesus schmiedete. Nach 1Kor 16,8 wollte Paulus bis Pfingsten 54 n. Chr. in Ephesus bleiben und anschließend per Schiff nach Korinth, dann nach Makedonien und wieder zurück nach Korinth reisen (2Kor 1,15f.). Eigentliches Ziel war schon damals Judäa (2Kor 1,16). Dieser Plan scheiterte. Paulus kam erst mit deutlicher Verspätung zu einem kurzen Zwischenbesuch nach Korinth (2Kor 12,14f.21; 13,2), der allerdings im Streit endete. Er kehrte wieder nach Ephesus zurück und verfasste den sogenannten Tränenbrief (2Kor 2,4). Anschließend brach Paulus im Jahr 55 n. Chr. tatsächlich auf, kam aber nur bis Alexandria Troas und dann nach Makedonien

Korinth

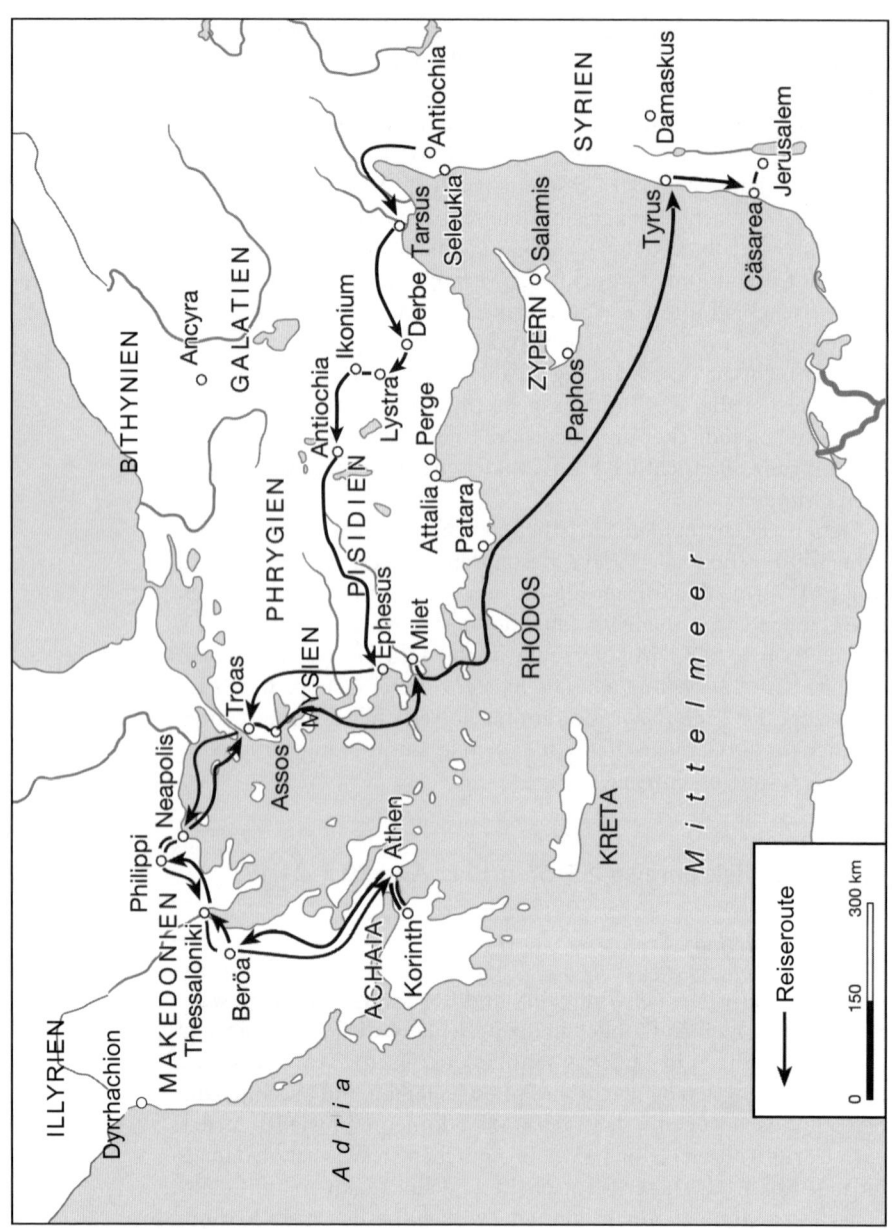

Karte 8: Die Kollektenreise

(2Kor 2,12f.), wo der 2. Korintherbrief verfasst wurde. Von Titus hatte er zuvor erfahren, dass der Tränenbrief die angestrebte versöhnende Wirkung erzielt hatte (2Kor 7,6–16). Nun sollte einer positiven Entwicklung nichts mehr im Wege stehen, doch die Auseinandersetzung um die Haltung zu anderen christlichen Wanderlehrern entbrannte erneut und veranlasste Paulus zu einer scharfen Polemik (2Kor 10–13). Der 2. Korintherbrief sowie die weiteren Bemühungen um Versöhnung ließen schließlich doch einen Besuch des Paulus in Korinth zu, der auf das Jahr 56 n. Chr. fiel (vgl. Apg 20,2). Von dort aus schrieb er den Brief an die Gemeinde in Rom, in dem er das Ziel Judäa bzw. Jerusalem noch sehr viel deutlicher ausführte (Röm 15,25.31). *Der 2. Korintherbrief*

Der Römerbrief

11.7.2 Die Einsammlung der Beiträge

In den beiden erhaltenen Korintherbriefen wird deutlich, dass mit dem Aufbruch aus Ephesus und dem Ziel Jerusalem vor allem das Anliegen verbunden war, die beim Apostelkonvent zugesagte Kollekte endlich abzuschließen (Gal 2,10; s. o. S. 201f.). Im 1. Korintherbrief verwies Paulus darauf, dass er schon den galatischen Gemeinden Anweisungen gegeben hatte, wie die Sammlung vonstattengehen sollte (1Kor 16,1f.): Jeden ersten Tag der Woche, an dem sich die Gemeinde traf, sollte jeder entsprechend seinen Möglichkeiten etwas dafür geben, sodass bei der Ankunft des Paulus ein ansehnlicher Betrag zur Verfügung stünde. Er selbst oder ein Bote werde es nach Jerusalem bringen (1Kor 16,3f.). Dass er es schließlich doch selbst tat, statt von Korinth aus direkt nach Rom zu reisen, zeigt die Wichtigkeit der Kollekte. *Organisation der Kollekte*
Diese „Sammlung für die Heiligen" (1Kor 16,1) bzw. dieser „Dienst für die Heiligen" (2Kor 8,4; 9,1) war durch den Konflikt mit der korinthischen Gemeinde zwar zunächst bedroht, doch Titus und der nicht mehr erhaltene Tränenbrief (2Kor 2,4) rückten das wieder zurecht (vgl. 2Kor 8f.). Die Gemeinden in Makedonien und Achaia trugen schließlich großzügig zur Kollekte bei (2Kor 8,1–5; 9,2; Röm 15,26) und gaben Paulus Begleiter mit. Letzteres diente auch zur Abwehr von Verdächtigungen, er könnte das Geld – offenbar eine ansehnliche Summe – unterschlagen (2Kor 8,20f.). *Begleiter*
Aus den galatischen Gemeinden stammten immerhin zwei Begleiter der Kollektendelegation (Apg 20,4): Gaius aus Derbe und Timotheus. Damit ist allerdings nicht sichergestellt, dass die galatischen Gemeinden, die bei der ursprünglich antiochenischen Verkündigungsreise (Apg 13f.) gegründet worden waren, sich tatsächlich an der paulinischen Sammlung beteiligten und nicht an jener, die die Antiochener um Barnabas organisierten (Gal 2,10). Paulus selbst kam nach seiner Zeit in Ephesus nicht mehr nach Galatien. Eine Beteiligung der

Gemeinden Asias, wie Alexandria Troas oder Ephesus, ist durch den Aufenthalt in Troas sowie durch die Anwesenheit von Tychikus und Trophimus wahrscheinlich (Apg 20,4).

Reisestationen — Von Korinth aus ging Paulus mit seinen Begleitern wieder nach Makedonien. Die weiteren Stationen lassen sich nur aus der Apostelgeschichte entnehmen, die hier allerdings einen Bericht eines Beteiligten aufnimmt. Mit dem Schiff ging es zunächst nach Alexandria Troas (20,5–12), dann weiter bis Assos und wieder per Schiff über Mitylene auf Lesbos und die Insel Samos nach Milet (20,13–38). Dass Paulus Ephesus nicht besuchte, lag möglicherweise an der unsicheren Lage in der Stadt (20,16). Das dramatisch gestaltete Treffen mit Mitgliedern der Gemeindeleitung aus Ephesus in Milet (20,17–38) dient Lukas erzählerisch dazu, Paulus eine Abschiedsrede halten zu lassen. Aus ihr wird deutlich, dass der Verfasser der Apostelgeschichte vom Tod des Paulus wusste (vgl. 20,24.29.38).

In Milet nahm die Reisegesellschaft um Paulus ein Schiff nach Kos, dann nach Rhodos und an die kleinasiatische Küste nach Patara (Apg 21,1). Die längere Reise an die phönizische Küste führte an Zypern vorbei nach Tyrus, wo Paulus von dortigen Christusgläubigen zum ersten Mal gewarnt wurde, nicht nach Jerusalem zu gehen (21,2–6). Gemeinden in Phönizien sind schon in Apg 11,19; 15,3 vorausgesetzt. Nach einem Zwischenstopp in Ptolemais erreichte die Reisegruppe schließlich Caesarea Maritima (21,8–14) Ein Zusammentreffen mit Philippus und seinen prophetisch wirkenden Töchtern sowie mit dem schon aus Apg 11,28 bekannten Agabus, der erneut vor der Reise nach Jerusalem warnt, steht am Ende dieses Reiseberichts. Diese wie auch die frühere Warnung sind Vorverweise auf die Ereignisse in Jerusalem, sie sind aber angesichts der in Röm 15,31 ausgedrückten Befürchtungen durchaus plausibel.

In Judäa

11.7.3 Die Abgabe der Kollekte (56 n. Chr.)

Das Anliegen des Paulus im Zusammenhang der Kollekte für die Jerusalemer Gemeinde wird in Röm 15,27 zum Ausdruck gebracht: Die nicht-jüdischen Glaubenden sollten auf diese Weise das Geschenk des Evangeliums erwidern, das von Jerusalem ausgegangen war. Das entsprach der antiken Konvention reziproker Gaben und sollte zugleich zum Ausdruck bringen, dass die christlichen Gruppen, die auf die Initiative des Paulus zurückgingen, mit der Jerusalemer Gemeinde verbunden waren. Sein engagiertes Wirken für die Geldspende war so zugleich der Versuch, seine unabhängig von Antiochien gegründeten Gemeinden in jene Vereinbarung einzubringen, die beim Apostelkonvent zwischen Jerusalem und Antiochien getroffen worden war. Dieser

Das Anliegen des Paulus

zentrale Aspekt der Gemeinschaft mit Jerusalem (2Kor 8,4) war allerdings gefährdet. In Röm 15,31 drückt Paulus seine Ahnung aus, in Judäa zweifach in Schwierigkeiten zu geraten. Zum einen erwartete er, von Seiten judäischer Autoritäten bekämpft zu werden (vgl. 1Thess 2,14f.). Diese Befürchtung mag auf neuen Nachrichten aus Jerusalem basiert haben, zumal die politische Situation in Judäa unter dem Prokurator Antonius Felix (52–59 n. Chr.) schwieriger geworden war. Das betraf möglicherweise auch innerjüdische Abweichler wie die Jerusalemer Gemeinde, die sich später nicht für Paulus einsetzte (s. u. 13.1.2).

Zum anderen war Paulus aber auch unsicher, ob die Jerusalemer Gemeinde die Kollekte überhaupt annehmen würde. Anlass für diese Unsicherheit war sicherlich die eskalierende Konfrontation mit den Vertretern einer toratreuen Position: Die Auseinandersetzungen während des Apostelkonvents (s. o. 10.1), der antiochenische Zwischenfall und seine Folgen (s. o. 10.1 und 10.2) sowie der galatische Konflikt (s. o. 10.4) ließen die Bruchlinien deutlich zutage treten. Auch wenn Paulus im Römerbrief eine gegenüber dem Galaterbrief gemäßigtere Position vertrat, blieb er schon aufgrund der zahlreichen nicht-jüdischen Gemeinden, als deren Patron er sich verstand, in einer spannungsvollen Position zu dem Herrenbruder Jakobus und der konservativen Fraktion, die über die Tätigkeiten und Ansichten des Apostels gut informiert war.

Die Befürchtungen des Paulus

Beide Befürchtungen wurden wahr, wie sich aus der Erzählung des Lukas in Apg 21,18–40 rekonstruieren lässt.

Von Caesarea Maritima aus kam Paulus im Frühsommer des Jahres 56 n. Chr. nach Jerusalem (Apg 21,15–17). Die dortige Gemeinde wurde seit dem Weggang des Petrus von dem Herrenbruder Jakobus geleitet, der für eine gemäßigt konservative Haltung gegenüber nichtjüdischen Christusgläubigen stand (s. u. S. 272f.). Dessen Rede an Paulus in Apg 21,20–25 ist zwar von Lukas gestaltet, die darin enthaltene Forderung ist aber als historisch einzuschätzen: Paulus sollte vier Mitgliedern der Jerusalemer Gemeinde, die ein Gelübde auf sich genommen hatten, die für die Auslösung notwendigen Opfer am Jerusalemer Tempel finanzieren (21,23.26). Dies sollte sowohl als Demonstration der Treue des Paulus zu einem Kernelement judäischer Identität, nämlich zum Heiligtum, dienen, als auch eine Verwendung der Kollekte für einen aus Jerusalemer Sicht sinnvollen Zweck ermöglichen. Paulus ging auf diesen Kompromiss ein, erreichte damit aber das Ziel, die Gemeinschaft zwischen seinen Gemeinden und Jerusalem festzumachen, nicht. Da die Kollekte scheiterte, wird sie von Lukas bis auf eine versteckte Anspielung in Apg 24,17 auch mit keinem Wort erwähnt.

Zusammentreffen mit Jakobus

Die Sammlung der paulinischen Gemeinden wurde nicht als Gabe zur Demonstration des Zusammenhalts aller Christusgläubigen, wie sie nach der Darstellung des Paulus in Gal 2,9f. gedacht war, akzep-

Das Scheitern tiert. Die Bruchlinien zwischen den toratreuen Glaubenden in Jerusalem rund um den Herrenbruder Jakobus und den von Paulus repräsentierten nicht-jüdischen Gemeinden, denen er nur mit Mühe die Verbindung mit den christlichen Gemeinschaften in Judäa plausibel hatte machen können, traten unverhohlen zutage. In den folgenden Jahrzehnten sollte sich dies noch weiter verstärken (s. u. 13).

Literatur

Cilliers Breytenbach, Paulus und Barnabas in der Provinz Galatien. Studien zu Apostelgeschichte 13f.; 16,6; 18,23 und den Adressaten des Galaterbriefes, AGJU 38, Leiden 1996.

Christoph vom Brocke, Thessaloniki – Stadt des Kassander und Gemeinde des Paulus. Eine frühe christliche Gemeinde in ihrer heidnischen Umwelt, WUNT 2. Reihe 125, Tübingen 2001.

Jörg Frey, Von Paulus zu Johannes: Die Diversität „christlicher" Gemeindekreise und die „Trennungsprozesse" zwischen der Synagoge und den Gemeinden der Jesusnachfolger in Ephesus im ersten Jahrhundert, in: The Rise and Expansion of Christianity in the First Three Centuries of the Common Era, edd. C. K. Rothschild u. a., WUNT 301, Tübingen 2013, 235–278.

Marion Giebel, Reisen in der Antike, Düsseldorf/Zürich 1999.

Ulrich Hutten, Early Christianity in the Lycus Valley, AJEC 85, Leiden/Boston 2013.

Dietrich-Alex Koch, Geschichte des Urchristentums. Ein Lehrbuch, Göttingen ²2014, 287–329.

Gerd Lüdemann, Das frühe Christentum nach den Traditionen der Apostelgeschichte. Ein Kommentar, Göttingen 1987.

Markus Öhler, Barnabas. Die historische Person und ihre Rezeption in der Apostelgeschichte, WUNT 156, Tübingen 2003, 253–389.

Peter Pilhofer, Philippi. I: Die erste christliche Gemeinde Europas, WUNT 87, Tübingen 1995.

Wolfgang Reinbold, Propaganda und Mission im ältesten Christentum. Eine Untersuchung zu den Modalitäten der Ausbreitung der frühen Kirche, FRLANT 188, Göttingen 2000.

Dieter Sänger, Die Adresse des Galaterbriefs. Neue (?) Überlegungen zu einem alten Problem, in: Umstrittener Galaterbrief. Studien zur Situierung und zur Theologie des Paulus-Schreibens, edd. M. Bachmann/B. Kollmann, BThSt 106, Neukirchen-Vluyn 2010, 1–56.

Udo Schnelle, Die ersten 100 Jahre des Christentums 30–130 n. Chr. Die Entstehungsgeschichte einer Weltreligion, Göttingen ²2016, 236–253.

Paul Trebilco, The Early Christians in Ephesus from Paul to Ignatius, WUNT 166, Tübingen 2004.

Joseph Verheyden, Die zweite und dritte Missionsreise, in: Paulus Handbuch, ed. F. W. Horn, Tübingen 2013, 109–116.

12 Die paulinischen Gemeinden

Durch die uns erhaltenen Briefe des Paulus gewinnen wir einen außerordentlichen Einblick in zahlreiche Aspekte des Lebens, der Strukturen und Herausforderungen paulinischer Gemeinden. Im Folgenden wird es um die verschiedenen sozialen Gruppen gehen, um gemeinschaftliche Vollzüge, um innere Konflikte und um Auseinandersetzungen, die von außen in die Gemeinden getragen wurden bzw. zur Umgebung bestanden.

12.1 Das soziale Profil paulinischer Gemeinden

Die gesellschaftlichen Verhältnisse im Imperium Romanum bildeten sich zu einem gewissen Grad auch in den paulinischen Gemeinden ab. Dies wird u. a. in Gal 3,28 deutlich:

> „Da ist nicht Judäer noch Grieche, da ist nicht Sklave noch Freier, da ist nicht männlich und weiblich, denn ihr seid alle einer in Christus Jesus."

Die hier angeführten Polaritäten berücksichtigen ethnische, gesellschaftliche und geschlechtliche Unterschiede (vgl. 1Kor 12,13). In der folgenden Diskussion werden sie noch ergänzt um diejenige von Besitzenden und Mittellosen.

12.1.1 Juden und Nicht-Juden

Paulus verstand sich, wie wir bereits gesehen haben, als Völkerapostel, sodass sich seine Verkündigung primär an Nicht-Juden richtete (s. o. S. 231–233). Die ihm aus Antiochien vertraute Aufhebung abgrenzender Torabestimmungen und ihrer traditionellen Anwendungsweisen war in den von ihm gegründeten Gemeinden selbstverständliche Praxis. Für ehemalige Sympathisanten und Sympathisantinnen der Synagoge sowie die wenigen jüdischen Mitglieder paulinischer Gemeinden war die Einhaltung dieser Regelungen offenbar nicht mehr aktuell, sodass Paulus sie als irrelevant überging (1Kor 7,19; Gal 6,15). Das zeigt sich vor allem daran, dass der Apostel in seinen Erörterungen ethischer Probleme kaum auf einschlägige Gebote der Tora zurückgriff, sondern an Gemeinschaftssinn, allgemein anerkannte Tugenden, die Anerkennung seiner Autorität und selten auch an Jesus-

Ethische Argumentation

worte appellierte. Exemplarisch wird dies an den Erörterungen in 1Kor 5–10 erkennbar:

– In Bezug auf einen Fall von Unzucht (πορνεία/*porneia*) verweist er darauf, dass solche Zustände nicht einmal unter den Völkern vorkämen (5,1) und er außerdem bereits zuvor Anweisungen gegeben habe (5,3.9–11). Auch die grundsätzliche Warnung vor Unzucht (6,12–20) nimmt kein entsprechendes Toragebot auf (vgl. nur Ex 20,14), sondern appelliert an die christliche Existenz als Teil am Leib Christi.

– Zu dem Umstand, dass Mitglieder der Gemeinde einen Rechtsstreit vor einem ordentlichen Gericht führten, ordnet er an, dies grundsätzlich zu unterlassen: Es entspreche weder der Ehrenstellung der Glaubenden, sich durch die Welt richten zu lassen (6,1–6), noch der Haltung der Brüderlichkeit (6,7–11).

– Zum grundsätzlichen Verhalten in der Ehe, zur Problematik von Ehen zwischen Glaubenden und Nicht-Glaubenden mit eventueller Scheidung und zur Ehelosigkeit bringt Paulus neben eigenen Überlegungen auch ein Herrenwort vor (7,10f.).

– Die brennende Frage nach dem Essen von Götzenopferfleisch schließlich wird nicht durch einen Verweis auf die Tora beantwortet, sondern in einer aufwendigen Argumentation, die die Bewahrung der Gemeinschaft vor persönliche Vorlieben stellt (8,1–13; 10,14–31).

Auch wenn Paulus in seinen ethischen Aussagen, vor allem zur Sexualethik (z. B. 1Kor 5,1–13; Röm 1,24–28), von der Tora und jüdischer Tradition geprägt blieb, vermied er es, die Glaubenden auf Gebote der Tora zu verpflichten. Das Ethos der paulinischen Gemeinden richtete sich vielmehr auf die Einsicht in das richtige Handeln (Phil 4,8):

> „Im Übrigen, Brüder, wie vieles wahr, wie vieles ehrbar, wie vieles gerecht, wie vieles rein, wie vieles liebenswert, wie vieles ansprechend ist, wenn es irgendeine Tugend und wenn es irgendein Lob gibt, das bedenkt!"

Das identitätsstiftende Element seiner Gemeinden war nicht mehr eine gemeinsame Position zu Kernelementen des Judentums, sondern die Taufe und die dadurch vermittelte Geisterfahrung (1Kor 12,13), die Motivation zum richtigen Handeln sein sollte.

Die Gemeinschaften von Christusgläubigen, die auf die paulinische Tätigkeit zurückgingen, inklusive jener, die beim gemeinsamen Wirken mit Barnabas entstanden waren (Apg 13f.), verstanden sich daher nicht als Teil der Synagoge bzw. als spezifische Form des Diasporajudentums. Es handelte sich auch nicht um eine Trennung vom Judentum, denn die Gemeinden des Völkerapostels waren von vornherein nicht als jüdische Synagogen intendiert. Auch wenn einige Christusgläubige zuvor Sympathisanten oder sogar Mitglieder der lokalen Synagoge gewesen waren, handelte es sich um unabhängige Gründungen als Versammlungen Gottes (s. u. 12.2.5). Paulus und seine Mitarbeiter bzw. Mitarbeiterinnen etablierten keine ethnisch orientierten Gemeinschaften, sondern Vereinigungen, in denen wie in den meisten paganen Gruppen die Herkunft keine Rolle spielte. Als Erwählte und Heilige, als Versammlung *(ekklēsia)* Gottes, wurden Christusgläubige Teil jener Heilsgeschichte, die Gott mit Abraham begonnen und mit Christus zur Erfüllung gebracht hatte. Als „Gottes Israel" (Gal 6,16) erlebten sie die Fülle von Gottes Zuwendung. Während die meisten Juden dies, so die Erfahrung des Paulus, noch ablehnten, würden es am Ende der Zeiten dann doch alle erkennen (Röm 11,25–32).

Gemeinde und Synagoge

12.1.2 Männer und Frauen

Die bedeutende Rolle von Frauen in den paulinischen Gemeinden wird sowohl in den Briefen als auch in der Apostelgeschichte deutlich. In den Paulusbriefen begegnen an einigen Stellen Frauen, die für den Apostel bzw. in den jeweiligen Gemeinden wichtige Funktionen erfüllten:

Phöbe aus Kenchreä, einem der Häfen Korinths, wirkte in drei Richtungen (Röm 16,1f.): zum einen als Diakonin (διάκονος/*diakonos*) der lokalen Gemeinde. Damit betont Paulus mit ehrenvollen Worten ihr wie auch immer beschaffenes Wirken für die Christusgläubigen, das sich nicht auf Tischdienst o.Ä. beschränkte (vgl. 1Kor 3,5; 2Kor 6,4; s. u. 16.3.3). Zum Zweiten sei Phöbe vielen ein Beistand (προστάτις/ *prostatis*) gewesen, u. a. Paulus selbst. Der Ausdruck „Beistand" kann sehr allgemein gemeint sein, könnte aber auch im Sinne eines Patronats zu verstehen sein, das u. a. eine ökonomische Unterstützung einschloss. Zum Dritten wirkte Phöbe als Gesandte des Paulus, da sie den Römerbrief überbrachte.

Phöbe

Priska leitete gemeinsam mit ihrem Mann Aquila Hausgemeinden in Ephesus bzw. Rom (1Kor 16,19; Röm 16,3–5) und sehr wahrscheinlich auch in Korinth. Beide werden von Paulus als Mitarbeiter bzw. Mitarbeiterin bezeichnet, die ihr Leben für ihn riskierten. Dabei wird Priska, die in Apg 18 Priscilla genannt wird, zuerst erwähnt, was ihre Bedeutung für Paulus und die jeweiligen Gemeinden unterstreicht (Röm 16,3; vgl. Apg 18,18; 2Tim 4,19). Einerseits macht die gemeinsame berufliche Tätigkeit von Priska und Aquila unwahrscheinlich, dass sie besonders vermögend waren. Andererseits zeugt ihre Mobili-

Priska

tät von gewissen ökonomischen Möglichkeiten, die sie für das Wirken des Paulus und die Etablierung von Gemeinden einsetzten.

Junia Junia wird ebenfalls im Römerbrief erwähnt (Röm 16,7). Die in vielen griechischen Handschriften und deutschen Übersetzungen zu findende Version „Junias", nach der es sich um einen Mann handelt, ist sekundär, da es diesen Männernamen in der Antike nicht gab. Gemeinsam mit ihrem Mann oder Bruder Andronikus war Junia in Gefangenschaft und schon vor Paulus „unter den Aposteln ausgezeichnet". Sie gehörte möglicherweise zu den aus Jerusalem geflohenen Hellenisten (vgl. Apg 8,1; 11,19f.; s. o. S. 165) und wirkte wie die anderen Apostel als Verkündigerin des Evangeliums.

Weitere namentlich genannte Frauen in den echten Paulusbriefen sind Euodia und Syntyche (Phil 4,2), Julia (Röm 16,15), Maria (Röm 16,6), Persis (Röm 16,12) sowie Tryphäna und Tryphosa (Röm 16,12). Die Apostelgeschichte sowie die deuteropaulinischen Schreiben vermehren diese Zahl noch deutlich, wobei u. a. Lydia aus Philippi (Apg 16,14f.40) hervorzuheben ist. Kol 4,15 erwähnt schließlich auch eine in Laodikeia bestehende Versammlung von Christusgläubigen im Haus einer Person mit dem Namen Nymphas oder Nympha. Es ist allerdings zweifelhaft, ob es sich dabei um eine Frau handelt, da der griechische Name Nympha sonst nicht belegt ist, die männliche Form Nymphas hingegen schon.

Circa ein Fünftel aller in den Paulusbriefen genannten Personen sind Frauen. Auffällig viele von ihnen werden ohne männliche Begleitperson genannt, was auf Sklavinnen, Freigelassene oder Witwen hindeutet oder Ausdruck einer gewissen Selbstständigkeit ist. Allerdings ist festzustellen, dass die Zahl der von Paulus und der weiteren frühchristlichen Literatur erwähnten Frauen deutlich geringer ist als jene der Männer. Wie auch sonst in der Antike standen in den Texten vor allem, aber eben nicht nur, Männer im Vordergrund, was auch der *Frauenanteil* gesellschaftlichen Realität entsprach. Der zahlenmäßige Anteil an Frauen in den christlichen Gemeinden sollte deshalb aber nicht niedriger als jener der Männer eingeschätzt werden.

Das Verhältnis von Frauen und Männern in der Gemeinde wird von Paulus an mehreren Stellen thematisiert. Die vorpaulinische Wendung in Gal 3,27f. lässt erkennen, dass aufgrund der Taufe neben anderen Statusunterschieden auch die Geschlechterdifferenz in der Gemeinde keine Gültigkeit mehr haben sollte. Dementsprechend überrascht nicht, dass Frauen in paulinischen Gemeinden Funktionen übernah-
Frauen als Funk- men: Neben Junia im Kreis der Apostel (Röm 16,7) bezeichnet Paulus
tionsträgerinnen Priska (Röm 16,3) sowie Euodia und Syntyche in Philippi (Phil 4,2f.) explizit als seine Mitarbeiterinnen. Laut 1Kor 11,5 redeten Frauen in den Gottesdiensten prophetisch. Auch für die anderen Geistesgaben ist

anzunehmen, dass sie ebenso von Frauen ausgeübt wurden. Es ist das charismatische Element, das die Egalität herstellt (1Kor 12,4–6.11f.).

Bestand so grundsätzlich Gleichheit zwischen Männern und Frauen in der Gemeinde, so schloss dies allerdings nicht ein, dass bestimmte Geschlechterrollen damit völlig obsolet waren. Paulus gibt einen Einblick in diesen Sachverhalt in 1Kor 11,2–16. Dort weist der Apostel die Gemeinde an, Frauen nicht unverhüllt bzw. mit offenem Haar weissagen oder beten zu lassen (11,5). Anlass waren offenbar weibliche Mitglieder, die durch ihre Haartracht den egalitären Anspruch umsetzten, damit aber an pagane Rituale von Mysterienkulten erinnerten. Paulus verwies auf die schöpfungsgemäße Unterordnung der Frau unter den Mann, um in diesem Konflikt ein Machtwort zu sprechen (11,3.8f.). Dazu traten eine mythologische Begründung („um der Engel willen"; 11,10) und der Verweis auf die Natur (11,14f.). Auffallend ist, dass Paulus diese Ordnung für alle Gemeinden voraussetzt (11,16). So wird an diesem einen Konfliktfall deutlich, dass Paulus nicht im Sinn hatte, Geschlechterrollen aufzulösen. Die kulturell geprägten Vorstellungen ragten weiterhin in die christlichen Gemeinden hinein.

Geschlechterrollen

> *1Kor 14,33b–35, eine spätere Hinzufügung*
> Die restriktiven Ausführungen in 1Kor 14,33b–35, wonach Frauen in allen Gemeindeversammlungen schweigen sollen, werden gegenwärtig zumeist als Hinzufügungen eines späteren Bearbeiters angesehen. Darauf verweisen die unsichere Textüberlieferung, der unpaulinische Wortlaut sowie der Widerspruch zu 1Kor 11,5, wo ausdrücklich vorausgesetzt wird, dass Frauen prophetisch reden. Die Einfügung geht auf eine spätere Entwicklung innerhalb des frühen Christentums zurück, die sich auch in 1Tim 2,11–14 findet (s.u. S. 328). Sie partizipiert an einer hellenistisch-römischen Einstellung, wonach Frauen in der Öffentlichkeit nicht das Wort erheben sollten (vgl. etwa Plutarch, Moralia 142D–E).

Mit der Aufnahme von Frauen unterschied sich die Ekklesia in der Praxis nicht grundsätzlich von anderen Gemeinschaften der griechisch-römischen Antike (s. o. S. 35f.): In der Diasporasynagoge waren Frauen selbstverständlich Mitglieder, teilweise in leitenden Rollen. Auch eine getrennte Sitzordnung, wie sie später in rabbinischen Texten und archäologischen Zeugnissen belegt ist, ist für das 1. Jh. nicht nachweisbar. In manchen paganen Vereinigungen waren ebenfalls Frauen und Männer Mitglieder. Vor allem an jenen, die sich im Kontext eines Hauses bzw. einer Familie bildeten, waren Frauen beteiligt. An Gal 3,28 erinnert die Formulierung eines Grundsatzes der Vereinigung eines Dionysios, der festhält, dass „Männern und Frauen, Freien und Sklaven" Zugang gewährt werden solle (GRA II 117 2./1. Jh. v. Chr.).

Frauen in religiösen Gemeinschaften

Mysterienkulte und Philosophenschulen schlossen Frauen nicht grundsätzlich aus, gewisse Kulte, wie z. B. der Demeterkult, waren überhaupt nur Frauen vorbehalten. Bei all dem – wie eben auch in den christlichen Gemeinschaften – spielten allerdings die gesellschaftlichen Bedingungen eine wesentliche Rolle.

12.1.3 Der gesellschaftliche Status der Mitglieder

Für die soziale Zusammensetzung der paulinischen Gemeinden ist der 1. Korintherbrief besonders illustrativ. Die Aussage, dass das Evangelium nicht von vielen Gebildeten, Mächtigen oder Menschen vornehmer Herkunft angenommen wurde (1Kor 1,26), ist in zweierlei Hinsicht interessant: Zum einen wird deutlich, dass der größte Teil der Gemeindeglieder keinesfalls der Oberschicht angehörte, zum anderen lässt sich aber auch annehmen, dass einige wenige doch Teil dieser Gruppe waren. In der Tat verweisen einige Namensnennungen in den Paulusbriefen auf Personen mit höherem Sozialstatus.

Oberschicht

Allen voran ist hier Erastus zu nennen, der in Röm 16,23 als οἰκονόμος/*oikonomos* der Stadt bezeichnet wird. Allerdings kann mit *oikonomos* sowohl eines der höchsten Ämter der Stadt gemeint sein als auch das eines öffentlichen Sklaven, der in der Verwaltung eingesetzt wurde. Für erstere Möglichkeit wurde auf eine Inschrift verwiesen, die von einem Ädilen, also einem noch höheren Beamten, namens Erastus stammt (SEG 45, 418). Die Datierung ist allerdings sehr unsicher. Dennoch ist im Kontext des 1. Jh. n. Chr. davon auszugehen, dass es sich bei dem von Paulus bzw. dessen Schreiber Tertius erwähnten Erastus um einen Angehörigen der Eliten Korinths handelte. Einen einfachen Verwaltungssklaven hätte Paulus nämlich nicht in dieser Weise hervorgehoben. Auch Phöbe, die zu der Gemeinde von Kenchreä, dem Hafen Korinths, gehörte, könnte durch finanzielle Mittel und Einfluss Paulus beigestanden haben (Röm 16,1f.; s. o. S. 245).

Erastus

Der Philipperbrief zeigt, dass die Mitglieder der dortigen Gemeinde sozial und ökonomisch zu den mittleren ökonomischen Gruppierungen gehörten (vgl. o. S. 40): Die Purpurhändlerin Lydia (Apg 16,14f.) hatte sicherlich Einkünfte deutlich über dem Existenzminimum (Stufe 4), der namenlose Gefängnisaufseher (Apg 16,27–34) einen städtischen Beruf mit gesichertem Einkommen (Stufe 5). Die Mitglieder der *familia Caesaris,* von denen Paulus Grüße nach Philippi bestellt (Phil 4,22), gehörten einer höheren Statusgruppe an. Paulus empfing mehrfach Geldspenden von den Philippern, zweimal während eines Aufenthalts in Thessalonich (Phil 4,16) sowie später am Ort der Abfassung des Philipperbriefes (4,10–20). Auch dies sind Hinweise auf eine bessere ökonomische Situation der Gemeinde in Philippi.

Die Gemeinde von Philippi

Im 1. Korintherbrief hebt Paulus einzelne Personen der dortigen Gemeinde hervor: Über den Status bzw. die ökonomische Situation des Stephanas (1,16; 16,15.17) lässt sich allerdings trotz der Aufforderung an die Adressaten, sich diesem unterzuordnen, nichts sagen. Wenn es sich bei dem in 1,14 erwähnten Krispus um den ehemaligen Synagogenvorstand handelt, der laut Apg 18,8 mit seinem gesamten Haushalt von Paulus getauft wurde, ist vorauszusetzen, dass er wie andere Träger dieser Funktion ökonomisch bessergestellt war. Gaius (1Kor 1,14) wird in Röm 16,23 als ξένος/*xenos* des Paulus und der ganzen Gemeinde erwähnt, was zumeist als „Gastgeber" übersetzt wird. Im Zusammenhang von Gemeinschaften ist der Begriff allerdings in dem viel häufigeren Sinn von „Gast" wiederzugeben, sodass über die ökonomische Stellung des Gaius nichts gesagt werden kann. Ob Chloë, aus deren Haus einige Paulus über die Lage in Korinth informierten (1,11), überhaupt christusgläubig und ein Mitglied der Gemeinde in Korinth oder jener in Ephesus war, lässt sich nicht feststellen.

Priska und Aquila, in deren Werkstatt in Korinth Paulus tätig war, beherbergten in Ephesus (1Kor 16,19) und Rom (Röm 16,3–5) die Gemeinde in ihrer Unterkunft. Auch in Korinth dürfte das schon so gewesen sein. In Apg 18,7 wird darüber hinaus auch Titius Justus erwähnt, in dessen Haus Paulus ging. Bei den meisten dieser Erwähnungen lässt sich allerdings nicht sagen, welchen Charakter die Unterkünfte hatten, in denen einzelne oder die Gemeinde zusammenkamen. Das Wort οἶκος/*oikos* bzw. οἰκία/*oikia* meint nämlich nicht nur ein buchstäbliches Haus oder sogar eine Villa, sondern wird auch für Wohnungen oder Werkstätten verwendet.

Die ökonomische Situation der korinthischen Gemeinde steht möglicherweise im Hintergrund der Auseinandersetzungen um das gemeinsame Mahl (11,17–22), bei dem es zu Problemen bei der Verteilung der Portionen gekommen war: Manche blieben hungrig, während andere schon betrunken waren (11,21). Der Grund dafür ist aber nicht in ökonomischen Differenzen zwischen den Mitgliedern zu sehen: Vielmehr ließen die früher Gekommenen für jene, „die nicht haben" (11,22), nichts mehr übrig. Im Blick auf den Sozialstatus ist schließlich auch bedeutsam, dass Paulus in 1Kor 7,21–23 Sklaven direkt anspricht.

Aus all dem ergibt sich, dass sich die Gemeinde von Korinth zum überwiegenden Teil aus Angehörigen moderater Einkommensschichten zusammensetzte. Paulus schreibt an keiner Stelle etwas über die finanzielle Versorgung völlig mittelloser Personen. Offenbar waren nur wenige oder gar keine Ärmeren Mitglieder. Einige wenige gesellschaftlich und wohl auch ökonomisch bessergestellte Personen, mit Erastus auch ein Angehöriger der lokalen Elite, waren jedoch in der korinthischen Gemeinde vertreten. Im Blick auf die Einkommensschichten des Römischen Reiches (s. o. S. 40) ist daher die überwiegende Mehrheit in die ökonomischen Stufen 4 oder 5 einzuordnen, verfügte also über einen gesicherten Lebensunterhalt. Einzelne Mitglieder aus den städtischen Eliten (Stufe 3) gehörten ebenfalls dazu, vielleicht auch einige wenige Ärmere (Stufe 6). Ein großer Anteil von Menschen am oder unterhalb des Existenzminimums (Stufen 6 und 7), immerhin etwa fünfundfünfzig Prozent der Bevölkerung, lässt sich für die paulinischen Gemeinden hingegen nicht nachweisen und ist erst für die Entwicklungen in den letzten Jahrzehnten des 1. Jh. n. Chr. und später vorauszusetzen (Matthäusevangelium, lukanisches Doppelwerk, Didache und Jakobusbrief).

Sklaven

Wie schon am Beispiel Korinths deutlich wurde, waren in den paulinischen Gemeinden Sklaven und Sklavinnen ebenso Mitglieder wie Freigelassene bzw. freie Bürger. Paulus nahm im Hinblick auf die Differenzierung nach dem gesellschaftlichen Status mit Gal 3,28 eine ähnliche Position ein wie zur Geschlechterdifferenz: In Christus sei diese Differenzierung aufgehoben (vgl. 1Kor 12,13). Auch einzelne Philosophen wie Seneca hatten bereits dazu aufgefordert, Sklaven positiv zu würdigen (epist. 47). Allerdings hielten weder Paulus noch der Stoiker Seneca es für nötig, eine grundsätzliche gesellschaftliche Veränderung in dieser Frage anzustreben.

Umstritten ist in dieser Hinsicht das Verständnis der paulinischen Stellungnahme zur Frage, ob christusgläubige Sklaven und Sklavinnen die Freilassung anstreben sollten (1Kor 7,20–24). Aufgrund des Satzaufbaus scheint es aber am naheliegendsten, dass Paulus in 7,21 Sklaven und Sklavinnen rät, den Status der Freiheit anzunehmen, wenn er sich anbietet. Zudem wäre eine Anweisung, die Möglichkeit der Freilassung auszuschlagen, innerhalb der Antike einzigartig gewesen, da der Status als Freier jedem Versklavten als Ziel vor Augen stand.

Philemon und Onesimus

Auch der Fall des Onesimus, des Sklaven des Philemon, ist nicht völlig eindeutig, da wir die Hintergründe des Philemonbriefes nicht sicher rekonstruieren können. Es lässt sich aber als Konsens festhalten, dass Paulus Philemon zwar auffordert, seinen Sklaven Onesimus „als einen geliebten Bruder" zu betrachten (Phlm 16), eine Freilassung aber nicht anspricht. Paulus bittet vielmehr darum, Onesimus selbst einsetzen zu dürfen (Phlm 13f.). Die Situation wird also ähnlich unterschieden wie bei Männern und Frauen bzw. Juden und Nicht-Juden: Zwischen den Christusgläubigen – „in Christus" – spielen diese Differenzierungen keine Rolle, in der Welt tun sie dies jedoch weiterhin.

Im Blick auf andere griechisch-römische Gemeinschaften wie Vereinigungen oder Philosophenschulen lässt sich festhalten: Zwar gab es unter diesen etliche elitäre Einrichtungen bzw. Gruppen, die sich ausschließlich aus Sklaven zusammensetzten, aber eben auch Gemeinschaften, an denen Freie und Sklaven gleichermaßen beteiligt waren. In epikureisch inspirierten Zirkeln waren auch Sklaven dabei, und Mitgliederlisten aus Vereinigungen nennen Sklaven neben Freien.

12.1.4 Die fiktive Familie

Das Selbstverständnis als „Brüder und Schwestern" (1Kor 1,10f.; 2Kor 1,8; Gal 1,11; Phil 1,12; 1Thess 1,4 u. ö.), das zu einem Charakteristikum der christlichen Gemeinden weit über Paulus hinaus wurde (Hebr 3,1; Jak 1,2; 1Joh 3,13 u. ö.), bildete die besprochenen egalitären Grundsätze exemplarisch ab. Auch wenn in der Regel nur die männliche Form „Brüder" (ἀδελφοί/adelphoi) verwendet wurde, zeigen einzelne Ausnahmen (1Kor 7,15; 9,5; Röm 16,1; Phlm 2; Jak 2,15), dass Frauen hier selbstverständlich eingeschlossen waren. Mit dieser Sprachform wurde die Metaphorik einer fiktiven Familie aufgenommen (s. o. S. 105), mit deren Hilfe die Statusunterschiede – ethnische, geschlechtliche und soziale – in der Gemeinschaft aufgehoben und die Mitglieder eng aneinandergebunden wurden. Daraus ergaben sich auch soziale Verpflichtungen, die durch den Begriff „Bruderliebe" (φιλαδελφία/philadelphia; 1Thess 4,9; Röm 12,10) oder durch längere Ausführungen (z. B. 1Kor 6,5–8; 8,11f.) ausgedrückt wurden. Wenn Paulus sich selbst als Vater der Gemeinde präsentierte (1Thess 2,11f.; 1Kor 4,15) oder als Amme, die die Glaubenden wie Kinder nährt (1Thess 2,7), unterstützte er damit das Prinzip der Egalität innerhalb der Gemeinde und brachte zugleich zum Ausdruck, für ihr Wohlergehen verantwortlich zu sein.

Brüder und Schwestern

Die Ausbildung einer Familienmetaphorik als Ausdruck von Zugehörigkeit und Zusammenhalt in den frühchristlichen Gemeinden war nicht einzigartig, da sie sich auch im Zusammenhang von Diasporasynagogen und paganen Vereinigungen findet. Ihre Verbreitung und Dominanz in der innerchristlichen Sprachwelt deutet allerdings an, dass Christusgläubige darin ein wesentliches Kennzeichen ihrer Gemeinschaft ausgedrückt sahen.

12.2 Die Organisationsform paulinischer Gemeinden

Wir haben oben die verschiedenen Formen religiös-philosophisch orientierter Gemeinschaften besprochen, die sich in der griechisch-römischen Antike über die Jahrhunderte ausprägten. Viele der Christusgläubigen waren vor ihrer Hinwendung zur Ekklesia Mitglieder von judäischen Vereinigungen, sogenannten Diasporasynagogen (s. o. 3.7.5), gewesen, entweder als Juden oder als Gottesfürchtige, bzw. von paganen Vereinigungen, die sich aus beruflichen, ethnischen oder religiösen Gründen zusammenfanden (s. o. 2.2.3.3). Die christlichen Gemeinschaften, die Paulus gründete, unterschieden sich von diesen Formen antiker Vereinigungen kaum. Sie nahmen deren Form auf und entwickelten sie sowohl in inhaltlicher als auch in organisatorischer Hinsicht unter dem Eindruck des Christusglaubens weiter, sodass sie innerhalb der Vielfalt der zahlreichen Vereinigungen ein eigenes Profil erhielten.

12.2.1 Das Mahl

Zentrales Element antiken Vereinslebens war das Gemeinschaftsmahl. Ordnungen und Probleme, Finanzierung und Ausstattung von Vereinsfeiern sind in Inschriften und Papyri ein vorherrschendes Thema. Selbstverständlich vorausgesetzt ist dabei auch der Zusammenhang des gemeinsamen Essens und Trinkens mit Opfer und Kult.

Herrenmahl   Ähnliche Themen beschäftigten auch die christlichen Gemeinschaften bei ihrem Mahl: Paulus geht auf das Herrenmahl (κυριακὸν δεῖπνον/*kyriakon deipnon*) ausführlich in 1Kor 8.10f. ein (vgl. auch Röm 14). Dabei zeigt sich zum einen, wie wichtig der historische Bezug zum Mahl Jesu war (1Kor 11,23–26; s. o. 5.3.2), der Paulus als sein Stifter gilt. Zum anderen wird das Mahl gedeutet als Erinnerungsmahl, bei dem der Kyrios selbst anwesend ist und Gemeinschaft mit ihm stattfindet (1Kor 10,16).

Zugleich wird bei Paulus deutlich, dass in den Gemeinden sowohl Ängste bezüglich der Mahlbestandteile, vor allem des Götzenopferfleisches (1Kor 8; 10,14–33; Röm 14), als auch soziale Probleme beim

Götzenopferfleisch   Mahl auftraten. In seiner Argumentation appellierte Paulus an den Gemeinschaftssinn: Jene, die aufgrund früherer Erfahrungen Schwierigkeiten damit hätten, Fleisch zu essen, das den Göttern geweiht war und am Fleischmarkt verkauft wurde, sollten darauf vertrauen können, dass diese Sorte Fleisch nicht beim Gemeinschaftsmahl verwendet würde. Wer bereits erkannt habe, „dass es keinen Götzen in der Welt gibt und keinen Gott außer einem" (1Kor 8,4), sollte als „Starker" Rücksicht auf die „Schwachen" nehmen. Und jene, die aufgrund ihres Status als Sklaven oder Sklavinnen bzw. wegen anderer Gründe zu spät zum Gemeinschaftsmahl kämen, sollten darauf vertrauen können, dass ihnen die anderen genug übrigließen, sodass es in der Tat ein Gemeinschaftsmahl sein konnte.

Vereinsbankette   Diese gemeinsamen Mähler waren in Ablauf und Organisation mit einfachen Vereinsbanketten vergleichbar. Die zentrale Bedeutung des Mahls, seiner gerechten Aufteilung und der Verbindung mit dem Kult teilte das christliche Gemeinschaftsmahl ganz selbstverständlich mit den Gebräuchen griechisch-römischer Vereinigungen. In allen religiösen Gemeinschaften waren Kult und Mahl die Kristallisationspunkte gelebter Identität: Das gemeinsame Feiern festigte die Zusammengehörigkeit und setzte zugleich die Grenze zu jenen, die nicht dazugehörten. Der Umstand, dass Christusgläubige diese Feiern deutlich öfters hielten als durchschnittliche Vereinigungen, lässt sich mit dem jüdischen Erbe begründen, in dem die wöchentliche Versammlung am Sabbat verankert war (vgl. 1Kor 16,2). Abgesehen von den Inhalten christlicher Verkündigung und der Geistererfahrung waren diese häufigen Gemeinschaftsmähler einer der Faktoren, die zur Attraktivität frühchristlicher Gemeinden beitrugen.

12.2.2 Funktionen

Eine ähnliche Parallelität zu antiken Vereinigungen zeigt sich beim Blick auf Funktionen, die für die Gemeinschaft wichtig waren. Die Gestaltung und Benennung von Funktionen bzw. Ämtern war ausgesprochen vielfältig. Dementsprechend entwickelten auch die paulinischen Gemeinden kein einheitliches Amtsverständnis, sondern gestalteten ihre wichtigsten Ordnungsfunktionen ganz unterschiedlich. Für Philippi erwähnt Paulus Bischöfe (ἐπίσκοποι/*episkopoi*) und Diakone (διάκονοι/*diakonoi*; Phil 1,1; s. u. 16.3.2f.). Das Amt der Presbyter fehlt bei Paulus (s. o. 16.3.1). In anderen Briefen tragen Personen, die Leitungsfunktionen wahrnehmen, keine Titel (1Thess 5,12; Gal 6,6). Daneben gab es eine Reihe von Funktionen, die Paulus als Gaben des Geistes deutete (1Kor 12), unter denen Apostel, Lehrer und Propheten an der Spitze standen (1Kor 12,28). Zu bedenken ist auch, dass jene, die als Gastgeber und Gastgeberinnen von Versammlungen wirkten bzw. die Gemeinschaftsmähler finanzierten, eine entsprechende Leitungsfunktion in Anspruch nehmen konnten. Auch Wahlen von Funktionären werden erwähnt (2Kor 8,19). Paulus hatte kein spezielles Gemeindemodell, sondern überließ die Gestaltung den individuellen Entwicklungen der Gemeinden, die sich dabei eher an paganen Vorbildern orientierten als an der Synagoge. Paulus selbst war wichtiger, dass geschwisterliche Liebe (φιλαδελφία/*philadelphia*, 1Thess 4,9; Röm 12,10) bzw. uneigennützige Liebe (ἀγάπη/*agapē*; 1Kor 13) gewahrt bliebe sowie eine Ordnung, die dem von ihm verkündigten Evangelium entsprach.

Individuelle Gestaltung

12.2.3 Mitgliedschaft

Die Mitgliedschaft in griechisch-römischen Vereinigungen war durch Aufnahmeverfahren geregelt, in Mysterienvereinen durch Initiationsriten. Die Taufe wurde in den paulinischen Gemeinden zu dem ein-

Taufe zigen und einmaligen Ritual der Initiation. Sie führte durch die körperliche Erfahrung des Wasserbades zu einer neuen Existenz, die sich kategorial vom alten Dasein unterschied (Gal 4,8f.; Röm 6,21f.). Die Initiation durch die Taufe war damit die Umsetzung der Konversion zu der neuen religiösen Ausrichtung. Sie stand jedem offen, Männern und Frauen, Sklaven und Freien, jenseits ethnischer Bestimmungen.

Die Paulusbriefe machen wie auch andere frühchristliche Texte deutlich, dass mit der Zugehörigkeit zur christlichen Gemeinde Ausschließlichkeit gegeben sein sollte und eine weitere Zugehörigkeit zu anderen religiösen Gruppen ausgeschlossen war untersagt *Ausschließlichkeit* wurde. Diese Forderung fiel sehr wahrscheinlich nicht bei allen gleichermaßen auf fruchtbaren Boden, sondern war dadurch motiviert, dass einzelne Gemeindeglieder zusätzlich anderen nicht-christlichen Gemeinschaften weiterhin angehörten. In griechisch-römischen Vereinigungen war die Mitgliedschaft in nur *einem* Verein in der Regel keine Anforderung. Aufgrund der finanziellen Belastungen war es aber ohnehin nur wenigen überhaupt möglich, in mehreren Vereinigungen zugleich die notwendigen Beiträge zu leisten.

Regelmäßige Mitgliedsbeiträge werden in den Paulusbriefen nicht erwähnt. Sie sind aber aufgrund der hohen Kosten für wöchentliche Mahlfeiern, die über das übliche Maß weit hinausgingen, sehr wahr*Finanzierung* scheinlich. In 1Kor 16,2 erwähnt Paulus, dass regelmäßig für die Jerusalemer Gemeinde gespendet werden sollte. Auch liegt es nahe, dass finanzielle Gaben oder Sachspenden seitens vermögender Mitglieder erfolgten, zumal dies in griechisch-römischen Vereinigungen ein wichtiger Faktor zur Begleichung der Aufwendungen war. Wie bei diesen war aber auch in christlichen Gemeinden klar, dass die Teilnahme an den Mählern grundsätzlich nur jenen erlaubt war, die tatsächlich durch die Initiation Teil der Gemeinschaft geworden waren. Die in 1Kor 14,23–25 erwähnten Ungläubigen, die die Feiern der Christusgläubigen beobachteten, sind als Beobachter oder besonders geladene Gäste zu verstehen (vgl. Röm 16,23).

Das durch Paulus und seine Mitarbeiter lose geknüpfte Netzwerk von Gemeinden, die im Galaterbrief gemeinschaftlich angesprochen werden (Gal 1,2; vgl. 1Kor 1,2), ermöglichte es, dass Einzelne auch in anderen Gemeinden als Gäste aufgenommen wurden (vgl. z. B. *Verbindungen zwi-* Röm 16,23). Diese translokalen Verbindungen wurden vor allem durch *schen Gemeinden* Paulus selbst hergestellt. Er erbat regelmäßig die gegenseitige Aufnahme, die offenbar nicht selbstverständlich war (z. B. Phil 2,19–23; 1Kor 16,10f.; 2Kor 8,16–24; Röm 16,2). Im Fall der Kollekte, durch die Geld von den nicht-jüdischen Gemeinden nach Jerusalem kam (s. o. S. 201f.), musste Paulus überdies einiges an Argumentation aufwenden, um diese überhaupt als sinnvoll erscheinen zu lassen (vgl. 2Kor 8f.):

Es sei ein Gnadenwerk (8,7.19), aus dem die Echtheit der Liebe deutlich werde (8,8.24). Zudem werde Gott die Gabe mit Segen erwidern (9,6–11). Die Anerkennung durch die Empfänger („die Heiligen") sei den Gebern sicher (9,13f.). Aber auch einen gewissen Wettbewerb zwischen seinen Gemeinden schürte der Apostel für diese Sache (8,1–6; 9,1f.). Die Gemeinden waren also grundsätzlich auf sich selbst bezogen, Kontakte zu Christusgläubigen an anderen Orten waren die Ausnahme. Sie bestanden vor allem zwischen eng beieinanderliegenden Ortschaften (Gal 1,2; Kol 4,13–16). Überdies lassen sich translokale Verbindungen zwischen manchen anderen religiösen Gruppen bzw. Vereinigungen belegen, u. a. bei Verehrern von Isis und Serapis, Theaterspielern oder ethnischen Handelsvereinen. Diese Kontakte waren freilich deutlich anders gestaltet als in den Paulusbriefen.

12.2.4 Kultpraxis

Neben und während des Gemeinschaftsmahls war die Verehrung Gottes und seines Christus der wesentliche Inhalt der Versammlungen. In 1 Kor 14,26 nennt Paulus einige Elemente der gemeinsamen Kultpraxis:

> „Wenn ihr zusammenkommt, hat jeder einen Psalm, hat eine Lehre, hat eine Offenbarung, hat eine Zungenrede, hat eine Auslegung. Alles geschehe so, dass es aufbaut."

Diese Aneinanderreihung von durch den Geist motivierten Äußerungen stellt keine feste Ordnung dar, sondern ist darauf ausgerichtet, die Beteiligung der Gesamtheit der Gemeinde darzustellen. So wird daraus erkennbar, dass in den Gottesdiensten Lieder wichtig waren (vgl. Kol 3,16; Eph 5,19; Plinius d. J., epist. 10,96,7), aber auch Gebete und hymnische Formen (z. B. Phil 2,6–11; Kol 1,15–20). Die Lehrtätigkeit war vielfältig ausgerichtet: Von der Schriftlesung und -auslegung über die Weitergabe von Jesustraditionen bis hin zu theologischen Erläuterungen und ethischen Mahnungen lässt sich vieles hier einordnen. Auch die Verlesung von Briefen und Sendschreiben gehörte dazu. Genauso spielten ekstatische Erfahrungen eine wichtige Rolle, wozu vor allem die Zungenrede gezählt wurde, deren Ambivalenz Paulus bei aller Hochschätzung allerdings zu bedenken gibt (1 Kor 14). Zu diesen außergewöhnlichen Erscheinungen gehörten auch Prophezeiungen (1 Kor 12,10) oder Heilungen (1 Kor 12,9). Der „heilige Kuss" sprach die emotionale Dimension von Gemeinschaft an (1Thess 5,26; 1Kor 16,20; 2Kor 13,12; Röm 16,16).

Lieder und Gebete

Schriftlesung

Religiöse Ekstase

Die unterschiedlichen Teile frühchristlicher Kultfeiern übernahmen Elemente aus der griechisch-römischen Welt, aber selbstverständlich auch jüdische Charakteristika: Hymnische Formen und Lieder, Psalmen und Gebete, Erinnerung an den Mythos, Schriftlesung und Predigt fanden sich in den verschiedensten Ausprägungen. Ekstatische Erscheinungen hingegen waren lediglich für einige pagane Kulte typisch, wie etwa die Dionysos- oder Kybeleverehrung, von denen sich die christliche Gemeinschaft daher auch unterscheiden sollte (1Kor 14,22–25). Die Opferhandlung, wesentlicher Bestandteil paganer Religiosität, geschah in den frühchristlichen Gemeinschaften nicht als Schlachtung eines Tieres, sondern als Darbringung von Brot und Wein bzw. weiterer Gaben (vgl. 1Kor 9,13; 10,18.21; später Did 14,1–3). Mit diesen unblutigen Opferhandlungen, die einem Trend der Kaiserzeit entsprachen, wurde erst im 2. Jh. n. Chr. der Sühneopfertod Jesu verbunden. In der Frühzeit bildeten die Gaben für das Erinnerungs- und Gemeinschaftsmahl das Opfer der Christusgläubigen.

Opfer

12.2.5 Die Versammlung Gottes

Die charakteristische Bezeichnung der paulinischen Gemeinden, allerdings nicht die einzige, ist der Terminus „Versammlung Gottes" (ἐκκλησία τοῦ θεοῦ/*ekklēsia tou theou*; 1Kor 1,2; 10,32; 11,22; 15,9; 2Kor 1,1; Gal 1,13). *Ekklēsia* meint die Einzelgemeinde, sodass Paulus auch im Plural von Gemeinden sprechen kann (1Thess 2,14; Gal 1.2.22; 1Kor 11,16; 2Kor 11,28; 12,13; Röm 16,4.16). Die Gesamtkirche ist damit noch nicht impliziert, diese Verwendung findet sich erst nach Paulus (Kol 1,18.24; Eph 1,22; 3,21).

Die christliche Selbstbezeichnung als *ekklēsia* verweist auf die Septuaginta als Hintergrund und stammt aus vorpaulinischer Zeit (s. o. S. 147). Im Kontext der griechisch-römischen Welt sind mit diesem Begriff allerdings sowohl politische wie auch vereinsbezogene Konnotationen verbunden. Vor allem ist von Bedeutung, dass die Städte des Imperium Romanum die Institution der Versammlung der Bürger trotz des Verlustes der legislativen Selbstständigkeit weiterhin pflegten (vgl. Apg 19,32.39f.). Die *ekklēsia* der Christusgläubigen ist daher als Analogiebildung zur politischen *ekklēsia* zu verstehen, ohne deshalb im Gegensatz zu ihr zu stehen. Die Anweisungen des Paulus, sich unanstößig und ruhig zu verhalten (1Thess 4,11f.; 1Kor 10,32f.) und die Staatsmacht als von Gott eingesetzte Instanz zu ehren (Röm 13,1–7), zeigen, dass es nicht um den Ersatz der irdischen Versammlung durch die himmlische geht. Zugleich ist aber für die Mitglieder der Versammlung Gottes entscheidend, dass sie ihre eigentliche Zugehörigkeit im Himmel, bei Gott und Christus, haben (Phil 3,20).

Ekklēsia

Mit dieser Verwendung einer politischen Bezeichnung folgten frühchristliche Gemeinschaften aber auch dem Usus griechisch-römischer Vereinigungen, Begriffe aus der politischen Verwaltung für ihre Zwecke zu adaptieren. Allerdings begegnet *ekklēsia* sonst nicht als Titel einer Vereinigung, sondern nur als Bezeichnung konkreter Versammlungen (z. B. IDelos 1519). So findet sich auch hierin eine Besonderheit frühchristlicher Gemeinschaften im Rahmen des antiken Vereinswesens.

12.2.6 Hausgemeinden

Die Bezeichnung „Hausgemeinde" greift die griechischen Begriffe οἶκος/οἰκία *(oikos/oikia)* und *ekklēsia* auf. Es handelte sich also um eine Gemeinde, die sich in einem Haus traf, wobei auch an eine Wohnung, eine Werkstatt oder an ein Geschäftslokal zu denken ist, die gleich bezeichnet wurden. Je nach Definition bewegt sich die Zahl der aus den neutestamentlichen Texten rekonstruierten Hausgemeinden zwischen vier und über zwanzig. Ausdrücklich als Versammlungen „in einem Haus" (ἡ κατ' οἶκον ἐκκλησία/*hē kat oikon ekklēsia*) werden jene von Priska und Aquila (Röm 16,3–5; 1Kor 16,19) sowie jene von Philemon (Phlm 2) und Nymphas bzw. Nympha (Kol 4,15; s. o. S. 246) bezeichnet. Geht man davon aus, dass überall, wo von einem Haus, von Gastgebern bzw. Gastgeberinnen oder schlicht dem Sein „bei N.N." die Rede ist, auch eine Gemeinde bestand, vermehrt sich die Zahl um ein Vielfaches. Außer aus Röm 16 wurde dies vor allem aus der Apostelgeschichte entnommen (z. B. Apg 16,15.40; 18,1–3.7f.; 20,7–12). Allerdings ist die Annahme einer großen Zahl von Hausgemeinden nicht mehr aufrechtzuerhalten. Andere Phänomene spielten eine ebenso wichtige Rolle: simple Gastfreundschaft (z. B. Apg 16,15.40; 17,5–7), die Zuordnung von Personen zu einer nicht-christlichen Hausgemeinschaft (z. B. 1Kor 1,11; Röm 16,10f.) und christusgläubige Haushalte, die nicht als Orte von Gemeindeversammlungen bezeichnet werden (z. B. Stephanas 1Kor 1,16; 16,15; Krispus Apg 18,8).

Aus der Größe von Häusern lässt sich aufgrund der Mehrdeutigkeit von *oikos* auch nicht auf die Zahl der Gemeindeglieder schließen: Von einer herrschaftlichen Villa, in der man möglicherweise 100 Personen unterbringen konnte, bis zu Wohnungen und Werkstätten, die deutlich weniger Platz boten, ist vieles möglich. Ebenso ist im Hinblick auf die Größe aber auch an gemietete Räume oder Versammlungen unter freiem Himmel zu denken. Bei den Gemeinschaftsmählern war dann allerdings der übliche Brauch des Liegens sehr wahrscheinlich nicht mehr umzusetzen. Darauf verweist 1Kor 14,30, wo das Sitzen in der Gemeindeversammlung erwähnt wird.

Umstritten ist, ob es an einem Ort wie Korinth mehrere Hausgemeinden gab, die sich zu bestimmten Gelegenheiten trafen. In

1 Kor 14,23 schreibt Paulus zwar von der Zusammenkunft der gesamten Gemeinde (ἡ ἐκκλησία ὅλη/*he ekklēsia holē*), doch handelt es sich hier um eine Betonung der Einheit der Gemeinde, nicht um die Zusammenkunft mehrerer Hausgemeinden. Auf eine Mehrzahl von Versammlungen in einer Stadt weist hingegen der Römerbrief hin: Paulus lässt einzelne Personen jeweils explizit grüßen, die er offenbar in unterschiedlichen Versammlungen von Christusgläubigen vermutet (Röm 16). In der Tat schreibt Paulus für jeden Ort nur von einer Hausgemeinde im eigentlichen Sinn: Ephesus bzw. Rom (Priska und Aquila) und Kolossä (Philemon). Weitere Belege für Hausgemeinden in Korinth – Stephanas (1 Kor 1,16; 16,15f.) sowie Titius Justus und Krispus (Apg 18,7f.) – erweisen sich bei näherer Betrachtung als unzutreffend. Am ehesten sind auch hier Priska und Aquila als Gastgeber der Gemeinde zu vermuten (Apg 18,2f.). Gaius hingegen, der als ξένος/*xenos* von Paulus und der ganzen *ekklēsia* bezeichnet wird (Röm 16,23), war Gast und nicht Gastgeber (s. o. S. 249). Die für die korinthische Gemeinde belegten bzw. befürchteten Spaltungen (1 Kor 1,10–16) sind daher auch nicht auf verschiedene Häuser zu verteilen.

Die Verankerung der Gemeinschaft im häuslichen Kontext war eine auch von anderen religiösen bzw. philosophischen Gruppen realisierte Möglichkeit des Zusammenkommens, die durch archäologische und epigraphische Zeugnisse belegt ist. Die Benennung als „Gemeinschaft im Haus des N.N." findet sich im Kontext einiger römischer Vereinigungen aus dem 2. Jh. n. Chr., in denen sich vor allem Sklaven und Sklavinnen eines Haushalts zusammenschlossen (z. B. CIL VI 9148f., 10260–10264). Für die Etablierung neuer Kulte war der häusliche Kontext ein möglicher Verankerungspunkt (IG XI,4 1299; X/2.1 255). Davon zu unterscheiden sind Vereinigungen, die einem Haus bzw. einer Familie dadurch zugeordnet waren, dass deren Mitglieder an der Spitze standen (GRA II 107; IGUR I 160). Auch der Wechsel von einem privaten Kontext zu einem anderen ist belegt (P.Tebt. III/2 894). Die Versammlung von Vereinigungen in angemieteten Räumen, in Gärten und Teilen von Wohnblöcken *(insulae)* war ein verbreitetes Phänomen, das auch für die Gemeinschaften von Christusgläubigen zu veranschlagen ist. Dabei wirkten oft einzelne Personen als Sponsoren und Patrone dieser Gemeinschaften, die sie, falls sie Mitglieder waren, auch kontrollieren konnten.

Die Mitgliederzahl in griechisch-römischen Vereinigungen betrug in der Regel zwischen 20 und 40, nur in Ausnahmen deutlich mehr. Für die paulinischen Gemeinden lässt sich daher begründet vermuten, dass zwischen 20 und 40 Personen Mitglieder waren, gegebenenfalls auch mehr. Eine weitere Expansion in einer Stadt musste nun allerdings nicht zu weiteren Hausgemeinden führen, sondern könnte auch durch die Wahl größerer Versammlungsmöglichkeiten (Gärten, gemietete Räume, Scheunen) ermöglicht worden sein. Es ist aber sehr wahrscheinlich, dass nicht bei jeder Feier alle Mitglieder anwesend waren.

Trotz der im Neuen Testament erwähnten Hinwendung ganzer Häuser zum christlichen Glauben (1 Kor 1,16; Apg 10,1–11,18; 16,13–15.25–34; 18,8) ist keinesfalls als selbstverständlich vorauszusetzen, dass mit der Taufe des Haushaltsvorstandes, in der Regel des *paterfamilias*, auch alle anderen Mitglieder des Hauses getauft wurden. Der Fall des Sklaven Onesimus, der seinem christusgläubigen Herrn Philemon weggelaufen war und erst von Paulus zum Glauben gebracht wurde (Phlm 10), zeigt deutlich, dass dies nicht die Regel war (vgl. auch Röm 16,11). Typisch war vielmehr, dass einzelne Christusgläubige in einem paganen Haushalt lebten (vgl. 1 Kor 7,12–16).

Taufe eines Haushalts

12.3 Innere Entwicklungen

Neben den Problemen mit christusgläubigen Lehrern, die die Einhaltung der Tora forderten (Gal; Phil 3; s. o. 10.4), hatte Paulus offensichtlich mit der Gemeinde von Korinth über lange Jahre hinweg Auseinandersetzungen über verschiedene Themen. Aus ihnen wird in Ansätzen ersichtlich, welche Vielfalt an Entwicklungsmöglichkeiten im frühen Christentum bestand, die zu verschiedenen Konstruktionen christlicher Identität beitrugen.

Nach 1 Kor 1,10–13 drohte in Korinth eine Fraktionsbildung in vier Gruppen, die sich nach Personen benannten: Paulus, Apollos, Petrus und Christus. Die Bedeutung von Lehrern bzw. den jeweiligen Täufern (vgl. 1 Kor 1,13b-17a) wird hier deutlich, aber auch die Tendenz von Gemeinschaften, sich an Identifikationsfiguren zu orientieren. Streitigkeiten in der Gemeinde betrafen etwa Gerichtsprozesse zwischen Christusgläubigen, wobei die Ursachen im Dunkeln bleiben (1 Kor 6,1–11). Unklarheiten über ethische Vorgaben (1 Kor 5,1–11; 6,12–20; 7,1–40) lassen erkennen, wie bedeutend gerade die Entwicklung eines eigenen Ethos für die Identitätskonstituierung war. Da die Tora von Paulus nicht mehr dafür herangezogen wurde, ging es einerseits darum, an allgemein anerkannte Werte zu appellieren. Lasterkataloge wie in 1 Kor 5,9–11; 6,9f.; Gal 5,19–21 und Röm 1,29–31 zählen Verbotenes auf, das auch in der griechisch-römischen Welt zumeist als verwerflich galt. Andererseits versuchte Paulus durch Argumentation Einsicht bei den Gemeindegliedern zu erreichen (z. B. 1 Kor 6,12–20; 7,1–40), wobei der Christusglaube als der alles verändernde Blickwinkel eingefordert wird (1 Kor 1,18–31).

Spaltungen

Neben dem Verhalten Einzelner kam es in gemeinsamen Kult- und Mahlfeiern zu Streitigkeiten (1Kor 8–11; s. o. S. 249). Paulus ging es in der jeweiligen Argumentation darum, das Gemeinsame vor das Trennende zu stellen. Kontrovers fiel in Korinth auch die Beurteilung der verschiedenen Geistesgaben aus (1Kor 12–14): Ekstatische Erlebnisse wie Zungenrede oder Entrückungen wurden höher gewertet als Lehre oder andere Dienste. Wiederum verweist Paulus darauf, dass Taufe und Geistgabe alle gleich machen und die Egalität gewahrt bleiben sollte (1Kor 12,13). Die Leittugend der geschwisterlichen Liebe (ἀγάπη/*agapē*), die keine wirkliche Entsprechung in der hellenistischen Tugendlehre hat, rückte die Individualität zugunsten der Gemeinschaft in den Hintergrund (1Kor 13). Die politische Metaphorik des Körpers und seiner Glieder veranschaulicht dies bildlich (1Kor 12), wenngleich auch deutlich wird, dass Leitung und entsprechende Unterordnung deshalb nicht irrelevant waren (1Kor 16,15f.). Vor allem Paulus selbst, der vom Auferstandenen berufene Apostel, war die Leitfigur für alles, was in seinen Gemeinden geschah. Und schließlich war das Auferstehungsverständnis einiger Gemeindeglieder für Paulus theologisch unhaltbar, weshalb er sich ausführlich in 1Kor 15 damit beschäftigte.

Agape

Diese vielen Probleme in Korinth, die Paulus brieflich und durch die Sendung von Boten zu lösen versuchte, entstanden im Wesentlichen nicht durch Gegner von außen, sondern durch innergemeindliche Entwicklungen. Manches hatten vielleicht auch Lehrer wie Apollos beigetragen, doch eigentlich kamen diese Herausforderungen und Gedanken aus den Gemeinden heraus, wobei Korinth in manchen Aspekten sicherlich eine Ausnahmestellung hatte. Aufgrund der unterschiedlichen religiösen Voraussetzungen und sozialen Konstellationen, durch selbstständiges Weiterdenken paulinischer Verkündigung sowie durch die Erfahrungen bei Kult und Mahl entstanden verschiedene Ansätze, christlichen Glauben und die Identität der Gemeinschaft zu bestimmen, die nicht immer miteinander vereinbar waren.

12.4 Herausforderungen durch äußere Einflüsse

Der Apostel Paulus und seine Gemeinden standen in einem kontinuierlichen Wechselverhältnis sowohl zu anderen christlichen Strömungen wie auch zu ihrer paganen Lebenswelt.

Lehrer in Korinth

Etwa im Jahr 55 n. Chr., kurz bevor Paulus den 2. Korintherbrief schrieb, traten in Korinth christliche Lehrer auf. Sie fanden bei einem Teil der Gemeinde offenbar Gehör, was angesichts der vielen früheren Probleme nicht verwunderlich ist. Vor allem die Betonung ekstatischer Erfahrungen jener Lehrer (2Kor 12,1.12), die einen jüdisch-hellenistischen Hintergrund hatten (vgl. 2Kor 11,22), und ihre rhetorischen Fähigkeiten (2Kor 11,6) hatten die Korinther nachhaltig beeindruckt. Diese „Überapostel", wie sie Paulus polemisch bezeichnet (2Kor 11,5; 12,11), waren Wanderlehrer, die, ausgestattet mit Empfehlungsbriefen (2Kor 3,1), eine intellektuell und mystisch ansprechende Form der christlichen Botschaft verkündigten.

Neben dieser anderen Form des Evangeliums und des Glaubenslebens kam es aber auch zu direkten Angriffen auf Paulus selbst. Wie schon von den toraobservanten Lehrern in Galatien wurde von Wanderlehrern in Korinth die Rechtmäßigkeit des apostolischen Anspruchs des Paulus bestritten. In Korinth waren zuvor schon unabhängig davon Zweifel an ihm aufgekommen (vgl. 1Kor 9; 15,1–10). Paulus sah sich daher nun gezwungen, seine göttliche Berufung vehement zu verteidigen (2Kor 2,14–6,13; 10–13). Dabei wird deutlich, dass er bei aller Niedrigkeit seines Wirkens, das von Entbehrungen und Schwierigkeiten geprägt war (2Kor 4,7–5,10; 11,23–33), seine Rolle als Apostel als unersetzlich einschätzte: Er, Paulus, sei „Gesandter als Stellvertreter Christi", durch den die Versöhnung zu allen Menschen gebracht werde (2Kor 5,18–21). Seine Gemeinden verstand er als Ruhm des Apostels (1Kor 15,31; 2Kor 1,12–14) und Ausweis der Rechtmäßigkeit seines Anspruchs (1Kor 9,1f.). *Verteidigung des Apostolats*

Gegenüber der nicht-christlichen Gesellschaft entwickelten sich in den paulinischen Gemeinden verschiedene Konstellationen, die lokal sehr unterschiedlich ausgeprägt waren. Zum einen verweist Paulus darauf, dass seine eigene Tätigkeit durch Diasporajudäer erschwert wurde (1Thess 2,15f.). Die Apostelgeschichte berichtet Entsprechendes mehrfach (Apg 13,45–51; 14,4f.19f.; 17,5–9.13; 18,12–17). Zum anderen gingen aber auch lokale Stadtbehörden bzw. Provinzstatthalter gegen das Wirken des Paulus bzw. seiner Mitarbeiter vor (2Kor 11,25.32f.; 1Thess 2,1f.; Apg 16,16–24.35–40; 17,6–9; 19,23–40). Dies entsprach denm üblichen Maßnahmen römischer Behörden gegen verschiedene freischaffende religiöse Experten, die durch magische Handlungen, Astrologie, Wahrsagerei oder religiöse Sonderbotschaften Unruhe stifteten. *Druck von außen*

Aber nicht nur die Apostel, auch manche Gemeinden waren von solchen Schwierigkeiten betroffen, wenngleich Paulus dies explizit nur für die Thessalonicher erwähnt, die von ihren Landsleuten angefeindet wurden (1Thess 2,14). Soziale und ökonomische Ausgrenzung, Unverständnis und Spott über die Folgen einer Hinwendung zu dieser eigenartigen Gruppierung mit ihrem absonderlichen Aberglauben waren aber an vielen Orten wahrscheinlich. Die mit der Hinwendung zum Christusglauben verbundene Trennung von kultischen und damit auch identitätsstiftenden Handlungen in Polis und Familie war wiederholt Anlass zu Konflikten. Paulus selbst riet in diesen Situationen zu Ruhe *Gesellschaftliche Ausgrenzung* und Wohlverhalten (1Thess 4,11f.) und zur Anerkennung der politischen Macht (Röm 13,1–7). Zugleich gab es aber auch Gemeinden, deren Verhältnis zur nicht-christlichen Gesellschaft nicht durch Konflikte geprägt war, z. B. jene in Korinth: Deren Mitglieder nahmen weiterhin an Banketten teil, sogar in Tempeln (1Kor 8,10; 10,27). Außenstehende konnten als Gäste ihre Versammlungen besuchen (1Kor 14,24f.). Mit Erastus gehörte zudem ein Mitglied der lokalen Elite zur Gemeinde (s. o. S. 248). Paulus selbst stellte den weiterhin intakten Status der Christusglaubenden innerhalb der paganen Gesellschaft Korinths in Kontrast zu seiner eigenen schwierigen Situation (1Kor 4,10).

Literatur

Edward Adams, The Earliest Christian Meeting Places. Almost Exclusively Houses?, LNTS 450, London ²2016.
Soham Al-Suadi, Essen als Christusgläubige. Ritualtheoretische Exegese paulinischer Texte, TANZ 55, Tübingen 2011.
Richard S. Ascough, Paul's Macedonian Associations. The Social Context of Philippians and 1 Thessalonians, WUNT 2. Reihe, Tübingen 2003.
Ute E. Eisen, Amtsträgerinnen im frühen Christentum. Epigraphische und literarische Studien, FKDG 61, Göttingen 1996.
Roger W. Gehring, Hausgemeinde und Mission. Die Bedeutung antiker Häuser und Hausgemeinschaften – von Jesus bis Paulus, BWM 9, Gießen 2000.
Philip A. Harland, Associations, Synagogues, and Congregations. Claiming a Place in Ancient Mediterranean Society, http://philipharland.com/associations/ [13.2.2018].
Albert J. Harrill, Paul and Slavery, in: Paul and the Greco-Roman World, ed. J. P. Sampley, Harrisburg, Penn. 2003, 575–607.
Anni Hentschel, Diakonia im Neuen Testament. Studien zur Semantik unter besonderer Berücksichtigung der Rolle von Frauen, WUNT 2. Reihe 226, Tübingen 2007.
Hans-Josef Klauck, Hausgemeinde und Hauskirche im frühen Christentum, SBS 103, Stuttgart 1981.
Matthias Klinghardt, Gemeinschaftsmahl und Mahlgemeinschaft. Soziologie und Liturgie frühchristlicher Mahlfeiern, TANZ 13, Tübingen 1996.
Richard Last, The Pauline Church and the Corinthian Ekklēsia. Greco-Roman Associations in Comparative Context, SNTS.MS 164, Cambridge 2015.
Wayne A. Meeks, Urchristentum und Stadtkultur. Die soziale Welt der paulinischen Gemeinden, Gütersloh 1993.
Gerd Theißen, Studien zur Soziologie des Urchristentums, WUNT 19, Tübingen ³1989.
Alexander Weiß, Soziale Elite und Christentum. Studien zu ordo-Angehörigen unter den frühen Christen, Millenium-Studien 52, Berlin/Boston 2015.

Exkurs: Timotheus

Sowohl nach den Paulusbriefen als auch nach der nachpaulinischen Überlieferung kann Timotheus zu Recht als der engste Mitarbeiter des Paulus bezeichnet werden. Sowohl auf der Reise nach Korinth war er mit Paulus und Silvanus unterwegs als auch später als Begleiter der Kollekte nach Jerusalem (1Thess 3,1–6; vgl. Apg 16,1–3; 17,14f.; Apg 18,5; 20,4).

Er wird als Mitverfasser mehrerer Briefe genannt (1Thess, 2Kor, Phil und Phlm bzw. Kol) und wird auch namentlich immer wieder in den Briefen erwähnt. Paulus bezeichnet ihn u. a. als „Mitarbeiter Gottes" (1Thess 3,2) bzw. als seinen „Mitarbeiter" (Röm 16,21), als „Knecht Jesu Christi" (Phil 1,1) oder einfach als „Bruder" (1Thess 3,2; 2Kor 1,1; Phlm 1; vgl. Hebr 13,23). In 1Thess 2,7 deutet Paulus sogar an, dass Timotheus wie Silvanus für ihn als Apostel galt, da hier an die Erstverkündigung in Thessalonich erinnert wird, bei der beide dabei waren (vgl. 2Kor 1,19). Auch an anderen Stellen wird deutlich, dass Timotheus selbst ebenfalls das Evangelium verkündigte (1Kor 16,10; 2Kor 1,19; Phil 2,22) und sich um das Wohlergehen der paulinischen Gemeinden sorgte (Phil 2,20). Wie andere Mitarbeiter und Mitarbeiterinnen war Timotheus öfter als Gesandter des Paulus im Einsatz (1Thess 3,2–6; 1Kor 4,17; 16,10f.; Phil 2,19; vgl. Apg 19,22), der diese mit Briefen und Nachrichten des Apostels versorgte und umgekehrt diesen über die Verhältnisse in den Gemeinden informierte.

In der nachpaulinischen Tradition wird die Bedeutung des Timotheus für Paulus noch weiter verstärkt. In den beiden Timotheusbriefen wird er als Bewahrer paulinischer Tradition und exemplarischer Gemeindeleiter dargestellt. Laut Hebr 13,23 war er sogar selbst im Gefängnis. Die Apostelgeschichte enthält auch einige biographische Notizen: So stammte Timotheus aus Lystra und war Sohn eines griechischen Vaters und einer judäischen Mutter (Apg 16,1). Letztere, die laut 2Tim 1,5 den Namen Eunike trug, war Ehefrau oder Sklavin eines Griechen, sodass Timotheus nicht beschnitten wurde. Die Nachricht, dass Paulus dies aus Rücksicht auf die Judäer in Lystra selbst korrigiert habe (Apg 16,3), widerspricht allerdings seiner theologischen Argumentation im Galater- oder auch im 1. Korintherbrief so deutlich (vgl. Gal 5,2; 1Kor 7,18), dass sie eindeutig dem Interesse des Lukas zuzuschreiben ist, Paulus als gesetzestreuen Juden zu porträtieren (vgl. Apg 21,21).

Schon aus dem 1. Timotheusbrief wird die Verankerung des Timotheus in Ephesus deutlich (1Tim 1,3); diese wird in der apokryphen Tradition noch verstärkt. Nach Euseb war Timotheus der erste Bischof von Ephesus (h. e. 3,4,6), die Timotheusakten aus dem

Hochschätzung

Gesandter

Spätere Traditionen

Ephesus

4. Jh. n. Chr. erzählen in legendarischer Form von seinem Wirken und Martyrium.

Der von Paulus vielfach gelobte Mitarbeiter Timotheus sollte über seine persönlichen Verdienste hinaus auch stellvertretend für das relativ dichte Netz von Personen wahrgenommen werden, das für das Gelingen der Verkündigung und Bewahrung der paulinischen Gemeinden unerlässlich war.

Literatur

Hermann von Lips, Timotheus und Titus. Unterwegs für Paulus, BG 19, Leipzig 2008.

13 Die Weiterführung und Aufnahme judäischer Identität im frühen Christentum vom Apostelkonvent (47 n. Chr.) bis zum Bar-Kochba-Aufstand (135 n. Chr.)

Jenseits der vor allem durch Paulus und die spätere Paulusschule geprägten Formen des frühen Christentums spielten sowohl in Palästina wie auch in der Diaspora die Bewahrung der judäischen Identität, die Orientierung an der Tora und die Fortführung jüdisch-religiöser Praktiken wie Beschneidung oder Einhaltung von Speisegeboten eine weiterhin positive, wenn auch unterschiedlich gewichtete Rolle. Im Folgenden wird zunächst die historische Entwicklung in Palästina in den Blick genommen, zu der u. a. die Ereignisse um Paulus in Jerusalem und Caesarea gehören (13.1). Anschließend werden jene Formen des frühen Christentums dargestellt, deren literarische Hinterlassenschaften ein gesteigertes Interesse an der Tora, ihrer identitätsstiftenden Funktion und entsprechenden Praktiken erkennen lassen: das Matthäusevangelium und die Didache (13.2), die Traditionen rund um den Herrenbruder Jakobus (13.3), die Johannesapokalypse (13.4) sowie spätere Evangelientexte (13.5). Abschließend wird ein Blick auf die Polemik gegen eine Orientierung an der Tora zeigen, dass dieses Thema bis weit in das zweite Jahrhundert hinein von großer Brisanz war (13.6).

Die in diesem Abschnitt dargestellten Formen des Christentums teilen als Charakteristikum, dass sie sich entweder ausdrücklich als Teil des Judentums verstanden oder in ihren Schriften einen Schwerpunkt in der Fortführung bestimmter judäischer Identitätsmerkmale zeigen. Die Texte bzw. ihre Trägergruppen werden in der Forschung häufig als „judenchristlich" bezeichnet, doch entspricht diese Bezeichnung nicht dem historischen Befund. Sie vermischt ethnische Zugehörigkeit und religiöse Orientierung und entzieht sich daher einer plausiblen Definition. So waren die meisten Autoren des Neuen Testaments zwar judäischer Herkunft, doch nicht alle zeigten an den identitätsstiftenden Merkmalen des Judentums besonderes Interesse oder verstanden die von ihnen geprägten Gemeinden als Teil des judäischen Ethnos. Umgekehrt waren manche Nicht-Juden unter den Christusgläubigen durchaus bereit, bestimmte Praktiken, die für judäische Identität wichtig waren, anzunehmen, ohne Judäer zu werden. Eine Grenzziehung zwischen Gemeinschaften anhand der Kategorisierung „jüdisch" oder „nicht-jüdisch" ist daher nicht möglich, sodass auf die

Der Begriff Judenchristentum

Bezeichnung „Judenchristentum" hier verzichtet wird. Vielmehr wird zu untersuchen sein, wie unter unterschiedlichen Bedingungen Formen einer Orientierung an judäischer Identität in theologischer und praktischer Form geschahen.

Abgesehen von der Rolle der Tora als zentralem Maßstab ist überdies zu berücksichtigen, dass die Rezeption jüdischer Traditionen, Sprachformen und Grundvorstellungen sämtliche Texte des frühen Christentums und deren Trägergruppen in einer mehr oder weniger deutlichen Weise prägte. Die Bedeutung der Schrift, das Gottesbild, die Aufnahme von Metaphern wie Bund oder Erwählung, Eschatologie und Apokalyptik und vieles mehr bildeten – selbstverständlich mit unterschiedlichen Schwerpunkten – den jüdischen Grundcharakter aller Strömungen des frühen Christentums. Das gilt auch dort, wo gegen das Judentum oder die Aufnahme jüdischer Identitätsmerkmale polemisiert wurde.

Jüdischer Grundcharakter

Daher wurden, als sich viele Gruppierungen des palästinischen oder Diasporajudentums auflösten, in den christlichen Gemeinschaften zahlreiche Texte des frühen Judentums bewahrt, die sich in den erhaltenen rabbinischen Überlieferungen nicht mehr finden. Das gilt für die Septuaginta oder die Schriften von Philo von Alexandrien und Josephus. Zahlreiche Texte, die als Pseudepigraphen des Alten Testaments bezeichnet werden und in hellenistisch-römischer Zeit entstanden und zu denen so bedeutende Bücher wie die Apokalypsen des Henoch oder des Baruch gehören, das 4. Buch Esra, die Testamente der zwölf Patriarchen oder die Novelle „Joseph und Aseneth", wurden innerhalb des frühen Christentums gelesen, bearbeitet und damit bewahrt.

Jüdische Schriften

13.1 Das Christentum in Palästina bis 135 n. Chr.

13.1.1 Die Entwicklung zwischen Apostelkonvent und Ankunft des Paulus (47–56 n. Chr.)

Unsere Quellen zum frühen Christentum schweigen bedauerlicherweise großteils über die Entwicklungen in Jerusalem, Judäa und Galiläa zwischen dem Apostelkonvent (47 n. Chr.) und der Ankunft des Paulus in Jerusalem im Jahr 56 n. Chr. Politisch verschärfte sich nach dem Tod Agrippas I. (44 n. Chr.) die Lage in Palästina deutlich. Prokuratoren hatten die Gebiete wieder zur Verwaltung übernommen, Josephus berichtet über zunehmende Spannungen zwischen der judäischen und samaritanischen Bevölkerung und der römischen Besatzung. Die Reihe von Zwischenfällen und Revolten ließ auch die kleinen frühchristlichen Gemeinden in Judäa und Galiläa nicht unbeeinflusst. Konkretes bleibt uns hier aber weitgehend verborgen.

Nach dem Konvent im Jahr 47 n. Chr. waren von Jerusalem aus mehrere Unternehmungen ausgegangen, die zeigen, dass es in der Jerusalemer Gemeinde unterschiedliche Strömungen gab: zum einen die Verkündigung an Judäer, die u. a. Petrus nach Antiochien (Gal 2,11–14; s. o. 10.2) und möglicherweise auch nach Korinth (1Kor 1,12; 9,5) und Rom (1Clem 5,4) geführt hatte. Nach 1Kor 9,5 waren Jakobus und die anderen Brüder Jesu (Joses, Judas, Simon; Mk 6,3) als Verkündiger unterwegs, wir können allerdings nicht festmachen, ob nur in Judäa oder auch außerhalb. Zum Zweiten geht auf Jakobus bzw. Lehrer, die mit ihm verbunden waren, der Versuch zurück, Christusgläubige judäischer Herkunft wieder auf die Einhaltung von Torabestimmungen zu verpflichten (Gal 2,11; s. o. 10.2). Und zum Dritten beriefen sich die Lehrer in Galatien, die auch von nicht-jüdischen Glaubenden Beschneidung und Toraobservanz einforderten, ebenfalls auf Jerusalem (Gal 3–5; vgl. Phil 3,2; s. o. 10.4).

Die Jerusalemer Gemeinde

Petrus verließ Jerusalem nach dem Apostelkonvent offenbar endgültig, sodass der Herrenbruder Jakobus als einzige Leitungsfigur übrig blieb. Das wird u. a. bei der Übergabe der Kollekte deutlich (Apg 21,18; s. o. 11.7.3). Über Johannes Zebedäus sind keine verlässlichen Nachrichten erhalten. Als weiteres Gremium erwähnt Lukas Älteste in der Gemeinde (Apg 11,30; 15,2.4.6; 21,18; s. o. S. 144). Die entscheidende Person aber war der Herrenbruder Jakobus (s. u. S. 272f.).

13.1.2 Gefangennahme und Haft des Paulus (56–59 n. Chr.)

An sich war von den Ereignissen, über die Apg 21,27–26,32 berichtet, das palästinische Christentum nicht betroffen. Immerhin kommen weder Jakobus noch andere Mitglieder der Jerusalemer Gemeinde, aus Judäa oder Caesarea in dieser längeren Erzählung über Gefangennahme und Haft des Paulus vor. Dieses Schweigen zeigt an, dass sich christusgläubige Judäer in Palästina vollständig aus diesen politisch und religiös brisanten Verwicklungen, in die Paulus geraten war, heraushielten. Auch jene Kreise in Jerusalem, die gegen Paulus vorgingen, konstruierten keinen Zusammenhang mit den Christusgläubigen in Jerusalem, und diese selbst traten in keiner Weise für den gefangenen Glaubensbruder ein. Paulus gehörte nicht zu ihnen, sondern zu einer Gruppe, mit der „die Hebräer" (s. o. 7.1.5) nichts zu tun hatten bzw. zu der sie jeden weiteren Kontakt vermieden.

Die Verwicklungen nahmen ihren Ausgang schon im Wirken des Paulus in der Diaspora, dementsprechend waren Judäer aus der Asia die primären Ankläger (Apg 21,27). Ihren Vorwurf an Paulus dürfte

Vorwurf gegen Paulus

Lukas im Kern historisch zutreffend wiedergeben: Paulus habe durch die Mitnahme eines Griechen namens Trophimus den Tempel entweiht (Apg 21,27–29). Die Anklage gründet auf einer Vorschrift, nach der für Nicht-Juden das Betreten der inneren Höfe des Tempels nicht erlaubt war. Sie ist auch inschriftlich und literarisch überliefert (OGIS 598 = CII I/1 2; vgl. Josephus, bell. 5,194; ant. 15,417):

> „Dass kein Andersstämmiger hineingeht hinter die Schranke und die Umfassungsmauer um das Heiligtum. Wer gefasst wird, wird selbst zu verantworten haben, dass die Todesstrafe daraus folgt."

Die Bedrohung mit der Todesstrafe ist auch durch Josephus und Philo überliefert (Josephus, bell. 6,126; Philo, leg. ad Gaium 212). Gegebenenfalls konnte der römische Prokurator eine derartige Übertretung also entsprechend bestrafen.

Problematisch an dem Vorwurf gegen Paulus ist einiges. Zum Ersten: Wenn er auf tatsächlichem Geschehen beruhte, so hätte nicht Paulus, sondern der Epheser Trophimus die Vorschrift übertreten. Dieser blieb aber im Folgenden unbehelligt. Zum Zweiten ist es nicht wahrscheinlich, dass Paulus eine solche Übertretung bewusst in Kauf genommen hätte. Aussagen aus seinen Briefen (vgl. 1Kor 9,20) lassen eher vermuten, dass Paulus sich in Jerusalem, anders als bei seinen Reisen durch die Mittelmeerwelt, an das Gesetz hielt. Und zum Dritten war Paulus laut Lukas alleine im Tempelareal unterwegs (Apg 21,26). Der Vorwurf, beim Bruch des Betretungsverbots mitgewirkt zu haben, kann daher nur als Vorwand gedeutet werden, der dazu dienen sollte, die römischen Behörden zum Eingreifen zu bewegen. Der wahre Grund für das Vorgehen der Diasporajudäer Jerusalems gegen Paulus dürfte vielmehr gewesen sein, dass er in der Diaspora Kernelemente judäischer Identität in Frage gestellt hatte (vgl. Apg 21,21). Auch er selbst befürchtete vor seiner Abreise in Jerusalem Angriffe „von den Ungehorsamen in Judäa" (Röm 15,31).

Ein Vorwand

Aus der spannend gestalteten Erzählung in Apg 21,27–26,32 lässt sich eine plausible Ereignisfolge rekonstruieren. Allerdings ist zu berücksichtigen, dass das Erzählinteresse des Lukas darauf ausgerichtet war, sowohl die Unschuld des Paulus festzuhalten als auch die Verschlagenheit seiner Gegner darzustellen.

Die Verhaftung

Dem Tumult um die Anklage folgte die Verhaftung durch die römische Besatzung in der Burg am Nordrand des Tempels. Die folgenden Redeauftritte des Paulus vor dem Volk (Apg 22,1–22) und seine Verantwortung vor dem Synhedrion (23,1–10) sind ebenso lukanische Gestaltung wie die späteren Reden vor den Prokuratoren und Herodes Agrippa II. in Caesarea (24,10–21; 26,1–23). Auffallend ist, dass Lukas im Zusammenhang des ersten Verhörs einige interessante Details erwähnt (21,37–39; 22,23–29; vgl. 23,26–30): Der lokale Kommandant der Jerusalemer Garnison, der Chiliarch bzw. Tribun Claudius Lysias, begegnet hier ebenso wie die Frage, ob Paulus ein lange gesuchter Aufständischer aus Ägypten sei (s. u. 13.1.3). Auch das Bürgerrecht von Tarsus wird erwähnt (21,39). Dass Paulus in diesem Zusammenhang bereits auf sein römisches Bürgerrecht verwies (s. o. 9.1.2), das ihn vor der Anwendung von Folter im Verhör bewahrte (22,25–29), ist durchaus wahrscheinlich. Bereits in Jerusalem dürfte klar geworden sein, dass Paulus von römischer Seite als gefährlicher Unruhestifter angesehen wurde, unabhängig davon, ob er tatsächlich das Tempelgebot verletzt hatte. Der Vorwurf des Aufruhrs (στάσις/stasis bzw. lat. seditio) findet sich dann auch explizit in Apg 24,5.

Einige Zeit später wurde Paulus nach Caesarea Maritima überführt, wo die Angelegenheit vor dem römischen Prokurator Antonius Felix (52–59 n. Chr.) entschieden werden sollte (Apg 23,23–35). Ein Plan für einen Mordanschlag auf Paulus während der kurzen Reise wurde nach Lukas durch einen Neffen des Paulus vereitelt (Apg 23,12–22), doch lässt sich dies nicht verifizieren. Die Verhandlung fand unter Beteiligung judäischer Behörden statt, doch Felix schob eine Entscheidung hinaus. Lukas gibt an, er habe auf Bestechung durch Paulus gehofft (Apg 24,26), ein nicht unplausibler Vorwurf. Es ist aber auch möglich, dass Felix in den schwierigen Jahren seiner Tätigkeit in Judäa aus opportunistischen Gründen Paulus nicht freisprechen wollte. Paulus blieb daher in Caesarea in Haft.

Überführung nach Caesarea

Erst unter seinem Nachfolger Porcius Festus (59–62 n. Chr.) wurde die Angelegenheit wieder aufgenommen. Offenbar war Festus eher geneigt, der Anklageforderung der Jerusalemer Behörden zu folgen. Paulus berief sich auf den Kaiser als jene Instanz, die über seinen Fall entscheiden sollte (25,10–12.21; 26,32). Dies war nur römischen Bürgern möglich. Das zeigen die Ausführungen des römischen Juristen Paulus, wonach u.a die Folterung oder Hinrichtung eines römischen Bürgers Statthaltern verboten war (Sentenzen 5,26,1f., vgl. Digesten 49,2,1; 7,1). Plinius der Jüngere berichtet für den Anfang des 2. Jh. n. Chr. von einem analogen Vorgehen bei Christusgläubigen, die römische Bürger waren (epist. 10,96,3f.; s. u. 11.4.1). Eine Berufung ohne Urteil eines Statthalters war zwar ungewöhnlich, ist aber immerhin einmal belegt (Cassius Dio, hist. 64,2,3).

Berufung auf den Kaiser

Lukas vermeidet in Apg 24–26 die Erwähnung eines Schuldspruchs aus verständlichen Gründen, vielmehr hätte Paulus freigelassen werden können (Apg 26,32). Nach Abschluss der Verhandlungen in Casarea wurde Paulus von Soldaten per Schiff nach Rom gebracht (Apg 27,1–28,16). Insgesamt hatte er etwa drei Jahre in Gefangenschaft in Caesarea zugebracht (56–59 n. Chr.).

Transport nach Rom

13.1.3 Vom Tod des Jakobus bis zum 1. Judäischen Aufstand (62–70 n. Chr.)

Zu den Ereignissen im Vorfeld des 1. Judäischen Aufstands gehört u. a. die Hinrichtung von Jakobus durch den Hohepriester Ananos II. im Jahr 62 n. Chr. (Josephus, ant. 20,200f.; s. u. S. 272f.). Sie verdeutlicht den Druck der Priesteraristokratie auf die christliche Bewegung. Sie zeigt aber auch die wachsende Spannung im Land an (s. o. S. 69): Bereits unter den Prokuratoren Felix (52–59 n. Chr.) und Porcius Festus (59–62 n. Chr.) war es zu zahlreichen politisch motivierten Morden gekommen, die von Zeloten oder anderen Gruppen begangen wurden. Volksbewegungen wie jene des anonymen Ägypters im Jahr 55/56 n. Chr. (Josephus, ant. 20,169–172; bell. 2,261–263; vgl. Apg 21,38) brachten zusätzliche Unruhen, auf die die Prokuratoren mit Gewalt und höherem Steuerdruck reagierten. Unter Albinus (62–64 n. Chr.) und Gessius Florus (64–66 n. Chr.) steigerte sich dies bis hin zum offenen Aufstand, der mit der Konfiszierung des Tempelschatzes durch den Prokurator (Josephus, bell. 2,293) und der Einstellung des täglichen Opfers für das Heil des Kaisers (Josephus, bell. 2,409f.) begann.

Über das Schicksal der Christusgläubigen in dieser Zeit lassen sich Andeutungen in Mk 13 finden: Der Verweis auf den „Gräuel der Verwüstung" (13,14a) war in der vormarkinischen Tradition auf einen Versuch des Caligula in den Jahren 39/40 n. Chr. gemünzt, im Tempel Kaiserbilder aufstellen zu lassen, was nur durch seinen Tod verhindert werden konnte (s. o. S. 23). Im Markusevangelium bezieht er sich aber schon auf die Zerstörung des Tempels im Jahr 70 n. Chr. (vgl. Mk 13,1f.). Die Anweisung an die Christusgläubigen in Judäa, zu denen auch die Jerusalemer zu zählen sind, in die Berge zu fliehen (13,14b), gehört in die Anfangszeit des Aufstands: Die Flucht sei das beste Mittel zur Sicherung des Lebens. Deutlich wird daraus aber auch, dass sich die Christusgläubigen Judäas und Galiläas nicht an den Kämpfen beteiligten.

Das zeigt sich ebenfalls in einer späten Notiz bei Euseb (h. e. 3,5,1–3): Er berichtet, dass die Jerusalemer Gemeinde die Stadt noch vor dem Aufstand verließ und nach Pella, einer Stadt der Dekapolis im Ostjordanland, zog (vgl. auch Ps-Clem, Rekogn. 1,37,2; 39,3). Am Fluchtort Pella ist historisch problematisch, dass die Stadt von Nicht-Juden bewohnt war und im Jahr 66 n. Chr. von Judäern aus Rache für ein Pogrom in Caesarea verwüstet wurde (Josephus, bell. 2,458). Dass aber die Christusgläubigen Jerusalem im Zusammenhang des Aufstands verließen, ist grundsätzlich plausibel, vor allem ab dem Zeitpunkt, ab dem radikale Aufständische mit dem Beginn der Auseinandersetzungen das Ruder in die Hand bekamen (s. o. S. 71). Auch für andere

Gegenden Judäas, für Galiläa und Samarien, ist damit zu rechnen, dass Christusgläubige aus den Kampfgebieten flohen.

13.1.4 Von der Zerstörung des Tempels bis zum Ende des 2. Judäischen Aufstands (70–135 n. Chr.)

Die Zerstörung Jerusalems und des Tempels hatte gravierende politische, wirtschaftliche und religiöse Folgen (s. o. 3.5.2). Die judäische Bevölkerung war um etwa ein Drittel dezimiert worden, Jerusalem von der römischen Legion X Fretensis besetzt und die Hoffnung auf eine Befreiung von Fremdherrschaft zerstört. Weder das Synhedrion noch einen Hohepriester sollte es je wieder geben. Landwirtschaftliche Besitzungen gingen zu einem großen Teil in den Besitz des Kaisers über, der sie verkaufte oder verpachtete.

Der Verlust des Heiligtums nötigte zu einer religiösen Neuorientierung, die vor allem durch die Pharisäer vorangetrieben wurde. Mit der sich entwickelnden rabbinischen Bewegung, die sich zunächst in Galiläa etablierte, wurde die Tora zum neuen Mittelpunkt judäischer Identität. Im Zusammenhang dieser Neuausrichtung des Judentums wurde die Abgrenzung gegenüber anderen Gruppierungen zu einem wichtigen Element. Dies zeigt sich u. a. in der 12. Bitte des 18-Bitten-Gebets (Schemone Esre/'Amidah; vgl. yBer 2,4.5a; bBer 28b–29a). Sie enthält die „Verfluchung der Ketzer" (Birkat ha-Minim), unter die neben anderen Gruppen die Christusgläubigen fielen (s. o. S. 62). Dementsprechend finden sich sowohl in frühen rabbinischen Quellen (tHul 2,22–24) als auch in christlichen Zeugnissen (Justin, dial. 16,4; 96,2; 137,2), die die Verhältnisse in der ersten Hälfte des 2. Jh. n. Chr. dokumentieren, Hinweise darauf, dass die Abgrenzung gegenüber Christusgläubigen und anderen Abweichlern in der Synagoge ausdrücklich festgelegt war. Auch der Ausschluss aus der Synagoge, der in Joh 9,22; 12,42; 16,2 angeführt wird, ist in diesem Kontext zu sehen.

Diese Entwicklungen müssen Auswirkungen auf christliche Gruppen in Palästina gehabt haben, wenngleich die Informationen dazu nur sehr spärlich sind. Allein schon die Frage, ob einzelne Gemeinden wie jene in Jerusalem, Caesarea oder Samaria/Sebaste nach dem Aufstand wieder zurückkehrten, lässt sich nicht mit Sicherheit beantworten. Das völlige Fehlen zuverlässiger Nachrichten erlaubt daher nur den Schluss, dass die christlichen Gemeinschaften Judäas und Galiläas nach dem 1. Judäischen Aufstand entweder das Land verlassen hatten oder so klein waren, dass ihre Existenz keine Spuren in zuverlässigen Quellen hinterließ.

Überlegungen, wonach das Matthäusevangelium in Judäa oder Galiläa entstanden sei, haben sich daher nicht bewährt: Die dafür vor allem

Judäische Identität

Abgrenzung

Nach 70 n. Chr.

herangezogenen Konfrontationen mit Vertretern des Judentums – Sadduzäern, Pharisäern, Schriftgelehrten – sind als Hinweis auf den Ort der Abfassung dieses Evangeliums nicht konkret auswertbar. Laut Julius Africanus, einem christlichen Historiker des 3. Jh. n. Chr., sollen sich Verwandte Jesu in Galiläa aufgehalten haben (vgl. Euseb, h. e. 1,7,14). Zwei Nachkommen von Jesu Bruder Judas seien, so Hegesipp, von Domitian verhört und freigelassen worden, doch fehlt hier jede Ortsangabe (vgl. Euseb, h. e. 3,20,1–6). Auf Hegesipp geht auch die Nachricht zurück, nach dem Tod des Jakobus und dem Ende des Aufstands sei die Leitung der Gemeinde auf einen Neffen Jesu namens Symeon übergegangen (Euseb, h. e. 4,22,4; vgl. 3,10,11). Die hohe Bedeutung der Verwandtschaft mit Jesus zeigt sich ebenso in den pseudepigraphischen Briefen des Jakobus bzw. Judas, sodass durchaus plausibel ist, dass dies in der Jerusalemer Gemeinde weiterhin von Bedeutung war. Mehr lässt sich aber über die Geschichte des frühen Christentums in Judäa und Galiläa nach 70 n. Chr. nicht rekonstruieren.

Exkurs: Der Herrenbruder Jakobus

Über die Brüder und Schwestern Jesu berichtet Mk 6,3. Darin wird Jakobus als Erster angeführt, da er der nächstälteste nach Jesus war. Wie aus Mk 3,21 (vgl. 3,31–33; Joh 7,5) deutlich wird, hatten sich die Mutter und die Geschwister Jesu der Botschaft des irdischen Jesus verschlossen. Nach Ostern ist es dann aber – neben Maria, der Mutter Jesu (Apg 1,14), und anderen Brüdern (1Kor 9,5) – vor allem Jakobus, der ins Zentrum der Jerusalemer Gemeinde rückte. Laut 1Kor 15,7 gehörte er zu den Osterzeugen, woraus zumindest ein sehr rascher Anschluss an die nachösterliche Jesusbewegung zu erschließen ist. Relativ rasch etablierte er sich in der Gemeindeleitung, was sicherlich mit seinem Status als Bruder Jesu zusammenhing. In Gal 1,18f. nennt Paulus im Zusammenhang seines ersten Jerusalemaufenthaltes (33/34 n. Chr.) Jakobus als Einzigen, den er bei dieser Gelegenheit außer Petrus getroffen habe.

Der eigentliche Aufstieg des Jakobus hing mit der zunehmenden Verfolgung der Jünger Jesu zusammen. Laut Apg 12,17 übergab Petrus vor seiner Flucht aus Jerusalem die Leitung der Gemeinde an Jakobus. Mit dem verstärkten Druck auf die Jünger Jesu – 41 n. Chr. war Jakobus Zebedäus hingerichtet worden – ging auch eine konservativere Ausrichtung der Gemeinde einher, für die Jakobus zur Identifikationsfigur wurde. Eine auf Hegesipp (gest. 180) zurückgeführte Überlieferung (bei Euseb, h. e. 2,23,4–19) ist zumindest darin als historisch anzusehen, dass Jakobus als „der Gerechte" angesehen wurde (vgl. HebrEv Fragm.5; EvThom 12), und die Darstellung seiner Hinrichtung bei Josephus lässt die Wertschätzung des Jakobus erahnen (ant. 20,200f.).

Die Hinrichtung fiel in die Zeit eines Interregnums: Der Prokurator Porcius Festus verstarb 62 n. Chr., und bevor sein Nachfolger Albinus in Jerusalem ankam, nutzte der Hohepriester Ananos II. die Lage, um mit einigen Gegnern aufzuräumen. Die Anklage gegen Jakobus lautete allgemein auf Übertretung der Tora, er wurde für schuldig befunden und gesteinigt. Die Kritik, die andere jüdische Vertreter des Gesetzesgehorsams daran erhoben, entzündete sich nicht so sehr an der Person des Jakobus, sondern an der Unzulässigkeit des Verfahrens. Allerdings ist es wahrscheinlich, dass der Aufschrei gegen diese Kompetenzüberschreitung des Hohepriesters geringer gewesen wäre, wenn Jakobus tatsächlich eine gefährliche Figur in Jerusalem gewesen wäre. In der Folge wurde Ananos II. von Albinus mit Strafe bedroht und von Agrippa II. seines Amtes enthoben.

Der Tod

Die späteren Jakobustraditionen präsentieren Jakobus vor allem als Repräsentanten einer toraobservanten Linie des Christentums (s. u. 13.3). Im Jakobusbrief präsentiert sich dieses als großkirchlich, wenngleich die Kritik an paulinisch geprägter Theologie durchklingt (Jak 2,14–26). In den Pseudo-Clementinen und einigen Strömungen der Gnosis wird Jakobus darüber hinaus zu der prägenden Orientierungsfigur schlechthin gestaltet. So formuliert das Thomasevangelium in Logion 12:

Die Jakobustraditionen

„Die Jünger sagten zu Jesus: Wir wissen, dass du von uns gehen wirst. Wer ist es, der über uns groß sein soll? Jesus sagte zu ihnen: Wohin ihr gekommen seid, ihr werdet zu Jakobus dem Gerechten, gehen, dessentwegen der Himmel und die Erde entstanden sind."

Literatur

Wilhelm Pratscher, Jakobus und die Jakobustradition, FRLANT 139, Göttingen 1987.

Roland Deines, Jakobus. Im Schatten des Größeren, BG 30, Leipzig 2017.

13.2 Zwischen Ausgrenzung und Integration: Matthäusevangelium und Didache

Im syrischen Christentum finden sich mit dem Matthäusevangelium und der Didache zwei eng verwandte Texte, die eine jüdische Prägung deutlich erkennen lassen. Für das Matthäusevangelium lässt sich dies anhand seiner Position zum Gesetz und zum Volk Israel demonstrie-

Matthäusevangelium

Die Bedeutung der Tora

ren. So verweist die Aussage in Mt 5,17f. darauf, dass eine nachdrückliche Orientierung an der Tora unabdingbar bleibt:

> „Meint nicht, dass ich gekommen sei, das Gesetz oder die Propheten aufzulösen; ich bin nicht gekommen, aufzulösen, sondern zu erfüllen. Denn wahrlich, ich sage euch: Bis der Himmel und die Erde vergehen, soll auch nicht ein Jota oder ein Strichlein von dem Gesetz vergehen, bis alles geschehen ist."

Die Tora kann nun allerdings nur in ihrer durch Christus autorisierten Auslegung die Gerechtigkeit vermitteln, die besser ist als jene von Pharisäern und Schriftgelehrten (5,18–6,18). In der so verstandenen neuen Tora Jesu, die durch das Liebesgebot bestimmt ist (5,43–48), ist die alte enthalten und erfüllt. Das zeigt sich u. a. an den Reinheitsvorschriften, denen ethische Vorgaben vorgezogen werden (15,1–20). Einzelne Bestimmungen der Tora wie das Sabbatgebot oder die Abgabe der Tempelsteuer werden hingegen durchaus beibehalten (24,20; 17,24–27). Der Auftrag, das Evangelium von der vollkommenen Gerechtigkeit zu verkündigen, umgreift sowohl Israel (10,6; 15,24), das keinesfalls verworfen wird, als auch die Völker (28,19f.). Nur durch den Eintritt in die Jüngerschaft bzw. die Mitgliedschaft in der Versammlung Jesu (16,18) sei das Heil erreichbar. Damit setzt Matthäus vor allem auf ein der Gerechtigkeit Gottes entsprechendes ethisches Handeln (25,31–46).

Innerhalb des Judentums

All dies sowie die prominente Rolle von Pharisäern und Schriftgelehrten als den Gegnern Jesu weisen darauf hin, dass sich die matthäische Gemeinde in einem Prozess der Auseinandersetzung mit dem entstehenden rabbinischen Judentum befand. Dies geschah allerdings nicht in Galiläa bzw. Judäa, sondern in der Diaspora. Darauf verweist vor allem die griechische Sprache des Matthäusevangeliums, die sich in Galiläa und Judäa innerhalb des Judentums nicht durchsetzte. Auf einen städtischen Kontext lassen trotz der zahlreichen durch die Jesustradition vorgegeben ländlichen Motive u. a. die sozialen Konstellationen schließen (z. B. 25,1–12), aber auch die Betonung von Städten als Orten der Verkündigung (9,35; 10,11–15.23; 11,1; 23,34). Die Versammlung (ἐκκλησία/*ekklēsia*) der Christusgläubigen, die im Matthäusevangelium ihre Identität als Jüngergemeinschaft in der Nachfolge Jesu festschrieb, stand in einer Konfliktsituation mit einer Form des Diasporajudentums, die sich nach dem 1. Judäischen Aufstand durch die Flucht vieler Judäer nach Syrien zu konstituieren begann (vgl. etwa 23,34f.). Die distanzierende Rede von „ihren Synagogen" (4,23 u. ö.) meint nicht, dass hier bereits eine Trennung vom Judentum an sich im Hintergrund stand, sondern eine – wahrscheinlich von einer bestimmten jüdischen Richtung ausgehende – Ausgrenzung einer Gemeinschaft von Christusgläubigen judäischer Herkunft, die auch Nicht-Juden integrierte.

Dies zeigt sich ebenso in der Didache, einer alten „Kirchenordnung", die um die Wende vom 1. zum 2. Jh. ebenfalls im syrischen Raum entstand. Verweise auf Jesustraditionen, die dem Matthäusevangelium nahestehen, deuten auf einen Zusammenhang mit den Gemeinden des Matthäus hin (z. B. Did 1,3–5; 8,1f.; 9,5). Zugleich lässt die Übernahme des sogenannten Zwei-Wege-Traktats (Did 1–6), der aus jüdischer Tradition stammt, die große Nähe zum Judentum erkennen. Auch die Diskussion über die Beschaffenheit des Taufwassers (7,1–3) ist ein Hinweis auf eine Verwandtschaft mit frührabbinischen Diskussionen, ebenso Formulierungen wie „heiliger Weinstock Davids" (9,2) oder die Weiterführung der Erstlingsangabe (Did 13,3.6). Allerdings ist weder von Beschneidung noch von Sabbat oder jüdischen Speise- und Reinheitsvorschriften die Rede. Die Abgrenzung zu anderen jüdischen Gruppierungen und die eigene Identitätsbildung als *ekklēsia* werden an bestimmten Fasttagen (8,1), am Herrentag (14,1), an der Mahlpraxis (9–10) und der Taufe (7) festgemacht. Die Anweisung, das Essen von Götzenopferfleisch auf jeden Fall zu unterlassen (6,3), zeigt die Nähe zur antiochenischen Gemeinde, wie sie sich nach dem Streit zwischen Paulus und Petrus (Gal 2,11–14; s. o. 10.3) unter den Vorgaben des Apostelddekrets (Apg 15,20.29; 21,25; s. o. 10.3) entwickelt hatte. Die Bedeutung der Tora und ihrer Auslegung aus christlicher Perspektive als grundlegendem Maßstab wird in Did 6,2 folgendermaßen artikuliert:

> „Denn wenn du imstande bist, das ganze Joch des Herrn zu tragen, wirst du vollkommen sein; wenn du aber nicht dazu imstande bist, so tu das, was du kannst."

Die Rede vom Joch findet sich sowohl in rabbinischen Texten im Hinblick auf die Tora als auch in Mt 11,29f. mit Bezug auf die Forderungen Jesu. Beides ist hier verbunden. Zugleich wird deutlich, dass die aus christlicher Perspektive gedeutete Tora nicht von allen eingehalten werden kann, was allerdings toleriert wird.

Die Gemeinden, die der Verfasser der Didache im Blick hatte, standen in einem Entwicklungsprozess, der nicht nur eine Abgrenzung zum sich formierenden rabbinisch geprägten Judentum erkennen lässt, sondern auch Wechselbeziehungen zum nicht-jüdischen Kontext sowie zu anderen christlichen Gruppen. Nicht-Juden konnten, das zeigt u. a. das Verbot des Essens von Götzenopferfleisch (6,3), offenbar Teil der Versammlungen sein. Die Etablierung einer Ordnung der Versammlung, wie sie in der Didache vorliegt, geschah auch unter Aufnahme griechisch-römischer Traditionen, die u. a. Zulassung, Abläufe und Schlichtung von Streitfällen behandelten (vgl. Did 4,3.6.14; 7,4; 14,2). Zudem sollten die *Christianoi* darauf achten, nicht als unnütze Teile der Gesellschaft zu gelten (12,4). Auf die Beziehungen christlicher Gemeinden untereinander verweisen die Bestimmungen für den Umgang mit Gästen. Für die Aufnahme von Lehrern (11,1; 13,1), Aposteln (11,3–6) und Propheten (11,7–12; 13,6) erließ die Didache ausdrückliche Regeln. Diese sollten sicherstellen, dass ihnen Gastfreundschaft gewährt würde, ihre Beiträge wie Geistrede und Lehre gewürdigt würden und zugleich die Gemeinschaft vor Betrug geschützt wäre. Zugleich wurden lokale Amtsträger – Episkopen und Diakone – als wichtige Kräfte und Patrone für die Gemeinschaft hervorgehoben (15). Hingegen hat sich die ältere Annahme, dass hier die Ablösung wandernder Charismatiker zugunsten lokaler Amtsträger an der Wende zum 2. Jh. n. Chr. erkennbar werde, nicht bewährt (s. o. 7.2.3).

13.3 Die Orientierung an Jakobus als Element christlicher Identität

Zum syrischen Christentum nach 70 n. Chr., in dem die Orientierung an der Tora von besonderer Bedeutung war, gehören auch Texte, in denen der Herrenbruder Jakobus eine wichtige Rolle spielt. Bereits beim Antiochenischen Zwischenfall war Jakobus als Autorität erwähnt worden (Gal 2,12). So verwundert es nicht, dass eben jenes neutestamentliche Schreiben, das sich gegenüber (nach-)paulinischer Theologie deutlich skeptisch zeigt, mit dem Herrenbruder verbunden wurde: der Jakobusbrief. Bei der Beschäftigung mit der Korrelation von Glaube und Taten der Barmherzigkeit (Jak 2,14–26) hält der Jakobusbrief unmissverständlich fest: Ohne Taten ist der Glaube tot (2,26). Die paulinische Auslegung von Gen 15,6, nach der Abraham durch den Glauben gerechtfertigt wurde (Röm 4,2f.; Gal 3,6), wird im Jakobusbrief dahin gehend korrigiert, dass dies im Zusammenhang mit dem Gehorsam Abrahams bei der Bindung Isaaks (Gen 22,9f.) zu verstehen sei: Abrahams Glaube habe mit den Taten zusammen gewirkt und sei erst dadurch vollendet worden (Jak 2,21f.). Zu diesen gegen eine gewisse Paulusrezeption gerichteten Aussagen fügt sich der überaus positive Gebrauch des Begriffs „Gesetz" (νόμος/*nomos*): Wer das Gesetz tut, wird gelobt (4,11), die Richtschnur ist „das vollkommene Gesetz der Freiheit" (1,25; 2,12). Dessen wichtigstes Gebot ist – das verbindet Jakobus mit der Jesustradition und mit Paulus – das der Nächstenliebe

(2,8). Es muss allerdings auch umgesetzt werden, da dem Gericht nur entgeht, wer Barmherzigkeit übt (2,13.15f.).

Der entschiedene Fokus des Jakobusbriefes auf einem Handeln, das dem Glauben entspricht, offenbart eine theologische Nähe zum Matthäusevangelium, die auch auf einer gemeinsamen Jesustradition beruht (vgl. 5,3.12). Mit dieser teilt der Jakobusbrief ebenso die Kritik an dem Verhalten der Reichen und die Heilszusage an die Armen (2,5–7.13–17; 4,13–5,6). Der Umstand, dass diese Botschaft auch mit Mitteln hellenistischer Philosophie formuliert ist, macht deutlich, dass sich mit dem Jakobusbrief ein Christusgläubiger judäischer Herkunft zu Wort meldete, der aus der Diaspora stammte. Bereits die Wahl des Begriffes „Diaspora" zur Beschreibung der Adressaten (1,1) und ebenso die Betonung von Gesetz und ethischem Handeln lassen auf ein Milieu schließen, das den Gemeinden von Matthäus und der Didache nahestand. Im Gegensatz zu diesen Texten lässt aber der Jakobusbrief ein typisch christliches Milieu nur im Hintergrund erkennen, Christus wird überhaupt nur am Rande erwähnt (1,1; 2,1). Seine Aussagen lassen sich sogar so verstehen, dass mit dem Schreiben jüdische Gruppierungen in der Diaspora erreicht werden sollten, sowohl Christusgläubige als auch solche, die Christus noch nicht ihren Herrn (κύριος/*kyrios*) nannten.

Diaspora

Noch deutlicher auf Distanz zu dem von Paulus geprägten Christentum gehen Texte, die unter dem Namen des Clemens verfasst wurden (Pseudo-Clementinen), zu denen der 1. und 2. Clemensbrief allerdings nicht gehören. Obwohl sie in ihrer Endfassung in das 4. Jh. n. Chr. gehören, offenbaren manche Teile eine ältere Anschauung, die dezidiert toraorientiert ist und gegen die Aufnahme der Völker polemisiert. Die sogenannten *Kerygmata Petrou* (Predigten des Petrus), die vielleicht Ende des 2. Jh. n. Chr. in Syrien entstanden, enthalten u. a. einen Brief des Petrus an Jakobus, in dem dieser jede Weitergabe seiner Botschaft an Nicht-Juden verbietet (Epist. Petri 1,2). Die Maxime „ein Gott, ein Gesetz, eine Hoffnung" gibt wesentliche Elemente dieser Theologie wieder, die u. a. durch Jakobus repräsentiert wird. Zugleich findet sich auch heftige Polemik gegen Paulus, der hinter der Figur des Simon Magus als Gegenspieler des Petrus erscheint (Hom. 17,13– 20). Neben der Orientierung an der Tora und der Zugehörigkeit zum erwählten Volk lassen diese Texte eine Verbindung mit einer geistesgeschichtlichen Strömung erkennen, die man als frühe Gnosis bezeichnen kann (s. u. 15.2.2). Dies wird u. a. auch erkennbar durch die positive Rezeption der Jakobusverehrung in anderen frühchristlichen Texten wie dem Thomasevangelium (vgl. EvThom 12), den beiden Jakobusapokalypsen (NHC V,4+5) oder dem gnostischen Brief des Jakobus (NHC I,2).

Pseudo-Clementinen

Polemik gegen Paulus

13.4 Die Johannesapokalypse

Die mit Sicherheit an der Westküste Kleinasiens entstandene, auf den Beginn des 2. Jh. n. Chr. zu datierende Johannesapokalypse (s. u. S. 294f.) gehört ebenfalls zur Strömung toraorientierter frühchristlicher Theologie, wenn auch mit einem speziellen Profil. In diesem Text versucht ein Prophet Johannes (vgl. 10,7; 22,9), jüdische Hoffnungen mit der Erwartung des Kyrios Jesus, der sich am Ende der Zeiten durchsetzen wird, zu verbinden. So werden u. a. in den Visionsberichten zahlreiche alttestamentliche und jüdische Traditionen aufgenommen. Zugleich drängt der Verfasser die Gemeinden in Ephesus, Pergamon, Smyrna, Thyatira, Sardes, Philadelphia und Laodikeia in seinen brieflich gestalteten Ermahnungen zu einer unmissverständlichen Trennung von paganem Verhalten: Das Essen von Götzenopferfleisch wird ebenso verboten wie jede Form von abweichendem Sexualverhalten (2,15.20). Johannes formuliert nicht nur Polemik gegen den Kaiserkult (s. u. 14.4.3), sondern auch gegen eine Form des Judentums, die er als „Synagoge des Satans" bezeichnet (2,9; 3,9). Dabei handelte es sich in der Provinz Asia nicht um ein rabbinisch geprägtes Judentum, sondern um das hellenistisch-römische Diasporajudentum, das auch nach dem 1. Judäischen Aufstand weiterhin eine solide gesellschaftliche Stellung innehatte.

Kleinasien

Der Apokalyptiker versteht hingegen seine eigene Gemeinschaft als die echten Judäer (vgl. 2,9; 3,9) und das wahre Israel (7,4–8). Sie besteht allerdings nicht nur aus Nachkommen Abrahams, sondern setzt sich aus Angehörigen aller Völker zusammen (7,9; 21,24). Die Tora spielt in der Johannesapokalypse zwar keine explizite Rolle (vgl. aber 2,24), der ethische Rigorismus deutet aber auf eine Ausformung christlicher Theologie hin, die sich kritisch gegenüber nachpaulinischen Entwicklungen positioniert. Sie weist Bezüge zu Ansichten der Jakobustradition, der Didache und des Matthäusevangeliums auf, die erkennen lassen, dass eine durch jüdische Traditionen geprägte Theologie im frühen Christentum weit verbreitet war.

Das wahre Israel

13.5 Orientierung an der Tora und judäischer Identität im 2. Jh. n. Chr.

Aus dem 2. Jh. n. Chr. sind drei Evangelien in wenigen Fragmenten überliefert, die auf unterschiedliche Gruppen zurückgehen, aber als Gemeinsamkeit eine Positionierung innerhalb einer an der Tora bzw. an judäischer Identität orientierten Theologie teilen: das griechisch verfasste „Evangelium nach den Hebräern", das aramäische Naza-

räer-Evangelium und das Evangelium der Ebionäer. Sie setzen die Kenntnis synoptischer Evangelien voraus und stehen in Konkurrenz zu diesen Schriften.
Wahrscheinlich in Ägypten bereits in der ersten Hälfte des 2. Jh. n. Chr. verfasst wurde jenes Evangelium, dessen Herkunft und Lesergemeinschaft in dem Ausdruck „nach den Hebräern" zusammengefasst sind. Eine enge Verbindung zu palästinisch-syrisch geprägten Traditionen zeigt sich in der prominenten Rolle von Jakobus dem Gerechten (s. o. 13.3): Dieser wird als Erstzeuge der Auferstehung Jesu präsentiert, der bereits beim letzten Mahl anwesend gewesen sei (Fragm. 5). Auffällig sind auch die Aufnahme des Menschensohntitels für Jesus (Fragm. 5) sowie die wichtige Rolle des Geistes: Er wird als Mutter Jesu bezeichnet (Fragm. 2) und habe sich in Jesus bei der Taufe inkarniert (Fragm. 6). Verbindungen zur hellenistisch-jüdischen Weisheitstheologie, die Philo von Alexandrien geprägt hatte, werden daraus erkennbar.

Hebräer-Evangelium

Eine deutliche Orientierung an einer judäischen Identität verrät auch das Nazaräer-Evangelium, dessen Titel (zuerst bei Epiphanius, haer. 29,1,1) auf eine alte Selbstbezeichnung der Christusgläubigen verweist (Apg 24,5). Es wurde ursprünglich auf Aramäisch verfasst. Kennzeichnend sind ein starkes Erwählungsbewusstsein, die Betonung der Ethik, die hohe Wertung von Jesu Familie und die Abschwächung des Sabbatgebots. Die Zerstörung des Tempels wird mit dem Tod Jesu verbunden.

Nazaräer-Evangelium

Durch das Evangelium der Ebionäer, dessen Fragmente ausschließlich bei Epiphanius (4. Jh. n. Chr.) zu finden sind, bekommen wir Einblick in eine Gruppierung, die etwa zur Zeit des Bar-Kochba-Aufstands (132–135 n. Chr.) im Ostjordanland identitätsstiftende Traditionen auf der Basis der Synoptiker sammelte. Die hohe Bedeutung judäischer Identität wird u. a. durch die Beauftragung der Zwölf mit dem „Zeugnis für Israel" deutlich (Fragm. 1). Es finden sich desgleichen die aaronitische Herkunft des Täufers, der auch Pharisäer taufte (Fragm. 3), sowie eine Darstellung Jesu als Vegetarier (Fragm. 7). Auf die Diskussion über die Bedeutung des Opferkultes nach der Zerstörung des Tempels verweist ein Jesuswort, das dessen Ende verlangt (Fragm. 6). Der Geist vereinigt sich mit dem Menschen Jesus bei der Taufe (Fragm. 4).

Ebionäer-Evangelium

Sicherlich gehören diese nur in wenigen Fragmenten erhaltenen Evangelien zu einer größeren Gruppe von Texten, die für verschiedene christliche Gemeinschaften bedeutsam waren, in denen judäische Identität, die Orientierung an der Tora bzw. die Abgrenzung von Nicht-Juden forciert wurden. Dass sich Autoren wie Epiphanius und Hieronymus noch im 4./5. Jh. n. Chr. damit auseinandersetzten und frühere wie Clemens von Alexandrien oder Origenes diese Texte zitierten, zeugt von ihrer Verbreitung sowie davon, dass es noch lange Zeit Gruppen oder Einzelpersonen gab, die diese Formen des Christentums pflegten.

13.6 Polemik gegen eine Orientierung an judäischer Identität nach 70 n. Chr.

Gegenüber diesen Formen christlicher Identität erhebt sich in einigen Texten des frühen Christentums deutliche Kritik. Sie zeigen, dass die partielle Übernahme judäischer Identitätsmerkmale wie des Sabbats, der Reinheits- und Speisevorschriften oder der Feste verbreitet war und vielen jüdischen wie nicht-jüdischen Glaubenden attraktiv erschien. Aber auch das Festhalten an der Bedeutung Israels für die Heilsgeschichte Gottes wurde immer wieder kritisiert.

Pastoralbriefe So nennen die Pastoralbriefe unter den Kennzeichen der Gegner u. a. das Festhalten an jüdischen Fabeln und Geschlechtsregistern (Tit 1,14; 1Tim 1,4), wenngleich auch die beginnende Gnosis, die in diesen Texten der eigentliche Gegner ist, auf diese Traditionen zurückgegriffen hat.

Sehr viel deutlicher nimmt der so genannte Barnabasbrief (130–132 n. Chr.; Alexandria) gegenüber judäischen Traditionen eine
Barnabasbrief zutiefst kritische Position ein. Die Polemik gegen das Festhalten am Tempel (16,1.7) gehört ebenso dazu wie die pointierte Schriftauslegung. Die Schrift wird als alleiniges Zeugnis für das von Israel vollständig getrennte Christentum verstanden. Der Verfasser polemisiert ausdrücklich gegen Christusgläubige, die den Bund Gottes mit Israel für weiterhin bestehend halten (4,6). Opfer, jüdische Feste und Fastenregeln werden verworfen (2,9f.; 3,1f.), die Beschneidung wird auf einen bösen Engel zurückgeführt (9,4f.), die Speisevorschriften seien nicht buchstäblich gemeint (10,9), der Sabbat nicht einzuhalten (15,6). Sogar die Davidsohnschaft Jesu wird verworfen (12,8–11). Kirche und Judentum sind nach dem Barnabasbrief unvereinbar.

Für die Trennungsgeschichte von Judentum und Christentum ist
Ignatius schließlich die Polemik des Ignatius gegen den Ἰουδαϊσμός/*Ioudaismos*, also das Judentum (IMagn 8,1; 10,3; IPhilad 6,1), von großer Bedeutung. In seinen Briefen findet sich als Gegenbildung dazu zum ersten Mal der Begriff „Christentum" (Χριστιανισμός/*Christianismos*; IMagn 10,1.3; IRöm 3,3; IPhilad 6,1). Die Polemik ist auch hier nicht primär gegen nicht-christliche Juden gerichtet, sondern soll Christusgläubige gleich welcher Herkunft (vgl. ISmyrn 1,2), die jüdische Verhaltensweisen aufnehmen, davon abbringen. Ignatius hält das eine für nicht vereinbar mit dem anderen.

Literatur

Dale C. Allison, James. A Critical and Exegetical Commentary, ICC, London/ New York 2013.
Edwin K. Broadhead, Jewish Ways of Following Jesus. Redrawing the Religous Map of Antiquity, WUNT 266, Tübingen 2010.
Roland Deines, Die Gerechtigkeit der Tora im Reich des Messias. Mt 5,13–20 als Schlüsseltext der matthäischen Theologie, WUNT 177, Tübingen 2004.
James D. G. Dunn, Neither Jew nor Greek. A Contested Identity, Christianity in the Making 3, Grand Rapids/Cambridge 2015, 509–597.
Jörg Frey, Die Fragmente judenchristlicher Evangelien, AcA I: Die apokryphen Evangelien, Bd. 1, Tübingen 2012, 560–654.
Dietrich-Alex Koch, Geschichte des Urchristentums. Ein Lehrbuch, Göttingen [2]2014, 375–401.
Matthias Konradt, Christliche Existenz nach dem Jakobusbrief. Eine Studie zu seiner soteriologischen und ethischen Konzeption, StUNT 22, Göttingen 1998.
Matthias Konradt, Israel, Kirche und die Völker im Matthäusevangelium, WUNT 215, Tübingen 2007.
Gerd Lüdemann, Paulus, der Heidenapostel. II: Antipaulinismus im frühen Christentum, FRLANT 130, Göttingen 1983.
Joel Marcus, Birkat Ha-Minim Revisited, NTS 55, 2009, 523–551.
Tobias Nicklas, Jews and Christians?, Tübingen 2014.
Kurt Niederwimmer, Die Didache, KAV 1, Göttingen [2]1993.
Heike Omerzu, Der Prozeß des Paulus. Eine exegetische und rechtshistorische Untersuchung der Apostelgeschichte, BZNW 115, Berlin/New York 2002.
J. Carleton Paget, Jewish Christianity, in: The Cambridge History of Judaism. 3: The Early Roman Period, hgg. v. W. Horbury/W. D. Davies, Cambridge 1999, 731–775.
Wilhelm Pratscher, Jakobus und die Jakobustradition, FRLANT 139, Göttingen 1987.
Ferdinand R. Prostmeier, Der Barnabasbrief, in: Die Apostolischen Väter. Eine Einleitung, ed. W. Pratscher, 39–58.
Peter Schäfer, Geschichte der Juden in der Antike, Tübingen [2]2010, 145–192.
Günter Stemberger, Birkat ha-minim and the Separation of Christians and Jews, in: Judaea-Palaestina, Babylon and Rome: Jews in Antiquity, hg. v. Benjamin Isaac und Yuval Shahar, TSAJ 147, Tübingen 2012, 75–88.
Jürgen Wehnert, Pseudoclementinische Homilien. Einführung und Übersetzung, Kommentare zur apokryphen Literatur 1/1, Göttingen 2010.

14. Das frühe Christentum in der griechisch-römischen Gesellschaft zwischen 60 und 130 n. Chr.

14.1 Bedrängnisse und der Tod der Apostel

Bedrängnisse durch die Umgebungsgesellschaft waren von Beginn an Teil der christlichen Bewegung, so sehr, dass sie geradezu als Kennzeichen christlicher Existenz galten, wie Passagen aus dem 1. Thessalonicherbrief und der Apostelgeschichte illustrieren:

> „Denn ihr selbst wisst, dass wir dazu bestimmt sind; denn auch als wir bei euch waren, sagten wir euch vorher, dass wir bedrängt sein würden, wie es auch geschehen ist und ihr wisst." (1Thess 3,3f.)
> „Sie stärkten die Seelen der Jünger und ermahnten sie, im Glauben zu verharren, und sagten, dass wir durch viele Bedrängnisse in das Reich Gottes hineingehen müssen." (Apg 14,22)

Allerdings ist grundsätzlich festzuhalten: Bei diesen Bedrängnissen handelte sich bis ins 2. Jh. n. Chr. hinein nicht um ein reichsweites gewaltsames Vorgehen gegen Christusgläubige, sondern um lokale und zeitlich begrenzte Phänomene bzw. um Angriffe auf einzelne herausragende Persönlichkeiten des frühen Christentums. Letzteres findet sich beim Prozess gegen Paulus (s. o. 13.1.2): Dieser war in Caesarea von Festus als Aufrührer und Unruhestifter verurteilt worden, hatte aber als römischer Bürger an den Kaiser appelliert.

In Apg 27f. wird von der Reise des Paulus als Gefangener nach Rom berichtet. Als Stationen werden Sidon in Phönizien, Myra, Kreta und dann Malta (nicht Kephallenia), wohin das Schiff mit seiner Besatzung vom Sturm verschlagen wurde, angegeben. Die historische Substanz dieses Berichts ist im Hinblick auf die Reiseroute durchaus plausibel. Die Ankunft und der Aufenthalt des Paulus in Rom (60 n. Chr.) nach Apg 28,16–31 sind einerseits stilisiert, doch ist andererseits auffällig, dass eine römische Gemeinde nur am Rande begegnet (28,15). Die leichte Haft, die Lukas darstellt, praktisch ein Hausarrest, soll zeigen, dass Paulus unschuldig ist. Auch hier sind Zweifel an der Historizität angebracht. So verschwindet in der Erzählung u. a. der eigentliche Anlass der Reise, die Appellation an den Kaiser.

Paulus als Gefangener

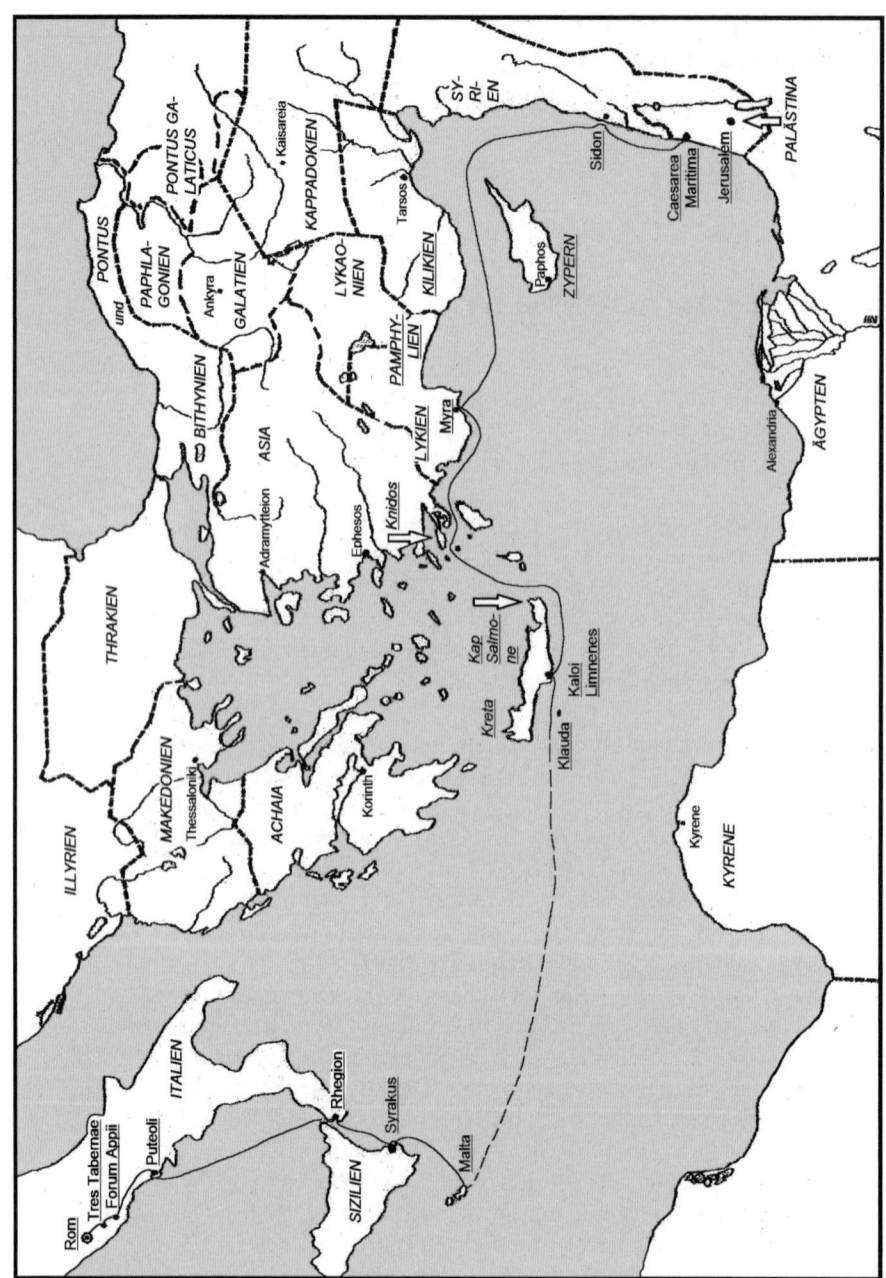

Karte 9: Die Reise des Paulus als Gefangener nach Rom

Nach Lukas weiß Paulus bereits bei seiner Abschiedsrede an die Ältesten von Ephesus, dass sein Dienst als Zeuge für das Evangelium zu einem Ende gekommen ist (Apg 20,24f.):

> „Aber ich achte mein Leben nicht der Rede wert, damit ich meinen Lauf vollende und den Dienst, den ich von dem Herrn Jesus empfangen habe: das Evangelium der Gnade Gottes zu bezeugen. Und nun siehe, ich weiß, dass ihr alle, unter denen ich umhergegangen bin und das Reich gepredigt habe, mein Angesicht nicht mehr sehen werdet."

Die Apostelgeschichte berichtet zwar nicht vom Tod des Paulus, sondern stellt ihn als Prediger des Evangeliums in Rom dar, doch ist er auch nach Lukas dort noch Gefangener (28,16). Die Gefangenschaft des Paulus in Rom wird in 2Tim 1,15–17 ebenfalls vorausgesetzt, nach 2Tim 4,10–16 war er von allen verlassen. Der gewaltsame Tod des Paulus ist in 1Clem 5,5–7 bereits alte Tradition, ebenso in Ignatius' Briefen an die Epheser (12,2) und Römer (4,3).

Historisch wahrscheinlich ist, dass Paulus von den ihn begleitenden Soldaten in Rom an die kaiserlichen Behörden übergeben wurde, womöglich an einen Kommandanten der Prätorianergarde. *Tod des Paulus* Ein Bericht des Festus diente als Entscheidungsgrundlage, eine Verhandlung vor Kaiser Nero ist allerdings unwahrscheinlich. Möglich ist durchaus, dass Paulus eine gewisse Zeit in Haft blieb. Mit seiner Hinrichtung ist daher in den Jahren 60/61 n. Chr. zu rechnen. Als römischer Bürger wurde er mit dem Schwert hingerichtet. Der Sarkophag,

---

Paulus in Spanien?
Im Zusammenhang der Erwähnung des Todes des Paulus schreibt der Verfasser des 1. Clemensbriefes aber auch, dass der Apostel „bis an die Grenze des Westens" gelangt sei (5,6; vgl. Canon Muratori 37–39; Euseb, h. e. 2,22,1f.). Das verweist ohne Zweifel darauf, dass Paulus in Spanien gewesen sein soll. Aufgrund der Reisepläne im Römerbrief (15,24.28) ist dies durchaus plausibel, doch fehlt jeder Hinweis darauf bei Lukas. Es hätte allerdings ganz hervorragend zu seiner Darstellung des Paulus gepasst, wenn dieser noch einmal aus Rom freigekommen wäre. Doch das Gegenteil ist der Fall: Lukas deutet an, dass Paulus in Rom starb (Apg 20,24f.). Historisch ist es auch ziemlich schwer vorstellbar, dass Kaiser Nero das Urteil des Festus aufgehoben haben soll. Paulus erwähnt seine Spanienreise sonst in keinem Brief, in den pseudepigraphischen Pastoralbriefen wird sogar eine Reise in den Osten vorausgesetzt. Das spricht dagegen, dass Paulus tatsächlich noch einmal nach Spanien kam. Die Bemerkung in 1Clem 5,6, immerhin ein Schreiben aus der römischen Gemeinde, bleibt so ein Rätsel.

der traditionell als jener des Paulus gilt, liegt in der Kirche San Paolo fuori le Mura.

Die Hinrichtung des Herrenbruders Jakobus (Josephus, ant. 20,200f.) ging nicht von römischer Seite aus, sondern geschah auf Initiative des Hohepriesters Ananos II. (s. o. S. 273).

Tod des Petrus   Im Falle des Petrus fehlen uns historische Berichte über dessen Lebensende, einige Bemerkungen lassen aber erkennen, dass auch er in Rom gewaltsam zu Tode kam. In 1Clem 5,4 erwähnt der Verfasser Not und Zeugnis des Petrus, und Ignatius führt das Schicksal des Petrus als vorbildlich für sich selbst an (IRöm 4,3). Petri unfreiwilliger Tod wird auch im Nachtrag zum Johannesevangelium erwähnt (Joh 21,18f.). Der etwa um 110 n. Chr. entstandene 1. Petrusbrief setzt die Anwesenheit des Petrus in Rom voraus, da das dort erwähnte „Babylon" Codename für die Tiberstadt ist (1Petr 5,13). Dass er im Zusammenhang der sog. Neronischen Verfolgung (64 n. Chr.) umkam, ist nicht anzunehmen, da deren Historizität sehr zweifelhaft ist (s. u. 14.2).

Über das Schicksal weiterer wichtiger Gestalten des frühen Christentums, wie der restlichen Jünger – Ausnahme: Jakobus Zebedäus (Apg 12,1; s. o. S. 87) – oder des Barnabas, ist nichts Historisches erhalten. Die Legendenbildung über ihre weiteren Reisen und ihr Sterben ist aber Ausdruck dafür, wie bedeutend die Rückbindung einzelner Kirchen an eine Leitfigur der Vergangenheit in den folgenden Jahrhunderten war.

14.2 Die Neronische Verfolgung (64 n. Chr.) – eine antike Geschichtskonstruktion

Als ein Eckdatum der Geschichte des frühen Christentums und Beginn der gewaltsamen Auseinandersetzungen mit dem Imperium Romanum gelten die Hinrichtungen von Christusgläubigen in Rom anlässlich des Brandes der Stadt. Die einzige Quelle dazu findet sich in den Annalen des Tacitus (15,44,2–5).

Der Bericht des Tacitus   Nach diesem Bericht, den Tacitus zwischen 110 und 120 n. Chr. verfasste, wurde der Brand Roms im Juli 64 n. Chr. von Nero selbst den Christen *(Chrestiani)* der Stadt zur Last gelegt, um dem Volk Schuldige an dieser Katastrophe zu präsentieren. Ihre in diesem Zusammenhang ungenannten Untaten hätten angeblich schon lange den Hass des Volkes provoziert (2). Die Benennung als *Chrestiani* führt Tacitus anschließend auf „Chrestus" zurück, der „durch den Prokurator Pontius Pilatus hingerichtet worden war". Die Lehre der *Chrestiani* sei ein „verhängnisvoller Aberglaube" (*superstitio*; 3). Es sei Nero im Folgenden aber nicht gelungen, den Christen die Brandstiftung nachzuweisen. Dennoch sei „eine ungeheure Menge von Leuten" wegen „des Hasses gegen das Menschengeschlecht" *(odium humani generis)* zum Tode verurteilt worden. Die Hinrichtungen bezeichnet auch Tacitus selbst als „grausames Spiel: In Tierhäuten steckend wurden sie von Hunden zerrissen oder an Kreuze gebunden angezündet, um als Fackeln für die nächtliche Beleuchtung zu dienen, sobald der Tag zu Ende gegangen war" (4). Trotz ihrer grundsätzlichen Schuld sei daher so etwas wie Mitleid im Volk aufgekommen (5; vgl. ActPaul 11,3). Die Strafen für die Christusgläubigen waren übrigens nicht auf ihre Überzeugung hin pointiert: Verurteilte durch wilde Tiere zerreißen zu lassen, gehörte zu den Grausamkeiten in Zirkusspielen, Verbrennung war die festgesetzte Strafe für Brandstifter, die Anbringung an Kreuzen diente als öffentliche Demonstration.

Nach herkömmlicher Ansicht lässt sich aus diesem Bericht, der vor allem gegen Nero gerichtet ist, erschließen, dass die Christusgläubigen im Jahr 64 n. Chr. bereits deutlich als eigenständige Gruppe erkennbar waren, denn die judäische Minderheit in Rom sei von der Verfolgung nicht betroffen gewesen. Das singuläre Zeugnis des Tacitus wurde dann auch zur Quelle für weitere Erwähnungen bei christlichen Schriftstellern wie z. B. Sulpicius Severus (chron. 2,29; 403 n. Chr.). Davon unabhängige christliche Nachrichten zur Neronischen Verfolgung gibt es aber nicht.

Zwei Zeitgenossen und Freunde des Tacitus stellen keine Verbindung zwischen dem Brand Roms und Christenverfolgungen her: In einer kurzen Notiz bei Sueton über Strafen für Christen wegen Aberglaubens (Nero 16,2) findet sich kein Bezug zum Brand Roms, den Sueton ausführlich beschreibt (Nero 38). Auch Plinius der Jüngere erwähnt die Geschichte von der Verfolgung von Christusgläubigen beim Brand Roms in seinem Brief über Prozesse gegen Christusgläubige mit keinem Wort (111/112 n. Chr., epist. 10,96). Trajans Antwort auf Plinius' Brief (epist. 10,97), wonach es keine allgemeine Richtschnur für den Umgang mit den *Christiani* geben könne und auch nicht nach ihnen gefahndet werden sollte, spricht ebenfalls dagegen, dass gegen Christusgläubige bereits zuvor wegen ihres Glaubens Prozesse stattgefunden hatten. Spätere Berichte über die Katastrophe des Brandes wie jener des Cassius Dio (hist. 62,16–18) erwähnen Maßnahmen gegen Christusgläubige mit keinem Wort, obwohl auch sie Nero schwer belasten. In christlichen Erzählungen über Märtyrer unter Nero wird die Verbindung mit dem Brand Roms nirgends angedeutet (Tertullian, apol. 5,3; Act Paul 11,2f.; Lactantius, De mort. pers. 2,5–9). So bleibt ausschließlich Tacitus als einzige Quelle für die Ermordung von Christusgläubigen unter Nero anlässlich des Brandes von Rom. Daher sind zu Recht erhebliche Zweifel an der Praxis geäußert worden,

Zweifel an Tacitus

auf dieser schmalen Basis den Beginn eines organisierten Vorgehens gegen Christusgläubige auf das Jahr 64 n. Chr. und den Brand Roms zu datieren. Es mag zwar Aktionen gegen einzelne Christusgläubige gegeben haben, zu denen u. a. Paulus und auch Petrus gehörten, mehr lässt sich aber über Verfolgungen unter Nero nicht sagen.

Für die spätere Zeit, etwa um 100 n. Chr., sind hingegen zwei Entwicklungen im Blick auf Nero und die römische Haltung zu Christusgläubigen auffällig:

Der Neromythos

1. Der 68 n. Chr. durch Selbstmord umgekommene Kaiser Nero wurde in ganz verschiedenen Kontexten zu einer mythologischen Figur. In der um die Wende vom 1. zum 2. Jh. n. Chr. entstandenen christlichen Schrift „Himmelfahrt Jesajas" *(Ascensio Isaiae)* wird Nero als Gegenspieler der Apostel erwartet (4,2–4). Nach jüdischen Traditionen sollte Nero als Gerichtswerkzeug Gottes aus dem Osten wiederkommen und Rom zerstören (Or. Sib. 4,114–124; 5,93–110.137–154.361–385). Tacitus selbst berichtet, dass im Jahr 69 n. Chr. mehrere Personen als Nero auftraten (hist. 2,8f.), was sich laut Sueton 20 Jahre später noch fortsetzte (Nero 57). Nero war also nicht nur als schreckliche Gestalt in Erinnerung, sondern wurde auch als mythologisch aufgeladene Figur verwendet.

„Christen" im Fokus

2. In den Jahren um und nach 100 n. Chr. geriet das frühe Christentum erstmals in den Fokus der römischen Eliten. Die Annalen des Tacitus entstanden zwischen 110 und 120 n. Chr., Plinius' Bericht über Prozesse gegen Christusgläubige in Bithynien und Pontus (s. u. 14.4) stammt ebenfalls aus diesem Zeitraum (111/112 n. Chr.), Suetons kurze Notiz aus dem Jahr 121 n. Chr. Alle drei – Tacitus, Plinius d. J. und Sueton – kannten einander. Die Wahrnehmung des Christentums durch die römischen Eliten erfolgte parallel zur Entstehung der ersten christlichen Texte, die die Bezeichnung „Christen" verwendeten, in den Jahren kurz vor oder nach 100 n. Chr.: der Apostelgeschichte (11,26; 26,28), des 1. Petrusbriefs (4,16), der Didache (12,4) und der Briefe des Ignatius (IEph 11,2; IMagn 4,1; IRöm 3,2; IPol 7,3). Selbst wenn die Benennung der Christusgläubigen als „Christen" schon in den 40er Jahren durch römische Behörden in Antiochien ausgebildet worden sein sollte, wurde sie offenbar erst in Texten vom Ende des 1. bzw. Anfang des 2. Jh. n. Chr. aufgenommen und als Selbstbezeichnung verwendet. Dies ging einher mit der bewussten Wahrnehmung von Christusgläubigen als eigenständige Gruppe innerhalb der griechisch-römischen Welt, die nichts mit den Synagogen der Judäer zu tun hatte. Diese ungewöhnliche Gemeinschaft propagierte eine eigene, von der Mehrheitsgesellschaft deutlich abweichende Religiosität, die von den römischen Eliten als Aberglauben angesehen wurde.

Das Aufkommen des Neromythos sowie die Wahrnehmung der *Chrestiani* als problematische religiöse Gruppierung waren Anlass für Tacitus bzw. für die von ihm benutzten Quelle, die Mitglieder dieser religiös anstößigen Gemeinschaft als die Schuldigen am Brand Roms zu identifizieren. Damit ist aber auch deutlich: Für die Zeit vor Plinius, Tacitus und Sueton, dem 1. Viertel des 2. Jh. n. Chr. also, lässt sich eine staatlich veranlasste Verfolgung von Christusgläubigen nur aufgrund ihres Christseins nicht belegen. Belegt sind lediglich punktuelle Aktionen lokaler Behörden gegen Einzelpersonen, die als Unruhestifter galten, wie gegen Paulus oder möglicherweise auch Petrus, sowie Maßnahmen aufgrund von Unruhen innerhalb der judäischen Minderheit einer Stadt. Letzteres war der Fall bei der Vertreibung von christusgläubigen Judäern aus Rom unter Claudius (Sueton, Claud. 25,4; Apg 18,2).

Verfolgungen ab dem 2. Jh.

Beide Formen staatlich autorisierter Repression gehören zu denjenigen Vorgehensweisen, die auch gegen andere Gruppierungen und diejenigen, die deren Ansichten verbreiteten, an den Tag gelegt wurden (s. o. 2.4.2.4). Das betraf z. B. zur Zeit des Tiberius (14–37 n. Chr.) u. a. Judäer und Anhänger ägyptischer Kulte (Tacitus, ann. 2,85; Sueton, Tib. 36; Cassius Dio, hist. 57,18,5), Astrologen (Sueton, Tib. 36; Cassius Dio, hist. 57,15,8), Magier (Cassius Dio, hist. 57,15,8), Eingeweideschauer (Sueton, Tib. 63) sowie Seher und Propheten (Cassius Dio, hist. 56,25,5; 57,15,8). Die Ausweisung aus der Stadt Rom von Anhängern und Anhängerinnen bestimmter religiöser Überzeugungen, die von der römischen Elite nicht geschätzt wurden, war also kein Einzelfall. Die Aktion unter Claudius im Jahr 49 n. Chr. gegen „Judäer, die durch *Chrestos* aufgehetzt" worden seien (Sueton, Claud. 25,4), war zudem nicht ausgelöst durch Skepsis der römischen Eliten gegenüber den Christusgläubigen und ihrem Kult. Es handelte sich vielmehr um eine Aktion zur Beendigung von Unruhen in der bedeutenden judäischen Minderheit der Stadt Rom (vgl. auch Cassius Dio, hist. 60,6,6). Sie traf nicht alle, die in Rom Christus verehrten, weil nicht-jüdische Anhänger des „*Chrestos*" nicht im Visier waren.

Römische Politik

Eine solche punktuelle Aktion steht auch hinter der Bemerkung Suetons, dass zu den verschiedenen Ordnungsmaßnahmen Neros Strafen gegen Christusgläubige zählten (Nero 16,2). Unter den Opfern können Petrus und Paulus gewesen sein. Es gab aber kein grundsätzliches Verbot des Christusglaubens, denn den in diesem Zusammenhang aufgenommenen Vorwurf der *superstitio* („Aberglauben") hat Sueton ebenso von seinen Zeitgenossen Plinius d. J. und Tacitus übernommen wie die Bezeichnung als „Christen".

14.3 Keine Verfolgung unter Domitian (81–96 n. Chr.)

Über lange Zeit herrschte in der Forschung auch die Ansicht vor, dass unter Domitian die ersten reichsweiten Verfolgungen von Christusgläubigen stattfanden. Belegt ist dies zunächst durch eine knappe und die Situation relativierende Bemerkung bei Tertullian (apol. 5,4), ausdrücklich hingegen nur bei Euseb v. Caesarea, der davon in seiner *Eusebs Bericht* Geschichte der Kirche schreibt (h. e. 3,18,1–20,9). In seinem Bericht kann Euseb allerdings nur ein prominentes Opfer namentlich benennen, Flavia Domitilla, eine Verwandte des Kaisers, die allerdings laut Cassius Dio gemeinsam mit ihrem Mann, dem Konsul Flavius Clemens, wegen Hinwendung zum Judentum hingerichtet wurde (Cassius Dio, hist. 67,14,1f.).

Trotz dieser dünnen Beleglage werden einige Texte des frühen Christentums in die Zeit Domitians datiert: der 1. Petrusbrief, die Johannesapokalypse oder auch der 1. Clemensbrief. Hintergrund von Eusebs Darstellung war aber, das ist mittlerweile allgemein anerkannt, keine reichsweite Verfolgung, sondern die allgemeine Geringschät- *Schlechter Ruf* zung des Domitian durch seine Nachwelt. Sie äußert sich auch in der kritischen Notiz des Sueton, der Kaiser habe sich als „Herr und Gott" *(dominus et deus)* anreden lassen (Sueton, Dom. 13,2), was aber nicht für Domitian selbst belegt ist. Wenn er den Kaiserkult weiterführte, so knüpfte er damit lediglich an die Tradition seiner Vorgänger an. Dies wird bei der Widmung des Kaisertempels in Ephesus an die Flavische Dynastie deutlich (82 n. Chr.). Eine organisierte und mit Martyrien verbundene Verfolgung von Christusgläubigen war damit nach Ausweis der Quellen nicht verbunden. Am ehesten entspricht die Situation z. Zt. Domitians jener, die im Hebräerbrief im Rückblick beschrieben wird (Hebr 10,32–34):

> „Erinnert euch aber der früheren Tage, in denen ihr als Erleuchtete viel Kampf erduldet habt in Leiden: Ihr wurdet einerseits durch Schmähungen und Bedrängnisse zum Schauspiel gemacht, andererseits wurdet ihr Teilhaber jener, denen so es geschah. Denn ihr habt auch mit den Gefangenen gelitten, und den Raub eures Besitzes mit Freude nahmt ihr hin, wissend, dass ihr ein besseres und bleibendes Vermögen habt."

Diese intensive Anfeindung hing allerdings nicht mit dem Christusbekenntnis zusammen, sondern mit der Forcierung des *fiscus Iudaicus* (s. o. 3.7.2), der mehr und mehr von Christusgläubigen, die sich im Umfeld der Diasporasynagogen bewegten, gefordert wurde. Zugleich ist aber zu beachten, dass offenbar keine Hinrichtungen wegen des Christusglaubens an sich stattgefunden haben (vgl. Hebr 12,4).

14.4 Die ersten Christenprozesse unter Trajan (98–117 n. Chr.)

14.4.1 Das Vorgehen von Plinius dem Jüngeren (111/112 n. Chr.)

Die ersten konzentrierten Aktionen gegen Christusgläubige, die durch die Staatsmacht veranlasst wurden, finden wir erst unter Trajan (98–117 n. Chr.). Ein Briefwechsel zwischen Trajan und Plinius dem Jüngeren, der von 110–112 n. Chr. Statthalter von Bithynien und Pontus, einer Doppelprovinz an der Schwarzmeerküste Kleinasiens, war, handelt von Prozessen und Hinrichtungen von Christusgläubigen (epist. 10,96). Plinius gestaltet seinen Bericht über seine bisherigen Aktivitäten gegen Christen *(Christiani)* als Anfrage an den Kaiser. Darin gibt er zunächst an, an entsprechenden Gerichtsverhandlungen noch nie beteiligt gewesen zu sein (1). Sodann geht es ihm darum, verschiedene Konstellationen zu bedenken (2): Spielt das Alter der Beschuldigten eine Rolle? Sind auch ehemalige Christen zu bestrafen? Ist schon die Mitgliedschaft allein strafbar – „der Name selbst" *(nomen ipsum)* – oder nur bestimmte damit verbundene Verbrechen? Weiters berichtet er über sein bisheriges Vorgehen (3):

Der Bericht des Plinius

Das Vorgehen

> „Ich habe sie gefragt, ob sie Christen seien. Wenn sie gestanden *(confitentes)*, habe ich unter Androhung der Todesstrafe ein zweites und drittes Mal gefragt; wenn sie dabei blieben, befahl ich, sie abzuführen. Denn ich hatte keine Zweifel: Was auch immer sie vorbringen mochten, Starrsinn und unbeugsame Widersetzlichkeit *(pertinaciam et inflexibilem obstinationem)* müssen auf jeden Fall bestraft werden."

Jene, die römische Bürger waren, sandte Plinius nach Rom (vgl. Apg 25,11). In der Folge kam es zu weiteren Verfahren, weil anonyme Anzeigen gegen Christen vorgebracht wurden (5). Um zu überprüfen, ob jemand tatsächlich Christ war, verlangte Plinius von solchen, die dies leugneten, die Götter anzurufen und dem Bild des Kaisers mit Weihrauch und Wein zu opfern. Außerdem sollten sie Christus verfluchen *(maledicerent Christo)*. Manche gaben an, früher Christen gewesen zu sein – teilweise vor 20 Jahren –, dies aber wieder aufgegeben zu haben (6). In jedem Fall wurde deutlich, dass diese Gruppe strafrechtlich völlig harmlos war (7):

Keine Verbrechen

> „Sie versicherten jedoch, ihre ganze Schuld oder ihr ganzer Irrtum habe darin bestanden, sich regelmäßig an einem bestimmten Tag vor Sonnenaufgang zu versammeln, Christus wie einem Gott ein Lied zu singen *(carmenque Christo quasi deo dicere)* und sich durch Eid nicht etwa zu

> irgendeinem Verbrechen zu verpflichten, sondern dazu, keinen Diebstahl, Raubüberfall oder Ehebruch zu begehen, die Vertragstreue *(fides)* nicht zu brechen, eine angemahnte Schuld nicht abzuleugnen. Danach sei es Sitte gewesen, auseinanderzugehen und dann wieder zusammenzukommen, um Speise zu sich zu nehmen, jedoch gewöhnliche, harmlose Speise, aber das hätten sie nach meinem Edikt, durch das ich gemäß deinen Instruktionen Vereinigungen *(heteriae)* verboten hatte, unterlassen."

Auch die Folterung von zwei sogenannten „Dienerinnen" *(ministrae)* der Christen ergab keine konkreten Verbrechen, sondern nur „einen verworrenen und maßlosen Aberglauben" *(superstitio prava et immodica*; 8).

Zu seinem bisherigen Vorgehen wollte Plinius von Kaiser Trajan die Zustimmung erlangen, wobei er betonte, dass die Sache durchaus dringend sei: Der Christusglaube habe sich in allen Gesellschaftsschichten, Altersgruppen und unter beiderlei Geschlecht sowohl in den Städten der Provinz Bithynien-Pontus als auch in den Dörfern weit verbreitet (9). Die Tempel seien verlassen und die Feste zu Ehren der Götter ausgesetzt worden, kaum einer hätte noch Opferfleisch gekauft (10). Erst durch sein Einschreiten gegen die Christen habe sich das wieder geändert.

Diesen Brief beantwortete Trajan mit der von dem Statthalter erhofften grundsätzlichen Bestätigung seines Vorgehens gegen die *Christiani*, wenngleich weder Suchaktionen nach Christusgläubigen stattfinden noch anonyme Anzeigen weiterverfolgt werden sollten (Plinius d. J., epist. 10,97). Einiges aus dem Bericht des Plinius ist sicherlich übertrieben, da er seine erfolgreiche Tätigkeit unterstreichen wollte. Das betrifft vor allem die desolaten Zustände des paganen Kultwesens und die Größe der christlichen Bewegung in Bithynien und Pontus. Der Abschnitt über die Praktiken der Christusgläubigen (7) wird uns später noch beschäftigen (s. u. S. 318). Im Zusammenhang der Frage nach den ersten Christenprozessen durch den römischen Staat sind aber folgende Punkte wichtig:

1. Plinius kannte keine früheren Prozesse oder kaiserlichen Edikte gegen Christusgläubige. Er bewegte sich auf juristischem Neuland.
2. Der Anstoß zu Prozessen gegen *Christiani* geschah durch Anzeigen aus der Bevölkerung, nicht auf Veranlassung der Behörden. Wahrscheinlich standen Vertreter der Städte der Doppelprovinz hinter diesen Aktionen. Auch anonyme Anschuldigungen kamen vor.
3. Den *Christiani* konnten durch den Statthalter keine strafwürdigen Verbrechen im engeren Sinn nachgewiesen werden. Auch die Beachtung der Edikte zur Unterlassung von Vereinsversammlun-

gen, die Trajan zuvor dem Statthalter aufgetragen hatte (epist. 10,34.93), stellte Plinius fest. Daher waren jene, die diesen Glauben aus Anlass der Anklage aufgaben oder schon zuvor aus welchen Gründen auch immer aufgegeben hatten, freizusprechen.
4. Die Schuld der *Christiani* bestand darin, an einem Aberglauben *(superstitio)* bzw. einem Wahn *(amentia)* mit Starrsinn und Hartnäckigkeit festzuhalten. Dies war kein juristischer Tatbestand, sondern eine freie Gestaltung des Plinius.
5. Die Unterlassung von Kaiserkult bzw. der Verehrung paganer Gottheiten war nicht an sich strafwürdig, die Verweigerung – auch des Christusfluchs – trotz Androhung der Todesstrafe war aber Ausweis jener Starrsinnigkeit, die bestraft wurde. Das Festhalten an der Zugehörigkeit zu der Gemeinschaft der *Christiani*, am „Namen selbst", war ihr Verbrechen.
6. Mit der bestätigenden Antwort Trajans (epist. 10,97) und vor allem durch die Veröffentlichung als Teil einer Briefesammlung wurde diese Politik gegen Christusgläubige popularisiert: keine eigenen Nachforschungen nach Christusgläubigen durch die Behörden, aber bei Anzeigen ein den Maßnahmen des Plinius entsprechendes Vorgehen. Zugleich blieb das Angebot bestehen, bei Aufgabe des Christusglaubens straffrei auszugehen.

14.4.2 Der 1. Petrusbrief: Integration statt Konfrontation

Das beherrschende Thema des 1. Petrusbriefes ist die bedrängte Situation der Christusgläubigen in Kleinasien (vgl. 1,1). In 4,12–16 geht der anonyme Verfasser auf die Leidenssituation ein und greift dabei, ganz ähnlich den Formulierungen des Plinius (epist. 10,96,2.7), den Vorwurf der Bezeichnung als Christ auf (4,15f.):

> „Denn keiner von euch soll als Mörder oder Dieb oder Übeltäter oder als Spitzel leiden; wenn aber als Christ (Χριστιανός/*Christianos*), soll er sich nicht schämen, sondern Gott in diesem Namen verherrlichen!"

Die Anfeindung wegen der bloßen Zugehörigkeit zur Gemeinschaft der Christusgläubigen wird vom Verfasser so verarbeitet, dass die eigene Identität nicht mehr in der vorfindlichen Welt gesehen wird: Die Christusgläubigen fühlten sich als Fremde (1,1.17; 2,11). Zugleich wird aber auch dazu aufgefordert, sich um Wohlverhalten in der paganen Gesellschaft zu bemühen (2,11–17), ohne sich in das schlechte Verhalten der Ungläubigen zu verstricken (4,3–6). Die Ermahnung lautet daher einerseits, sich jeder menschlichen Autorität wie z.B. dem Statthalter ehrend unterzuordnen, zugleich aber Gott zu fürch-

In der Fremde

ten (2,13–17). Andererseits setzt der Verfasser darauf, dass die guten Werke der Christusgläubigen und ihre Anständigkeit die Widersacher von der Harmlosigkeit der „Bruderschaft" überzeugen und darüber hinaus Interesse für das Evangelium wecken würden. Die Integration in die Gesellschaft würde dazu führen, dass kein anderer Anstoß zum Leiden mehr entstehen würde als der Glaube an Christus.

Integration

14.4.3 Die Johannesapokalypse: Ende mit Schrecken

Ebenfalls im Kontext Kleinasiens, deutlicher auf die Provinz Asia mit der Hauptstadt Ephesus fokussiert, setzte der Prophet Johannes als Verfasser der Johannesapokalypse auf eine andere Strategie.

Die Datierung der Johannesapokalypse
Die verbreitete Ansicht, wonach die Apokalypse des Johannes in die letzten Regierungsjahre Domitians (90–96 n. Chr.) zu datieren sei, ist zunächst aus der inzwischen widerlegten Annahme entwickelt worden, Domitian habe gezielt Christusgläubige verfolgt (s. o. 14.3). Inzwischen wird hingegen darauf verwiesen, dass die Johannesapokalypse vor allem, wenn auch nicht ausschließlich, den Kaiserkult als Feind des Christusglaubens deutet (Apk 12–14). Dass der Kaiserkult in der Zeit Domitians gerade in Ephesus eine Intensivierung erfuhr, zeigt sich an seiner Erlaubnis zum Neubau eines entsprechenden Tempels mit der Widmung an die Flavische Dynastie als „Tempel der Kaiser". Damit wurde die Provinzhauptstadt nach ihrem Selbstverständnis zum Zentrum des Kaiserkults in der Provinz Asia. Mit der Zahl 666 (13,18) sei dann die erwartete Rückkehr des Kaisers Nero mit hebräischen Zahlzeichen gemeint.

Unter Domitian?

Eine Spätdatierung in die letzten Jahre Hadrians (130–135 n. Chr.) vertritt Thomas Witulski, der vor allem auf die besondere Bedeutung des Kaiserkults auch abseits der großen Heiligtümer in jener Zeit verweist. Zudem sei die Zahl des Tieres 666, mit der der Name des amtierenden Kaisers verschlüsselt wurde, mittels des hebräischen Zahlsystems auf Hadrian zu deuten.

Unter Hadrian?

Als dritte Alternative bietet sich nach dem zuvor Gesagten über die Anfänge der Christenprozesse an (s. o. 14.4), auch die Johannesapokalypse in die Zeit Trajans zu datieren. Dies ist umso wahrscheinlicher, als wir nun aus dieser Zeit eindeutige Belege für staatliches Vorgehen gegen Christusgläubige haben, das zu zahlreichen Hinrichtungen aufgrund der bloßen Zugehörigkeit zum Christentum führte. Letzteres ist zwar auch in der Apokalypse noch ein Einzelfall – Antipas aus Pergamon (2,13) –, doch erwartet der Verfasser aufgrund der politisch-religiösen Situation seiner Zeit sehr viel mehr Opfer. Auf Trajan verweist überdies die begonnene Errichtung des Kaisertempels in Pergamon, dessen monumentale Zeusstatue mit dem „Thron des Satans" (2,13) gemeint ist. Trajan selbst

Unter Trajan

> hatte 114 n. Chr. den Baubeginn dieses neuen Kaisertempels gestattet, und es war absehbar, dass sich daraus neue Schwierigkeiten ergeben würden. Die Zahl 666 kann auch auf Trajan verweisen: Dafür ist kein Rückgriff auf hebräische Zahlzeichen nötig ist, da aus dem vollen Namen des Kaisers „Marcus Ulpius Traianus" das Nomen „Ulpius", das die Zugehörigkeit zum Geschlecht der Ulpia bezeichnet, in griechischer Schreibweise diesen Zahlenwert ergibt.

Zur Zeit Trajans verbreitete der Apokalyptiker Johannes seine Vision einer endzeitlichen Auseinandersetzung zwischen Gott und seinem Christus mit dem Imperium Romanum und seinen Dienern. Auf der einen Seite polemisierte der Verfasser scharf gegen jedwede Zugeständnisse an die pagane Umgebungsgesellschaft und die Teilnahme an Kultfeiern (Apk 2f.) und erwartete die völlige Vernichtung aller widergöttlichen Mächte (Kap. 4–20). Auf der anderen Seite sagte er *Abgrenzung* jenen, die in dieser Auseinandersetzung „um des Zeugnisses Jesu und um des Wortes Gottes willen enthauptet worden waren ... und das Tier und sein Bild nicht angebetet haben" (20,4), eine Zukunft bei Gott zu: Die Vision einer neuen Erde und eines neuen Himmels, in dessen Zentrum das himmlische Jerusalem als Ort der Gegenwart Gottes eine Existenz ohne Leid und Tod ermöglicht, sollte helfen, die gegenwärtige bedrängte Situation und die erwartete noch viel schlimmere Zukunft zu bewältigen.

14.4.4 Ignatius, der vorbildliche Märtyrer, und die Märtyrer Roms im 1. Clemensbrief

Mit dem Schicksal des Ignatius, des Bischofs von Antiochien, stoßen wir ebenfalls auf Maßnahmen Trajans. Zumindest nach Eusebs Darstellung (h. e. 3,36) spielten sich die Überstellung des Ignatius nach Rom sowie sein Tod durch Tierhetze unter dessen Regierung ab. Auch wenn die Briefe in ihrer Echtheit umstritten sind, lässt sich zumindest als wahrscheinlich annehmen, dass der Tod des Ignatius in die Jahre 114–117 n. Chr. zu datieren ist. Aus seinen Briefen wird eine weitere *Das Martyrium* Strategie erkennbar, die angesichts der einsetzenden gewaltsamen *als Ideal* Maßnahmen der römischen Behörden eingeschlagen wurde: die willige Annahme des gewaltsamen Todes, um so dem Herrn gleichgestaltet zu werden (ISmyrn 4,2; IRöm 6,3). So wurde das Martyrium zum Höhepunkt christlicher Moral.

Das Martyrium wird im 1. Clemensbrief als Agon („Wettkampf") beschrieben, in dem die Hingerichteten den Siegespreis erlangten, das Eingehen in den „Ort der Herrlichkeit". Als Beispiele dafür nennt der Verfasser neben Petrus und Paulus (1Clem 5,3–7) auch eine große Menge von Männern und Frauen (6,1–3). Letztere seien von ihren Ehemännern angezeigt worden, was auf den Haushalt als zentrales Konfliktfeld verweist. Der in Rom entstandene 1. Clemensbrief gehört sehr wahrscheinlich in die Zeit Trajans, da er für die römischen Gemeinden eine ähnliche Situation voraussetzt wie der Brief des Ignatius nach Rom.

14.5 Christenprozesse unter Hadrian (117–138 n. Chr.)

Aus der Zeit Hadrians wird in einem Anhang an Justins Apologie (Apol. I 68), der in Eusebs Kirchengeschichte (h. e. 4,9,1–3) erhalten ist, auf Prozesse gegen Christusgläubige eingegangen. In diesem ursprünglich lateinischen Reskript, das nur in einer griechischen Übertragung erhalten und dessen Echtheit umstritten ist, gab Hadrian dem Statthalter der Provinz Asia, Minucius Fundanus, Antwort auf eine Anfrage bezüglich des Vorgehens gegen Christen. Darin wird grundsätzlich die Anweisung des Trajan bestätigt, zugleich aber eingeschränkt: Fälschliche Denunziation sollte nicht erlaubt, ja sogar streng bestraft werden. Justin interpretierte dies um 150 n. Chr. als Schutz des Kaisers vor ungerechtfertigten Anklagen (Apol. I 68).

14.6 Das frühe Christentum in der griechisch-römischen Gesellschaft

Im Unterschied zu den verschiedenen neuen Kulten, die sich von Osten oder Süden aus im Imperium Romanum verbreiteten, wie den Mithrasmysterien, der Verehrung des Jupiter Dolichenus oder dem Isis- und Serapiskult, war der Glaube an Christus prinzipiell nicht in die unterschiedlichen Formen griechischer und römischer Religion integrierbar. Das galt selbstverständlich auch für das Judentum, doch handelte es sich dabei um ein Volk, das einen spezifischen Kult pflegte und daher in der Regel unbehelligt blieb (s. o. 3.7.2). Christusgläubige kamen hingegen aus allen Völkern und vertraten in der Regel die Ansicht, dass ihre neue religiöse Orientierung keine weitere Verehrung der paganen Gottheiten zulasse.

Annäherungen

Es gab allerdings, wie Ermahnungen in neutestamentlichen Texten zeigen, auch Versuche, pagane und christliche Religiosität zu verbinden: Die im Kolosserbrief bekämpfte „Philosophie" (Kol 2,8) lässt sich am besten als Integration paganer, jüdischer und spezifisch christlicher Inhalte verstehen. Ähnliches findet sich schon bei Paulus, wenn er verbietet, an Kultmahlzeiten teilzunehmen (1Kor 8,10), und später u. a. in der Johannesapokalypse (Apk 2,14f.20–23). Diese Texte zeigen, dass die führenden Kräfte innerhalb des frühen Christentums durchaus auch Mühe damit hatten, die Mitglieder der Gemeinden zur Einhaltung des Anspruchs auf Ausschließlichkeit zu bewegen.

In ihrer konkreten Umsetzung bedeutete die Bekehrung zum christlichen Glauben die Selbstausgrenzung auf allen Ebenen der Gesellschaft: War die Familie nicht als Ganze getauft worden (vgl. 1Kor 1,16; Apg 10,1–11,18; 16,13–15.25–34; 18,8), standen Einzelne unter Umständen im Konflikt mit den religiösen Orientierungen des Hauses (vgl. 1Kor 7,12–16; 1Petr 3,1f.). Christusgläubige zogen sich aus sozialen Netzwerken wie Vereinigungen zurück, in denen pagane Kulte eine identitätsstiftende Funktion hatten. Bei religiösen Festen für Stadt- und Schutzgottheiten oder für den Kaiser fehlten sie. Wenn Plinius in seinem Brief erwähnt, dass Personen den Christusglauben, die *superstitio*, wieder aufgaben (epist. 10,96,6), ist dies auch darauf zurückzuführen, dass diese Form der sozialen Selbstausgrenzung von vielen nicht ausgehalten wurde.

Ausgrenzung

Die Bedrängnisse, von denen in den neutestamentlichen Texten die Rede ist, hatten also darin ihre erste Ursache, dass Christusgläubige in ihrer Umgebungsgesellschaft als religiöse Abweichler auffielen. Die soziale Stigmatisierung als starrsinnige Vertreter einer absurden religiösen Lehre, die mit der Ablehnung aller bisherigen althergebrachten Kulte einherging, führte zum Herausdrängen aus gesellschaftlichen und ökonomischen Kontexten. Auf christlicher Seite entsprachen dieser Ausgrenzung Ermahnungen, sich auf sich selbst zu besinnen (z. B. 1Thess 4,10–12) und sich den Ordnungen des Staates zu unterwerfen (Röm 13,1–7; 1Petr 2,13–17). Dies verhinderte aber nicht, dass die bloße Mitgliedschaft in der Vereinigung der Christen zu einem todeswürdigen Verbrechen wurde.

Stigmatisierung

Eine Ursache für diese Entwicklung ist das zahlenmäßige Wachstum des frühen Christentums, das allerdings lokal unterschiedlich ausgeprägt war. Dabei ist zu berücksichtigen, dass die christliche Bewegung in den ersten Jahrzehnten ausgesprochen klein war. Die Gemeinden, die aus etwa zwanzig bis vierzig Personen bestanden, stellten bis weit in das 2. Jh. n. Chr. hinein einen winzigen Bruchteil der antiken Gesellschaft dar, auch wenn sich die Zahlen nicht genau berechnen lassen. Die Schätzungen schwanken etwa für das Jahr 100 n. Chr. zwischen 7500 (R. Stark) und 320.000 (E. J. Schnabel). Angesichts einer postulierten Gesamtbevölkerung von 60 Millionen im Imperium Romanum wird also erkennbar, wie gering der Anteil der Christusgläubigen war. Daher fehlen Erwähnungen des Christentums auch in den meisten Werken der frühen Kaiserzeit völlig und tauchen nur in wenigen mehr oder

Wachstum

weniger am Rande auf. Erst im Laufe der Zeit waren sie etwa in einzelnen Gegenden Kleinasiens häufiger: Auf Bithynien und Pontus im Norden weist der Pliniusbrief hin, auf das Lykostal im Westen die breite frühchristliche Überlieferung (Phlm, Kol), auf die Stadt Ephesus die dort belegten verschiedenen Formen des Christusglaubens, auf Phrygien und Lykaonien die große Zahl von inschriftlichen Zeugnissen aus dem 3. Jh. n. Chr. Aber auch für Syrien, die Stadt Rom und Alexandria ist anzunehmen, dass die christlichen Gemeinden gegen Ende des 1. Jh. n. Chr. so groß waren, dass sie als solche wahrgenommen wurden.

Anlässe für Konflikte

Als problematisch schätzten die griechisch-römischen Eliten die *Christiani* bei drei Konstellationen ein: wenn Konflikte innerhalb der judäischen Minderheit auftraten (z. B. Apg 18,12–17; 21,27–26,32; Sueton, Claud. 25,4), wenn durch die Aktivitäten von Einzelpersonen wie z. B. Paulus Unruhen entstanden (Apg 16,16–22; 18,23–40) und als die Mitgliederzahlen in einzelnen Gebieten so groß wurden, dass Christen nicht mehr zu übersehen waren (Plinius, epist. 10,96,9f.). Es bleibt bis ins 3. Jh. n. Chr. allerdings bei lokalen, zeitlich begrenzten Gewaltmaßnahmen. Sie führten nicht dazu, die Ausbreitung und Festigung der christlichen Bewegung zu verhindern.

Literatur

John Granger Cook, Roman Attitudes Toward the Christians. From Claudius to Hadrian, WUNT 261, Tübingen 2010.
Peter Guyot/Richard Klein, Das frühe Christentum bis zum Ende der Verfolgungen. Eine Dokumentation. I: Die Christen im heidnischen Staat, TzF 60, Darmstadt 1993.
Friedrich Wilhelm Horn, ed., Das Ende des Paulus. Historische, theologische und literaturgeschichtliche Aspekte, BZNW 106, Berlin/New York 2001.
Martin Karrer, Die Johannesoffenbarung. I: Offb.1,1–5,14, EKK XXIV/1, Göttingen/Einsiedeln 2017.
Hermut Löhr, Die Briefe des Ignatius, in: Die Apostolischen Väter. Eine Einleitung, ed. W. Pratscher, Göttingen 2009, 104–129.
Armand Puig i Tàrrech u. a., edd., The Last Years of Paul, WUNT 352, Tübingen 2015.
Angelika Reichert, Durchdachte Konfusion. Plinius, Trajan und das Christentum, ZNW 93, 2006, 227–250.
Brendt D. Shaw, The Myth of the Neronian Persecution, JRS 105, 2015, 73–100.
Heidi Wendt, *Ea Superstitione*. Christian Martyrdom and the Religion of Freelance Experts, JRS 105, 2015, 183–202.
Thomas Witulski, Die Johannesoffenbarung und Kaiser Hadrian. Studien zur Datierung der neutestamentlichen Apokalypse, FRLANT 221, Göttingen 2007.

15 Innere Krisen im frühen Christentum zwischen 60 und 135 n. Chr.

Die Zeit der zweiten und dritten Generation des frühen Christentums ist jene, in der wesentliche Weichenstellungen und Entwicklungen erfolgten, die bis heute die Gestalt des Christentums prägen: Angesichts des Verlusts der primären Überlieferungsträger wie Aposteln und Augenzeugen wurde die Produktion von Literatur wie Evangelien und Briefen vorangetrieben, die die Lehre der Anfänge bewahrten und aktualisierten. Aufgrund weiterer Ausdifferenzierungen durch die Verbreitung des christlichen Glaubens wurden verschiedene Versuche unternommen, den inneren Zusammenhalt zu vertiefen. Diese beiden Herausforderungen lassen sich einerseits als Kontinuitätskrise und andererseits als Kohärenzkrise bezeichnen (M. Wolter). Beide Krisen führten dazu, dass die unterschiedlichen Identitätskonstruktionen im frühen Christentum in Frage gestellt, weiterentwickelt und neue ausgebildet wurden.

15.1 Die Kontinuitätskrise

Der gewaltsame oder natürliche Tod von Aposteln und Trägern der Erstüberlieferung bzw. in der weiteren Folge von deren Schülern führte zu einem Kontinuitätsabbruch. Die direkte Weitergabe der Jesustradition und des durch die ersten Gemeinden geprägten Evangeliums ging zu Ende. Auch wenn die mündliche Überlieferung weiter gepflegt und geschätzt wurde, wie Papias um 110 n. Chr. betont (bei Euseb, h. e. 3,39,4), wurde nun dennoch versucht, die Anfänge schriftlich festzuhalten. Das hatte auch damit zu tun, dass die Zahl von Mitgliedern, die eine höhere Bildung hatten und daher lesefähig waren, weiter anstieg.

Dies zeigt sich zum einen in der Abschrift und Sammlung von Paulusbriefen: Letztere fand nach dem Tod des Völkerapostels in Stufen und unterschiedlichen lokalen Ausprägungen statt und zeugt von dem Bemühen, das literarische Erbe zu sichern (vgl. 2Petr 3,15f.; Pol 3,2). Dazu trat nun auch die Abfassung von Texten im Namen großer Gestalten der Vergangenheit wie Paulus (Kol, Eph, 2Thess, 1+2Tim, Tit), Petrus (1+2Petr) oder Jakobus und Judas, die sogenannte Pseudepigraphie.

Paulusbriefe

15.1.1 Die Pseudepigraphie

Im Judentum

Als Pseudepigraphie wird das – für antike Verhältnisse nicht ungewöhnliche – Phänomen der Erstellung gefälschter Texte im Namen anerkannter Autoritäten bezeichnet, die als Fortsetzung und Aktualisierung von deren Ansichten intendiert waren. Für den jüdischen Bereich sind hier u. a. die sogenannten apokryphen Schriften zu nennen, etwa die Henochliteratur, der Brief des Jeremia oder Texte, die Baruch zugeschrieben wurden. Schon im Alten Testament selbst wird der Eindruck erweckt, Mose habe das Deuteronomium oder David bestimmte Psalmen verfasst. Im griechisch-römischen Bereich sind hier einige platonische Dialoge anzuführen, von denen manche schon in der Antike für nicht echt gehalten wurden. Eine Parallele zu den pseudepigraphischen Paulusbriefen stellen die Kynikerbriefe dar, die zwischen 100 v. und 200 n. Chr. im Namen der Schulhäupter Diogenes und Krates verfasst wurden.

Im Hellenismus

Akzeptanz

Die Akzeptanz pseudepigraphischer Schreiben hing direkt mit ihrer stilistischen und inhaltlichen Konformität mit ihren echten Vorbildern zusammen. In der Entwicklungsgeschichte des neutestamentlichen Kanons wurden daher dort Zweifel angemeldet, wo diese Kriterien nicht erfüllt waren. Wo freilich keine anderen literarischen Zeugnisse der angeführten Autoritäten vorhanden waren, wurden neue Schriften, die im christlichen Bereich häufig im Namen von Jüngern Jesu verfasst wurden, im Hinblick auf die darin enthaltenen Lehren eingeschätzt. In der Auseinandersetzung um die richtige Interpretation des Christusereignisses dienten diese unterschiedlichen Texte ihren jeweiligen Trägergruppen als Mittel zur Etablierung, Festigung und Durchsetzung ihrer jeweiligen theologischen Ansichten.

Paulusschule

Der Entstehungskontext von pseudepigraphischen Briefen im Namen des Paulus war die sogenannte „Paulusschule", die einer philosophischen Schule vergleichbar war (s. o. 2.3). Die Abfassung einiger pseudepigraphischer Paulusbriefe macht wahrscheinlich, dass dahinter eine Gruppe von Personen stand, die Paulus selbst erlebt hatten und sein Erbe sowohl bewahren als auch weiterführen wollten. Am Anfang dieser Schultradition steht der in den 60er Jahren verfasste Kolosserbrief. Der Epheserbrief, der den Kolosserbrief als Vorlage verwendete, entstand ebenfalls in dieser Gruppierung. Weitere Schritte auf dem Weg nachpaulinischer Theologie gehen die Pastoralbriefe (1+2Tim, Tit). Hingegen ist für den 2. Thessalonicherbrief kein Schulkontext vorauszusetzen, da er ein eigenständiger Korrekturversuch des echten paulinischen Briefes nach Thessalonich ist. Die Paulusschule, die sich um eine aktualisierende Bewahrung seiner Theologie bemühte, hatte ihren zentralen Ort möglicherweise in Ephesus, wo bis ins 2. Jh. n. Chr.

eine paulinisch geprägte Gemeinde bestand. Sie befand sich in Auseinandersetzungen u. a. mit kritischen Stimmen gegenüber ihrem Verständnis der Glaubensgerechtigkeit (Jak 2,14–26; s. o. 13.3) und den Anfängen der gnostischen Bewegung (vgl. 1Tim 6,20; s. u. 15.2.2).

Die weiteren pseudepigraphische Schreiben des frühen Christentums stammen aus unterschiedlichsten Kontexten: So gehört etwa der Jakobusbrief zu jenen Schriften, die sich stärker an einem jüdisch geprägten Ethos orientieren. Der Judas- und der 2. Petrusbrief entstanden im Kampf gegen andere christliche Positionen, deren Vertreter sie pauschal als Gottlose und Spötter (Jud 4.18) oder falsche Lehrer und Propheten (2Petr 2,1) bezeichnen. Durch ihre fiktiven Autoren oder auch mittels expliziter Verweise betonen diese Texte die Bedeutung der Tradition als bindendes Element frühchristlicher Identität.

Pseudepigraphische Briefe

> *Die Bindung an die Tradition*
> Eph 2,19f.: Ihr seid Mitbürger der Heiligen und Hausbewohner Gottes, die erbaut wurden auf dem Fundament der Apostel und Propheten, wobei der Eckstein Christus Jesus selbst ist.
> 1Tim 6,20: O Timotheus, bewahre das anvertraute Gut, indem du die unheiligen leeren Reden und Einwände der fälschlich so genannten Erkenntnis meidest.
> 2Thess 2,15: Also nun, ... steht fest und bewahrt die Überlieferungen, die ihr gelehrt bekamt, sei es durch ein Wort oder durch einen Brief von uns.
> Jud 17: Erinnert euch an die Worte, die zuvor gesagt wurden von den Aposteln unseres Herrn Jesus Christus.
> 2Petr 3,2: ... dass ihr euch an die Worte erinnert, die zuvor gesagt wurden von den heiligen Propheten, und an das Gebot eurer Apostel vom Herrn und Retter.

Etwas anders, aber doch ähnlich war dies bei Schriften, die aus der sich formierenden Gnosis hervorgingen: So unterstellten auch die Autoren des Thomasevangeliums, des Apokryphons des Johannes oder der 2. Apokalypse des Jakobus ihre Texte Autoritäten der frühen Geschichte des Christentums. Sie verbanden dies oftmals mit dem Hinweis, dass es sich um geheime, d. h. nur wenigen Auserwählten zugängliche Schriften handeln würde.

Gnosis

15.1.2 Die Bewahrung der Jesustradition

Im Hinblick auf Jesus führte die Kontinuitätskrise dazu, dass schon bestehende Sammlungen von Jesustraditionen, die u. a. die Passionsgeschichte festhielten oder wie die frühen Stufen der Logienquelle vor allem Sprüche und Gleichnisse gesammelt hatten, zur Erstellung von ersten Biographien Jesu verwendet wurden. Die Evangelien sind daher als Versuche zu verstehen, den Verlust der direkten Überlieferung durch indirekte, schriftliche Fixierung zu überwinden.

Logienquelle   Die Logienquelle, deren Endbearbeitung in Syrien erfolgte, die aber schon vor dem 1. Judäischen Aufstand in Stufen in Galiläa entstanden war, stellt eine besondere Form der Bewahrung der Jesusüberlieferung dar. In ihr wird Jesus vor allem als endzeitlicher Menschensohn präsentiert, der durch weisheitliche und eschatologische Lehre die Nähe der Gottesherrschaft verkündete. Die hinter dieser Schrift stehende Trägergruppe von kleinen Gemeinschaften ging nach dem 1. Judäischen Aufstand in den christlichen Gemeinden Syriens auf, die Teile ihrer Überlieferung aufnahmen. Sie blieben in Matthäus- und Lukasevangelium, aber auch in der Didache erhalten.

Markusevangelium   Mit dem Markusevangelium, das kurz vor oder nach der Zerstörung Jerusalems (70 n. Chr.) entstand, prägte ein unbekannter Autor judäischer Herkunft die neue Art, die Jesusgeschichte biographisch festzuhalten. Seine Darstellung ist u. a. darauf ausgerichtet, Jesus nicht nur als Christus und Sohn Gottes zu beschreiben, sondern auch als Vorbild des Leidens. Diesem Beispiel sollten die Glaubenden mit ihrem Festhalten am Bekenntnis zu Christus nachfolgen (Mk 8,34; 10,38f.). Wenn in Mk 13 die Geschehnisse der Endzeit angesprochen werden, bezieht sich der Verfasser auf die jüngere Vergangenheit und Gegenwart seiner Gemeinde: Die Zerstörung des Tempels steht ihm vor Augen (Mk 13,1f.14), Kriegsereignisse – wie der 1. Judäische Aufstand – verunsichern die Menschen ebenso wie Naturkatastrophen (13,7). Zugleich ist die Gemeinde aber sowohl von innen wie auch von außen gefährdet: Irrlehrer treten im Namen Jesu auf (13,5f.) und die Umgebungsgesellschaft geht gegen die Glaubenden vor (13,9–11). Der Umstand, dass bei Markus sowohl die judäischen – das Synhedrion und Synagogen – als auch die römischen Behörden als Ankläger und Vollstrecker von Strafen – allerdings nicht der Todesstrafe – erwähnt werden, zeigt den Diasporakontext dieses Textes an. Zu den Schwierigkeiten der Christusgläubigen gehört aber auch die Erfahrung innerfamiliärer Auseinandersetzungen (13,12).

Flucht aus Judäa   In dieser Situation – in 13,14 erinnert der Verfasser die Leser und Leserinnen ausdrücklich daran – war die Flucht das einzige Mittel der judäischen Christusgläubigen. Sie flohen in das Gebiet der Dekapolis, zu der u. a. die Städte Pella und Damaskus gehörten, bzw. nach Syrien, wo eine große judäische Minderheit lebte. Wie nah das Markusevangelium noch an den Ereignissen in Jerusalem war, zeigt u. a. die Nennung von offenbar bekannten Personen wie Alexander und Rufus, den Söhnen des Simon von Kyrene (Mk 15,21), bzw. die nicht weiter erklärte Erwähnung eines bei der Gefangennahme Jesu fliehenden Jünglings (14,51f.). Der Verfasser und seine Gemeinde(n) waren mit diesen historischen Kontexten vertraut und hatten Nachkommen der Augenzeugen noch in ihren eigenen Reihen.

Allerdings gehört das Markusevangelium – anders als das des Matthäus (s. o. 13.2) – trotz dieser engen Verbindung mit judäischen und galiläischen Traditionen nicht zu jener Richtung des frühen Christentums, die die Einhaltung der Tora forcierte und sich auf Jakobus und die Jerusalemer berief. Im Gegenteil: Laut Markus setzte Jesus einige wesentliche Identitätsbestimmungen des Judentums wie die Speiseregeln außer Kraft (7,1–23) und sah die Verkündigung an die Völker als Teil des göttlichen Heilsplans an (13,10; 14,9). Sie gehörten daher zum erweiterten Kreis der Hellenisten bzw. der Gräcopalästiner (s. o. 7.1.5).

Verhältnis zur Tora

Das Ziel des lukanischen Doppelwerks, das am Ende des 1. Jh. n. Chr. verfasst wurde, war im Kontext der Kontinuitätskrise ein zweifaches: Aus dem Prolog des Lukasevangeliums (Lk 1,1–4) geht hervor, dass der Verfasser in Aufnahme der Kette der Überlieferung eine Erzählung schaffen wollte, die die Zuverlässigkeit jener Botschaft dokumentieren sollte, auf der der Glaube der zweiten und dritten Generation beruhte. Mit der Apostelgeschichte (s. u. 15.1.3) sollte hingegen erreicht werden, die Ausbreitung des Evangeliums unter den Völkern als geistgewirkte Machttat verständlich zu machen, für die sich einzelne Personen wie Petrus, Jakobus und vor allem Paulus eingesetzt hatten. Evangelium und Apostelgeschichte gemeinsam schlugen die Brücke von Israel über Jesus bis zur Verkündigung des Evangeliums in Rom und sollten so die Kontinuität der Heilsgeschichte Gottes erweisen. Die historische Einordnung der Geschichte Jesu (Lk 2,1f.; 3,1f.) und der Anfänge des Christusglaubens (Apg 11,27f.; 12,1f.; 13,7 u. ö.) sollte zudem aufzeigen, dass sich das Heil in, mit und durch die weltlichen Abläufe vollzog. Zugleich legte der Verfasser aber auch Wert auf die Feststellung, dass sich die christliche Botschaft nicht gegen die herrschende Ordnung stellte und von den römischen Behörden als unproblematisch eingestuft worden war (Lk 23,14; Apg 18,14f.; 26,32).

Lukasevangelium und Apostelgeschichte

Mit dem Thomasevangelium, einer Schrift aus der ersten Hälfte des 2. Jh. n. Chr., findet sich im Gegensatz zu den synoptischen Evangelien ein völlig anders gearteter Versuch, die Jesustradition mit der Gegenwart zu verbinden. Er ist nicht narrativ orientiert, sondern tradiert – vermittelt über die Autorität des Jesusjüngers Didymus Judas Thomas – Aussprüche Jesu und aktualisiert sie für den innerchristlichen Diskurs (s. u. S. 310).

Thomasevangelium

Die Bedeutung gerade der Evangelien bzw. anderer schriftlicher Überlieferungen für die Bewahrung der Verbindung zu den Anfängen wird schließlich auch darin deutlich, dass diese Texte schon bald als

Verwendung der Evangelien — verbindliche Vorgaben zitiert wurden. In ihnen findet sich die „Lehre des Herrn" (Pol 2,3), im Evangelium sind konkrete Anweisungen enthalten (Did 11,3; 15,4). Das unterscheidet sich noch von der paulinischen Formulierung, der auf das mündliche Wort des Herrn verwiesen hatte (1Kor 7,10; 1Thess 4,15).

15.1.3 Die Apostelgeschichte

Im Hinblick auf die Kontinuität mit den Anfängen sind die zahlreichen Reden der Apostelgeschichte (Apg 2,14–36; 7,1–53; 13,16–41 u. a. m.) von zweifacher Bedeutung. Zum einen demonstrieren sie das Interesse des Lukas, die christliche Bewegung – „den Weg" (Apg 9,2; 19,9.23; 22,4; 24,14.22) – mit Israel und der Geschichte Gottes mit seinem Volk zu verbinden. Das war bereits in der Kindheitsgeschichte Jesu von großer Bedeutung gewesen (Lk 1,46–56; 2,29–32). Zum anderen weisen die Reden von Petrus, Stephanus und Paulus in der Apostelgeschichte die Inhalte jenes Glaubens, den die Leserinnen und Lesern in ihrer Gegenwart kannten, als alt und durch die ersten Zeugen formuliert auf.

Kontinuität

Organisation — Gleiches gilt für die kirchliche Organisation: Schon Barnabas und Paulus hatten laut Lukas Presbyter eingesetzt (14,23; vgl. schon 11,30), ein Amt, das der Apostel in seinen Briefen allerdings nicht erwähnt. Bereits zur Zeit des Paulus habe es in Ephesus Episkopen (Bischöfe) gegeben (20,28), und schon in Jerusalem habe der Tischdienst zu einer wichtigen Aufgabe gehört (6,1–3). Im Hinblick auf Taufe und Gemeinschaftsmahl versichert Lukas ebenso, dass diese Rituale schon in Jerusalem im Zentrum standen (2,38.42 u. ö.). Die Zugehörigkeit nicht nur von Judäern, sondern auch von Angehörigen der Völker wird ebenfalls als Element schon der Anfänge beschrieben (10,1–11,18). Lukas bemüht sich zudem, die Beschneidungs- und Gesetzesfreiheit für Nicht-Juden als gemeinsame Linie der wichtigsten Proponenten darzustellen (15,1–34). Vor allem aber ist es für ihn das Wirken des Heiligen Geistes, das von Anfang an die Ausbreitung und Gestaltung der Kirche bestimmte. Aus dem geistgeleiteten Beginn und der Entfaltung des Evangeliums als Botschaft für alle Völker hatte sich die Kirche in jener Form entwickelt, die Lukas vor Augen stand: eine in die griechisch-römische Gesellschaft integrierte, aber allen anderen Formen von Religiosität überlegene Gemeinschaft mit jüdischen Wurzeln, in der die Ideale des antiken Gemeinschaftswesens umgesetzt wurden.

15.2 Die Kohärenzkrise

Das frühe Christentum war nie eine Einheit, sondern bestand von Beginn an aus verschiedenen Strömungen und Gruppierungen, die sich mehr oder weniger deutlich voneinander abgrenzten. Mit der Verbreitung des Evangeliums im Imperium Romanum und dem Wachstum der Gemeinden wurde diese Entwicklung beschleunigt, sodass die Kohärenz, der Zusammenhalt des frühen Christentums, noch in viel größerem Maß gefährdet war.

Dazu trat in der Zeit der zweiten und dritten Generation ein neues Verständnis von Einheit, das sich so in den ersten Jahrzehnten noch nicht gebildet hatte. Zwar waren auch schon z. Zt. von Paulus, Petrus und Jakobus Bemühungen um ein abgestimmtes Verständnis des Evangeliums vorhanden (Gal 2,1–10; Apg 15), der Gedanke *einer* „Kirche" bzw. *eines* Christentums lässt sich aber erst ab den 60er Jahren nachweisen. Er begegnet zunächst im hymnischen Christuslob im Kolosserbrief (Kol 1,15–20): Christus ist Haupt der Kirche in ihrer kosmischen Dimension. Daher wird das Wort ἐκκλησία/*ekklēsia*, das etwa bei Paulus noch „Versammlung" bzw. „Gemeinde" bedeutete, nun auch schon im Sinne der *einen* Kirche verwendet. Das wird im Epheserbrief noch weiter vertieft, wobei nun der Gedanke hinzutritt, dass durch den Kreuzestod der Leib Christi – die Kirche – aus zwei Gemeinschaften, Juden und Nicht-Juden, entstand (2,17; vgl. 1,22f.; 5,25–32). Auf andere Weise bringt dies Mt 16,18 zum Ausdruck: Petrus wird dort als Grundgestalt der Kirche im Gesamten, die der Bau Jesu ist, präsentiert. Diesen Gesamtblick setzt auch die Verwendung von Χριστιανισμός/*Christianismos* bei Ignatius von Antiochien voraus (IMagn 10,1.3; IPhilad 6,1; IRöm 3,3): Als Gegenbewegung zum Judentum (griech. Ἰουδαϊσμός/ *Ioudaismos*) ist seiner Ansicht nach das Christentum eine Gesamtheit, in der alle dasselbe glauben und tun sollen. Dementsprechend schaltet sich eine Gemeinde in die Schwierigkeiten einer anderen ein, wie aus dem 1. Clemensbrief deutlich wird: Den Streit um die Autorität von Presbytern in Korinth versucht die römische Gemeinde, die damit einen gewissen Führungsanspruch erhebt, zu lösen (vgl. 1Clem 44,4–6).

Die meisten späteren Texte des Neuen Testaments und weitere frühchristliche Schriften der zweiten und dritten Generation setzten sich aus diesen Gründen mit einer Reihe von zumeist innerchristlichen Gruppierungen auseinander, wobei allerdings deren genaue Bestimmung durch die polemischen Verzerrungen erschwert wird. Vielfach, wie u. a. im Judas- und 2. Petrusbrief, lassen sich aufgrund der konventionell gestalteten Polemik etliche Ansichten dieser Gegner nicht mehr rekonstruieren. Einige im Folgenden angesprochene Problemstellungen sind aber dennoch deutlich zu erkennen.

„Kirche"

„Christentum"

15.2.1 Das Ausbleiben der Parusie

Naherwartung

Ein wesentliches Problem der zweiten und dritten Generation stellt das Ausbleiben von Verheißungen dar, die auf Jesus selbst zurückgingen und deren Erfüllung in den ersten Jahren unmittelbar erwartet wurde. So waren Jesusworte überliefert, nach denen die Gottesherrschaft in ihrer Herrlichkeit noch zu Lebzeiten der Jünger anbrechen werde (Mk 9,1; 13,30). Paulus selbst erwartete die Ankunft des Herrn – die Parusie – noch zu erleben (1Thess 4,15; 1Kor 15,51), erkannte aber bereits, dass schon einiges an Zeit verstrichen war (Röm 13,11). Diese Naherwartung wurde mit dem Sterben der ersten Generation zu einem theologischen Problem, das zu verschiedenen Lösungen führte. Diese waren nicht immer miteinander vereinbar, manche Ansichten wurden auch vehement bekämpft.

Neudeutungen

Der 2. Thessalonicherbrief korrigiert Erwartungen des nahen Endes, wie sie im 1. Thessalonicherbrief von Paulus geäußert worden waren, indem zwei neue Elemente in den Ablauf der eschatologischen Ereignisse eingeführt werden: Einerseits müsse zunächst noch der Mensch der Gesetzlosigkeit auftreten (2Thess 2,3), andererseits gebe es etwas, das das unmittelbare Eintreffen der Parusie aufhalte (2,6f.). In der Apostelgeschichte entwirft der Verfasser die Zeit der Kirche als Erfüllung von Jesu Heilszusage, vor allem im Hinblick auf den Geist. Das Ende müsse freilich von Jesus her unbestimmt bleiben (Apg 1,7f.). Hingegen erklärt der 2. Petrusbrief das Ausbleiben der Parusie mit Hilfe einer anderen Zeitrechnung Gottes (2Petr 3,8), schiebt das Ende also auf. Der Verfasser der Johannesapokalypse versteht schließlich die unheilvolle Gegenwart als Zeichen des nahen Untergangs und der Neu-Schöpfung des Kosmos (Apk 22,6–20). Auch die Didache, deren Anliegen eigentlich die Ordnung der Gemeinden ist, hält an der Hoffnung auf das nahe Ende fest (Did 16; vgl. 10,6).

Präsenz des Heils

Andere Texte des frühen Christentums betonen die bereits gegenwärtige Präsenz des Heils. Der Kolosserbrief verweist etwa auf die schon vollzogene Verwandlung der Glaubenden bei der Taufe (Kol 2,10–13; 3,9) sowie die bereits geschehene Auferstehung, deren Realität nur noch offenbar werden müsse (Kol 3,1–4; vgl. Eph 2,6). In 2Tim 2,18 wird dies hingegen ausdrücklich als Abirren von der Wahrheit bezeichnet. Die Präsenz des Heils rückt auch das Johannesevangelium in den Vordergrund (Joh 3,36; 5,24 u. ö.), während im Hebräerbrief eine lokale Differenzierung im Zentrum steht: Im Himmel sei das Heil schon Gegenwart und die Gemeinde könne es im gottesdienstlichen Feiern bereits jetzt erleben (Hebr 12,22–24).

Bestreitung

In einigen Texten lässt sich erkennen, dass die Endzeiterwartung mitunter auch grundsätzlich bestritten wurde. So gingen etwa Christusgläubige, die der Verfasser des 2. Petrusbriefes bekämpfte, von einem ewigen Bestand der Schöpfung aus (2Petr 3,3f.). Dies entsprach einigen philosophischen Anschauungen der Zeit und war auch dem jüdischen Philosophen Philo von Alexandrien ein wichtiges Anliegen (De aeternitate mundi). Innerhalb der christlichen Literatur findet sich diese Überzeugung im hymnischen Christuslob des Kolosserbriefs, der Christus als Bestandsgarantie des Kosmos versteht (Kol 1,15–20).

Das Ringen um Kohärenz zum Thema „Eschatologie" lässt sich im Johannesevangelium gut erkennen: Neben den schon genannten präsentisch orientierten Aussagen finden sich auch futurische, in denen eine Zukunftshoffnung auf die Endzeit artikuliert wird, die sich nicht kategorial von der anderer neutestamentlicher Texte unterscheidet (Joh 5,28f.). Sie bleiben relativ unvermittelt nebeneinander stehen und überlassen es dem Leser und der Leserin, diese Aussagen miteinander zu vereinbaren. Johannesevangelium

15.2.2 Das gnostische Christentum

Unter dem Sammelbegriff „Gnosis" (γνῶσις/Erkenntnis) werden eine Reihe von unterschiedlichen religiösen Erscheinungen zusammengefasst, die in verschiedenen Texten der Kirchenväter seit Justin (um 145 n. Chr.), Irenäus (um 180 n. Chr.) und Tertullian (um 200 n. Chr.) begegnen. Dazu tritt als eigenes Schriftencorpus die sog. Bibliothek Quellen von Nag Hammadi aus Oberägypten, wo eine Reihe zumeist gnostischer Texte in koptischer Sprache aus dem 4. Jh. n. Chr. gefunden wurden. Die Vorlagen dieser koptischen Schriften waren auf Griechisch verfasst und stammten aus dem 2./3. Jh. n. Chr.

Die Auseinandersetzung mit einer christlich geprägten Gnosis findet sich das erste Mal im 1. Timotheusbrief, der die Leserinnen und Leser auffordert, die „unheiligen leeren Reden und Einwände der fälschlich so genannten Gnosis" zu meiden (1Tim 6,20). Die genaue Gestalt dieser im Bereich nachpaulinisch geprägter Gemeinden zu findenden Schulen lässt sich allerdings kaum bestimmen. Auch wenn Gnosis im Neuen Testament manche anderen Texte des Neuen Testaments, wie das Johannesevangelium, der Kolosser- bzw. Epheserbrief oder der Hebräerbrief, für spätere gnostische Theologiebildung gerne aufgegriffen wurden, lässt sich die These, die Gnosis sei von Anfang an Teil des frühen Christentums gewesen oder habe sogar schon vorchristlich bestanden, nicht belegen. Mit der Wende zum 2. Jh. n. Chr., als u. a. die Pastoralbriefe entstanden, waren aber solche philosophischen Schulen vergleichbaren Bewegungen eine neue Form christlicher Theologie, die mit zunehmender Ausbreitung umso heftiger bekämpft wurde.

Eine ausformulierte gnostische Lehre dürfte kaum vor der Mitte des 2. Jh. n. Chr. vorgelegen haben. Ihre Gestaltung ist verbunden mit den Namen Basilides, Markion und Valentinus, die heute allerdings nicht als Gnostiker im eigentlichen Sinn verstanden werden, da bei ihnen zwar bestimmte Anschauungen begegnen, andere aber fehlen. Aus den Zeugnissen der Kirchenväter und den Texten aus Nag Hammadi lassen sich aber folgende Elemente gnostischer Theologie rekonstruieren:

Gnostische Lehrinhalte

– Gott wird als absolut fern von dieser Welt verstanden.
– Dem Menschen sind zahlreiche göttliche Figuren näher, die Anteil an dem fernen Gott haben.
– Welt und Materie werden als böse eingeschätzt. Dualismen prägen Gottes- und Weltverständnis.
– Die vorfindliche Welt, die Schöpfung, entstand durch einen unwissenden oder bösen Gott, den Demiurgen. Dieser wird mit dem Gott des Alten Testaments identifiziert.
– Der Zustand der Trennung von dem eigentlichen Gott und der Zustand der Welt werden durch ein mythologisches Drama erklärt: Ein göttliches Element, der Funke, fiel aus der göttlichen Sphäre in die irdische Welt. Er schlummert nun in bestimmten Menschen.
– Erkenntnis über dieses Drama gewährte eine jenseitige Erlösergestalt, die mit Christus identifiziert wird: Sie kam aus der oberen Sphäre herab und stieg wieder hinauf.
– Die Erlösung geschieht durch die Erkenntnis, dass Gott (der Funke) in einem ist. Nur durch diese Erkenntnis über das Drama der Entfremdung von der Gottheit kann die Trennung überwunden werden.

Parallelen im frühen Christentum

Einzelne dieser Elemente hatten tatsächlich Anhalt an frühchristlichen Aussagen: So entsprechen etwa die Rede von einer göttlichen Sendung des Sohnes in die Welt und seiner Rückkehr zum Vater (z. B. Phil 2,6–11; Joh 1,1–18; 7,33) oder jene von der Wanderschaft der christlichen Gemeinschaft in die Ruhe im Himmel (Hebr 4,1–3) Inhalten, die sich auch in der Gnosis finden. Allerdings nimmt keiner der Texte des Neuen Testaments gnostische Vorstellungen auf und variiert sie, vielmehr ist es umgekehrt: Aus populären Versionen mittelplatonischer Philosophie entwickelten christliche Gruppen des beginnenden 2. Jh. n. Chr. ihre eigene Sicht des Christusereignisses, die im Laufe der Zeit zu einem variablen gnostischen System wurde. Trotz der oftmals zu findenden Ablehnung des Judentums und des alttestamentlichen Gottes waren jüdische Traditionen und die allegorische Auslegung der Schrift ein wichtiges Element des gnostischen Christentums. Es begegnet bereits in der ersten Auseinandersetzung in den Pastoralbriefen (1Tim 1,4–8; Tit 3,9) und setzte sich weiter fort (z. B. IMagn 8–11;

IPhilad 5–9). Die gnostische Bewegung hatte einen durchaus elitären Charakter, da zum einen vor allem Intellektuelle diese Ansichten attraktiv fanden und zum anderen die erlösende Erkenntnis ohnehin nur wenigen Menschen aufgrund ihrer durch den göttlichen Funken bestehenden Disposition möglich war.

Im 2. und 3. Jh. n. Chr. wurde die gnostische Form des Christentums in all ihren Spielarten zu einer einflussreichen Bewegung: Sie stellte die älteren Ausprägungen des Christentums, die sich auf das paulinische oder petrinische Erbe bzw. andere Traditionsbestände beriefen, vor die Herausforderung, sich davon abzugrenzen, da gnostische Inhalte mit ihren Glaubensinhalten nicht vereinbar waren. Das betraf vor allem das Schöpfungsverständnis, das Gottesbild, die Christologie und die Bedeutung des Heilsgeschehens für die Glaubenden. Die Auseinandersetzungen mit gnostischen Strömungen schreckten nicht vor verzerrender Polemik zurück: So wurde ihren Anhängern sexuelle Freizügigkeit und generelle Maßlosigkeit vorgeworfen (Irenäus, adv. haer. 1,6,3f.), obwohl selbst polemische Texte auch das Gegenteil, nämlich eine Nahrungs- und Sexualaskese erkennen lassen (vgl. 1Tim 4,3; Irenäus, adv. haer. 1,24,2; 28,1).

Auseinandersetzungen

Einzelne Vertreter der Anfänge der gnostischen Bewegung in der ersten Hälfte des 2. Jh. n. Chr. werden nur bei Irenäus erwähnt. Es ist allerdings hochzweifelhaft, wie viel von seiner Darstellung auf historischen Überlieferungen beruht: Menander aus Samaria (adv. haer. 1,23,5) soll ein Schüler des Simon Magus (Apg 8,9–24) gewesen sein, den Irenäus als Anfang aller Häresie (Irrlehre) bezeichnet. Saturninus/Satornil aus Antiochien (adv. haer. 1,24,1f.) werden von Irenäus bereits alle Elemente einer entwickelten Gnosis zugeordnet. Karpokrates aus Kleinasien (adv. haer. 1,25,1–4) propagierte angeblich eine antijüdische Form gnostischer Weltdeutung, praktizierte magische Künste und forderte die Freiheit von moralischen Vorgaben. Kerinth in der Provinz Asia (adv. haer. 1,26,1) soll die Trennung des menschlichen Jesus vom leidensunfähigen göttlichen Christus gelehrt haben, was aber eher einer jüdisch geprägten Christologie entspricht (s. o. 15.2.3). Alle diese Beschreibungen werden zu Recht zu großen Teilen als Rückprojektionen zeitgenössischer Lehren (um 180 n. Chr.) in die Vergangenheit oder als polemische Unterstellungen gedeutet. Sie geben aber bei allen Zweifeln hinsichtlich der Details zu erkennen, dass sich seit 100 n. Chr. frühgnostische Ansichten in verschiedenen Ausprägungen zunächst in Syrien und Kleinasien, dann auch in Ägypten und Rom entwickelten. In zahlreichen außerkanonischen Texten, von denen ein Großteil in den Funden aus Nag Hammadi (NHC) erhalten ist, begegnen sie wieder.

Vertreter der Gnosis

Zu diesen Schriften, die den Anfängen der gnostischen Bewegung in der ersten Hälfte des 2. Jh. n. Chr. zugerechnet werden, gehört das

Thomasevangelium

Thomasevangelium (NHC II,2), dessen Trägergruppe in Ostsyrien zu verorten ist. Es ist u. a. deshalb von besonderer Bedeutung, weil es analog zur Logienquelle als Spruchevangelium verfasst wurde und zahlreiche Jesustraditionen überliefert, die in ihrer Form denen der synoptischen Evangelien entsprechen (z. B. 34.54f.68f.73). In seiner Endgestalt ist das Thomasevangelium allerdings darauf fokussiert, den Eingeweihten die wahre Lehre Jesu zu erschließen. Ziel der Erwählten sei es, in das Königreich Gottes zurückzukehren (49) und durch die Erkenntnis Jesus gleich zu werden (108). Im Blick auf die gelebte Praxis findet sich einerseits eine Ablehnung bzw. Umdeutung jüdischer Ideale (6.14.57) und andererseits die Aufforderung zu Bruderliebe (25), Frieden (48) und Verachtung des Reichtums (63 u. ö.). Zudem lässt sich auch eine Affinität zur Jakobustradition erkennen (12; s. o. S. 273).

„Dialog des Erlösers"

Noch viel deutlicher gnostisch geprägt ist die Schrift „Dialog des Erlösers" (NHC III,5), die ebenfalls aus dem Syrien des 2. Jh. n. Chr. stammt. Darin wird das mythologische Drama der gottfeindlichen Mächte, der Archonten, bereits vorausgesetzt. Mit dem Thomasevangelium teilt die Schrift eine Nähe zu synoptischen Überlieferungen, aber etwa auch eine explizite Frauenfeindlichkeit (93–95; vgl. EvThom 114). Sie könnte auf dieselbe Trägergruppe zurückgehen, die sich auf den Jesusjünger Thomas, der im EvThom „Didymus Judas Thomas" genannt wird, zurückführte. Auch das „Buch des Thomas" (NHC II,7) gehört in diese Traditionslinie.

„Die Weisheit Jesu Christi"

Als drittes Beispiel früher autoritativer Texte des gnostischen Christentums sei „Die Weisheit Jesu Christi" (NHC III,4) genannt. Diese Offenbarungsschrift ist eine christliche Version eines jüdisch-platonischen Traktats namens „Eugnostos" (NHC III,3; V,1) und weist bereits Bezüge zu neutestamentlichen Evangelien auf. Sie zeigt, wie am Anfang der gnostischen Theologiebildung die Ausformulierung eines konsistenten christlich-gnostischen Mythos noch schwerfiel. „Die Weisheit Jesu Christi" entstand in der ersten Hälfte des 2. Jh. n. Chr. in Ägypten bzw. Syrien. Inhaltlich widmet sie sich vor allem der Beschreibung der oberen Welt, die durch Jesus den Erkennenden offenbart wird.

15.2.3 Trennungschristologie und Doketismus

Doketismus

Sowohl in den Johannesbriefen als auch bei Ignatius findet sich Polemik gegen eine christologische Lehre, die unter dem Stichwort „Doketismus" bekannt ist. Ihre Wurzeln liegen in dem Umstand, dass die Verbindung von Gott und Mensch in Jesus Christus sowie die Verkündigung eines leidenden Gottes hochproblematisch erschienen. Um Christus weiterhin als göttlichen Heilsbringer verstehen zu können, wurden zwei unterschiedliche Deutungen vorgenommen, die sich aber nicht ausschließen: Einerseits wurde behauptet, Christus habe nur zum Schein einen Leib angenommen und gelitten. Daraus leitet sich auch der Begriff „Doketismus" ab, da mit dem griechischen Wort δοκεῖν/*dokein* dieses „Scheinen" bezeichnet wird. Diese Lehre findet sich explizit zum ersten Mal als eine von Ignatius von Antiochien vehement bekämpfte Ansicht: „Gewisse Ungläubige sagen, er habe nur zum Schein gelitten" (ISmyrn 2; 4,2; ITrall 10).

Andererseits wurde der Weg einer Trennung von Jesus und Christus eingeschlagen, eine Lehre, die u. a. Kerinth zugeordnet wurde (s. o. S. 309): Während mit Jesus der menschliche Teil aufgetreten sei, der auch gestorben und auferstanden sei, sei Christus der göttliche Teil gewesen und von dem anderen völlig unabhängig. Diese Ansicht, die man als Trennungschristologie bezeichnen kann, vertraten Mitglieder der johanneischen Schule, die in den Johannesbriefen bekämpft werden. Mit den knappen Parolen „Jesus ist nicht im Fleisch gekommen" (2Joh 7) und „Jesus ist nicht der Christus" (1Joh 2,22) fassen die Autoren der Johannesbriefe ihre Wahrnehmung dieser Christologie zusammen. Im 1. Johannesbrief wird im Gegensatz dazu betont, dass allein die Lehre der Fleischlichkeit des Jesus Christus die richtige, vom Geist inspirierte Lehre sei (1Joh 4,2f.; vgl. 5,6; Joh 1,14 u. ö.). Auch einige von Ignatius bekämpfte Lehrer brachten dies offenbar vor (ISmyrn 5,2; IEph 7,2; vgl. Pol 7,1).

Trennungschristologie

Beide Ansichten deuteten Jesus Christus unter Aufnahme platonischer Philosophie und beide wurden in gnostische Lehren integriert. Von ihren Gegnern, wie den Verfassern der Johannesbriefe oder Ignatius, wurde dagegen betont, dass mit dieser Christologie das Ganze des Christentums aufgelöst werde: Die Rituale wie Taufe und Eucharistie seien ohne Bedeutung, wenn sie nicht auf der Realität des Fleisches Jesu beruhten (1Joh 5,6–8; ISmyrn 7,1). Die Vergebung der Sünden bzw. ein grundsätzliches Sündenbewusstsein wären leeres Geschwätz, wenn Christus nicht durch seinen wirklichen Tod Sühne geschaffen hätte (1Joh 1,6–2,2; 3,4–6). Auch die Haltung der Liebe sprechen die Autoren den Vertretern einer anderen Christologie ab (1Joh 4,7–10; ISmyrn 7,2).

Gegenpositionen

15.2.4 Die Gegenstrategien

In der Auseinandersetzung mit der sich formierenden christlich-gnostischen Bewegung und anderen als problematisch eingeschätzten Lehren setzte die Mehrheit des frühen Christentums auf drei Strategien: Zum einen wurde wiederholt auf die Bedeutung der tradierten Glaubensinhalte verwiesen (s. o. S. 301). Wer davon abweiche, sei aus den Gemeinden auszuschließen (Tit 3,10), und nur das Festhalten an der Lehre der

Kontinuität

Apostel könne vor diesen „Irrlehren" schützen. Die Kontinuität sollte die Kohärenz des Christentums sichern, Innovation galt als gefährlich.

Auseinandersetzung

Zugleich wurden aber auch Debatten geführt, und zwar mit allen als Irrlehren eingeschätzten Gruppierungen. Wir haben zwar in den meisten frühen Texten lediglich die Perspektiven jener Autoren erhalten, die sich gegen die Annäherung an das Judentum, gegen die Gnosis oder gegen eine bestimmte christologische Lehre wandten, doch stehen dahinter auch Auseinandersetzungen in den Gemeinden. Sie waren Teil eines Prozesses der Identitätsgestaltung, dessen Ausgang in der ersten Hälfte des 2. Jh. n. Chr. noch völlig offen war. Die Beteiligten daran waren nicht nur jene, die sich schriftlich und in der Lehre äußerten, sondern auch jene, die die eine oder andere Verkündigung für überzeugend hielten und ihre Glaubens- und Lebensgestaltung daran orientierten.

Institutionalisierung

Dies wird besonders an der dritten Strategie im Umgang mit anderen Ansichten deutlich. In einigen Texten des 2. Jh. n. Chr. wird nämlich auf die Amtsträger als Garanten von Kohärenz und Kontinuität verwiesen. Das findet sich u. a. in Form von Anweisungen an die leitenden Funktionäre der christlichen Versammlungen. So werden Timotheus und Titus in den Pastoralbriefen als Vorbilder einer korrekten und verlässlichen Gemeindeleitung präsentiert, zu deren Aufgaben es gehört, die Glaubenden an die Tradition zu erinnern (1Tim 4,13–16; 6,20f.; 2Tim 1,13f.), ihnen die richtige Lehre zu verkünden (1Tim 4,6.16; 2Tim 2,14; 3,14; 4,2; Tit 2,1.7) und die Irrtümer der Abweichler aufzudecken (1Tim 6,3–5; 2Tim 3,16). In Beschreibungen der Aufgaben von Amtsträgern finden sich ganz ähnliche Forderungen (1Tim 3,1–13; Tit 1,7–9).

Garanten der Einheit

Umgekehrt werden aber auch die Mitglieder der Gemeinden dazu aufgefordert, sich an jene zu halten, die das Erbe der Apostel bewahren (2Tim 4,3) und für die Gemeinden die Auseinandersetzung führen (1Tim 1,18). Verstärkt findet sich dies dann in den Ignatiusbriefen: Der Bischof einer Gemeinde gilt als Garant der Einheit, nur wer sich an ihn hält, kann auch mit Christus verbunden sein (IEph 4–6; IMagn 6f.; IPhilad 2.7f.).

In den Jahren 100–135 n. Chr. standen diese Auseinandersetzungen noch am Anfang, wurden aber bereits mit großer Härte geführt. In der weiteren Folge wurden sie u. a. durch Justin, Irenäus oder Tertullian fortgesetzt, sie blieben aber auch – mit ähnlichen Fragestellungen – über die folgenden Jahrhunderte ein prägendes Element des Christentums. Die Entwicklung von verschiedenen Formen eines autoritativen Schriftencorpus, die dann zur Ausbildung des heutigen neutestamentlichen Kanons von 27 Schriften führte, war ebenfalls Teil dieses Ringens um Kohärenz und Kontinuität.

Literatur

Bart D. Ehrman, Forgery and Counterforgery. The Use of Literary Deceit in Early Christian Polemics, Oxford 2013.

J. Frey/J. Herzer/M. Janssen/C. K. Rothschild, edd., Pseudepigraphie und Verfasserfiktion in frühchristlichen Briefen, WUNT 246, Tübingen 2009.

Jörg Frey, Von Paulus zu Johannes: Die Diversität „christlicher" Gemeindekreise und die „Trennungsprozesse" zwischen der Synagoge und den Gemeinden der Jesusnachfolger in Ephesus im ersten Jahrhundert, in: The Rise and Expansion of Christianity in the First Three Centuries of the Common Era, edd. C. K. Rothschild u. a., WUNT 301, Tübingen 2013, 235–278.

Martina Janßen, Unter falschem Namen. Eine kritische Forschungsbilanz frühchristlicher Pseudepigraphie, ARGU 14, Frankfurt a. M. 2003.

Hans-Josef Klauck, Die religiöse Umwelt des Urchristentums. II: Herrscher- und Kaiserkult, Philosophie, Gnosis, Kohlhammer Studienbücher Theologie 9,2, Stuttgart 1996.

Judith Lieu, Neither Jew nor Greek? Constructing Early Christianity, London [2]2016.

Christoph Markschies, Die Gnosis, München [3]2010.

Paul Trebilco, The Early Christians in Ephesus from Paul to Ignatius, WUNT 166, Tübingen 2004.

Michael Wolter, Die Vielfalt der Schrift und die Einheit des Kanons, in: Die Einheit der Schrift und die Vielfalt des Kanons, edd. J. Barton/M. Wolter, BZNW 118, Berlin/New York 2003, 45–68.

Nag Hammadi Deutsch. Studienausgabe, edd. Hans-Martin Schenke, Ursula Ulrike Kaiser, Hans-Gebhard Bethge, Berlin [3]2013.

Udo Schnelle, Theologie des Neuen Testaments, Göttingen [3]2013, 518–522.

16 Innere Wandlungen im frühen Christentum zwischen 60 und 135 n. Chr.

Ausgehend von den in den ersten Jahrzehnten entstandenen Strukturen entwickelten sich die frühchristlichen Gemeinden jeweils unter Bezug auf die lokalen Bedingungen weiter. Das gilt u. a. im Blick auf religiöse Vollzüge, auf die Etablierung von Ämtern, auf die soziale Gestalt und auf das Ethos. Einen spezifischen Einblick in diese Situation gewähren uns die Schriften der johanneischen Bewegung.

16.1 Von der Bekehrungsreligion zur Traditionsreligion

Mit dem Begriff „Bekehrungsreligion" wird hier die Phase der Entstehung einer religiösen Bewegung bezeichnet. Ihre Mitglieder wenden sich aus ihren bisherigen religiösen Kontexten heraus einer neuen religiösen Orientierung zu und lassen ältere Formen hinter sich. Diese werden also nicht bloß adaptiert, sondern durch die Bekehrung so weit verlassen, dass eine grundsätzlich neue Deutung der Wirklichkeit und ein entsprechendes Handeln notwendig werden. Der Begriff „Bekehrungsreligion" ist allerdings für das frühe Christentum mit einer Einschränkung anzuwenden: Wenn Juden und Jüdinnen sich in den ersten Jahrzehnten einer Gemeinschaft von Christusgläubigen anschlossen, geschah dies innerhalb der religiösen Welt des Judentums, nicht als Wechsel zu einer anderen Religion. Denn grundsätzlich gilt: Von einer Religion des Christentums kann erst ab der ersten Hälfte des 2. Jh. n. Chr. gesprochen werden, da in dieser Zeit mit der Gegenüberstellung von Judentum und Christentum, die wir bei Ignatius dokumentiert finden (IMagn 10,1.3; IPhilad 6,1; IRöm 3,3), eine entsprechende Entwicklung in diese Richtung einsetzte (s. u. S. 318f.). Für Christusgläubige „aus den Völkern" aber bedeutete die Hinwendung zur Verehrung des Gottes Israels und seines Sohnes Jesus Christus in der Tat eine Bekehrung, da sie die Abkehr von paganer Religiosität implizierte. Es gab zwar auch Versuche, diese uneingeschränkte Neuorientierung nicht zu übernehmen, sondern eine Vereinbarkeit von Christusverehrung und paganer Religiosität zu praktizieren. Sie werden u. a. in Ausführungen im 1. Korintherbrief (1Kor 10,25–28; vgl. 2Kor 6,14–7,1), im Kolosserbrief (Kol 2,16–23) und in der Johannesapokalypse (Apk 2,12–29; 3,1) erkennbar. Sie wurden aber von den jeweiligen Autoritäten strikt abgelehnt.

Bekehrungsreligion

Die Botschaft des Paulus, Petrus oder Barnabas sowie anderer namentlich nicht bekannter Verkündiger und Verkündigerinnen des Evangeliums war auf diese grundsätzlichen Neuorientierungen ausgerichtet, die zugleich einen neuen Lebenswandel einschlossen. In dieser Phase der Konstituierung der neuen Bewegung wurden zwar Traditionen aufgenommen und neu gedeutet, vor allem das Alte Testament, es gab aber noch keinen gemeinsamen Wissensstand. Dieser musste erst ausgebildet werden. Das betraf die Deutung religiöser Erfahrungen, das gemeinsame Ethos, das Verhältnis zur Umgebungsgesellschaft und die Abgrenzung von anderen Bewegungen wie vor allem von bestehenden Formen des Judentums bzw. von paganen Kulten. Vor allem die Paulusbriefe, aber auch ältere Überlieferungen, die in den Evangelien aufgenommen wurden, sind Zeugnisse dieser Anfänge als Bekehrungsreligion. Bleibt eine religiöse Bewegung in diesem Status, verliert sie sich in der Vielzahl neuer und unterschiedlicher Ansätze.

Konstituierung

Eine Bekehrungsreligion kann allerdings weiterbestehen, wenn sie sich zu einer Traditionsreligion wandelt. Die Entwicklung einer gemeinsamen Geschichte, die auf Erinnerungen zurückgreift und diese bewahrt, um sich bei der Bewältigung der Gegenwart an ihnen zu orientieren, ist Voraussetzung für einen Weiterbestand. Dieser Traditionsvorrat umfasst jene identitätsbestimmenden Merkmale, die nach innen die Kontinuität sichern und nach außen die Grenzen gegenüber der Umgebungsgesellschaft und anderen religiösen Gruppierungen sichern: die Rituale, die Glaubensinhalte und das Ethos.

Traditionsreligion

Als das frühe Christentum nach dem Tod der Apostel zu einer Traditionsreligion wurde, wurde selbstverständlich die Mehrzahl der neuen Mitglieder weiterhin durch Bekehrungen gewonnen. Diese geschahen nun allerdings in einen bereits etablierten religiösen Kontext hinein. Hinzu trat nun auch, dass Menschen schon als Christusgläubige aufwuchsen (vgl. 2Tim 1,5). So galten christliche Haushalte als Ideal (vgl. Apg 10,1–11,18; 16,13–15.25–34; 18,8) bzw. waren selbstverständliche Realität (ISmyrn 13,1). Anweisungen zur Erziehung (Kol 3,21; Eph 6,4; 1Tim 3,4.12) bzw. zum Verhalten der Kinder (Kol 3,20; Eph 6,1–3; Did 4,9; Pol 4,2) wurden daher nun wichtig.

Christliche Haushalte

Inhaltlich trat die Traditionsbindung in den Vordergrund, da die überlieferte Lehre der Apostel zum Ursprung der Wahrheit erklärt und für die Gegenwart aktualisiert wurde. Die frühchristlichen pseudepigraphischen Texte sind Beispiele für die Bedeutung dieses Phänomens (s. o. 15.1.1). Aber nicht nur das Ringen um Kontinuität war damit verbunden, sondern auch jenes um Kohärenz (s. o. 15.2). Die Auseinandersetzung mit dem gnostischen Christentum ist zugleich als eine Auseinandersetzung zwischen Traditionsreligion auf der einen und Bekehrungsreligion auf der anderen Seite zu erklären: Die gnos-

Traditionsbindung

tische Erkenntnis war ein Äquivalent zur Bekehrung, das Einzelne aus den zu jener Zeit schon vorfindlichen Formen von christlicher Frömmigkeit und Ethos herausheben wollte.

Im Blick auf das Ethos zeigt sich, dass einerseits die ethischen Traditionen der Anfänge weitergeführt und Teil der Lehre wurden, andererseits aber durch die dauerhafte Verankerung in der nicht-christlichen Gesellschaft deren ethische Ideale stärker integriert wurden. Dazu traten neue Herausforderungen, die mit der Aufnahme von Mitgliedern weiterer gesellschaftlicher Schichten zusammenhingen (s. u. 16.6).

Ethos

16.2 Die religiösen Vollzüge

Im Großen und Ganzen führten Christusgläubige in ihren Versammlungen das Erbe des Judentums weiter, nahmen aber ebenso die Praxis der hellenistischen Bankettkultur und der Gemeinschaftsmähler in Vereinigungen auf. Zugleich gab es Besonderheiten wie die Taufe oder die Deutungen des Gemeinschaftsmahles, die den frühchristlichen Versammlungen ihr spezifisches Profil und ihre Anziehungskraft verliehen.

Die Taufe blieb das einzige Initiationsritual, mit dem die Glaubenden Teil der Gemeinschaft wurden und an der himmlischen Heilswirklichkeit Anteil gewannen. Die Taufe auf den Namen Jesu Christi (s. o. S. 140) wurde ausgeweitet zur Taufe auf Vater, Sohn und Heiligen Geist (Mt 28,19; Did 7,1). Hinzu traten Regeln über den Zustand des Taufwassers und die Taufvorbereitung (Did 7,2-4). Im Zentrum stand aber weiterhin neben der Initiation auch die Geistverleihung, die teilweise mit einer Handauflegung (Apg 8,14-18; 9,17f.; 19,1-7; Hebr 6,2) verbunden wurde. Neue Metaphern rund um die Taufe begegnen in Quellen aus dieser Zeit: himmlische Beschneidung (Kol 2,11-13), Versiegelung (Eph 1,13; 4,30) oder Wiedergeburt (Tit 3,5; vgl. Joh 3,5).

Taufe

Ebenso bedeutsam für die Vergewisserung von Identität und die Abgrenzung nach außen war das gemeinsame Mahl, das in dieser Zeit bereits als „Eucharistie" (Danksagung) bezeichnet wurde (Did 9,5; IPhilad 4,1; ISmyrn 8,1; IEph 13,1). Das wöchentlich am ersten Tag der Woche, dem Herrentag (Did 14,1), gefeierte Mahl, bei dem wie auch sonst in der Antike eine religiöse Komponente konstitutiv war, blieb das Kernritual christlicher Versammlungen. Es fand in der Regel am Abend statt (vgl. Plinius, epist. 10,96,7) und war nur Getauften zugänglich (Did 9,5). Sünder sollten nicht teilnehmen (Did 10,6).

Eucharistie

Hinsichtlich der Bewahrung der Kontinuität war schon bei Paulus im Zusammenhang des Herrenmahls die Erinnerung an den Tod Jesu wichtig gewesen (1Kor 11,23-27). Dies wurde in den synoptischen Evangelien weiter verstärkt, indem nun die enge Verbindung mit der gesamten Passionsgeschichte betont wurde (vgl. Mk 14,12–31 par). Hingegen legten sowohl die Didache als auch die Ignatiusbriefe auf die Bewahrung bzw. Herstellung von Kohärenz im Blick auf das Gemeinschaftsmahl Wert. So rückt in der Didache die Sammlung der Kirche ins Zentrum (Did 9f.), und für Ignatius ist die Teilnahme am Herrenmahl unter der Leitung des Vorstehers die Demonstration der Einheit und die Widerlegung falscher Lehren (IEph 5,2; IMagn 7,2; ITrall 7,2; IPhilad 4).

Religiöse Handlungen Mahlfeiern und in diesem Zusammenhang stattfindende religiöse Handlungen schlossen auch Gebete ein (vgl. Did 9f.; 1Clem 59–61), wobei das Vaterunser offenbar besonders verbreitet war (Lk 11,2–5; Mt 6,9–13; Did 8,2). Als Gebetshaltungen sind analog zum jüdischen und paganen Brauch Stehen mit erhobenen Händen (Mk 11,25; 1Tim 2,8 u. ö.) und Knien (Apg 7,60 u. ö.) schon früh belegt. Erwähnt werden auch Lieder, Psalmen und hymnische Formen (1Kor 14,26; Kol 3,16; Eph 5,19; Jak 5,13; Plinius, epist. 10,96,7; Oden Salomos). Lehre und Prophetie waren ebenfalls weiterhin wesentliche Elemente der Zusammenkünfte (Hebr 5,11–14; Did 4; 11,1f.7–12 u. ö.). Dabei spielten u. a. Lesungen aus dem Alten Testament (2Tim 3,15f.), den Briefen des Paulus (Kol 4,16; 2Petr 3,15f.) oder auch von Evangelientexten (Did 11,3; 15,4; Pol 2,3) eine wichtige Rolle. Dazu traten Formen wie das Ritual des Kusses (1Petr 5,14; vgl. Justin, apol I 65,2; EvPhil 31) oder die Fußwaschung (Joh 13,1–17; vgl. 1Tim 5,10). Einzelne Rufe aus dem Aramäischen wie „Amen" (1Kor 14,16; 1Tim 1,17; 1Clem 20,12 u. ö.), „Maranatha" (Did 10,6) oder „Halleluja" (Apk 19,1–6) wurden auch in ausschließlich griechischsprachigen Gemeinden weitergeführt und bildeten so eine Brücke zu den Anfängen in Galiläa und Judäa.

Vor allem aus der Zeit der dritten Generation sind uns Klagen darüber erhalten, dass die Teilnahme an den religiösen Zusammenkünften zu wünschen übrig ließ (Hebr 10,25; Did 16,2; Barn 4,10b; IEph 13,1; IPol 4,2). Auch der Verfasser der Johannesapokalypse fordert von seinen Adressaten mehr Enthusiasmus ein (Apk 2,4; 3,15f.). Dies ist ein typisches Phänomen einer Traditionsreligion, in die viele Mitglieder schon hineingeboren werden und in der Bekehrungen in eine bereits gefestigte Institution hinein geschehen.

Das jüdische Erbe Mit der Entwicklung zur Traditionsreligion verband sich aber auch die Tendenz, sich immer weiter vom jüdischen Erbe zu entfernen, das Alte Testament ausschließlich als eigenen Text zu betrachten (Barnabasbrief) und nicht-jüdische Traditionen zu schaffen. Trotz mancher Affinitäten oder Tendenzen, diesen Entwicklungen gegenzusteuern (s. o. 13), entfernte sich schon allein aufgrund des zahlenmäßig überwältigenden Übergewichts nicht-jüdischer Christusgläubiger das frühe Christentum sukzessive von den Anfängen als Teil des Judentums. Dass diese Trennung nicht an allen Orten gleichzeitig geschah, sondern sich vielmehr in einem langwierigen Prozess über Jahrhunderte hinzog, während dem manchmal auch erneute Annäherungen an das Judentum unternommen wurden, kann nicht darüber hinwegtäuschen, dass spätestens Anfang des 2. Jh. n. Chr. dieser Weg grundsätzlich eingeschlagen war.

Wie die alltägliche Religiosität von Christusgläubigen zu dieser Zeit aussah, lässt sich nur wenigen Texten entnehmen. Sicherlich gehörte das Sprechen des Vaterunsers dazu (Mt 6,9–14; Lk 11,2–5; Did 8,2): Laut Did 8,3 sollte es dreimal am Tag gebetet werden, nach Mt 6,6 im hintersten Raum eines Hauses. Mehrfach wird die Gewährung von Gastfreundschaft für andere Christusgläubige eingefordert (u. a. 1Tim 3,2; Tit 1,8; Hebr 13,2; 1Petr 4,9). Besonders wichtig und im Vergleich vor allem mit griechisch-römischen Kulten besonders auffällig war, dass die Christusgläubigen ihren gesamten Alltag nach den christlichen Prinzipien richten sollten. Das wurde zwar, wie die wiederholte Kritik und die zahlreichen Mahnungen der frühchristlichen Literatur zeigen, nicht immer umgesetzt, doch der Anspruch bestand ungebrochen weiter.

Alltagsreligiosität

16.3 Die Etablierung von Ämtern

Schon in den ersten Jahren des frühen Christentums gab es Funktionsträger. Ab dem Ende des 1. Jh. n. Chr. entwickelten sich aber unterschiedliche Ordnungen, die im Laufe des 2. Jh. n. Chr. nach und nach vereinheitlicht wurden. Anfänglich lassen sich vor allem zwei Formen unterscheiden, jene der Presbyter („Älteste") und jene der Episkopen („Aufseher") und Diakone („Diener"). Infolge dieser institutionellen Entwicklung wurden aus den Gemeinden Gemeinschaften, die sich von antiken Vereinigungen in organisatorischer Hinsicht nicht mehr unterschieden. Gegenüber der bei Paulus zu finden den Betonung der Geistbegabung, die einzelne Menschen zu bestimmten Diensten in den Gemeinden befähigt, rückten nun Personen in Leitungsfunktionen, die sich durch bestimmte Tugenden und Lebensumstände für diese Ämter qualifiziert hatten. Sie wurden entweder von den Gemeinden gewählt (Did 15,1) oder von ihren Vorgängern eingesetzt (1Clem 44,3).

Institution

Angesichts der stetig größer werdenden Zahlen von Christusgläubigen ist anzunehmen, dass in den großen Städten wie Rom, Ephesus oder Antiochien mehrere Gemeinden bestanden. Eine Entwicklung, wonach die Hausgemeinden zu Ortsgemeinden unter der Leitung eines Episkopos zusammengefasst wurden, deren kleinere Einheiten von Presbytern und Diakonen geleitet wurden, lässt sich hingegen nicht nachweisen. Vielmehr ist damit zu rechnen, dass große Gemeinden aus praktischen Gründen in mehrere geteilt wurden, die jeweils eigene Amtsstrukturen hatten. Dieses Nebeneinander wird aber auch zu Streitigkeiten und Konkurrenzdenken geführt haben.

16.3.1 Presbyter

Paulus erwähnt das Amt des Presbyters nicht. Der lukanische Bericht, wonach Barnabas und Paulus am Ende ihrer gemeinsamen Verkündigungsreise für die Gemeinden Älteste auswählten (Apg 14,23; vgl. 20,17), ist eine Konstruktion des Verfassers, die das Alter und die Verbreitung der von Lukas favorisierten Presbyterordnung zeigen soll. Historisch zuverlässiger ist die Angabe, dass Presbyter Teil der Jerusalemer Gemeindeleitung waren (Apg 11,30; 15,2.4.6.22f.; 16,4; 21,18; s. o. S. 144), da dies lokalen Verhältnissen in Jerusalem durchaus entsprach. Aber auch in griechisch-römischen Vereinigungen wurde diese Funktionsbezeichnung verwendet (s. o. S. 35).

Entstehung

In den Quellen begegnet das Amt des Presbyters erst in Texten vom Ende des 1. und Anfang des 2. Jh. n. Chr. Neben der um 100 n. Chr. entstandenen Apostelgeschichte findet es sich im 1. Petrusbrief, dem Jakobusbrief, dem 2. und 3. Johannesbrief, dem 1. Timotheus- und Titusbrief sowie in Schriften der Apostolischen Väter (1Clem; Ignatius; Polykarp; Hermas) mit Ausnahme der Didache. Diese zahlreichen Zeugnisse aus verschiedenen geographischen Gebieten – Kleinasien, Rom und Griechenland – zeigen, wie verbreitet diese Funktion im frühen Christentum war. Allerdings ist auch nicht überall, wo von älteren Männern oder Frauen die Rede ist, eine entsprechende Funktion gemeint (z. B. 1Tim 5,1f.).

Verbreitung

Der aus Kleinasien stammende 1. Petrusbrief gibt an, dass das Presbyterkollegium die Leitung der Gemeinde innehatte (1Petr 5,1–5). In diesem Text (vgl. auch 1Clem 1,3; Tit 2,1–5) wird außerdem erkennbar, dass die Bezeichnung als „Älteste" durchaus wörtlich genommen werden sollte: Die „Jüngeren" werden nämlich ermahnt, sich den Presbytern unterzuordnen. Auch im Titusbrief wird dies ähnlich ausgedrückt: Die Älteren sollen den Jüngeren als Vorbilder dienen, wobei vor allem von älteren Frauen (πρεσβῦτις/*presbytis*) u. a. erwartet wird, „Lehrerinnen des Guten" zu sein (Tit 2,3). Die Betonung des Alters als eines wesentlichen Kriteriums für eine Leitungsfunktion hängt zusammen mit der Kontinuitätskrise der zweiten und dritten Generation: Die Alten galten als den Anfängen des christlichen Glaubens näher und zugleich als Träger der Überlieferung. So nennt auch Papias von

Funktionen

Hierapolis (um 110 n. Chr.) die Presbyter als die wesentlichen Zeugen der Überlieferung (bei Euseb, h. e. 3,39,3f.).

Der Verfasser der beiden kürzeren Johannesbriefe bezeichnet sich selbst als Presbyter und setzt voraus, dass dies einen Autoritätsanspruch begründet. Älteste gab es neben den Diakonen auch in Philippi (Pol 5,3; 6,1), allerdings keine Episkopen mehr. Für Korinth können wir dem 1. Clemensbrief entnehmen, dass die Autorität der dortigen Presbyter gefährdet war (1Clem 47,6; 54,2; 57,1). Das hing mit der Aufnahme von Personen mit hohem gesellschaftlichem Status in die dortige Gemeinde zusammen, die entsprechende Ansprüche erhoben. In Rom hatten Presbyter sogar Ehrenplätze (Hermas, vis. 3,1,8).

Ein Nebeneinander von Presbytern bzw. Episkopen und Diakonen findet sich in den Pastoralbriefen: Obwohl aufgrund der besonderen Gewichtung von Episkopen und Diakonen der Eindruck entsteht, dass der Verfasser diese Ämter besonders schätzte, haben Presbyter ebenfalls eine große Bedeutung: Sie sollen u. a. durch doppelte Portionen beim Gemeinschaftsmahl besonders geehrt werden (1Tim 5,17f.). Außerdem werden sie vor Anschuldigungen durch einfache Gemeindeglieder geschützt (1Tim 5,19). Einerseits soll Titus sie selbst eingesetzt haben (Tit 1,5), andererseits soll Timotheus von den Presbytern unter Handauflegung das Charisma der Lehre übermittelt worden sein (1Tim 4,14). Als Aufgabe der Ältesten wird u. a. die Lehre angeführt (1Tim 5,17). Auch bei Ignatius wird trotz der Betonung des Monepiskopats (s. u. S. 322) die Rolle der Presbyter hervorgehoben: Sie entsprechen den Aposteln (IMagn 6,1) und bilden mit dem Episkopos das Zentrum der Gemeinde (IMagn 7,1).

16.3.2 Episkopen

Bereits Paulus kannte in der Gemeinde von Philippi das Amt des Episkopen („Bischofs"). Gemeinsam mit den Diakonen bildeten Episkopen dort ein Leitungskollegium, wobei allerdings Aufgabenzuordnungen nicht weiter besprochen werden (Phil 1,1). Die Bezeichnung ἐπίσκοπος/*episkopos* hat keine jüdische, sondern eine hellenistische Geschichte. Von Episkopen ist u. a. in Vereinigungen die Rede (s. o. S. 35), aber auch darüber hinaus in unterschiedlichen sozialen Kontexten. Sie übernehmen leitende Funktionen in bestimmten Verantwortungsbereichen. Es handelte sich in Philippi also um die Übernahme eines gebräuchlichen Titels, der sich vermittelt durch die Rezeption der Paulusschriften, aber auch unabhängig davon (vgl. Did 15,1f.) im frühen Christentum verbreitete.

Entstehung

Das zeigen vor allem die Pastoralbriefe für die Zeit um 100 n. Chr. In 1Tim 3,1–7 wird das Amt des Episkopos, von dem hier bereits ausschließlich im Singular gesprochen wird und das auf Männer beschränkt ist, als eine wertvolle Tätigkeit bezeichnet, für die ein Bewerber eine Reihe von Qualitäten mitbringen muss (vgl. Tit 1,7–9). Die Aufträge an Timotheus und Titus, die selbst als die vorbildlichen Träger dieser Funktion beschrieben werden, zeigen, dass die Aufgaben der Leitung, der Lehre und der Abwehr von sog. Irrlehren als wichtigste Tätigkeiten eines Episkopos angesehen werden. Der Vollzug von Ritualen wie Taufe oder Mahlgemeinschaft werden hier nicht genannt. Ähnlich formuliert auch der lukanische Paulus gegenüber den Presbytern von Ephesus, dass diese vom Heiligen Geist als Aufseher berufen wurden, um die Gemeinde vor jenen zu schützen, die sie auseinanderreißen (Apg 20,28–30).

Funktionen

Episkopen und Diakone erwähnt auch die aus Syrien stammende Didache (15,1f.). Sie zeigt, dass lokale Funktionäre in einer gewissen Konkurrenzsituation standen: Von außen Kommende, die als Träger von geistgewirkter Lehre und Prophetie auftraten (Did 11,3–12; 13,1–7.), wurden von den Christusgläubigen mehr geschätzt als die von der jeweiligen Gemeinde selbst gewählten Episkopen und Diakone. Nach 1Clem 42,4f. beruhte die Autorität von Episkopen und Diakonen auf der Einsetzung durch Apostel bzw. deren Nachfolger.

Didache

Eine besonders hervorgehobene Stellung des Episkopos ist schließlich in den Briefen des Ignatius von Antiochien erreicht. Ignatius selbst war Episkopos der Gemeinde von Antiochien (IRöm 2,2), sein Schüler Polykarp Episkopos von Smyrna (IPol prasec.). In seinen Schreiben an Gemeinden Kleinasiens forderte Ignatius die Adressaten und Adressatinnen wiederholt dazu auf, sich ausschließlich an den Episkopos zu halten. Dieser galt ihm als Garant von Einheit und Rechtgläubigkeit: „Folgt alle dem Aufseher, wie Jesus Christus dem Vater!" (ISmyrn 8,1; vgl. 9,1; IPhilad 7,2; IEph 6,1 u. ö.). Nichts, was in irgendeiner Weise mit der Gemeinde zu tun hat, dürfe ohne den Episkopos geschehen, aber auch nicht ohne Presbyter und Diakone (IMagn 7,1; ITrall 7,2). Das gilt für Ignatius im Besonderen für Taufe und Gemeinschaftsmahl (ISmyrn 8,2). Er dachte dabei eindeutig nur an *einen* Aufseher für jede Gemeinde, ein Grundsatz, der in den Pastoralbriefen noch nicht so klar formuliert worden war. Allerdings ist zu bedenken, dass trotz der Forderungen des Ignatius nicht anzunehmen ist, dass in diesem Zeitraum (114–117 n. Chr.) in allen Gemeinden Kleinasiens bzw. im gesamten frühen Christentum die Funktion des *einen* Aufsehers – das sogenannte Monepiskopat – bereits üblich war. Im Brief nach Rom erwähnt Ignatius etwa keinen Episkopos, im Polykarpbrief nach Philippi ist nur von Presbytern und Diakonen die Rede. Auch in Korinth gab es nur Presbyter (1Clem). Es ist daher davon auszugehen, dass Ignatius versuchte, die Krisen der Gemeinden durch die Kon-

Ignatius

zentration auf ein führendes Leitungsamt, eben jenes des Episkopos, zu überwinden. Daher ordnete er die etablierten Ämter Episkopos, Presbyter und Diakon in eine Hierarchie ein, die einen einzelnen Aufseher an der Spitze, darunter mehrere Älteste und als dritte Stufe die Diener vorsah (IMagn 6,1; 13,1; ITrall 2,2–3,1; IPhilad praesc.; 7,1).

Die Etablierung von Funktionen und die Forderung nach Unterordnung unter Amtsträger im frühen Christentum waren keineswegs ungewöhnlich: In griechisch-römischen Vereinigungen bestand ein ähnliches Bedürfnis, die Ordnung der Gemeinschaft durch die Etablierung von Ämtern zu garantieren und zugleich dafür zu sorgen, dass den Funktionsträgern Anerkennung und Respekt entgegengebracht wurden. Die Leitung einer Gemeinschaft war nämlich nicht nur für die richtigen Abläufe verantwortlich, sondern auch für das Ansehen nach außen (vgl. 1Tim 3,7; ITrall 3,2). Die wiederholte Bedingung, Episkopen sollten Geld nicht lieben (1Tim 3,3; Did 15,1; vgl. Pol 5,2), zeigt zudem, dass von ihnen besondere Beiträge zu den Kosten der Gemeinschaftsmähler erwartet wurden.

Parallelen

16.3.3 Diakone

Neben der schon erwähnten Funktion von Diakonen in der Gemeinde von Philippi findet sich bei Paulus ein vielfältiger Gebrauch des Wortes διάκονος/*diakonos*, das auch in Vereinigungen begegnet (s. o. S. 35). Es bezeichnet grundsätzlich alle Formen des Dienstes und wird u. a. für das Wirken der Phöbe zugunsten der Gemeinde von Kenchreä verwendet (Röm 16,1; vgl. 12,7). Eine Einschränkung auf Dienste bei Gemeinschaftsmählern lässt sich nicht belegen, auch wenn dies zweifellos zu den Aufgaben der Diakone gehörte (vgl. Apg 6,1; ITrall 2,3). In den Pastoralbriefen rückt die Funktion des Diakons sehr eng an die des Episkopos heran (1Tim 3,8–13; vgl. Pol 5,2), wenngleich die Reihenfolge der Nennung sowie die Verwendung des Plurals „Diener" doch eine Vorordnung der Aufseher erkennen lässt. Auch Frauen sieht der Verfasser der Pastoralbriefe in dieser Funktion (1Tim 3,11), die u. a. als Glaubensvorbilder gelten sollen (vgl. Plinius d. J., epist. 10,96,8). Konkrete Dienste werden aber nicht erwähnt. Ignatius lobt Diakone ausdrücklich, und ihr Dienst wird mit dem Liebesdienst Christi verglichen (IMagn 6,1). Die bei Ignatius namentlich genannten Diakone sind allesamt Männer.

Diakone

16.3.4 Lehrer und Propheten

Neben den oben genannten häufig belegten Funktionen gab es auch noch Lehrer und Propheten (vgl. 1Kor 12,28f.; Apg 13,1). Sie nahmen unabhängig von Wahl oder Einsetzung ebenfalls die wichtige Funktion

Lehrer

der Traditionsbewahrung und -aktualisierung wahr. Matthäus rückt die Schriftgelehrten als wichtige dritte Gruppe neben Propheten und Weisen in den Vordergrund (Mt 23,34). Im Epheserbrief werden u. a. Lehrer für den Bau der Gemeinde verantwortlich gemacht (Eph 4,11f.; vgl. Hebr 5,12; Jak 3,1). Mit den namenlosen Töchtern des Philippus tauchen einmal auch Prophetinnen auf (Apg 21,9), die zunächst in Judäa, nach 70 n. Chr. zusammen mit ihrem Vater im kleinasiatischen Hierapolis lebten (Papias bei Euseb, h. e. 3,31,3f.).

Didache — Die Didache beschäftigt sich intensiv mit der Frage, wie Propheten und Lehrer zu behandeln sind, die von außen in die Gemeinden kommen (Did 11,3–12; 13,1–7). Neben einer grundsätzlichen Wertschätzung wird dort auch klargemacht, woran falsche Lehrer und Propheten bzw. Gesandte (Apostel) zu erkennen seien. Es ist nämlich nicht der Inhalt der Lehre, sondern ihr Verhalten, das entscheidend ist (Did 11,8). Sie suchen keinen finanziellen Vorteil für sich, indem sie länger als zwei Tage bleiben (11,5) oder gar um Geld bitten (11,6.12). Ihre Handlungen müssen dem Verhalten Christi und ihrer Lehre entsprechen (11,11).

Insgesamt ist aber auffällig, dass die Lehrtätigkeit in späterer Zeit von Episkopen und Presbytern übernommen wurde, wohl auch deshalb, weil Verkündiger ohne Leitungsamt bzw. sogar ohne konkrete Gemeindezugehörigkeit als mögliche Ursache von Schwierigkeiten galten. Die Wandlung zu einer Traditionsreligion schloss auch die Festigung institutioneller Strukturen ein.

16.4 Die johanneische Bewegung

Exemplarisch werden diese Entwicklungen zu einer institutionellen Gestalt der Gemeinden auch an jener Gemeinschaft sichtbar, die hinter den johanneischen Texten des Neuen Testaments (Joh, 1–3Joh) steht. Dabei handelt es sich nicht um eigene Gemeinden johanneischen Typs, sondern um Gruppen von Christusgläubigen, die – analog zur Paulusschule – Teile von lokalen Gemeinden waren. Für eine Verankerung als Bewegung innerhalb größerer Gemeinden sprechen u. a. die Unterscheidung von „allen" und „uns" in 3Joh 12 und die Differenzierung zwischen der Ekklesia und der eigenen Gruppe in 2Joh 4. Die johanneische Bewegung pflegte eine eigene Art von Christusglauben, die sprachlich und begrifflich eine besondere Form gefunden hatte. Untereinander bezeichneten sie sich als „Freunde" (3Joh 15) und als jene, „die in der Wahrheit wandeln" (2Joh 4; 3Joh 3f.).

Johanneische Schule

Mit der schon geschehenen Trennung von Diasporasynagogen als traumatischer Erfahrung im kollektiven Gedächtnis (Joh 9,22;

12,42; 16,1–4; 19,38; s. o. S. 271) hatte sich die johanneische Bewegung zunächst in Syrien und dann vor allem im westlichen Kleinasien in nicht-jüdisch geprägten christlichen Gemeinden verbreitet. Um die Wende vom 1. zum 2. Jh. n. Chr. entstanden dann eigene Schriften, die die johanneische Theologie in Form eines Evangeliums und eines Lehrschreibens (1Joh) festhielten. Auch zwei Gelegenheitsbriefe (2+3Joh), in denen aktuelle Probleme angesprochen werden, sind überliefert.

Schriften

Der Hintergrund der in den Johannesbriefen angesprochenen Auseinandersetzung mit Gegnern aus den eigenen Reihen war der Streit um die Christologie (s. o. 15.2.3). Der Verfasser fordert das Bekenntnis ein: „Jesus Christus ist im Fleisch gekommen" (2Joh 7). Die Auseinandersetzung wird ausgesprochen hart geführt, die Gegner werden als Antichristen (1Joh 2,18), Lügner (2,22), Kinder des Teufels (3,10), Mörder (3,15) usw. bezeichnet. Dabei waren sie selbst auch Teil der johanneischen Bewegung gewesen (1Joh 2,19), hatten sich aber nach Ansicht des Verfassers von dem gemeinsamen Bekenntnis und damit von der Gemeinschaft gelöst. In 2Joh 10 warnt der Verfasser, der sich „der Presbyter" bezeichnet, davor, Lehrern, die diese Christologie vertreten, Gastfreundschaft zu gewähren. Mit einem umgekehrten Anliegen wendet sich derselbe Autor im 3. Johannesbrief an einen Vertrauten namens Gaius: Dessen Gemeinde wurde von einem gewissen Diotrephes geleitet, der nun seinerseits Angehörigen der johanneischen Bewegung die Gastfreundschaft verweigerte. Er ließ sogar jene aus der Versammlung werfen, die sich dieser Verweigerungshaltung nicht anschlossen. Der Hintergrund dieser Situation ist vergleichbar mit jenen Konstellationen, die in der Didache angesprochen werden (Did 11–13.15): Die gewählte Leitung einer Gemeinde wehrte sich gegen den Einfluss jener, die von außen kamen und für ihre Verkündigung Anspruch auf Gehör erhoben. Dahinter mussten nicht immer unterschiedliche theologische Lehren stehen, es genügte auch Misstrauen oder gekränkte Eitelkeit.

Auseinandersetzungen

Die Geschichte der johanneischen Bewegung, die laut altkirchlicher Tradition in Ephesus ein Zentrum hatte (vgl. Irenäus, adv. haer. 1,1,1), endete im Laufe des 2. Jh. n. Chr. Ein Teil des johanneischen Christentums ging in der petrinisch-paulinisch geprägten Form auf, ein anderer rückte in die gnostische Richtung.

16.5 Askese

Neben den Vorgaben, die aus der Zeit der Anfänge übernommen wurden, wie Nächstenliebe, Gastfreundschaft, Almosen und anderem, rückte in der Zeit der zweiten und dritten Generation Askese stärker

Enthaltsamkeit in den Vordergrund. Der dauernde oder zeitlich begrenzte Verzicht auf (bestimmte) Nahrungsmittel bzw. die Ausübung von Sexualität war in der Antike weit verbreitet: Askese war z. B. in einigen philosophischen Anschauungen wie der Stoa geboten, in religiösen Kontexten gehörte sie zu bestimmten Kulten oder war Ausdruck von Buße und Hingabe. Frühchristliche Texte zeigen, dass es in der Frage der Askese im frühen Christentum höchst divergierende Positionen gab.

Paulus Eine wesentliche Weichenstellung hin zu einer christlich motivierten Sexualaskese nahm bereits Paulus vor (1Kor 7,1–9.25–38). Seinem Wunsch, alle Menschen mögen unverheiratet sein, konnten, das sah auch Paulus ein, nicht alle entsprechen. Daher belehrte er die Adressaten und Adressatinnen in Korinth, dass es besser sei, zu heiraten und sich einander dann allenfalls zeitlich befristet zu entziehen. Nur so könne Unzucht verhindert werden. Sexualaskese war seiner Ansicht nach eine Geistesgabe, kein gemeinchristlicher Anspruch (7,7). Askese hat hier eine eschatologische Motivation: Angesichts der nahen Parusie soll die Ausrichtung auf den kommenden Herrn im Vordergrund stehen (7,32–34).

Im Blick auf Nahrungsaskese ist ein Abschnitt aus dem Römerbrief von besonderem Interesse: In der Diskussion über die Frage, welche Speisen- und Getränkewahl die christliche Mahlgemeinschaft zerstören könnte, hielt Paulus fest (Röm 14,20f.):

> „Es ist zwar alles rein. ... Es ist aber besser, kein Fleisch zu essen und keinen Wein zu trinken und nichts, woran sich dein Bruder stoßen könnte."

Die asketische Motivation bestand hier also in der Rücksicht auf jene Mitglieder der Gemeinde, die mit bestimmten Mahlbestandteilen religiöse Schwierigkeiten hatten (vgl. 1Kor 8–10).

Fasten Die Bedeutung von Askese wurde im Laufe der Zeit größer, wenngleich die eschatologische Motivation wegfiel. Sie findet sich betont im lukanischen Doppelwerk: Nach Apg 24,25 ging es in der Verkündigung des Paulus um Gerechtigkeit, Gottesgericht und Enthaltsamkeit (ἐγκράτεια/*enkrateia*). Im Evangelium veränderte Lukas Abschnitte aus dem Markusevangelium so, dass sie eine asketische Richtung bekamen: Nach der Entrückung Jesu beginnt für die Christusglaubenden die Zeit des Fastens (Lk 5,33–35; vgl. Mk 2,18–20). Damit sind nicht jene Fasttage gemeint, die in Did 8,1 mit Mittwoch und Freitag festgelegt werden, sondern eine generelle Enthaltsamkeit von manchen Speisen bzw. Getränken wie Fleisch oder Wein (vgl. auch Apg 15,20.29; 21,25). Meidung von Fleisch und Wein könnte auch hinter der Polemik der Apokalypse gegen Götzenopferfleisch und Saufgelage stehen, dies wird aber nicht deutlich ausgesprochen (vgl. Apk 2,14.20; 14,8).

Im Blick auf sexuelle Enthaltsamkeit ist auffällig, dass Lukas Jesus sagen lässt, dass jene, denen die Auferstehung von den Toten zugesagt ist, anders als die „Kinder dieser Welt" weder heiraten noch sich heiraten lassen (Lk 20,34–36). Das Ideal der männlichen und weiblichen Jungfräulichkeit ist hier impliziert, das auch die Johannesapokalypse aufnahm, anscheinend aber nur im Blick auf Männer (Apk 14,4; vgl. Pol 5,3). Vor allem die Bewahrung von weiblicher Jungfräulichkeit wurde in der Folgezeit zu einem populären Thema von Apostelakten und Märtyrergeschichten. Aber die Enthaltsamkeit wird auch grundsätzlich als Tugend gelobt: Man soll sie nur nicht demonstrativ ausüben (Mt 6,16; 1Clem 38,2).

Sexualaskese

In deuteropaulinischen Texten wird hingen vor Askese gewarnt: So stellt Kol 2,21 als Ausdruck unnötiger Bestimmungen, die die Christusgläubigen nur verunsichern, zusammen: „Fass nicht an, koste nicht, berühre nicht!" Noch deutlicher wird der Verfasser des 1. Timotheusbriefes, der – offenbar gegen gnostische Ansichten – es als teuflische Lehre betrachtet, sexuelle Askese und Verzicht auf bestimmte Speisen zu fordern (1Tim 4,1–5). Sowohl die Integration in die griechisch-römische Gesellschaft wie die Ablehnung jedweder Schöpfungsfeindlichkeit stehen hinter dieser Zurückdrängung von Askese im frühen Christentum.

Warnung vor Askese

16.6 Die soziale Gestalt

Als Traditionsreligion, in die immer mehr Personen integriert wurden, entwickelte sich das frühe Christentum zu einem noch breiteren Spiegelbild der griechisch-römischen Gesellschaft. Das schloss die weitere Aufnahme von einigen Angehörigen der Oberschicht ein, wodurch u. a. das Bildungsniveau weiter gehoben wurde. Zugleich wurde der Anteil an Menschen aus den unteren Einkommensschichten deutlich größer. Auch die nun höhere Anzahl von Kindern dokumentiert die stattfindenden Verschiebungen. Der Anteil an Frauen in den Versammlungen der Christen war für antike Verhältnisse ungewöhnlich hoch (vgl. Origenes, c. Celsum 3,44). Das Verhältnis zwischen diesen sozialen Gruppen innerhalb des frühen Christentums änderte sich aber im Laufe der zweiten und dritten Generation.

Verschiebungen

Die frühchristliche Neubestimmung der sozialen Verhältnisse zeigt sich u. a. in den sogenannten Haustafeln (Kol 3,18–4,1; Eph 5,21–6,8; 1Petr 2,11–3,7). Sie kleiden verbreitete Ansichten über Grundlagen eines funktionierenden Haushalts in ein christliches Gewand und geben sozialen Ordnungen damit eine religiöse Begründung. Das stand auch damit im Zusammenhang, dass inzwischen der christli-

Haustafeln

che Haushalt der Regelfall war, für den nun eine neue Orientierung gegeben wurde. Dabei war das Verhältnis zwischen den Eheleuten klar bestimmt: Von den Ehemännern wurde Liebe zu ihren Frauen bzw. Ehrerbietung eingefordert (Kol 3,19; Eph 5,28; 1Petr 3,7). Frauen hingegen wurden zur Unterordnung verpflichtet (Kol 3,18; Eph 5,22–24; 1Petr 3,1–6; Tit 2,5; 1Clem 1,3). Dies wurde motiviert durch Aussagen, die auf den Kyrios verweisen (Kol 3,18), auf eine Heilsordnung (Eph 5,23f.), auf alttestamentliche Vorbilder (1Petr 5,6) oder auf eine festgelegte Regel (1Clem 1,3). Als Begründung wurde aber auch die Außenwahrnehmung genannt (1Petr 3,1; Tit 2,5).

Frauen   Auch innerhalb der Gemeinden setzte eine Zurückdrängung von Frauen aus religiösen Funktionen ein, obwohl viele von ihnen aus den höheren Status- bzw. Einkommensgruppen kamen (1Tim 2,9; 1Petr 3,3). Das Redeverbot für Frauen, das in 1Tim 2,11–14 und in dem deuteropaulinischen Zusatz in 1Kor 14,33b–35 ausdrücklich formuliert wurde (vgl. 1Petr 3,3–5; s. o. S. 247), hängt mit einer auch in der griechisch-römischen Welt weit verbreiteten Ansicht zusammen, dass das Wirken von Frauen auf den nicht-öffentlichen Raum beschränkt bleiben sollte. Ihre Aufgaben seien das Gebären und Aufziehen von Kindern (1Tim 2,15; 5,10.14) sowie die häusliche Arbeit (1Tim 5,8; Tit 2,5). Das wird auch an dem Vorurteil deutlich, wonach gerade Frauen für die gnostischen Irrlehren besonders anfällig wären (2Tim 3,6f.). Dabei wird aus einigen frühen gnostischen Texten die explizite Ablehnung von Weiblichkeit erkennbar (vgl. EvThom 114; Dialog des Erlösers NHC II 144,92).

Dennoch war die Mitwirkung von Frauen in den Gemeinden weiterhin wichtig: In 1Tim 3,11 wird deutlich, dass es trotz der grundsätzlichen Skepsis des Verfassers weibliche Diakoninnen gab. Die Lehrtätigkeit älterer Frauen wird in Tit 2,3 angeführt. Auch Plinius erwähnt zwei Diakoninnen (*ministrae*; epist. 10,96,8). Eine besondere Rolle spielten Witwen, denen sich der Verfasser in 1Tim 5,3–16 ausführlich zuwendet: Ältere Witwen, die nicht für sich selbst sorgen können, sollen in eine Liste eingetragen werden, um durch die Gemeinde versorgt zu werden (vgl. auch Apg 6,1). Als ihre Aufgaben werden das Gebet, Gastfreundschaft und Ritual der Fußwaschung (1Tim 5,5.10; vgl. Pol 4,3) bestimmt. Ignatius kennt diese besondere Gruppe ebenfalls (ISmyrn 13,1; IPol 4,1).

Sklaven   In den Haustafeln und ähnlichen Texten geht es auch um das Verhältnis zwischen christusgläubigen Sklaven und Sklavinnen und ihren ebenfalls zur Gemeinde gehörenden Herren (Kol 3,22–4,1; Eph 6,5–9; 1Petr 2,18; 1Tim 6,1f.; Tit 2,9). Hier werden spezifisch christliche Motivationen eingebracht, die wohl dazu gedacht waren, die in der Gemeinde weiterhin aufgehobenen Statusunterschiede (vgl.

Did 4,10f.), vor allem im Hinblick auf die Sklaverei, nicht auf das Alltagsleben übergreifen zu lassen.

Im Hinblick auf soziale Spannungen ist deutlich, dass die weitere Verbreitung des christlichen Glaubens zu einem Ansteigen des Anteils vermögender Mitglieder in den Gemeinden führte (vgl. 1Tim 2,9; 1Petr 3,3), zugleich aber auch die Zahl der Bedürftigen größer wurde. Aus den mehrfachen Mahnungen, sich fürsorgend diesen Armen zuzuwenden, lässt sich erkennen, dass sich die soziale Schichtung so weit veränderte, dass sich nun auch jene, die am oder unterhalb des Existenzminimums lebten, den christlichen Gemeinden anschlossen. Das nicht unrealistische Beispiel in Jak 2,1–3 zeigt, welche Probleme damit verbunden waren: Vermögende waren in den Gemeinden angesehen, da sie Sozialprestige und ökonomische Unterstützung für die Gemeinschaft einbrachten, Arme hingegen standen am Rand, da sie nichts beitragen konnten. Aber nur wer tatsächlich helfend eingreife, so Jak 2,15–17, könne von sich behaupten, wirklich zu glauben. Dementsprechend finden sich in jenen Texten, die auf die zweite und dritte Generation zurückgehen, zahlreiche Mahnungen an vermögende Mitglieder. Diese werden mitunter auch scharfer Kritik unterzogen (z. B. Jak 4,13–5,6). Außer im Jakobusbrief findet sich dieses Anliegen verstärkt im lukanischen Doppelwerk, aus dem etwa die Maxime „Geben ist seliger als nehmen" stammt (Apg 20,35), im Matthäusevangelium (Mt 25,31–46), in der Didache (Did 5,2; 13,4) und im 1. Clemensbrief (1Clem 55,2). Verantwortlich für die Verwaltung dieses sozialen Ausgleichs waren zumindest in Rom die Diakone (Hermas, sim. 9,26,2).

Reiche und Arme

16.7 Das Ethos

In vielem entspricht das Ethos der Christen um 100 n. Chr. jenen Vorgaben, die schon durch die Jesustradition bzw. Paulus in frühen Texten dokumentiert sind. Die Orientierung an der Tora rückte in den meisten christlichen Gruppen zunehmend in den Hintergrund, und viele hellenistische Tugenden bildeten Elemente des christlichen Ethos. Dieses unterschied sich von den allgemein anerkannten ethischen Vorgaben der griechisch-römischen Welt daher im Großen und Ganzen nicht, hatte aber dennoch Spezifika. Die Verankerung in allgemein angesehenen Tugenden zeigt sich u. a. an einer katalogartigen Zusammenstellung von positiven und negativen Handlungen in der Didache und dem Barnabasbrief, dem sog. Zwei-Wege-Traktat (Did 1–6; Barn 18–20). Dieser stammt aus jüdischer Tradition und seine Inhalte zeigen deutliche Parallelen mit hellenistischen Moralvorstellungen (vgl. u. a. GRA II 117).

Allgemeine Tugenden

Liebesgebot — Zentral blieb das spezifische Liebesgebot, das u. a. in der johanneischen Tradition besonders stark verankert war (Joh 13,34f.; 1Joh 3,11 u. ö.). Dasselbe lässt sich aber selbstverständlich auch von der deuteropaulinischen Tradition sagen (Kol 3,14; 1Tim 1,5), dem Jakobusbrief (Jak 2,8) oder den synoptischen Evangelien (z. B. Mk 12,31 par). Die Liebestätigkeit bzw. Barmherzigkeit richtete sich vor allem auf die Mitglieder der Gemeinde und die Armen, Kranken und andere Bedürftigen darin (z. B. Mt 25,31–46; 1Clem 38,2; Pol 6,1). Auch die Beschreibung der Jerusalemer Gütergemeinschaft durch Lukas gibt dieses Ethos gegenseitiger Hilfestellung den Leserinnen und Lesern zum Vorbild (vgl. Apg 2,44; 4,32; vgl. Did 4,8). Die Zuspitzung des Liebesgebots zu einem Gebot der Geschwisterliebe, die u. a. in den johanneischen Schriften besonders deutlich zum Ausdruck kommt (z. B. 1Joh 4,7–5,3), macht erkennbar, dass es sich nicht um die christliche Adaption einer Almosenethik handelte, in der unabhängig von einem christlichen Bekenntnis die Liebe allen zugutekommen sollte. Sie war vielmehr, wie es griechisch-römischem Selbstverständnis von Gemeinschaften entsprach, auf jene beschränkt, die auch Mitglieder der Gemeinschaft waren. Die verstärkte Offenheit christlicher Gemeinschaften für Angehörige der ökonomisch und sozial unteren Schichten der Gesellschaft machte die *agapē* aber zu einem zentralen Aufgabenbereich innerhalb der einzelnen *ekklēsiai*.

Sklavenfreikauf — Es lässt sich im 2. Jh. n. Chr. auch das Phänomen erkennen, dass christliche Gemeinden Mitglieder, die als Sklaven und Sklavinnen im Besitz von Nicht-Christen waren, freikauften. Das ist für Synagogen oder Vereinigungen ebenfalls belegt. Nach 1Clem 55,2 ging dies bei den Christusgläubigen allerdings so weit, dass sich diese selbst in die Sklaverei begaben, um das Geld für den Freikauf aufzutreiben oder zur Versorgung Bedürftiger zur Verfügung zu stellen. Auch für die Befreiung Gefangener wurde u. U. Geld aufgewandt (vgl. IRöm 4,1).

Buße und Umkehr — War schon Paulus immer wieder damit konfrontiert gewesen, dass Christusgläubige den neuen ethischen Vorgaben nicht entsprachen (vgl. nur 1Kor 5), wird dies in späterer Zeit zu einem noch drängenderen Problem, das auf unterschiedliche Weise angegangen wurde: Der Hebräerbrief ermahnt seine Leserinnen und Leser mit scharfen Worten, sich nicht auf die Möglichkeit erneuter Buße zu verlassen (Hebr 10,26f.; vgl. Hermas, vis. 2,2,5). In 1Joh 5,16f. wird hingegen zwischen zwei Arten der Sünde unterschieden: die eine führt zum Tod, die andere nicht. Erstere meint sicher den Götzendienst (5,21), vielleicht aber auch Unterlassung von Barmherzigkeit gegenüber Gemeindegliedern (3,15). Einen anderen Weg schlägt die Schrift „Hirte des Hermas" ein: Auch nach der Bekehrung zum Glauben gibt es noch einmal die Möglichkeit der Buße, danach aber nicht mehr (mand. 4,3,6f.). Für Verfehlungen bzw. Auseinandersetzungen zwischen Gemeindegliedern wird in anderen Texten ausdrücklich die Gelegenheit zu Vergebung und Aussöhnung gegeben (Mt 18,15–18; 1Joh 2,1f.; Did 14,1f.; IPhilad 8,1). Letzteres wurde schließlich auch zum allgemein gebräuchlichen Prozedere.

Literatur

Valeriy A. Alikin, The Earliest History of the Christian Gathering. Origin, Development and Content of the Christian Gathering in the First to Third Centuries, VigChr.S 102, Leiden und Boston 2010.

Ute E. Eisen, Amtsträgerinnen im frühen Christentum. Epigraphische und literarische Studien, FKDG 61, Göttingen 1996.

Jörg Frey, Die johanneische Theologie zwischen ‚Doketismus' und ‚Antidoketismus'. Auseinandersetzungen und Trennungsprozesse im Hintergrund der johanneischen Schriften und ihrer Rezeption, in: Erzählung und Briefe im johanneischen Kreis, edd. U. Poplutz/J. Frey, WUNT 2. Reihe 420, Tübingen 2016, 129–156.

Judith Lieu, Christian Identity in the Jewish and Graeco-Roman World, Oxford 2004.

Christoph Markschies, Das antike Christentum: Frömmigkeit, Lebensformen, Institutionen, München ²2012.

Hans-Ulrich Weidemann, „Was von Anfang an war …" Der Streit um Christus und die Taufe in den Gemeinden der Johannesbriefe, ThQ 191, 2011, 223–241.

Michael Wolter, Die Entwicklung des paulinischen Christentums von einer Bekehrungsreligion zu einer Traditionsreligion, EC 1, 2010, 15–40.

Abkürzungen

Josephus

bell.	Bellum Iudaicum (Der Jüdische Krieg)
ant.	Antiquitates Iudaicae (Die Jüdischen Altertümer)
vita	Vita (Das Leben des Josephus)
c. Ap.	Contra Apionem (Gegen Apion)

Philo

apol.	Apologia (Apologie)
ebr.	De Ebrietate (Über die Trunkenheit)
Flacc.	In Flaccum (Gegen Flaccus)
leg. ad Gaium	Legatio ad Gaium (Gesandtschaft an Gaius)
migr.	De Migratione Abrahami (Über die Reise des Abraham)
post.	De posteritate Caini (Über die Nachkommen Kains)
prob.	Quod omnis probus liber sit (Über die Freiheit des Rechtschaffenen)
prov.	De providentia (Über die Vorsehung)
spec. leg.	De specialibus legibus (Über die Einzelgesetze)
virt.	De virtutibus (Über die Tugenden)
vit. Mos.	De Vita Mosis (Das Leben des Mose)

Rabbinische Texte

bAZ	Babylonischer Talmud Traktat Aboda Zara
bBer	Babylonischer Talmud Traktat Berakhot
mErub	Mischna Traktat Erubim
MekhJ	Mekhilta de Rabbi Jischmael
mQid	Mischna Traktat Qidushim
mSanh	Mischna Traktat Sanhedrin
tAZ	Tosefta Aboda Zara
tHul	Tosefta Traktat Hulla
yBer	Jerusalemer Talmud Traktat Berakhot
yTaan	Jerusalemer Talmud Traktat Taanit

Jüdische Texte aus hellenistisch-römischer Zeit

1–4Makk	1.–4. Makkabäerbuch
4Esr	4. Esra

Arist	Aristeasbrief
äthHen	äthiopischer Henoch
Jub	Jubiläenbuch
Jdt	Judith
Or.Sib.	Oracula Sibyllina
PsSal	Psalmen Salomos
Sir	Sirach
syrBar	Syrischer Baruch

Qumran-Schriften

1QS	Gemeinderegel
1QSa	Gemeinschaftsregel
1QSb	Regel der Segenssprüche
1QpHab	Pescher zu Habakuk
4QMMT	Miqtzat Ma'ase ha-Tora
CD	Damaskusschrift

Apostolische Väter

1–2Clem	1. und 2. Clemensbrief
Barn	Barnabasbrief
Did	Didache
Pol	Polykarpbrief
MartPol	Martyrium des Polykarp

Ignatius v. Antiochien

IEph	Brief nach Ephesus
IMagn	Brief nach Magnesia
IPhilad	Brief nach Philadelphia
IPol	Brief an Polykarp
IRöm	Brief nach Rom
ISmyrn	Brief nach Smyrna
ITrall	Brief nach Tralleis

Hermas

mand.	Mandata
sim.	Similitudines
vis.	Visiones

Weitere christliche Literatur

ActPaul	Paulusakten
AscJes	Ascensio Isaiae
BG	Codex Berolinensis Gnosticus
Clemens v. Alexandrien	
strom.	Stromateis
EbEv	Ebionäerevangelium
Epiphanius	
haer.	Adversus haereses (Panarion)
Euseb	
h.e.	Historia Ecclesiastica
praep. ev.	Praeperatio Evangelica
EvPhil	Philippusevangelium
EvThom	Thomasevangelium
HebrEv	Hebräerevangelium
Irenäus	
adv. haer.	Adversus Haereses
Justin	
apol.	Apologie
dial.	Dialog mit dem Juden Tryphon
Lactantius	
de mort. pers.	De mortibus persecutorum
Origenes	
c. Celsum	Contra Celsum
NHC	Nag Hammadi Codex
Ps-Clem	Pseudo-Clementinen
Epist. Petri	Epistuila Petri
Hom.	Homiliae
Rekogn.	Rekognitionen
Sulpicius Severus	
chron.	Chronica
Tertullian	
apol.	Apologie

Griechische und römische Autoren

Aristoteles
    eth. Nic.   Ethika Nikomacheia
    Apuleius   Apologie
Cassius Dio
    hist.   Historia Romana
Cicero
    Flacc.   Pro Flacco
    off.   De officiis
Dio Chrysostomus
    or.   Orationes
Plinius der Ältere
    nat. hist.   Naturalis historia
Plinius der Jünger
    epist.   Epistulae
Seneca
    epist.   Epistulae
Sueton (De vita Caesarum)
    Aug.   Augustus
    Caes.   Caesar
    Cal.   Caligula
    Claud.   Claudius
    Dom.   Domitian
    Nero   Nero
    Tib.   Tiberius
    Vesp.   Vespasian
Strabo
    geogr.   Geographica
Tacitus
    ann.   Annalen
    hist.   Historien

Inschriften

GRA	Graeco-Roman Associations, vol. I–II, edd. R. A. Ascough, P. A. Harland und John S. Kloppenborg, Berlin/Boston 2011 u. 2014.
ICariaR	La Carie. Histoire et géographie historique avec le recueil des inscriptions antiques, II, edd. L. u. J. Robert, Paris 1954.
IDelos	Inscriptions de Délos, I–VII, Paris 1926–72.
IGUR	Inscriptiones Graecae Urbis Romae, I–IV, ed. L. Moretti, Rom 1968–1991.
IGBulg	Inscriptiones Graecae in Bulgaria repertae, I–IV, ed. G. Mihailov, Sofia 1965–1970.
CII	Corpus Inscriptionum Iudaeae/Palaestinae, Berlin/New York 2010–2014.
CIL	Corpus Inscriptionum Latinarum, Berlin 1853 ff.
CIRB	Corpus Inscriptionum Regnis Bosporani, ed. V.V. Struve u. a., Moskau 1965.
CJZC	Corpus Jüdischer Zeugnisse aus der Cyrenaika, ed. G. Lüderitz, BTAVO.B 53, Wiesbaden 1983.
IJO	Inscriptiones Judaicae Orientis, edd. W. Ameling/D. Noy, TSAJ 99/101/102, Tübingen 2004.
SIG	Sylloge inscriptionum graecarum, I–IV, ed. Wilhelm Dittenberger, 3. Aufl., Leipzig 1915–1924.

Papyri

P.Oxy.	The Oxyrhynchus Papyri, http://www.papyrology.ox.ac.uk/POxy/
P.Tebt.	The Tebtunis Papyri, edd. A. S. Hunt u. a., London 1902–1976.

Personenregister

Abraham 57, 59, 100f., 153, 168, 245, 276, 278
Agabus 240
Albinus 28, 120, 270, 273
Alexander der Große 28
Ananias (aus Damaskus) 190
Ananias (Ehemann Saphiras) 140
Ananias (Hohepriester) 70
Ananos II. 87, 270, 273, 286
Andreas 106, 108, 127
Andronikus 143, 146, 246
Annius Rufus 28
Antipas aus Pergamon 294
Antipas s. Herodes Antipas
Antonius Felix 27f., 69, 87f., 241, 269
Apollonios von Tyana 109
Apollos 181, 217f., 235–237, 259
Aqiva 74
Aquila 86, 217, 230, 233–236, 245, 249, 257f.
Archelaos s. Herodes Archelaos
Aretas IV. 86, 89, 191
Aristarchos 234
Aristoteles 32, 43f., 141
Augustus 23–26, 47, 76, 83f., 88, 223

Barabbas 85, 122
Bar Jesus/Elymas 222
Barnabas 89–95, 140–148, 162, 172f., 181, 192, 197–208, 213f., 217–224, 231, 239, 244, 286, 304, 316, 320
Basilides 308
Berenike 27
Boudicca 69

Cestius Gallus 70
Chloë 249
Claudius 23f., 27, 76, 86, 88, 173, 228, 289
Claudius Lysias 269
Clemens von Alexandrien 43f., 214, 279
Coponius 28
Cuspius Fadus 27f., 69, 88

Damaris 229
David 99, 114, 153, 275, 280, 300
Demas 234
Diogenes Laertios 44
Diogenes von Sinope 42, 300
Dionysios (aus Athen) 229
Dionysios (aus Korinth) 232
Dionysius Exiguus 84
Diotrephes 325
Domitian 24, 47f., 77, 88, 272, 290, 294
Drusilla 61

Eleazar 70, 109
Elija 101, 103, 133, 153
Elymas/Bar Jesus 222
Epaphroditus 227, 234
Epiktet 41
Epikur 42

Erastos 233
Erastus 248f., 262
Eunike 263
Euodia 227, 246

Flavia Domitilla 290
Flavius Clemens 290

Gaius (3Joh) 325
Gaius (aus Derbe) 239
Gaius Caligula 23, 48, 88
Gaius (1Kor 1; Röm 16) 249, 258
Galba 24, 88
Gamaliel I. 67, 185f.
Gamaliel II. 74
Gessius Florus 28, 70, 270

Hadrian 17, 24–26, 73, 88, 294, 296
Hagabos 173
Hannas 84
Helena von Adiabene 79
Herakles 49, 133
Herodes (der Große) 26f., 58, 76, 83f., 88, 98, 160
Herodes Agrippa I. 27, 87f., 168
Herodes Agrippa II. 27, 88, 268
Herodes Antipas 26f., 84, 88, 98–101, 104, 111, 114, 155f., 172
Herodes Archelaos 26f., 68, 83, 88, 98
Herodes Philippus 27, 84, 98
Hillel 67

Personenregister   **339**

Ignatius von Antiochien 13, 87f., 95, 175, 280, 285–288, 295f., 305, 310f., 315, 318, 320–323, 328
Isaak 276
Izates von Adiabene 79, 211

Jakobus (Herrenbruder) 65, 87–90, 95, 99, 120, 131f., 138, 144, 150f., 181, 191, 197–204, 208–210, 241f., 265, 267, 270–273, 276–279, 286, 299–305
Jakobus Zebedäus 27, 87, 94, 105–108, 127, 143, 168, 272, 286
Jason 233
Jehochanan 124
Jesus ben Ananias 70, 116, 120, 122
Jischmael 74
Jochanan ben Zakkai 74
Johannes der Täufer 16, 27, 65f., 83f., 88, 97, 100–106, 110f., 114, 127, 134, 139f., 155, 236f.
Johannes von Gischala 71
Johannes Hyrkan I. 63
Johannes Markus 94, 139, 206, 213, 220–224, 234
Johannes Zebedäus 87, 105–108, 127, 144, 148, 160, 197–200, 267
Joseph 97, 99
Joseph von Arimatäa 123, 130, 137
Joseph Kaiphas 119
Joses 99, 267
Judas (Bruder Jesu) 99, 267, 272, 299

Judas (Jünger Jesu) 68
Judas der Galiläer 68, 100
Judas Iskariot 106, 118, 142f.
Julia 246
Julia Severa 80
Julius Africanus 272
Julius Caesar 47, 171
Junia 143, 146, 246

Karpokrates 309
Kerinth 309, 311
Klemens 227
Konstantin der Große 130
Kornelius 127, 167–169, 200, 209, 230
Krates 300
Krispus 232f., 249, 257f.

Levi Alphäus 105
Lucius Iunius Gallio Annaeanus 86, 230
Lukios 172
Lydia 227, 232f., 246, 248
Lysanias 84

Manaën 67, 172
Marcellus 28
Marcus Ambibulus 28
Marcus Aurelius 41
Maria (Mutter Jesu) 97, 99, 272
Maria (Mutter von Johannes Markus) 139
Maria (Schwester der Martha) 105f.
Maria (Röm 16) 246

Maria Magdalena 105, 127, 130f., 135f.
Markion 308
Martha (Schwester der Maria) 105f.
Marullus 28
Matthias 142
Menander aus Samaria 309
Minucius Fundanus 296
Mose 57, 67, 69, 149, 198, 200
M. Tittius 80
Musonius Rufus 41

Nero 24, 47, 69f., 80, 87f., 128, 285–289, 294
Nerva 24, 77, 88
Nikanor 147
Nikolaos 147, 165, 171f.
Nympha/Nymphas 246, 257

Onesimus 250, 259
Otho 24, 88

Parmenas 147
Peregrinos Proteus 43, 218
Persis 246
Philemon 235f., 250, 257–259
Philippus (Hellenist) 147, 151, 159–162, 165, 181, 240, 324
Philippus (Jünger) 106, 136, 159
Philippus s. Herodes Philippus
Phöbe 218, 245, 248, 323
Plinius der Jüngere 18, 36, 87, 255, 269, 287–293, 297f., 317f., 323, 328

Pompeius 74
Pontius Pilatus 25–28, 69, 84f., 88, 119–124, 286
Poppaea Sabina 80
Porcius Festus 27f., 87f., 184, 269f., 273, 283, 285
Priska/Priscilla 86, 217, 230, 233–236, 245f., 249, 257f.
Prochoros 147
Ptolemaios II. 77
Publius Petronius 48, 171
Publius Sulpicius Quirinius 25
Pythagoras 44

Quirinius 68, 83f.

Romulus 133
Rufus 302

Saphira 140
Saturninus/Satornil 309
Schammai 67
Seneca 41, 86, 250
Sergius Paullus 86, 222f.
Sextos 44
Sextus Empiricus 44
Silas/Silvanus 203, 206f., 224, 226

Simon (Bruder Jesu) 99, 267
Simon bar Giora 71
Simon bar Kochba 73
Simon von Kyrene 123, 302
Simon Magus 160f., 277, 309
Skevas 234
Sopatros 229
Stephanas 233, 249, 257f.
Stephanus 115, 120, 147–151, 154, 159, 165, 170, 172, 187, 190, 304
Sueton 18, 23, 36, 48, 52, 61, 76f., 86, 109, 122, 228, 287–290, 298
Symeon 272
Symeon Niger 172
Syntyche 227, 246

Tacitus 18, 24, 56, 61, 75f., 79, 87, 123, 175, 286–289
Tertius 248
Theodotos 78, 146
Theudas 27, 69
Thomas 106, 136, 303, 310
Tiberius 23–26, 48, 69, 76, 84, 88, 111, 289
Tiberius Julius Alexander 27f., 62, 74, 88

Timon 147
Timotheus 203, 223–230, 233, 239, 263f., 301, 312, 321f.
Titius Justus 232f., 249, 258
Titus (Begleiter des Paulus) 89, 197–200, 205, 233, 239, 312, 321f.
Titus (Kaiser) 24, 71f., 88
Trajan 24, 36, 48, 77, 87f., 287, 291–296
Trophimus 234, 240, 268
Tryphäna 246
Tryphosa 246
Tychikus 234, 240
Tyrannos 234

Valentinus 308
Valerius Gratus 28
Ventidius Cumanus 28
Vespasian 24, 70–72, 76, 88, 109
Vitellius 24, 88

Zadok 68
Zadoq 63

Ortsregister

Abilene 84
Achaia 86, 93, 95, 205–207, 229f., 239
Adiabene am Tigris 79
Aelia Capitolina 25, 73
Alexandria 29, 37, 77
Alexandria Troas 226f., 237, 240
Ankyra 226
Antiochien (Pisidien) 30, 184, 222–227
Antiochien (Syrien, am Orontes) 75, 80, 87, 90–95, 127, 138, 141, 160, 165–178, 192, 195–210, 214–217, 220–226, 230f., 237, 240, 243, 267, 288, 295, 305, 309, 311, 319, 322
Apollonia 26, 228
Arabia 89f., 94, 170, 191
Areopag 183, 229
Aschdod/Azotus 160
Asia 25, 146, 227, 234f., 240
Askalon 26
Assos 240
Athen 41–43, 46, 50, 183, 229, 231
Attalia 224
Auranitis 26
Ägypten 28f., 37–39, 50, 55, 62, 67, 69, 72–77, 171f., 269f., 279, 289, 309f.

Balkan 28, 229
Batanäa 26
Beröa 229

Bethlehem 26, 97, 99
Bethsaida 127, 155
Bithynien 36, 87f., 95, 227, 288, 291f., 298
Bosporus 30
Brundisium 229

Caesarea Maritima 26f., 70, 87f., 93, 95, 167, 230, 240f., 267–271, 283, 290
Cäsarea Philippi 155
Chorazin 100

Dalmatien 69
Damaskus 78, 80, 86, 89–91, 165, 169–171, 176, 187–191, 302
Dekapolis 26, 104, 107, 170, 270, 302
Delos 67
Delphi 47, 86
Derbe 223, 239
Didyma 47
Dyrrhachion 229

Ephesus 48, 93, 95, 211, 215, 217, 227, 230–240, 245, 249, 258, 263, 268, 278, 285, 290, 294, 298, 300, 304, 319, 322, 325
Epidauros 109
Europa 227

Galatien 91f., 197, 199, 207, 210f., 223, 226, 233f., 239, 261, 267
Galiläa 26f., 62–64, 68, 70–74, 84f., 88, 97–100, 104f., 127, 132, 135, 137, 141–145, 151, 155–161, 171, 178, 185, 188, 196, 201, 266f., 270–274, 302f., 318
Garizim 67, 69
Gaulanitis 26
Gaza 26
Germa 226
Gethsemane 118, 124
Gischala 71
Golgotha 123
Griechenland 10, 28f., 75, 215f., 224f., 231, 320

Herculaneum 49
Herodeion 26, 71
Hierapolis 160, 321, 324

Idumäa 26
Ikonion 30, 184, 223–227
Illyrien 30, 192, 229
Isaurien 226
Israel 69, 79, 107, 114, 121, 201f., 209, 303
Italien 28, 167, 229
Ituräa 84

Jamneia 26
Javne/Iamnia 74
Jericho 65, 100f.
Jerusalem 16, 23–27, 48, 55–60, 63f., 67–78, 84, 87–97, 102, 105, 107, 110, 114–127, 130–134, 137–162, 165–168, 170–174,

177f., 185–192, 195–210, 213f., 220, 224, 230–236, 239–242, 246, 254, 263–273, 295, 302–304, 320, 330

Joppe 26, 139

Jordan 69, 100–103

Jotapata 71

Judäa 14, 24–28, 34, 48, 62, 64, 68–76, 83–89, 93, 97, 100, 104, 120f., 137, 139, 145–148, 151, 154–156, 159, 161, 171, 173, 184–188, 196f., 200f., 237–242, 266–274, 302, 318, 324

Kana 100, 106, 155

Kapernaum 80, 100, 107, 127, 155f.

Kenchreä 229, 245, 248, 323

Kilikien 89–94, 146, 174, 177, 183, 185, 191–202, 209f., 215, 222, 226

Kilikische Pforte 223

Kleinasien 10, 28–30, 36, 48, 75, 90–95, 160, 171, 183, 192, 197f., 203, 213–242, 278, 291–294, 298, 309, 320–325

Kolossä 236, 258

Korinth 30, 37, 85–88, 93–95, 127, 152, 168, 184f., 201, 203, 215, 217, 224f., 228–240, 245, 248–250, 257–263, 267, 305, 321f., 326

Kos 240

Kreta 283

Kyrenaika 75, 77, 80, 146, 165, 172

Laodikeia 246, 278

Lechaion 229

Leontopolis 62, 73

Lydda 139

Lykaonien 91, 209, 211, 223, 226, 298

Lykostal 235, 298

Lystra 30, 183f., 219, 223–226, 231, 263

Machairus 71, 104

Magdala 135f.

Magnesia 13

Makedonien 30, 93, 95, 205–207, 225–231, 237–240

Malta 283

Masada 71

Mesopotamien/Zweistromland 74, 77

Milet 93, 240

Mitylene 240

Myra 283

Mysien 226f.

Nag Hammadi 307–309

Nazareth 9, 16, 66, 83, 97–102, 116, 122f., 148–152, 161, 183, 188, 190

Nea Paphos 222

Neapolis 227

Niedergermanien 70

Nob 213

Nordafrika 28, 75, 77, 80, 172

Norditalien 28

Oberägypten 307

Ölberg 69, 118

Ostia 37

Ostjordanland 270, 279

Ostsyrien 310

Palästina 9, 14, 23, 26–29, 37, 55, 58, 68–74, 78, 97, 102, 137, 148, 155, 161, 165f., 170, 178, 181, 265–267, 271, 279, 303

Palmyra 171

Pamphylien 91

Paneas 26

Pannonien 69

Patara 240

Pella 270, 302

Peräa 26f., 101, 104

Pergamon 48, 278, 294

Perge 222, 224

Persischer Golf 77

Pessinus 226

Philadelphia 13, 278

Philippi 93, 184, 199, 211, 218, 227f., 231–236, 246, 248, 253, 321–323

Phönizien 104, 107, 165, 230, 240, 283

Phrygien 50, 80, 160, 223, 226f., 234, 298

Pisidien 91, 211, 223, 226f.

Pompeji 41, 49

Pontus 36, 87f., 95, 288, 291f., 298

Ptolemais 26, 240

Qumran 62, 64f., 79, 102, 142

Rhodos 240

Rom 13, 23–25, 29f., 35–37,

48, 52, 72, 75–78, 86–88, 93, 95, 128, 146, 161, 184, 211, 228f., 236, 239, 245, 249, 258, 267, 269, 283–291, 295–298, 303, 309, 319–322, 329

Salamis 78, 222
Samaria 26, 68–71, 104, 137, 151, 155, 159–162, 165–168, 171, 188, 200, 271, 309
Samos 240
Sardes 278
Sebaste 68, 160, 200, 271
See Genezareth 99, 127, 135, 155, 170
Seleukia 171, 222

Sepphoris 70, 99, 157
Sichem 67
Sidon 283
Smyrna 278, 322
Spanien 28, 218, 236, 285
Südgalatien 233
Süditalien 29
Syrien 9, 25–29, 68, 70, 75, 83, 89–94, 159, 162, 165f., 170f., 174–178, 181, 191f., 197–204, 209, 215, 230, 274, 277, 298, 302, 309f., 322, 325

Tarsus 90f., 183–187, 192, 269
Taurusgebirge 92, 223, 226

Thessalonich 93, 228f., 233, 248, 263, 300
Thyatira 278
Tiberias 99, 157
Trachonitis 26, 84
Troas 93, 226f., 237, 240
Tyrus 240

Usha 74

Zion 58, 67, 107, 168, 230
Zypern 25, 75, 77, 86f., 90–95, 148, 165, 172, 192, 197f., 203, 213–217, 220–224, 240

Sachregister

Aberglaube 24, 52, 261, 286–289, 292f.

Amt/Ämter 25–27, 30, 35, 40, 48, 59, 70, 86f., 119, 160f., 173, 228, 236, 248, 253, 273, 276, 294, 304, 312, 315, 319–324

Antiochenische Gemeinde 172–176, 179, 203f., 220, 224

Antiochenischer Zwischenfall 94f., 195, 199, 202–208, 211, 214, 231, 233, 241, 276

Apokryph 18, 214, 263, 300

Apologie des Aristides 17

Aposteldekret 195, 198, 202, 208–210, 237, 275

Apostelkonvent 17, 89–94, 144, 173f., 191–213, 220, 233, 239–241, 265–267

Apostellegenden 105

Apostolat 143f., 189, 202, 261

Apostolische Väter 17f., 320

Aramäisch (Sprache) 29, 34, 99, 123, 145–148, 152, 154, 162, 181, 186, 278f., 318

Areopag 183, 229

Aristeasbrief 77

Armut 33, 35, 39–41, 113, 141f., 145, 198, 201, 249f., 277, 329f.

Askese 42, 50, 79, 103, 106, 309, 325–327

Auferstehung 16, 59, 63, 65, 120, 127–140, 143–148, 152–158, 168f., 177, 189f., 220, 260, 279, 306, 311, 327

Barnabasakten 214

Barnabasbrief 214, 280, 318, 329

Baruchbuch 66, 72, 266, 300

Beschneidung 59, 61, 74, 76, 79, 168–171, 174, 176, 181, 196–205, 208–211, 226, 232, 237, 263–267, 275, 280, 304, 317

Bischof/Episkopos 35, 87, 163, 236, 253, 276, 295, 304, 312, 319–324

18-Bitten-Gebet 62, 271

Blasphemie 119f., 134, 149, 154

Blut 89, 117f., 189, 202, 209

Brand Roms 24, 87, 286–289

Brot 117f., 139, 157, 256

Bund 56–58, 63, 65, 117, 169, 178, 266, 280

Bürgerrecht 36f., 70, 122, 183–187, 269

1. Clemensbrief 17, 285, 290, 295f., 305, 321, 329

Damaskusdokument 142

Demeterkult 34, 50, 248

Deuteronomium 147, 300

Deuteropaulinen 18, 246, 327f., 330

Diakon/Diener 35, 142, 245, 253, 276, 319–323, 328f.

Dialog des Erlösers 310, 328

Diaspora 14, 24, 37, 48, 55, 58f., 67–79, 88, 137f., 142–151, 159, 165–176, 181–187, 201, 209, 213, 216, 219, 232–237, 247, 251, 261, 265–268, 274, 277f., 290, 302, 324

Diasporaaufstand 24, 69, 75, 77, 88

Didache 17, 116, 179, 250, 265, 273–278, 288, 302, 306, 318–325, 329

Die Weisheit Jesu Christi 310

Diognetbrief 17

Dionysoskult 34, 50, 52, 178, 256

Ebionäer-Evangelium 279

Engel 135, 155, 167, 247, 280

Ekstase 50, 133f., 152, 154, 168, 255f., 260

Epheserbrief 234, 300, 305, 307, 324

Ersticktes 202, 209

Esrabücher 66, 72, 266

Ethos/Ethik 41–44, 72, 102, 113, 117, 152, 169, 175, 195, 202, 243f., 255, 259, 274, 277–301, 315–317, 329f.

Eugnostos 310

Exorzismus 105, 108f., 218

Familie 26, 32–34, 37–40, 46–49, 57, 85f., 99, 105f., 123f., 135, 144, 158f., 169, 176, 181–187, 196, 200,

Sachregister

213, 222f., 247f., 251, 258–261, 279, 297, 302

Fleisch 76, 89, 169, 189, 209, 252, 311, 325f.

Frauen 32, 36, 40–46, 76–80, 105, 107, 128–132, 135–139, 144, 155, 157, 169, 229, 245–254, 263, 296, 310, 320, 323, 327f.

Fußwaschung 318, 328

Galaterbrief 91f., 174, 189, 199–201, 205f., 210–212, 226, 232, 235, 241, 254

Galatische Gemeinden 168, 195, 208, 210, 226, 239

Galatischer Konflikt 210f., 241

Gallio-Inschrift 86, 93

Gastfreundschaft 216, 218, 257, 276, 319, 325, 328

Gebet 47f., 56, 78, 134, 152, 255f., 318f., 328

Geisterfahrung 103, 129, 133f., 137, 142, 152, 154, 161, 167–169, 212, 244, 246, 253, 255, 260, 276, 279, 303f., 317, 319, 322, 326

Geld/Finanzen 24f., 33–35, 46, 48, 51, 58, 76, 90f., 94, 110, 141f., 158, 173, 201, 204, 213, 216–218, 228, 231, 236, 239–241, 248f., 252–254, 323f., 330

Gericht 25, 37, 57, 66, 72, 85f., 100–105, 111, 119f., 140, 152, 169, 178, 220, 244, 259, 277, 288, 291, 326

Gesetz/Tora 25f., 51–67, 72–79, 90f., 101f., 112, 121, 138, 147–150, 174–176, 181–189, 195–214, 232f., 237, 241–244, 259–268, 271–280, 303f., 329

Gnosis 17, 43, 136, 273, 277, 280, 301, 307–312, 316, 325–328

Gottesdienst 147, 219, 246, 255, 306

Gottesfürchtige 77–80, 167–169, 175, 208f., 219, 222, 224, 227, 231, 251

Gottesherrschaft 13, 104–114, 118, 121, 132–135, 139–142, 148, 151–153, 157, 160, 167, 302, 306

Götze(ndienst) 121, 202, 209, 219, 232, 252, 330

Götzenopferfleisch 202, 209f., 232, 244, 252, 275, 278, 292, 326

Griechisch (Sprache) 14, 29, 57f., 77, 99, 111, 144–154, 159, 165, 175, 181–187, 215, 227, 229, 246, 257, 274, 278, 295f., 307, 311, 318

Haus/Haushalt 32–35, 38, 40f., 45, 49f., 78, 86, 105–108, 156–159, 167, 172–176, 216–219, 227, 234, 236, 245–249, 257–259, 283, 296f., 301, 316, 319, 327f.,

Hausgemeinde 138–141, 245, 257–259, 329

Hebräer 145–151, 154, 168, 181, 188, 267

Hebräerbrief 43, 59, 290, 306f., 330

Hebräerevangelium 278f.

Hebräisch (Sprache) 29, 58, 99, 148, 182, 186, 215, 294f.

Heiliger Geist 133f., 167, 220, 304, 317, 322

Hellenisten 138, 145–151, 154, 159–162, 165–174, 177, 187f., 192, 246, 303

Henochliteratur 66, 266, 300

Herodianer 67, 175

Himmelfahrt Jesajas 288

Hirte des Hermas 330

Hohepriester 26f., 59, 70f., 84, 87, 115, 119, 270–273, 286

Identität 10, 13, 47, 55–63, 73–77, 86, 116–121, 127, 134, 137, 149, 174, 186–189, 195–197, 205–211, 214, 241, 244, 253, 259–268, 271–280, 293, 297–303, 312, 316f.

Ignatiusbriefe 17, 87, 285, 288, 295f., 312, 318

Ikonographie 45

Imperium Romanum 23–25, 28–31, 36–39, 42–48, 52, 69, 72, 76, 83, 88, 151, 171, 181, 184, 186, 201, 227, 234, 236, 243, 250, 256, 286, 295–297, 305

Inschrift 18, 35, 38, 55, 75, 78, 80, 86, 93, 122, 146, 223, 248, 252, 268, 298

Isiskult 34, 38, 50, 52, 255, 296

Israel 55–61, 64–68, 72f., 79, 101–111, 115, 121f., 127, 142f., 147, 153, 160,

168f., 175, 188, 190, 196, 202, 209, 219f., 232, 245, 273f., 278–280, 303f., 315

Jakobusapokalypse 18, 59, 265, 278, 290, 294, 297, 306, 315, 318, 327

Jakobusbrief 113, 250, 273, 276f., 301, 320, 329f.

Jerusalemer Gemeinde 94, 127, 134, 141–144, 150, 167f., 192, 199–202, 210, 213, 233, 240f., 254, 267, 270, 272, 320, 330

Jesajabuch 103, 233

Jesustradition 56, 61, 98, 128, 140, 149f., 155, 157, 178, 218, 255, 274–277, 299–303, 310, 329

Johanneische Bewegung 116, 128, 311, 315, 324f., 330

Joseph und Aseneth 74, 79, 266

1. Judäischer Aufstand 16, 18, 24, 27, 61, 67–71, 74–76, 87f., 120, 159, 172, 195, 270–274, 278, 302

2. Judäischer Aufstand (Bar-Kochba-Aufstand) 17, 25–28, 61, 69, 73–75, 87f., 159, 271, 279

Jupiter-Dolichenus-Kult 296

Jüdische Sibyllinen 4, 66, 72, 74

Jünger 27, 68, 85, 87, 102–107, 116f., 127–131, 135–137, 140–147, 150, 155f., 159, 162, 172, 175, 191, 196, 200, 272–274, 283, 286, 300, 303, 306, 310

Kaiser 17, 23–27, 30, 33f., 37–41, 47, 67–73, 76, 80, 83–87, 109, 111, 122, 130, 176, 184, 228, 236, 269–271, 283, 285, 288–292, 295–297

Kaiserkult 24, 45–48, 76, 80, 171, 184, 223, 278, 290, 293f.

Kanon 17f., 135, 300, 309, 312

Kerygma Petri 17, 277

Koine-Griechisch 29, 182

Kollekte 173, 201f., 213, 234–241, 254, 263, 267

Koptisch (Sprache) 29, 307

König 26, 40, 65–69, 77, 79, 84–87, 99, 109–115, 121f., 147f., 153, 158, 172, 175, 310

Kreuz/Kreuzigung 16, 88, 111, 117, 122–124, 132, 135, 148, 153f., 157, 175, 178, 189f., 205, 287, 305

Kynikerbriefe 300

Legio X Fretensis 27, 72

Lehrer 33, 39–43, 67, 73, 79, 100, 114, 172, 186, 197, 199, 210f., 218, 253, 259–261, 267, 276, 301f., 311, 320, 323–325

Logienquelle (Q) 100, 103, 105, 134, 155–161, 178, 301f., 310

Lykaonisch (Sprache) 29

Magie 51, 109, 161, 218, 222, 234, 261, 289, 309

Mahl 35, 62, 74, 78, 85, 94, 106, 110f., 116–118, 121,

124, 139, 142, 147, 167, 174, 178, 196, 202, 204–209, 219, 249, 252–260, 275, 279, 297, 304, 317–323, 326

Makkabäerbücher 61, 72, 74

Maleachibuch 101

Martyrium 87, 150, 264, 287, 290, 295, 327

Messias 65, 72f., 101, 111, 114, 121, 127, 137, 149–154, 161, 183, 188–190, 196

Midraschim 73

Mischna 35, 73, 119f.

Mithraskult 38, 50, 296

Monolatrie 49, 56

Monotheismus 37, 55f., 177, 220

Mysterienkult 50, 80, 178, 247, 253, 296

Mythos 50f., 133, 247, 256, 288f., 308, 310

Nazaräer-Evangelium 279

Opfer 46–49, 57f., 70, 72, 76–79, 110, 113, 241, 252, 256, 270, 279f., 289–294

Orpheuskult 50

Osiriskult 50

Ostern 13, 16, 99, 105, 108, 112–115, 120, 127–146, 152–161, 167, 174, 190f., 195, 218, 237, 272

Ökonomie 24, 30–33, 37–40, 46, 70, 75, 121, 137, 140f., 145f., 171, 185, 187, 202, 218, 231, 245–252, 261, 297, 329f.

Sachregister

Pantheon 46, 49
Papyrus 18, 35, 51, 55, 252
Passah 85, 110, 114–118, 121–124
Passion 85, 105, 114–118, 122, 124, 127, 142, 301, 318
Paulusschule 265, 300, 324
Pax Romana 23, 29f., 75
Pfingsten 129, 133f., 237
Pharisäer 62–68, 71–73, 80, 107, 112, 114, 119, 121, 150–154, 174, 185–187, 198–211, 271–274, 279
Philippusevangelium 136
Philosophie 18, 29, 34, 41–44, 47, 56, 64, 72, 74, 77, 86, 109, 177, 183, 218, 248–251, 258, 277, 296, 300, 307f., 311, 326
Phrygisch 29
Polemik 50f., 64, 67, 73f., 80, 100, 109, 150, 200, 212, 237, 239, 261, 265f., 277–280, 295, 305, 309f., 326
Politeuma 75, 78, 80
Polykarpbrief 320, 322
Präfekt 23–28, 68, 85, 111, 119–123, 152, 170f.
Prätorium 236, 285
Presbyter/Ältester 35, 78, 119, 144, 173, 197, 200, 253, 267, 285, 304f., 319–325
Priester 32, 38, 45–48, 57, 59, 63–65, 70, 80, 101, 121, 153, 213, 234, 270
Prokurator 23, 27f., 61, 69f., 74, 87, 120, 171, 184, 241, 266–270, 273, 286

Prophetie 55, 62, 67–70, 100–103, 110–116, 121f., 134, 152, 160, 172f., 189, 240, 246f., 253, 274–278, 289, 294, 301, 318, 322–324
Proselyten 62, 77–80, 102, 147, 172
Provinzen 23–27, 30, 36–40, 48, 72, 83, 86f., 91–93, 120–123, 165, 170f., 183, 188, 192, 203, 211, 222f., 226–230, 233–236, 261, 278, 291–296, 309
Psalmen 78, 123, 147, 153, 255f., 300, 318
Pseudepigraphie 44, 128, 200, 266, 272, 285, 299–301, 316
Pseudo-Clementinen 273, 277

Quadratus-Fragment 17
Qumranschriften 56–59, 62–65, 102, 112, 142

Rabbiner 18, 58, 62, 64, 67, 72–74, 79, 102, 112, 119, 159, 185, 247, 266, 271, 274f., 278
Reisen 92f., 182, 193, 197, 201, 203, 206f., 213–242, 263, 268, 286f., 320
Ritual 46, 49–51, 101–103, 116, 118, 139f., 152, 169, 178, 195, 247, 254, 304, 311, 316–318, 322, 328

Sabbat 59, 61, 74f., 78, 113, 124, 138, 195, 209, 219, 253, 274f., 279f.

Sadduzäer 62f., 71, 115, 119, 152, 154, 272
Sanhedrin 26f., 271
Schiff 30, 215–217, 224, 227–230, 237, 240, 269, 283
Schriftgelehrte 66f., 73, 80, 107, 115, 119, 121, 272, 274, 324
Senator 25, 27, 38, 40
Septuaginta/LXX 29, 77, 79, 145, 147, 153f., 177, 182, 232, 256, 266
Serapiskult 38, 50, 255, 296
Sklaverei 32–42, 49, 61, 71, 73, 76, 86, 122, 141, 178, 184, 228, 234, 236, 243, 246–254, 258f., 263, 328–330
Speisevorschriften 57–61, 64, 73–76, 127, 138, 174, 176, 196, 202–209, 265, 275, 280, 303, 326f.
Statthalter 25f., 30, 36, 48, 68f., 74, 83–87, 171, 182, 222, 230, 261, 269, 291–293, 296
Stoa/Stoizismus 34, 41–44, 250, 326
Sühne 111, 117, 150, 178, 256, 311
Synagoge 34, 59, 74–80, 86, 108, 138, 142–149, 154, 169–176, 182–188, 208–211, 216, 219, 223–231, 243–247, 251, 253, 271, 274f., 278, 288, 290, 302, 324, 330
Synagogenvorsteher 35, 78, 171, 231f., 249
Synhedrion 73, 115, 119–121, 124, 148, 268, 302

Synoptiker 63, 65, 85, 116, 127, 140, 279, 303, 310, 317, 330

Talmud 73
Taufe 97, 100–104, 110, 118, 134, 139f., 151f., 160, 167, 169, 178, 190, 196, 222, 227, 236f., 244, 246, 249, 253f., 259f., 275, 279, 297, 304, 306, 311, 317, 322
Tempel (Jerusalem) 23, 36, 48, 55, 58–65, 70–73, 76, 78, 84f., 100, 102, 110, 115–121, 138, 144–146, 149–151, 154, 170f., 178, 187, 189, 195, 241, 268–271, 274, 279f., 302
Tempel (pagan) 29f., 35, 45f., 52, 73, 77, 170, 234, 262, 290–295

Tempelsteuer 48, 58, 70, 75–77, 270, 274
Tempelzerstörung 55, 59, 64, 71–73, 76, 85, 115f., 149, 270f., 279, 302
Thomasevangelium 115, 136, 273, 277, 301, 303, 310
Tobitbuch 113
Tosefta 73
Tränenbrief 237, 239

Unzucht 202, 209f., 244, 326

Vereinigung 30, 34–36, 50, 62–65, 75, 78, 141f., 175–178, 216, 234, 245, 247, 250–258, 292, 297, 317–323, 330

Via Egnatia 30, 227–229
Via Sebaste 30, 223
Völkerapostel 231–233, 243, 245, 299

Wanderlehrer 43, 97, 99, 157f., 218, 239, 261
Wein 46, 113–118, 139, 256f., 291, 326
Weisheit Salomos 74, 177
Wunder 51, 108f., 134, 139, 143, 148, 161, 218–220

Zelot 68, 70f., 270

Stellenregister

Altes Testament

Gen 11	134
15,6	276
15,18	57
17,1–21	57
17,12	181
22,9f.	276
22,18	168
Ex 19	57
19,6	64
20,10	79
20,14	244
22,17	51
24,3	57
24,8	117
30	101
30,11–16	76
34	57
Lev 11	204
16	101
17	79
17f.	202, 204, 209
17,10	117
Num 15,14–16	79
25	68
25,6–8	61
Dtn 1,1	57
4,10	147
6,4; 7,6–8	56
12,13–28	58
12,16.23f.	204
13	121
14,3–21	204
15,4	141
17	121
18,15.18	67
23,2	147
31,12	79
Ri 20,2	147
1Sam 16	99
2Sam 8,17; 15,24–29	63
1Kön 8,14	147
19,13.19	101
2Kön 1,8; 2,8	101
17,24–41	67
Jes 1,10–17	62
2,2–4	107
8,23	100
14,32	58
24–27	132
43,8f.	107
43,10f.20f.	56
43,14f.	111
44,6	111
45,14	56
49,1.5	189
52,7f.	111
53,12	177
60	107
66,1f.	58
66,20	107
Jer 1,5	189
7,14	116
31,31	57, 117
Hos 6,6	113
Am 1,2	58
5,21–23	62
Mi 4,2–4	107
5,1	99
Hag 2,7	107
Sach 8,22	107
9,9–11	110
14,16f.	107
Mal 3,1.23	101
Ps 2,7	153
9,12	58
22,2.20–32	123
22,22.26	147
26,12	147
46–48	111
68,32–35	107
110,1	153
118,25f.	110

Spr 5,14	147	10,6	274	28,1	135
8,22–31	177	10,9f.	43	28,7.9f.	155
		10,9–10a.7f.10b–15	158	28,9f.	131f., 135
Dan 7,13f.	153	10,11–15.23	274	28,10.16–20	132
12,2f.	132	11,1	274	28,11–15	130
		11,14	101	28,16–20	131, 155
Esr 9f.	61	11,29f.	275	28,19f.	140, 161, 274, 317
1Chron 1–9	61	12,7	113		
		13,52	66	Spruchquelle (Q)	
Neues Testament		13,55	99	3,7–9.17	100f.
Mt 1	61	15,1–20.24	274	3,16	101, 103
1,1	153	16,1–12	63	6,20f.	111, 113
1,2–16	99	16,17	127	6,36	113
2,1	99	16,18	128, 274, 305	7,1	157
2,1–18	83	17,12f.	101	7,1–10	107, 167
2,1–19.22	26	17,24–27	274	7,18f.	102f.
3,1	101	18,15–18	331	7,22f.24f.26.33f.	103
3,2	103	18,23–35	113	7,28	111
3,7	63	20,1–16	113	7,34	106
4,15	100	21,30f.	107	9,57–60	158
4,17	103	21,31	111	10,2	143
4,23	274	22,16	175	10,2–16	158, 218
5,7	113	23	74, 107	10,5–9	106
5,17f.	274	23,1–36	64	10,13–16	156f.
5,17–19	112	23,15	80	10,23f.	111
5,18–6,18	274	23,21	58	11,2	111f.
5,21f.27f.43–45	113	23,23	186	11,3	157
5,43–48	274	23,34f.	274, 324	11,14–19	109
6,9–14	318f.	24,20; 25,1–12	274	11,20	111
8,14f.	108	25,31–46	274, 329f.	11,49–51	115
8,19	66	26,60f.	115, 149	12,8f.	158
9,9	105	27,5	143	12,10–12	134
9,13	113	27,40	115, 149	12,22–31	106, 157
9,35	274	27,46	123	13,28f.	111
10,1–5	106f.	27,61	135	13,34f.	115, 157
10,5f.	68, 161	28	131	14,26	158

Stellenregister

14,27	157	6,1–6	156	11,15–18	110, 115
15,4–7	157	6,3	99, 267, 272	11,15–19 par	149
17,34f.	157	6,7–13	158, 218	11,25	318
22,30	105, 127	6,8f.	43	11,27–12,40	115
		6,10	106	11,30	103
Mk 1,4–6	101f.	6,14–16	103, 156	12,1–9	115
1,8	134	6,14–29	27	12,13	67, 175
1,9	99	6,17–29	104, 156	12,17	106
1,10f.14	103f.	6,29	102, 237	12,18–27	63
1,15	111f.	6,35–52	108	12,28f.	56
1,16–18.21.29	127	7,1–23	174, 303	12,28–34	113
1,23–27.40–42	108	7,3–5	64	12,31	330
1,29–31	106, 108, 128	7,19	174	12,35–37	99
2,1–12	108	7,24–30	107, 167	12,36	153
2,5–10	117	7,32–35; 8,1–9	108f.	13,1–14	116, 134, 149, 270, 302f.
2,6.16	66	8,15	186	13,28	111
2,13f.	105	8,22–26	108f.	13,30	306
2,15–17	106f.	8,27	196	14,1f.	85, 115
2,18	102f., 106	8,28	103	14,9	303
2,18–20	326	8,29 par	127, 153	14,10.17–21.43	118
2,23–28	186	8,31	129	14,12–16	85
2,23–3,6	61	8,34	302	14,12–26	116
2,27; 3,1–5	113	9,1	306	14,12–31	318
3,1–6	186	9,2–8	127	14,25	117
3,6	67, 115, 175	9,13	101	14,28	155, 132
3,13–15	158	9,31	129	14,51f.	303
3,16–19	106	10,2–9	106	14,53–65	119f.
3,21	99, 132, 272	10,17–23	112, 141	14,58	115, 149
3,22	109	10,23–25	111, 113	14,66–72	118, 127
3,27	111	10,28f.	145, 158	15,6	85
3,29	134	10,29f.	105	15,6–15.26	122
3,31–33	272	10,33f.	129	15,16	236
3,35	105	10,38f.	302	15,21	123, 302
4,35–41	108	10,47	99	15,29	115, 149
5,1–20	107, 167	10,52	109	15,34	123
5,22f.35–42	108	11,1–11	110, 115	15,40f.	105, 135
5,34	109	11,12–14.20–22	108		

15,42–47	85, 123, 129, 135	9,51–56	161	3,22–36	104
16,1	105	10,4–12	158	3,36	306
16,1–3	129	10,4	43	4	68, 107, 161
16,1–11	135	10,5–9.38–42	155	4,1f.	140
16,7	127, 131f., 155	10,18	104, 111	5,24.28f.	306f.
		10,25–37	68, 113	6,52	117
Lk 1,1–4	303	10,30–37	107	7,5	272
1,5	83	10,38–42	105f.	7,33	308
1,17	101	11,1	103	7,42	99
1,46–56	304	11,2–5	318f.	8,48	68
2,1f.	25, 83f., 303	11,20	109	8,57	84
2,4	99	12,16–21	113	9,1–12	109
2,29–32	304	12,42–48	33	9,22	271, 324
2,41	100	13,10–17	78	12,20–22	151
3	61	13,31–33	27, 114, 156	12,42	271, 324
3,1f.	23, 27, 84, 303	17,11–19	68, 107	13,1–17	318
3,23	84, 99	17,16	161	13,34f.	330
3,23–38	99	20,34–36	327	14–16	134
4,14f.	155	23,7–12	27, 156	16,1–4	325
4,16	78	23,14	303	16,2	271
4,38f.	108	23,55–24,11	135	18,3	119
5,15	155	24,12–35	127, 131	18,28	85
5,27	105	24,36–49	129–132	18,31	120
5,33–35	103, 326	24,50–53	133	19,14	85
6,12–16	106			19,25	135
6,13	142	Joh 1,1–18	308	19,38	325
6,14	159	1,14	311	20,1	135
6,15	68	1,21	101	20,3–10	131
6,17–19	155	1,35–42	103	20,11–18	131, 135
6,24f.	113	1,40–42.44	127	20,11–29	132
7,3	144	1,46	99	20,13	130
7,5	80	2,13–25	110	20,19–29	131
7,36	106	2,19	149	20,28	177
7,36–50	135	2,19–22	115	21	128, 132, 143, 155
8,1–3	105, 135	2,20	84	21,1–14	131
9,1–6	158	3,5	317	21,15–17	127
9,4	155	3,22	140	21,18f.	128, 286

Stellenregister

Apg 1,3–14   132f.
1,7f.   59, 160, 306
1,13   68, 106, 138
1,14   272
1,15–26   138, 142f.
2–5   140f.
2,2   138
2,14–36   152, 304
2,34   153
2,38   304
2,42.46   138f., 304
2,43   134
2,44f.   140, 330
3,1–11   134
3,12–26   152
4,1–3   63
4,1–22   148
4,4   138
4,8–12   148, 152
4,24–30   152
4,32   146, 330
4,32.34f.   140
4,36f.   140, 146, 173, 199, 213, 222
5,1–16   134, 140
5,17–42   63, 148
5,29–32   148, 152
5,36f.   68f.
6,1   145f., 165, 188, 323, 328
6,1–3   304
6,5   159, 165, 172
6,6   147
6,8f.   138, 147
6,8–8,1a   149
6,9   78, 138, 145, 149, 185
6,11   149, 154
6,13f.   149f.
6,14f.   115
7,1–53   304
7,48   58
7,48–50.54–8,1b   149
7,58   186
7,58–8,3   185, 187
7,60   318
8,1   159, 246
8,1b–4   149
8,4–13   147
8,4–40   151
8,5.9–13.18–40   160
8,5–25   159
8,9–24   309
8,14–18   317
8,17   168
8,18f.   161
9   127
9,1–29   90, 170
9,1   149
9,2   78, 304
9,3–19   190
9,4.17   182
9,11   170, 183
9,17f.   317
9,19   89
9,23–25   86
9,26–30   192
9,29   138, 145, 149, 165
9,30   90, 192
9,31   155f.
9,32–35.36–43   139
10   230
10,1–11,18   127, 167, 259, 297, 304, 316
10,2   169
10,2.22   79
10,44–47   168
11,1–18   167f.
11,19f.   149, 151, 160, 165, 168, 172, 181, 240, 246
11,22–24   172, 214
11,25f.   13, 90, 173, 175, 192, 288
11,27f.   303, 240
11,27–30   90f., 141, 144, 173, 198, 201, 213, 267, 304, 320
12   127
12,1f. 27, 87, 148, 168, 286, 303
12,12f.   138–141, 220
12,17   168, 272
12,25   90f., 173, 198, 201, 213
13f.   90–93, 182, 192, 197, 203, 213–217, 220, 239, 244
13,1   67, 172f., 192, 213, 323
13,1–3   94, 199, 220, 222
13,4   171, 222
13,4–12   165
13,4.14.42   224
13,5   78, 222
13,5–13   222
13,6–12   86, 161, 182, 222
13,7   303
13,8   51
13,9   172, 182
13,14–52   223
13,15   78
13,15–41   219, 304
13,16.26   79

13,21	182	16,6f.8.11	227	18,24–19,40	93
13,45–51	261	16,13	78, 227	18,25	103, 237
14,1–21	223f.	16,13–15.25–34	248, 259, 297, 316	18,26	230
14,4f.19f.	261			19,1	235
14,4.14	143, 220	16,14	79	19,1–7	103, 237, 317
14,8–18	219, 231	16,14f.40	246, 257	19,8–10	234
14,12.14	213, 222	16,16–22	298	19,9	219, 234, 304
14,15–17	183	16,16–40	228, 231, 261	19,12	219
14,22	283	16,22.37f.	183	19,13–19	51, 161
14,23	304, 320	17,1–9	228	19,13–20.29	234
14,26–28	90, 94, 197	17,5–7	257	19,17–20	51
15	90–94, 202, 305	17,5–9.13	261	19,22	233, 263
15,1–34	195, 197, 304	17,10–15	229	19,23–40	234, 261, 304
15,1f.4.6	144, 197, 267	17,14f.	263	19,32.39f.	256
15,2.4.6.22f.	320	17,16–34	229, 231	20,1–12	93
15,3	160, 165, 240	17,17	219	20,1–21,17	237
15,5	64, 198, 210	17,22–31	183	20,2	239
15,7–11	167, 198	18	85, 245	20,4	229, 234, 239f., 263
15,12–19	198	18,1–3.7f.	257f.	20,5–12.16–38	240
15,12.25	213	18,1–18	224, 229	20,6–12	227
15,13–21	200	18,2	23, 76, 86, 289	20,6–21,3	216
15,19–29	198, 202	18,3	183, 217, 230	20,7–12	139, 257
15,20.29	208, 275, 326	18,5	229, 263	20,13–38	93, 240
15,21	78	18,7	79, 249	20,17	320
15,22	207, 224	18,8	232, 249, 257, 259, 297, 316	20,23–40	231
15,30–34	203			20,24f.	285
15,35–41	203, 93f.	18,11	86, 93, 229	20,28–30	304, 322
15,36–41	205f., 224	18,12–17	85, 230, 261, 298	20,31	234
15,39	222	18,14f.	303	20,35	329
15,40–18,22	215, 225	18,18	216, 230, 234, 245	21	93
16,1–18,17	203	18,19–21	227, 230, 234	21,1–6.8–14	240
16–28	93	18,22	93f., 205–207, 230	21,8	159f.
16,1–3	61, 223f., 263	18,22–20,1	233	21,8–16	230
16,3	226, 263	18,23	93, 207, 226, 234	21,9	160, 324
16,4	209, 320	18,23–21,17	215	21,15–40	241
16,6	226f., 234	18,23–40	298	21,18	267, 320
		18,24–28	236		

Stellenregister 355

21,21	263, 268	25,21	184	12,7	323
21,21.28	149	26,1–23	268	12,10	251, 253
21,23–26	138, 150, 241	26,4f.	185f.	12,13	216
21,25	202, 208, 210, 326	26,12–18	190	13,1–7	256, 262, 297
21,26–29	267f., 234	26,12–23	170	13,11	306
21,27–26,32	267f., 298	26,14	182	14	252
21,37–39	269	26,28	13, 175, 288	14,20f.	326
21,38	69, 270	26,32	184, 269, 303	15,15f.	201, 231f.
21,39	183, 269	27f.	93, 283	15,18f.	59, 192, 219, 229
22,1–22	268	27,1	184	15,19–21	227, 231
22,3	183–186	27,1–28,16	269	15,23–32	218, 236
22,3–21	170	27,12f.	215	15,24.28	285
22,4	304	27,35	139	15,25f.31	152, 239
22,6–16	182, 190	28,15–31	283	15,26	141, 201, 239
22,17–21	190, 192	28,16	285	15,27	240
22,23–29	183, 269	28,16.30f.	236	15,31	240f., 268
22,28	37, 184			16	218, 257f.
23,1–10	268	Röm 1–4	43	16,1f.	216, 218, 229, 245,
23,6	185f.	1,1	143		248, 251, 254, 323
23,6–8	63f.	1,3f.	99, 153	16,3	230, 245f.
23,9	66	1,5	201, 231	16,3–5	245, 249, 257
23,12–22	269	1,13f.	229, 231	16,4	235, 256
23,16	185	1,18–32	220	16,6.12.15	246
23,23–26,32	87	1,24–28	244	16,7	143, 146, 246
23,23–35	269	1,29–31	259	16,10f.	257, 259
23,27	183	2–7	190	16,16	255f.
24,5	269, 279	3,25f.	150, 177	16,21	229, 263
24,10–21	268	4,2f.	276	16,23	216, 248f., 254, 258
24,14.22	304	4,25; 5,6.8	177		
24,17	202, 241	6,21f.	254	1Kor 1,2	254, 256
24,24	61	8,32	177	1,10f.	251
24,25	326	8,34	153, 177	1,10–16	258
24,26	269	9–11	58, 233	1,10–31	259
24,27	87, 93	9,3f.	181	1,11	249, 257
25,10–12.21	269	10,9	177	1,12	127, 201, 236, 267
25,11	184, 291	11,13f.	143, 201, 231	1,14	232, 249
25,13–26,32	27	11,25–32	245	1,16	249, 257–259, 297

1,21	14	9,6	143, 183, 213, 218	14,23	258
1,26	248	9,13	256	14,23–25	219, 254, 262
2,4f.	219	9,20	219, 233, 268	14,26	255, 318
3,4–6.22	236	10f.	204	14,30	257
3,5	143, 245	10,14	176	14,33b–35	247, 328
3,22	127	10,14–33	244, 252	15129–131, 142f., 156, 260	
3,23	177	10,16	178, 252	15,1–10	261
4,6	236	10,18	169, 256	15,3–8	130
4,10	262	10,21	256	15,3b–5	177
4,15	251	10,25–28	315	15,4	129
4,17	263	10,27	262	15,5	127, 131, 143
5	210, 330	10,32f.	256	15,6	156
5–10	244	11	117	15,7	144, 272
5,1–11	259	11,2–16	247	15,8	131, 143, 189, 191
5,1–13	244	11,3	177	15,9	143, 147f., 187, 189, 191, 256
6,1–11	244, 259	11,5	246f.		
6,5–8	251	11,16	247, 256	15,28	177
6,12–20	244, 259	11,17–22	249	15,31	261
7,1–40	259, 326	11,22	249, 256	15,32	234
7,10f.	244, 304	11,23–25	116	15,33	182
7,12–16	259, 297	11,23–27	252, 317	15,51	306
7,15	251	11,23b–25	178	16,1f.	239
7,18	226, 263	11,26	117	16,1–4	141
7,19	243	12	235, 260	16,1.15.22	152
7,20–24	249f.	12–14	133, 168, 260	16,2	253f.
8–10	202, 207, 210, 232, 326	12,2	232	16,3f.	239
		12,4–6.11f.	247	16,8	234, 237
8–11	252, 260	12,8–10	134	16,10f.	254, 263
8,1–13	244	12,9f.	255	16,12	236
8,4	252	12,13	178, 243f., 250, 260	16,15f.	249, 257f., 260
8,5f.	56, 177, 220	12,28	144, 253	16,17	249
8,10	262, 297	12,28f.	173, 323	16,19	230, 234, 245, 249, 257
8,11f.	251	13	253, 260		
9	261	14	255	16,20	255
9,1f.131, 143, 189, 231, 261		14,16	318		
9,4–18	218	14,22	14	**2Kor** 1,1	256, 263
9,5 128, 143, 251, 267, 272		14,22–25	256	1,8	235, 251

1,12–14	261	11,25f.	228	1,21	91, 94, 176, 183, 192, 197, 215
1,15f.	237	11,25b–27	217	1,21–24	92
1,16	188, 237	11,28	256	1,22	139, 148, 156, 185, 188
1,19	224, 229, 263	11,32	170	1,23	187f.
2,4	237, 239	11,32f.	86, 89, 191	2	203, 205
2,12	227, 239	12,1	260	2–4	190
2,13	200, 227	12,11	219, 261	2,1	90, 176, 197
2,14–6,13	261	12,12	143, 218f., 260	2,1–10	91, 174, 195, 197f., 204, 210, 213, 305
3,1	216, 261	12,13	256	2,2	197f.
3,6; 4,1	143	12,14f.21	237	2,3	198
4,7–5,10	261	12,18	200	2,4	198f., 210
4,10	184	13,2	237	2,6	197–199, 202
5,18–21	261	13,12	255	2,7–9	127, 198, 200f., 204, 220
6,4	245			2,8	143, 199
6,14	176	Gal 1f.	94, 192, 220	2,9	144, 197–200, 202, 213, 241
6,14–7,1	315	1,1–12	200, 212	2,10	141, 173, 198, 201, 213, 239, 241
7f.	200	1,1	143	2,11	192, 205f., 267
7,6–16	239	1,2	254–256	2,11–14	94, 127, 138, 174, 199, 201–204, 233, 267, 275
8f.	141, 239, 254	1,4	177	2,12	167, 206f., 267, 276
8,1–5.20f.	239	1,11	251	2,13	214
8,1–8.19.24	255	1,12	131	2,14	203
8,4	152, 239, 241	1,13	147f., 181, 186–188, 256	2,16	205
8,16–24	216, 254	1,14	64, 181, 185, 187	2,20	177
8,19	253	1,15	89, 188, 206	2,21	212
8,23	143	1,15–2,1	90	3–5	267
9,1–14	255	1,15–2,10	90, 92, 173	3,2	212
9,1	152, 239	1,15–2,14	89	3,2f.8f.14.29	168
9,2	239	1,16	89, 131, 143, 171, 188, 231	3,2–5	133
9,12	152	1,17	89, 170, 190f., 215	3,6	276
10–13	144, 239, 261	1,17–2,1	191	3,13f.	189
11,5f.	261	1,17.19	142		
11,7	185	1,18	127, 191f.		
11,22	181, 261	1,18f.	90, 272		
11,23–33	261	1,20	91, 192		
11,24	78				
11,25	183, 223				

3,17–21	212	Phil 1,1	236, 253, 263, 321	3,14	330
3,22	14	1,7.13.23	235	3,16	255, 318
3,26–28	178, 246	1,12	251	3,18–4,1	327f.
3,28	243, 246f., 250	1,15–18	181, 237	3,20f.	316
4,8f.	254	1,26	235f.	4,9	236
4,10	210	2,6–11	177, 255, 308	4,10	213, 220
4,12–15	92	2,9	133	4,13–16	255
4,13	226	2,19–23	254, 263	4,15	246, 257
4,21–31	232	2,24	236	4,16	318
4,25f.	59	2,25	143, 227, 234		
5,2	232, 263	3	259	1Thess 1,1	224
5,3	210	3,2	267	1,1–10	228
5,19–21	259	3,2–9	232	1,4	251
5,20	51	3,2.5–9.18f.	211	1,5.9b–10	219
6,6	253	3,5	64, 181, 185f.	1,7	14
6,12f.	210	3,6	147f., 185, 187	1,8	181, 233
6,15	243	3,7f.	189	1,9	153, 220, 232
6,16	245	3,20	256	1,10	153, 177, 189, 220
6,17	184	4,2f.	227, 246	2,1f.15f.	261
		4,8	244	2,2.5–7	228
Eph 1,13	317	4,10–18	218	2,7	251, 263
1,22f.	256, 305	4,10–20	228, 248	2,9	183, 218f.
2,6	306	4,15	228	2,11f.	251
2,17	305	4,16	248	2,14	139, 148, 188, 228, 256, 261
2,19f.	301	4,18	227, 234		
3,21	256	4,22	234, 236, 248	2,14f.	241
4,6	56			2,16	219
4,11f.	324	Kol 1,15–20	177, 255, 305, 307	3,1	229
4,30	317			3,1–6	263
5,19	255, 318	1,18.24	256	3,1–8	228
5,21–6,8	327	2,8	296	3,3f.	283
5,22–24.28	328	2,10–13	306	4,8	133
5,25–32	305	2,11–13	317	4,9	251, 253
6,1–4	316	2,16–23	315	4,10–12	297
6,5–9	328	2,21	327	4,11f.	256, 262
		3,1–4.9	306	4,15	304, 306

Stellenregister

5,10	177	1,13f.	312	10,25	318
5,12	253	1,15–17	285	10,26f.	330
5,26	255	2,14	312	10,32–34	290
		2,18	306	12,4	290
2Thess 2,3.6f.	301	3,6f.	328	12,22	59
2,15	306	3,14–16	312, 318	12,22–24	306
		4,2f.	312	13,2	319
1Tim 1,3	263	4,10–16	285	13,23	263
1,4	280	4,19	245		
1,4–8	308			Jak 1,1	277
1,5	330	Tit 1,5	321	1,2	251
1,17	318	1,7–9	312, 322	1,10f.	113
1,18	312	1,8	319	1,25	276
2,5	56	1,14	280	2,1–17	277, 329
2,8	318	2,1.7	312	2,5	113
2,9	328f.	2,1–5	320	2,8	277, 330
2,11–14	247, 328	2,3	320, 328	2,12	276
2,15	328	2,5.9	328	2,14–26	273, 276, 301
3,1–7	321	3,5	317	2,15	251
3,1–13	312	3,9	308	2,19	56
3,2	319	3,10	311	3,1	324
3,4.12	316			4,11	276
3,8–13	323	Phlm 1	235, 263	4,13–5,6	277, 329
3,11	323, 328	2	251, 257	5,1–6	113
4,1–5	327	9	186	5,3.12	277
4,3	309	10	236, 159	5,13	318
4,6.13–16	312	13–16	250		
4,14	321	22	216, 235f.	1Petr 1,1.17	293
5,1f.	320	24	234	2,7	14
5,3–16	328			2,11–17	293
5,10	318	Hebr 3,1	251	2,11–3,7	327
5,17–19	321	4,1–3	308	2,13–17	294, 297
6,1f.	328	5,11–14	318	2,18	328
6,3–5.20f.	312	5,12	324	3,1f.	297
6,20	301, 307	6,2	317	3,1–7	328
2Tim 1,5	263, 316	7,14	99	3,3	328f.

4,3–16	293			12,20–23	61
4,9	319	Jud	301	15,23	223
4,16	13, 175, 288				
5,1–5	320	Apk 1,1	65	2Makk 6,1–11	14
5,6	328	2f.	295	6,18	61, 66
5,12	207	2,4	318	7,1	61
5,13	286	2,9.15.20.24	278	7,9–14	132
5,14	318	2,12–29	315	9,13–17	14
		2,13	294		
2Petr 1,12–15	128	2,14f.20–23	297	Sir 24	177
2,1	301	2,14.20	326	38,24–39,11	66
3,2	301	3,1	315	44f.	57
3,3f.	307	3,9	278	48,10	101
3,8	306	3,15f.	318		
3,15f.	299, 318	4–20	295	4Esr 5,27	56
		7,4–9	278		
1Joh 1,6–2,2	311	9,21	51	Arist. 132	56
2,1f.	331	10,7	278	139.184	61
2,18f.	325	12–14	294		
2,22	311, 325	13,18	294	äthHen 48,10	153
3,4–6	311	14,4	327	84,2	111
3,10	325	14,8	326		
3,11	330	19,1–6	318	Jub 15,26–29	57
3,13	251	20,4	295	30	61
3,15	325, 330	21,8	51		
4,2f.7–10	311	21,10	59	Or. Sib 4,24–30	72
4,7–5,3	330	22,6–20	306	4,114–124	288
5,1.5.10	14	22,9	278	5,93–385	288
5,6–8	311	22,20	152		
5,16f.21	330			PsSal 17	111
		Antikes Judentum		syrBar 6f.72–74	72
2Joh 4	324	Jdt 14,10	79		
7	311, 325			Josephus	
10	325	1Makk 1,11–15.48.60	61	ant. 8,42–49	109
		2,45–48	61	ant. 8,45	51
3Joh	324	7,12	66	ant. 8,192	61

ant. 12,142	144	ant. 20,200f.	87, 138, 270, 273, 286	c. Ap. 2,173f.	61
ant. 12,149	223			vita 134f.	71
ant. 13,74–79	67	ant. 20,215	122	vita 191	64
ant. 13,171–173	55, 62, 64	bell. 1,110	64		
ant. 13,173.297	63	bell. 2,117	120	Philo von Alexandrien	
ant. 13,297f.	64	bell. 2,118	68, 100	apol. bei Euseb, praep.	
ant. 14,185–267	75	bell. 2,118–166	55	ev. 8,11,1–18	64
ant. 14,213–216	36, 75	bell. 2,119–163	64	ebr. 20–26.177	62
ant. 14,260	78	bell. 2,164–166	63	flacc. 43	75
ant. 15,267–276	62	bell. 2,184–203	23, 48	flacc. 46	58
ant. 15,371–379	64	bell. 2,233–405	70	leg. ad Gaium 155.157	184
ant. 15,380	84	bell. 2,261–263	69, 270	leg. ad Gaium 200–207	23, 48
ant. 15,417	268	bell. 2,293	70, 270		
ant. 16,28	76	bell. 2,306–308	122	leg. ad Gaium 203–224	171
ant. 16,160–178	75	bell. 2,409f.	70, 270	leg. ad Gaium 212	268
ant. 17,41	64	bell. 2,433.460	68	leg. ad Gaium 281	183, 223, 230
ant. 18,1.4.9.23	68	bell. 2,458	270		
ant. 18,11–25	55	bell. 2,559f.	170	leg. ad Gaium 282	222
ant. 18,16	63	bell. 2,560	80	migr. 89–94	61
ant. 18,18–22	64	bell. 3,29	171	post. 89	56
ant. 18,63	109	bell. 3,307–315	67	prob. 26.141	62
ant. 18,65–84	76	bell. 5,17	151	prob. 72–87	64
ant. 18,85–87	69	bell. 5,145	64	prov. 58	62
ant. 18,89	25	bell. 5,194; 6,126	268	spec. leg. 1,76–78	76
ant. 18,116f.	102	bell. 6,288–315	120	spec. leg. 3,29	61
ant. 18,116–119	100, 156	bell. 6,300–309	58, 119f.	virt. 216–219	79
ant. 18,118	104	bell. 6,427f.	151	virt. 219	57
ant. 18,261–288	23, 48	bell. 7,41–62	172	vit. Mos. 1,147	79
ant. 20,1.102	68	bell. 7,45	75, 80, 171		
ant. 20,17–53	79, 211	bell. 7,46–62	75	Qumran	
ant. 20,38–48	79	bell. 7,106–111	171	1QpHab 12,8f.	62
ant. 20,97–99.170	69	bell. 7,218	76	1QS 3,2–9	102
ant. 20,101	173	bell. 7,253	68	1QS 4,22	56
ant. 20,142f.	61	bell. 7,368	170	1QS 5,13f.	102
ant. 20,169–172	69, 270	bell. 7,433–436	73	1QS 6,19–22.24f.	142
ant. 20,195.252	80	c. Ap. 2,146	58	1QS 6,8	144
		c. Ap. 2,153f.	57		

4QMMT [396] Frg. 2 col.ii 4–11	61	55,2	329f.	4,8	330
CD 11,21–23	102	57,1	321	4,9	316
CD 14,3–6	79	59–61	318	4,10f.	329
CD 14,12–16	142			5,2	329
CD 5,6–13	62	ActPaul 11,2f.	287	6,2f.	275
CD 6,11–19	62			7,1.2–4	317
CD 6,19	57	AscJes 4,2–4	288	7,1–3	275
CD 9,4	144			7,4	276
		Barn 2,9f.	280	8,1	275, 326
		3,1f.	280	8,2	275, 318f.
Rabbinica		4,10b	318	8,3	319
bAZ 18b	62	4,6	280	9f.	116, 275, 318
bBer 28b–29a	271	9,4f.	280	9,2	275
MekhJ Shirata 10	57	10,9	280	9,5	275, 317
mErub 6,6	35	12,8–11	280	10,6	152, 306, 317f.
mQid 3,12	61	15,6	280	11–13	158
mSanh 4,1	119	16,1.7	280	11–13.15	325
mSanh 7,5	119	18–20	329	11,1–12	276, 318, 324
tAZ 2,5–7	62	20,1	51	11,3	304, 318
tHul 2,22–24	271			11,3–6	144, 276
yBer 2,4.5a	271	BG 18,10–15	136	11,3–12	322, 324
yTaan 4,8 fol. 68d	73			12,4	175, 276, 288
		Canon Muratori		13,1.6	276
Alte Kirche		37–39	285	13,1–7	322, 324
				13,3.6	275
1Clem 1,3	320, 328	Clemens v. Alexandrien		13,4	329
5,3–7	296	Strom. 2,20,116,3	214	14,1–3	256
5,4	128, 267, 286			14,1	275, 317, 331
5,5–7	285	Dialog des Erlösers		14,2	276, 331
6,1–3	296	93–95	310	15	276
20,12	318	144,92	328	15,1	319
38,2	327, 330			15,1f.	321f.
42,4f.	322	Did 1–6	275, 329	15,4	304, 318
44,3	319	1,3–5	275	16	306
44,4–6	305	2,2	51	16,2	318
47,6	321	4	318		
54,2	321	4.3.6.14	276	EbEv	279

Stellenregister

Epiphanius v. Salamis		Hermas		IPhilad 4,1	317
haer. 29,1,1	279	mand. 4,3,6f.	331	IPhilad 5–9	309
		sim. 9,26,2	329	IPhilad 6,1	13, 280, 305, 315
Eusebius von Caesarea		vis. 2,2,5	330	IPhilad 7,1	323
h. e. 1,7,14	272	vis. 3,1,8	321	IPhilad 7,2	322
h. e. 2,22,1f.	285			IPhilad 8,1	331
h. e. 2,23,4–19	272	Ignatius v. Antiochien		IPhilad praesc.	323
h. e. 3,4,6	263	IEph 4–6	312	ISmyrn 1,2	280
h. e. 3,5,1–3	270	IEph 5,2	318	ISmyrn 2	311
h. e. 3,10,11	272	IEph 6,1	322	ISmyrn 4,2	295, 311
h. e. 3,18,1–20,9	290	IEph 7,2	311	ISmyrn 5,2	311
h. e. 3,20,1–6	272	IEph 11,2	175, 288	ISmyrn 7,1f.	311
h. e. 3,31,3	160	IEph 12,2	285	ISmyrn 8,1	317, 322
h. e. 3,31,3f.	324	IEph 13,1	317f.	ISmyrn 8,2	322
h. e. 3,36	87, 295	IMagn 4	175	ISmyrn 9,1	322
h. e. 3,39,3f.	321	IMagn 4,1	288	ISmyrn 13,1	316, 328
h. e. 3,39,4	299	IMagn 6f.	312	IPol prasec.	322
h. e. 3,39,9	160	IMagn 6,1	321, 323	IPol 4,1	328
h. e. 3,39,15f.	128	IMagn 7,1	321f.	IPol 4,2	318
h. e. 4,2,1–5	77	IMagn 7,2	318	IPol 7,3	175, 288
h. e. 4,9,1–3	296	IMagn 8–11	308		
h. e. 4,22,4	272	IMagn 8,1	280	Irenäus v. Lyon	
h. e. 4,23,2f.	229	IMagn 10,1.3	13, 280, 305, 315	adv. haer. 1,1,1	325
				adv. haer. 1,6,3f.	309
EvPhil 31	318	IMagn 13,1	323	adv. haer. 1,23,5	309
55,2	136	ITrall 2,2–3,1	323	adv. haer. 1,24,1f.	309
		ITrall 7,2	318, 322	adv. haer. 1,25,1–4	309
EvThom	310	ITrall 10	311	adv. haer. 1,26,1	309
12	273, 277, 310	IRöm 2,2	322	adv. haer. 1,28,1	309
54	111	IRöm 3,2	175, 288		
69,2	111	IRöm 3,3	13, 280, 305, 315	Justin	
71	115	IRöm 4,1	330	apol. I 26,2	161
114	136, 310, 328	IRöm 4,3	285f.	apol. I 30,1	109
		IRöm 6,3	295	apol. I 65,2	318
HebrEv	279	IPhilad 2.7f.	312	apol. I 68	296
Fragm. 5	272, 279	IPhilad 4	318	dial. 16,4	271

dial. 69,7	109
dial. 96,2	271
dial. 137,2	271

Lactantius

De mort. pers. 2,5–9	287

Origenes

c. Celsum 1,28.68	109
c. Celsum 3,44	327
c. Celsum 8,30	44

Pol 2,3	304, 318
3,2	299
4,2	316
4,3	328
5,2	323
5,3	321, 327
6,1	321, 330
7,1	311

Ps-Clem

Epist. Petri 1,2	277
Hom. 17,13–20	277
Rekogn. 1,37,2	270
Rekogn. 1,39,3	270

Sulpicius Severus

chron. 2,29	287

Tertullian

apol. 5,3	287
apol. 5,4	290
apol. 21,1	76

Griechisch-römische Literatur

Apuleius

Apol. 25	51

Aristoteles

eth. Nic. 1159b	141

Cassius Dio

hist. 53,2,4	52
hist. 54,3,7	122
hist. 56,25,5	289
hist. 57,15,8	289
hist. 57,18,5	289
hist. 60,6,6	86, 289
hist. 62,16–18	287
hist. 64,2,3	269
hist. 67,14,1f.	290
hist. 68,1,2	77
hist. 68,32,1–3	77, 222
hist. 69,12	73

Cicero

Flacc. 28,67–69	76
Flacc. 66–69	75
off. 1,51	141

Dio Chrysostomus

or. 34,21–23	185

Iamblichus

De vita Pythagorica 167f.	141

Juvenal

Satiren 14,96–104	76

Livius

ab urbe condita 39,8–19	36
epit. 54 in P.Oxy. 668	52

Paulus

Digesten 49,2,1	269
Digesten 49,7,1	269
Sentenzen 5,26,1f.	269

Petronius

Satiren 111,6	123

Platon

Leges 10,909a.b	51
Leges 10,909d–910e	52
Politeia 3,416de	141
Politeia 4,424a	141
Politeia 5,449c	141
Politeia 5,464e	141
Politeia 8,543b	141

Plinius der Ältere

nat. hist. 5,24,94	227
nat. hist. 5,70	59
nat. hist. 5,73	64

Plinius der Jüngere

epist. 10,33f.	36
epist. 10,34.93	293
epist. 10,92f.	36
epist. 10,96	36, 87, 287, 291
epist. 10,96,1–3.5	291
epist. 10,96,2.7	293
epist. 10,96,3f.	269
epist. 10,96,6	291, 297
epist. 10,96,7	255, 291f., 317f.

epist. 10,96,8	292, 323, 328	Tib. 26	48	CJZC 71	80
epist. 10,96,9f.	292, 298	Tib. 36	52, 289	GRA I 66	35
epist. 10,97	87, 287, 292f.	Vesp. 7	109	GRA I 40.61	35
				GRA I 51	36
Plutarch		Tacitus		GRA I 68	36
Moralia 142de	247	ann. 2,85	76, 289	GRA I 143	36
		ann. 6,29	123	GRA II 105	35
Seneca		ann. 15,44,1	175	GRA II 107	258
epist. 47	250	ann. 15,44,2–5	24, 87, 286	GRA II 111	35
		ann. 15,44,3	123, 286	GRA II 117	35f., 247, 329
Strabo		ann. 15,44,4–5	287	ICariaR 162	35
geogr. 12,6,4	227	hist. 2,8f.	288	IDelos 1519	257
geogr. 12,8,14	227	hist. 5,5	76	IDelos 1522	35
geogr. 14,5,13	183	hist. 5,5,1f.5	61	IG X/2.1 255	258
		hist. 5,5,2	79	IG XI,4 1299	258
Sueton		hist. 5,5,4	56	IGBulg IV 1925,b	36
Aug. 32,1	36			IGUR I 77	35
Aug. 76,2	61	Zwölftafelgesetz VIII	51	IGUR I 160	258
Caes. 42,3	36			IGUR III 160	36
Cal. 22,2f.	48	Inschriften und Papyri		IJO I Ach45	62
Cal. 32,2	122	CIJ II 1404	78, 146	IJO II 14	80
Claud. 25,4	23, 76, 86, 228, 289, 298	CIL I³ 581	36	IJO II 21	62
		CIL VI 2193	36	IJO II 168	80
Dom. 10,1	122	CIL VI 9148f.	258	OGIS 598 = CII I/1 2	268
Dom. 12,2	77	CIL VI 10260–10264	258	P.Tebt. III/2 894	258
Dom. 13,2	290	CIL VI 31545	86	SEG 20,302	86
Nero 16,2	287, 289	CIL XIV 2112	36	SEG 32,809	67
Nero 38	287	CIRB 1283	35	SEG 45, 418	248
Nero 57	288			SIG III³/⁴ 801D	86

Verzeichnis der Abbildungen

Karte 1: Das römische Reich in neutestamentlicher Zeit, aus: Udo Schnelle, Die ersten 100 Jahre des Christentums 30–130 n. Chr. Die Entstehungsgeschichte einer Weltreligion, Göttingen ²2016, 81.

Karte 2: Der Jerusalemer Tempel, aus: Max Küchler, Jerusalem. Ein Handbuch und Studienreiseführer zur Heiligen Stadt, Orte und Landschaften der Bibel 4/2, Göttingen ²2014, 118.

Karte 3: Das Reich Herodes des Großen und seiner Söhne, aus: Biblisch-Historisches Handwörterbuch, Bd. 2, Göttingen ³1980, 698.

Karte 4: Jerusalem zwischen 40 v. Chr. und 70 n. Chr., aus: Max Küchler, Jerusalem. Ein Handbuch und Studienreiseführer zur Heiligen Stadt, Orte und Landschaften der Bibel 4/2, Göttingen ²2014, 23.

Karte 5: Palästina und Syrien im 1. Jh. n. Chr., aus: Dietrich-Alex Koch, Geschichte des Urchristentums. Ein Lehrbuch, Göttingen ²2014, 179.

Karte 6: Reise von Barnabas und Paulus nach Zypern und in den Süden Kleinasiens, aus: Udo Schnelle, Die ersten 100 Jahre des Christentums 30–130 n. Chr. Die Entstehungsgeschichte einer Weltreligion, Göttingen ²2016, 213.

Karte 7: Reise des Paulus nach Griechenland und Makedonien, bearbeitet auf einer Grundlage in: Udo Schnelle, Die ersten 100 Jahre des Christentums 30–130 n. Chr. Die Entstehungsgeschichte einer Weltreligion, Göttingen ²2016, 238.

Karte 8: Die Kollektenreise, bearbeitet auf einer Grundlage in: Udo Schnelle, Die ersten 100 Jahre des Christentums 30–130 n. Chr. Die Entstehungsgeschichte einer Weltreligion, Göttingen ²2016, 247.

Karte 9: Die Reise des Paulus als Gefangener nach Rom, aus: Dietrich-Alex Koch, Geschichte des Urchristentums. Ein Lehrbuch, Göttingen ²2014, 357.